深化改革　转型发展

全国粮食和物资储备系统大讨论文萃

国家粮食和物资储备局　编

中国财富出版社

图书在版编目（CIP）数据

深化改革　转型发展：全国粮食和物资储备系统大讨论文萃／国家粮食和物资储备局编．—北京：中国财富出版社，2018.11

ISBN 978－7－5047－6793－6

Ⅰ.①深…　Ⅱ.①国…　Ⅲ.①农业经济发展—研究—中国　Ⅳ.①F323

中国版本图书馆CIP数据核字（2018）第252199号

策划编辑	宋　宇	责任编辑	齐惠民　郭逸亭		
责任印制	梁　凡	责任校对	刘瑞彩	责任发行	张红燕

出版发行	中国财富出版社				
社　　址	北京市丰台区南四环西路188号5区20楼		**邮政编码**	100070	
电　　话	010－52227588转2048/2028（发行部）		010－52227588转321（总编室）		
	010－52227588转100（读者服务部）		010－52227588转305（质检部）		
网　　址	http://www.cfpress.com.cn				
经　　销	新华书店				
印　　刷	北京铭成印刷有限公司				
书　　号	ISBN 978－7－5047－6793－6/F·2957				
开　　本	787mm×1092mm　1/16		**版　　次**	2018年11月第1版	
印　　张	33		**印　　次**	2018年11月第1次印刷	
字　　数	475千字		**定　　价**	298.00元	

编 委 会

代 序

新职能赋予新使命　新机构要有新作为

何立峰

全国粮食和物资储备系统组织开展的"深化改革、转型发展"大讨论活动，深入贯彻习近平新时代中国特色社会主义思想和党的十九大精神，实现了观念、职能、方式"三个转变"，凝聚了全系统改革发展的共识行动，成效明显，值得充分肯定。

新职能赋予新使命，新机构要有新作为。持续推进"深化改革、转型发展"，提高政治站位，强化责任担当，增强能力本领，更好履职尽责，十分必要，正当其时。

希望全国粮食和物资储备系统，坚持以习近平新时代中国特色社会主义思想为指导，增强"四个意识"，坚定"四个自信"，认真落实总体国家安全观，加强国家储备的统筹规划，构建统一的国家物资储备体系，强化中央储备粮棉的监督管理，提升国家储备应对突发事件的能力，为全面建成小康社会、建设社会主义现代化强国提供坚强有力保障！

（本序为全国政协副主席，国家发展和改革委员会党组书记、主任何立峰同志对全国粮食和物资储备系统"深化改革、转型发展"大讨论活动总结大会作出的批示）

目录
contents

高层视点

深化改革转型发展　奋力开创粮食流通工作新局面 ....张务锋（003）

立足新时代　担当新使命　不断把粮食和物资储备系统深化改革
　转型发展推向深入 ....张务锋（013）

向深化改革要动力　以转型发展增活力 ....曾丽瑛（023）

创新思路举措　完善宏观调控 ....卢景波（032）

切实发挥好科技创新在粮食行业高质量发展中的引领带动作用
　..黄　炜（039）

深入推进"放管服"改革　加快提升部门创新力执行力公信力
　..韩卫江（047）

守住安全稳定廉政底线　开创物资和能源储备工作新局面 ......梁　彦（057）

夯实发展基础　放大带动效应　全面提高粮食和物资储备系统信息化
　水平 ....何　毅（064）

加快构建统一的国家物资储备体系 ....宋红旭（071）

重要文件

国家粮食局关于在全国粮食行业开展"深化改革转型发展"大讨论
　活动的通知 ....国家粮食局（083）

全国粮食行业"深化改革转型发展"大讨论活动实施方案
　..国家粮食局（085）

"深化改革转型发展"大讨论活动总结报告
.... 国家粮食和物资储备局（096）

国家粮食和物资储备局关于"深化改革转型发展"大讨论活动优
秀组织单位和优秀征文建议的通报........ 国家粮食和物资储备局（105）

中共国家粮食和物资储备局党组关于全国粮食和物资储备系统深化
改革转型发展的决定.............. 中共国家粮食和物资储备局党组（114）

中共国家粮食和物资储备局党组关于全国粮食和物资储备系统加强
安全稳定廉政工作的决定.............. 中共国家粮食和物资储备局党组（123）

中共国家粮食和物资储备局党组关于进一步激励广大干部新时代新
担当新作为的实施意见.............. 中共国家粮食和物资储备局党组（131）

战略研究

加快推进粮食行业转型发展几个重点问题研究...... 中国粮食研究培训中心（143）

关于国外粮食储备管理经验和启示.................. 中国粮食研究培训中心（159）

深度调研

国家局 2017 年和 2018 年重点调研报告精选

关于粮食产销合作情况的调研报告.......................................调控司（173）

关于深入推进"优质粮食工程"建设思路和举措的调研报告
.... 规划财务司（179）

关于山东省粮食产业新旧动能转换的调研报告........... 仓储与科技司（188）

充分发挥 12325 热线作用　切实提高监管效能.................执法督查局（196）

抢抓"一带一路"建设机遇　加强粮食国际合作更好服务外交大局的
对策建议.. 外事司（209）

关于加强粮食人才培养　增强粮食流通改革发展智力支撑的调研报告
.... 人事司（214）

关于湖北广东海南粮食行业转型发展的调研报告

.... 中国粮食研究培训中心（224）

各地大讨论活动调研报告精选

关于内蒙古玉米收储制度改革的调研报告 .... 内蒙古自治区粮食局（229）

以信息化为抓手　催化公共属性　打造上海综合性粮食交易公共服务

平台 .... 上海市粮食局（234）

粮食产业经济发展调研报告 .... 安徽省粮食局（239）

山东"五位一体"军民融合发展问题研究 .... 山东省粮食局（244）

关于推进湖北省粮油产品标准体系建设的调研报告 ...... 湖北省粮食局（248）

关于基层单位落实全员安全责任制情况的调研报告

.... 湖南储备物资管理局（254）

关于广东省粮食收购资金筹集情况的调查报告 .... 广东省粮食局（259）

关于廉政风险防控网格化管理的探索 .... 广东储备物资管理局（267）

广西粮食收储制度改革与发展调研——研读直补订单粮食收购政策

.... 广西壮族自治区粮食局（272）

重庆食用油行业发展问题研究 .... 重庆市粮食局（281）

关于粮食产后服务体系建设的调研报告 .... 四川省粮食局（292）

试述人才兴储战略 .... 四川储备物资管理局（298）

甘肃储备物资管理局五三四处开展仓储物流业务情况的调研报告

.... 甘肃储备物资管理局（303）

"一带一路"倡议下宁夏粮食产业经济创新发展的路径思考

.... 宁夏回族自治区粮食局（307）

亮点交流

落实城市战略定位　服务保障首都功能　全面推动首都粮食行业

实现新发展 .... 北京市粮食局（317）

以大讨论为动力　谱写新时代粮食流通改革发展山西篇章

.... 山西省粮食局（323）

明确使命　扎实工作　努力取得改革发展新成效 ...黑龙江省粮食局（328）

解放思想　聚焦关键　推动江苏粮食经济高质量发展

.... 江苏省粮食局（334）

树立实干精神　注重工作实效　激发粮食流通改革发展活力动力

.... 安徽省粮食局（339）

凝聚共识　汇集众力　以大讨论活动推动粮食行业改革发展

.... 山东省粮食局（344）

学论结合谋发展　学做并进促转型 .... 四川省粮食局（349）

坚持五个"贯穿始终"　全面深入开展大讨论活动 ..... 湖北省粮食局（354）

坚持问题导向　强化底线思维　着力推动粮食行业改革发展

.... 甘肃省粮食局（359）

探索实践

建设新型农企关系　延伸粮食流通链条——中粮集团农业综合服务

平台模式创新的探索与实践..................... 中粮集团有限公司（367）

铸白金名片　树健康品牌........................... 吉林省粮食局（373）

实施人才兴粮工程　助推行业创新发展 .... 湖北省粮食局（379）

以新思想为引领突出区域优势　谱写新时代小杂粮产业朔州新篇章

.... 山西省朔州市粮食局（383）

立足地方特色　突出五个转变　推动粮食产业转型发展

.... 江西省宜春市粮食局（386）

推进粮油溯源体系建设　打造"放心粮油"惠民平台

.... 广东省惠州市粮食局（392）

做好粮食产前产中产后服务　惠农惠企促发展

.... 广西壮族自治区来宾市粮食局（395）

践行新思想 拥抱新时代 争取新作为 实现新发展
....北京古船米业有限公司（399）
聚人心 筑同心 强信心.........................河北柏乡国家粮食储备库（403）
推动企业从传统业务向全产业链经营模式转变
....内蒙古谷语现代农业科技有限公司（408）
深入实施"互联网＋粮食"战略 推动企业创新发展
....深圳市粮食集团有限公司（411）

主题征文

从"福娃模式"成功实践看粮食加工转型路径 ....陈修柱（417）
关于粮食地方立法的几点建议——以上海为视角 ....徐自广（422）
北京市粮食安全形势分析及引导推进粮食加工产业发展的思考
....阎维洪（429）
粮食企业建立优质稻商品生产基地的研究与思考 ....雷海州（435）
滨州市粮食行业"新六产"发展现状及对策分析 ....高玉华（443）
强化法律法规保障 推动行业转型发展——由百个涉粮案例引发的
思考 ....石少龙（449）

建言献策

建立发布"国内粮食购销景气指数GTI" ....董琦琦（457）
打造粮食产业联合体 注重产前延伸掌粮源 产后延伸占市场
....李冬钰 李 俭（460）
托市收购面临的难题与建议 ....凌 华 李 忠（463）
确保粮食安全在"好"字上下功夫 ....四川省通江县粮食局（468）
做好县粮食收储公司国有资产管理的建议 ....陈立民（472）

节能环保　清洁高效　提质增收——关于推广使用生物质能源的
　　建议 ....肖渊壮（475）
以信息化为引领打造粮食行业市场监管新机制 ....高树龙（477）
多措并举搞活粮食市场流通——关于如何加快粮食"去库存"的
　　路径思考 ....王千银（479）

媒体之声

张务锋：牢固树立依法管粮依法治粮的意识 ....人民网（485）
国家粮食局：加快建立更可持续的粮食安全保障体系 ....经济日报（488）
粮食行业"深化改革转型发展"大讨论活动在京启动...........光明日报（491）
全国粮食行业大讨论活动：共推粮食流通领域改革 ....央广网（494）
准确把握重点任务凝聚发展强大合力　粮食行业"深化改革转型发展"
　　大讨论活动在京启动 ....中国改革报（496）
国家粮食局召开全国粮食行业"深化改革转型发展"大讨论活动
　　调度督导会 ....央视网（498）
全国粮食和物资储备系统"深化改革转型发展"大讨论活动总结
　　大会召开 ....新华网（500）
国家粮食和物资储备局召开会议　聚焦深化改革转型发展
　　...中国新闻网（503）

大事记 ....（505）
后　记 ....（515）

高 层 视 点

深化改革转型发展
奋力开创粮食流通工作新局面

张务锋

在广泛听取各地意见的基础上，国家局党组研究决定，在全国粮食行业深入开展"深化改革、转型发展"大讨论活动。今天这次会议，主要是深入学习贯彻省部级主要领导干部"学习习近平总书记重要讲话精神，迎接党的十九大"专题研讨班精神，认真落实国务院领导同志重要批示要求，对大讨论活动作出动员部署，号召广大干部职工"学中央

2017年7月31日，全国粮食行业"深化改革、转型发展"大讨论活动动员部署会议在京召开

精神、明方向大势，转思想观念、谋改革发展，强责任担当、提工作水平"，进一步凝聚起粮食行业解放思想、改革创新、攻坚克难、转型发展的强大合力。下面，我讲三点意见。

一、充分认识开展大讨论的重要意义

当前，粮食流通改革发展进入了攻坚期。在这个重要节点，我们组织开展"深化改革、转型发展"大讨论活动，主要是基于三个方面的考虑：

第一，开展大讨论，是坚决贯彻党中央、国务院决策部署的政治要求。党的十八大以来，以习近平同志为核心的党中央提出了治国理政的新理念新思想新战略，确立了总体国家安全观，明确了国家粮食安全战略，为我们推动粮食流通改革发展、保障国家粮食安全指明了努力方向、提供了根本遵循。习近平总书记深刻指出，解决好十几亿人的吃饭问题，始终是我们党治国理政的头等大事；中国人的饭碗一定要牢牢端在自己手上，饭碗里主要装中国粮；保障国家粮食安全是一个永恒课题，任何时候这根弦都不能松。李克强总理明确要求，要守住管好"天下粮仓"，做好"广积粮、积好粮、好积粮"三篇文章。近年来，中央经济工作会议、中央农村工作会议以及中央一号文件，多次对增强国家粮食安全保障能力进行部署。今年以来，习近平总书记等中央领导同志在深入基层调研时就强化粮食安全保障提出明确要求，充分体现了对粮食流通改革发展的高度重视。我们开展大讨论活动，就是要在全系统兴起学习中央精神的新热潮，进一步增强政治意识、大局意识、核心意识、看齐意识，把思想和行动高度统一到中央关于经济社会发展的大政方针上来，统一到中央关于粮食安全问题的科学判断上来，统一到中央关于粮食流通改革发展的重大决策上来，确保中央各项部署要求在粮食系统落到实处。

第二，开展大讨论，是主动适应国家粮食安全新形势和新特征的现实需要。新中国成立以来，粮食行业经过了很不平凡的历程。粮食部门在履行使命中前行、在深化改革中发展，一代又一代粮食人辛勤工作、甘于奉献，为促进粮食生产、助推农民增收、满足市场供应、保障粮食安全做出了重要贡献。特别是改革开放以来，我国历经多次粮食流通体制改革，粮食流通发展活力不断增强，体制机制日臻完善，较好地解决了十几亿人的吃饭问题，从一定意义上讲这对世界粮食安全也是一个重大的贡献。近年来，全国粮食系统深入实施国家粮食安全战略，认真做好"抓收购、管库存、保供应、稳市场"各项工作，推动落实粮食安全省长责任制，加快建设"粮安工程"，大力发展粮食产业经济，为粮食流通改革发展奠定了坚实基础。同时也要看到，在经济发展进入新常态的大背景下，粮食形势发生了深刻变化：一是粮食供求结构性矛盾突出，玉米、稻谷等品种阶段性过剩，粮食库存处于历史高位。二是粮食生产方式转变和消费需求升级逐步加快，传统农业正在向现代农业转型，生产规模不断扩大；居民膳食结构由数量温饱型向质量营养型转变，对粮食产品多样化、优质化要求越来越高。三是国际国内粮食市场深度融合，我国粮食进口居高不下，给精准调控、稳定市场、防范风险带来了较大压力。四是随着农业供给侧结构性改革，特别是粮食收储制度改革的深入推进，进一步激发了各种所有制粮食经营主体的内在活力，粮食市场繁荣活跃和激烈竞争的程度较前增强。可以说，当前粮食流通工作良好基础和风险隐患并存，战略机遇和矛盾问题交织，改革窗口期和转型攻坚期叠加。这些新形势和新特征，对粮食流通改革发展提出了新任务和新要求。我们开展大讨论活动，就是要体现时代性、把握规律性、增强创造性，坚持改革创新、与时俱进、明确方向、找准路径，加快建立更高质量、更有效率、更可持续的粮食安全保障体系。

　　第三，开展大讨论，是积极呼应粮食行业广大干部职工所思所盼的具体行动。今年以来，国家局大兴调查研究之风，由领导干部带队到各地广泛开展重大课题调研。许多基层同志反映，当前面临的一些问题、矛盾和困惑，不少具有普遍性。比如，面对全球经济一体化怎样增强粮食安全保障能力，新形势下粮食部门如何定位，粮食流通怎么监管，国有粮食企业如何改革，粮食产业经济怎么转型发展，等等，都亟待深入研究、作出解答。同时，有些地方积极探索，先行先试，创造了可信可看可学的典型经验，有待总结和推广；有些同志在工作实践中形成了一些真知灼见，很有启发引领意义。我们开展大讨论活动，就是要提供一个思想交流、观点交融和对策会商、系统联动的平台，群策群力、破解难题，敢于担当、善谋实干，不断开创新局面。

二、准确把握大讨论的重点任务

深化改革、转型发展，涉及面广、内涵丰富，对粮食部门、粮食产业、粮食企业来说，都是一场从思想观念到体制机制的深刻变革。我们要立足当前、着眼长远，统筹全局、突出重点，进行广泛深入的研讨，增强活动的针对性和实效性。

国家局张务锋局长在动员部署会议上讲话

（一）**紧紧围绕"三个转变"开展大讨论**。一要把转变观念作为行动先导。适应粮食安全新形势和市场化改革新要求，解放思想，更新观念，切实强化市场意识和法治思维，不断提高解决实际问题的能力和水平。二要把转变职能作为关键之举。粮食部门职能转变到位，就能为粮食产业和粮食企业转型发展提供优质服务，创造良好环境；反过来，粮食产业和粮食企业的转型发展，又对粮食部门职能转变提出更高要求。粮食部门要增强紧迫感和责任感，尽快转、真正转、转到位，牢牢把握转型发展的主动权。三要把转变方式作为主攻方向。坚持以提高发展的质量和效益为中心，以供给侧结构性改革为主线，下大力气转变管理方式、发展方式和经营方式，推动粮食行业加快从传统向现代、从粗放向集约、从低效向高效迈进。

转观念、转职能、转方式"三个转变"有机统一、相互促进。在大讨论中，要结合部门、产业、企业实际，找准靶向，深入研讨。要重点思考粮食部门如何深化"放管服"改革，推进政企分开，做好简政放权的"减法"；完善制度，创新方式，做好强化监管的"加法"；履行"为耕者谋利、为食者造福、为业者护航"的使命，做好优化服务的"乘法"。要做到放权更彻底、监管更有力、服务更优质，切实增强粮食部门的创新力、执行力和公信力。要重点思考粮食产业如何以高端、高质、高效为目标，优化创新链、拉长产业链、提升价值链，运用新技术、新业态、新模式培育壮大新动能，走向集约集聚集群，加快创新发展、转型升级、提质增效。要重点思考粮食企业如何按照供给侧结构性改革的要求，直面市场竞争，转换经营机制，顺应需求变化，增品种、提品质、创品牌，增加绿色优质粮油产品供给，不断提高核心竞争力和市场占有率。

（二）紧紧围绕"三破三立"开展大讨论。对于粮食行业多年形成的好经验、好做法、好作风，要在继承中发扬光大；对于影响改革、制约发展的条条框框和深层次体制机制矛盾，要敢破敢立，破立结合。要通过大讨论，倡树"三破三立"的鲜明导向。一是破除计划经济思维惯性和"吃政策饭"路径依赖，牢固树立市场经济意识，充分发挥市场在配置粮食资源中的决定性作用，并更好发挥政府作用。二是破除过多依靠行政手段推动工作的方式方法，牢固树立依法管粮、依法治粮的意识，建立经济、行政、法律等多种手段综合协同运用的机制，加快推进粮食流通治理能力和治理水平现代化。三是破除不想为、不敢为、不善为的消极状态，牢固树立粮食安全忧患意识，强化责任担当，着力营造干事创业、争创一流的浓厚氛围。

（三）紧紧围绕"六项任务"开展大讨论。面对新形势和新要求，粮食部门转变职能势在必行。到底往哪儿转，或者说，今后的方向和重点是什么？需要通过大讨论深化认识、凝聚共识，明确方向、协调行动。总的考虑，主要有六个方面：

第一，落实国家粮食安全战略。粮食多一点少一点是技术问题，粮食安全是战略问题，不能因为技术问题影响战略问题。当前，我国粮食供求相对宽松，但中长期仍是紧平衡态势。如何通过加强年度考核，进一步落实粮食安全省长责任制，构建起中央和地方共同负责的粮食安全保障体系；如何运用信息化、智能化手段，加快实现粮食流通能力现代化；如何强化源头管控，突出储粮安全和生产安全"两个重点"，坚守粮食收购、粮食供应、粮食质量和廉洁从政从业"四条底线"，更好地履行保障国家粮食安全的重要使命，都需要从贯彻国家总体安全观的大局出发，认真研究思考，扎实有力推进。

第二，完善粮食宏观调控。随着粮食流通改革发展形势的重大变化，粮食宏观调控的理念、方向、重点、手段等都要随之适应。怎样从注重粮食总量向数量、质量、结构并重转变，从侧重收储环节向"产收储加销"各环节转变，从指令型调控向综合型调控转变，打好"组合拳"；怎样运用好区间调控、定向调控、相机调控等方式，做到保持定力、精准发力、适时适度；怎样更好发挥中央储备粮"压舱石"、地方储备粮"第一道防线"的关键作用，发展壮大一批骨干粮食企业，培育粮食宏观调控的重要载体，都是需要深入研究推动的重大课题。

第三，加强政府储备管理。管好用好政府粮食储备，是粮食部门的基本职责。今后一段时期，粮食库存将逐步回归到合理水平，库存结构也将发生明显变化，政府粮食储备管理的重要性将更加凸显。如何立足国情粮情，科学合理地确定粮食库存水平和政府储备规模；如何创新思路、完善体制、规范制度，确保政府储备管得住、调得动、用得好；如何强化中央和地方两级储备协同运作，都需要我们认真思考，准确把握。

第四，**强化粮食流通监管**。当前，市场主体日趋多元，经营业态更加多样，各方合作更为紧密；同时，有些地方和环节粮食安全问题也多发频发。加强粮食流通监管，营造公开透明、竞争有序的市场环境尤为必要，也特别重要。怎样压实各方责任，加强事中事后监管，健全完善粮食流通监管体制和长效机制；怎样运用异地交叉执法检查、"四不两直"暗查暗访等方式和智慧监管、信用监管等方式，发挥好社会监督作用，全面提高监管实效，是摆在我们面前极为紧迫的现实任务。

第五，**搞好规划引领和规范建设**。在市场经济条件下，特别需要抓好顶层设计、制度建设和标准制定，以确保粮食流通健康有序和粮食经济持续发展。如何制定完善粮食行业相关规划，明确发展方向和重点，充分发挥规划的统领性作用；如何完善粮食仓储设施、信息化、储存安全、质量安全等方面的技术标准，促进行业规范发展，倒逼产业转型升级，都需要以前瞻性的眼光做出合理安排。

第六，**服务粮食产业经济发展**。粮食产业越是做强做大，粮食安全就越有保障。怎样从战略和全局高度科学谋划推动，做好粮食产业经济发展这篇大文章；怎样加强宏观指导和政策扶持，在放大"粮安工程"成效的基础上，积极实施"优质粮食工程"、加快推动粮食产业创新发展、转型升级、提质增效；怎样发挥粮食加工转化引擎作用，促进一二三产业融合发展，都需要我们深入研究，精准发力。

（四）**紧紧围绕"三项保障"开展大讨论**。一是法律法规保障。我们常说"职责法定"。完善法律法规体系，是深化改革、转型发展的强力支撑。加快推动粮食立法和修订《粮食流通管理条例》与《中央储备粮管理条例》，加强地方粮食法制建设，需要大家共同努力。二是体制机制保障。深化改革、转型发展是一项系统工程，要不断完善科学决策、组织协调、推进落实、考核评价等机制。三是人才队伍保障。要认真落实全面从严治党"两个责任"，扎实推进"两学一做"学习教育常态化、制度化，教育引导广大党员干部学思践悟、知行合一，不断增强"四个意识"，切实做到"四个合格"。要大力弘扬"宁流千滴汗，不坏一粒粮"的优良传统和"四无粮仓"精神，激发干事创业的热情，营造人才辈出的氛围，努力做到"讲政治、顾大局，抓重点、出亮点，争主动、真落实，高标准、严要求，多添彩、不添乱"，建设一支忠诚、干净、有担当的干部人才队伍。

以上各个方面，是这次大讨论的重点任务。希望大家聚焦重点，深入思考，充分讨论，建言献策，把大讨论不断推向深入。

三、确保大讨论取得实实在在成效

为组织好这次大讨论活动，国家局研究制定了实施方案，近日已印发各省（区、市）粮食局。大讨论为期一年，主要分为四个环节：一是深入学习、提高认识；二是深化调研、找准问题；三是培树典型、总结经验；四是应用实践、放大成果。需要强调的是，要把迎接党的十九大和学习贯彻大会精神，贯穿于大讨论活动的全过程。要以党的十九大精神引领大讨论，领会精神实质，坚持正确方向，提高政治站位。党的十九大召开前，重点学习习近平总书记关于粮食安全和粮食工作的重要论述，特别是学习总书记在广西、山西考察时关于保障国家粮食安全、发展现代特色农业的重要讲话精神；学习李克强总理在山东调研期间听取国家局工作汇报时关于守住管好"天下粮仓"、大力发展粮食产业经济的重要指示精神。党的十九大召开后，全面学习贯彻党的十九大会议精神，结合粮食流通改革发展实际强化学习研讨，自觉以党的十九大精神指导深化改革、转型发展。

为保证大讨论活动开展得扎实有效，应当把握好如下几点：

　　一要精心组织、统筹安排。国家局成立了大讨论活动领导小组，并下设办公室；抽调精干力量，具体负责综合协调、宣传发动和督导检查等工作。各省级粮食部门也要相应成立领导小组，加强组织领导和统筹协调，结合本地实际，细化活动方案，落实载体抓手，并统筹组织好辖区内相关粮食企业单位的讨论活动，汇聚众智，多方联动。要以严的态度、实的作风和"踏石留印、抓铁有痕"的劲头，认真开展大讨论活动，不搞形式，不走过场，确保改革方向正确，转型发展到位。

辽宁省

山东省

江西省

广东省

各地粮食部门在分会场参加动员部署会议

二要领导带头、广泛参与。各级粮食部门领导班子成员特别是主要负责同志，要带头学习讨论，带头深入调研，带头查摆问题，充分发挥示范带动作用。要通过集中学习、座谈、征文、调查问卷、专题报告等多种形式，充分调动各方面各层级参与大讨论的积极性和创造性。大讨论活动期间，将在全国粮食系统开展"深化改革、转型发展"主题征文和"我为粮食行业改革发展献一策"合理化建议征集活动，各级粮食部门要组织广大干部职工积极参与。

三要直面问题、改革创新。坚持问题导向和底线思维，认真查找影响粮食行业深化改革、转型发展的突出问题，列出清单，找准症结，剖析原因。要深入开展调查研究，广泛征求有关部门、专家学者、企业员工、种粮农民等各方面的意见建议，及时研究提出应对举措。要发扬勇于创新、敢为人先的精神，用改革的办法破解体制机制难题，做到以改革促转型、以转型促发展。

四要典型引领、注重实效。要尊重基层首创，结合抓重点亮点、树先进典型工作，挖掘培树一批模范典型，总结推广一批先进经验，以点带面，引领示范。要坚持"两结合、两促进"，因地制宜，因势利导，把开展大讨论活动与落实年初全国会议和年中宁夏座谈会部署要求紧密结合起来，把大讨论活动成果充分运用到推动落实粮食流通改革发展的各项重点任务中，确保收到改革创新、转型发展的更大成效。

同志们，深化改革永无止境，转型发展任重道远。让我们立即行动起来，认真开展大讨论活动，不忘初心、牢记使命，砥砺前行、再创佳绩，以实际行动迎接党的十九大胜利召开！

（本文根据作者在全国粮食行业"深化改革、转型发展"大讨论活动动员部署会议上的讲话摘编）

立足新时代 担当新使命
不断把粮食和物资储备系统
深化改革转型发展推向深入

张务锋

这次会议是总结会，更是动员会，主要目的是回顾大讨论活动情况，巩固拓展活动成果，对粮食和物资储备系统"深化改革、转型发展"作出部署。对此，国家发改委党组高度重视，会前专题听取了汇报；何立峰主任作出重要批示，给予鼓励肯定，提出殷切期望。刚才，我们认真传达了何主任的重要批示，全面总结了活动成效，颁发了奖项，交流了经验。各级各单位要认真领会落实，相互学习借鉴，不断把改革发展推向深入。

自2017年7月开展大讨论活动以来，各级各单位高度重视、精心组织，广大党员干部积极响应、踊跃参与，活动主题鲜明、重点突出、扎实有序，达到了预期的良好效果。一是凝聚了深化改革的高度共识。思想观念为之一新，思路视野大为拓宽，改革意识明显增强，一批具有代表性、创新性的典型集中涌现，想改革、议改革、促改革的氛围日益浓厚。二是明确了转型发展的努力方向。大兴调查研究之风，聚焦重点难点问题，形成了许多创新思路建议，明确了转型目标和路径，许多成果已转化为具体政策举措。三是坚定了保障国家储备安全的信心决心。激发了担当作为和干事创业热情，立法修规、执法监管、粮食产业发展、粮食安全省长责任制考核等实现新突破，保安全守底线的基础更为牢固。四是形成了优化协同高效的强大合力。搭建起交流平台和桥梁纽带，密切各方沟通和协同联动，促进了机构改革期间的队伍融合，加快了观念、职能、方式"三个转变"。各级各单位和广大党员干部以大讨论为契机，积极探索实践，有许多做法可圈可点。山东省粮食局充分运用大讨论成果，围绕打造乡村振兴"齐鲁样板"，积极推动地方性立法，加快新旧动能转换，全省粮油加工业年产值现已达到 4000 亿元；山西省朔州市粮食局培育发展"产得优、吃得香、品牌亮、卖得好"的粮食产业，加快建设"小杂粮王国"；北京古船米业公司按照"首都米袋子、百姓放心粮"的要求，争做"中国好粮油"示范企业的排头兵；河北柏乡国储库尚金锁同志谈道，大讨论对广大干部职工来讲，是"补钙、加油、充电"，新时代应当不忘初心、再创辉煌，这些先进经验都充分展现了全系统改革创新的精神和勇争一流的意识。

思想是行动的先导，理念是改革的先声。这次大讨论活动，围绕中心，顺应大势，为做好新时代粮食和物资储备管理做了充分的思想准备和舆论引导。实践证明，遵照中央领导同志的重要指示，以迎接党的十九大和学习贯彻大会精神为主线，以"深化改革、转型发展"为主题，进行广泛深入的大讨论，是十分适时和必要的。实践证明，这次大讨论活动既务虚更务实，点线面联动，相互激励，汇聚众智，是冲破观念束缚，营造新时代新气象的有效途径。实践证明，全系统拥有大批勤思善谋的优秀人才，一旦给予他们施展才华的舞台，就会迸发出令人振奋的激情和活力。

集中活动有期限，改革发展无止境。要巩固和用好大讨论成果，以不停步、再出发的奋进姿态，深入推动"深化改革、转型发展"，为开创粮食和物资储备工作新局面注入强劲动力。根据国家局党组研究的意见，主要讲以下三个方面。

一、新时代新形势，新机构新职能，牢牢把握粮食和物资储备系统"深化改革、转型发展"的使命责任

习近平总书记强调："不谋全局者，不足谋一域。"我们要深入学习贯彻习近平新时代中国特色社会主义思想和党的十九大精神，提高站位、

准确定位，以战略全局的眼光审视自身工作，以思想认识的高度统一保证行动更加坚定自觉。

2018 年 7 月 31 日，全国粮食和物资储备系统"深化改革、转型发展"大讨论活动总结大会在京召开

一是增强"四个意识"，坚定"四个自信"，明确肩负的神圣使命，强化保障国家安全的政治担当。粮食安全和储备安全，是维护政治安全、经济安全，实现国家长治久安的重要物质基础。习近平总书记深刻指出，"悠悠万事，吃饭为大"；"解决好十几亿人口的吃饭问题，始终是我们党治国理政的头等大事"；"保障国家粮食安全是一个永恒的课题，任何时候这根弦都不能松"；"加大对维护国家安全所需的物质、技术、装备、人才、法律、机制等保障方面的能力建设，更好适应国家安全工作需要"。在党和国家机构改革中，组建国家粮食和物资储备局，充分体现了以习近平同志为核心的党中央对国家粮食安全和储备安全的高度重视。这对于加强国家储备的统筹规划，构建统一的国家物资储备体系，强化中央储备粮棉的监督管理，提升国家储备应对突发事件的能力，具有重

大而深远的意义。我们要坚持用总体国家安全观统领粮食和物资储备改革发展，增强"为国管粮""为国管储"的使命感和责任感，以对党忠诚、为党分忧、为党尽责、为民造福的政治担当，抓改革、促发展、保安全、守底线，切实肩负起应有的责任，不辜负党中央、国务院的期望与重托。

二是立足新时代新形势，明确新任务新要求，强化推动粮食和物资储备改革发展的历史担当。多年来，粮食和物资储备系统广大干部职工兢兢业业、履职尽责，为解决中国人的吃饭问题和维护国家安全做出了重要贡献。站在新时代新起点，面临着改革发展新的形势和任务。从国内看，实现高质量发展，对粮食安全保障和物资储备体系建设提出了新的更高要求。比如，如何加速粮食流通现代化和储备管理规范化，实现安全提质降耗；如何兼顾粮食市场化改革和保护种粮农民利益，更好发挥流通对生产的反馈激励作用；如何加快粮食产业发展，满足消费升级和"健康中国"建设的需要，等等，这些都是亟待解决的问题。要坚持质量第一、效益优先，大力推动粮食和物资储备高质量发展。从国际看，复杂多变的世界局势，对防范风险挑战提出了新的更高要求。"备豫不虞，为国常道""手中有粮，心中不慌"。当今世界正处在大发展大变革大调整时期，面临着前所未有的大变局。粮食和能源等战略物资不出问题，发展大局就能稳得住，应对贸易摩擦等就会更加从容。我们既要立足良好基础，坚定信心，保持定力；又要充分研判困难风险，精准施策发力，积极应对挑战，努力赢得主动，有效稳定市场运行和社会预期。

三是全面落实机构改革方案，明确部门"三定"职责，强化守土有责、守土负责、守土尽责的责任担当。按照党和国家机构改革方案，国家局积极配合中央编办完成了"三定"规定制定，中央办公厅近日将予以印发。要严格遵照"三定"要求，细化内部司局职责，确保9月底前落实到位。要积极适应职能转变，既要搞好粮食流通行业管理，还要组织实施国家战略和应急储备物资的收储、轮换和日常管理，统一负责储备基础设施的建设与管理，对管理的政府储备、企业储备以及储备政策落实情况进行监督检查，负责中央储备粮棉行政管理等。要充分发挥市场在资源配置中的决定性作用，更好发挥政府作用，改革完善储备体制机制，加强市场分析和监测预警，强化监督管理，创新监管方式，确保国家储备物资收得进、储得好、调得动、用得上。

二、向深化改革要动力，向转型发展要活力，奋力开创新时代粮食和物资储备工作新局面

习近平总书记强调："我们要以庆祝改革开放 40 周年为契机，逢山开路，遇水架桥，将改革进行到底。"为认真落实党中央、国务院重大决策和国家发改委党组部署要求，明确"改什么、怎么改"和"转什么、怎么转"，引领粮食和物资储备改革发展，国家局党组研究拟订了关于深化改革转型发展的决定。总的考虑是，坚持以习近平新时代中国特色社会主义思想为指导，坚持总体国家安全观，坚持稳中求进工作总基调，立足打基础利长远、补短板强弱项，重点在管理体制、运行机制、监管方式、宏观调控手段和国家储备优化协同高效等方面深化改革，着力在构建统一储备体系、实施国家安全保障、增强应对突发事件能力、完善强化粮食流通和物资储备基础设施、建设粮食产业强国等方面转型发展，全面提高国家粮食安全和物资储备安全保障水平。力争用五年左右的时间，实现安全保障更加有力、体制机制更加完善、监督管理更加有效、储备设施更加完备、效率效能更加明显的目标。同时，坚持目标导向和问题导向相统一，提出了如下五项重点任务。

（一）**着力构建统一的国家物资储备体系**。这是保障国家粮食安全和物资储备安全的重要基础，也是此次机构改革的主要任务。一是规划制定要统筹兼顾。充分发挥科学规划的引领作用，积极配合有关部门，制定国家储备总体规划和品种目录，合理确定储备规模，有效整合各类储备资源，提高国家储备整体效能。二是制度机制要规范统一。建立健全储备制度，加强中央储备，完善地方储备，落实企业社会责任储备，鼓励企业商业储备，促进各类储备互为补充、协同发展。建立健全收储轮换机制，积极引入市场竞争，严格落实收储轮换计划。按照"先立后破、

国家局张务锋局长在总结大会上讲话

不立不破"的原则，积极稳妥地推进政事、政企、事企分开和管办分离。三是储备管理要分类施策。针对不同品种的性质特点，科学界定功能，建立相应的管理模式、运营方式和技术规范，实现由粗放式向精细化的转变。强化重要战略物资政府储备，完善国家石油储备管理体制。关于改革完善体制机制和加强粮食储备管理，国家发改委和国家局按照有关要求，进行了深入调研，拟订了改革方案，正在与各部门会商。经报审印发后，要认真执行。

（二）大力实施国家粮食安全战略。这是保障国家粮食安全和物资储备安全的重要内容。要准确把握好"多"与"少"、"质"与"量"、生产与流通、当前与长远、国内与国外、政府与市场之间的"六个关系"，立足部门职能，找准结合点和突破口，选好载体抓手，着力推动粮食供求平衡向更高层次和更高质量跃升。一是稳妥推进粮食收储制度改革。巩固玉米价补分离改革成果，完善稻谷、小麦最低收购价政策，充分发挥市场机制作用，切实维护种粮农民利益；加快消化稻谷、玉米等政策性粮食不合理库存。二是创新完善粮食宏观调控。重点是从注重总量向数质并重转变，从侧重收储环节向统筹"产购储加销"各环节转变，从指令型调控向综合型调控转变，增强调控的前瞻性和有效性。办好中国粮食交易大会，搭建多层次的粮食产销协作平台。三是大力推动粮食产业高质量发展。坚持产业链、创新链、价值链"三链协同"，统筹建好示范市县、产业园区、骨干企业和优质粮食工程"四大载体"，加快实现创新发展、转型升级和提质增效，构建现代化产业体系，建设粮食产业强国。完善粮食质量检验监测网络，积极稳妥地开展第三方试点。四是严格粮食安全省长责任制考核。科学制定考核标准，强化过程考核与结果运用，增强针对性和实效性，发挥好考核"指挥棒"作用。

（三）**不断提升国家储备应对突发事件的能力**。这是保障国家粮食安全和物资储备安全的关键一环。一要提高监测预警能力。着眼全局，面向需求，加强粮食和战略物资市场监测。对苗头性问题要敏锐捕捉，及时跟进，强化分析预判，为党中央、国务院决策当好参谋，为宏观调控提供可靠依据。建立国家粮食和物资储备应急指挥调度平台，实现统一指挥、快速响应、高效协同。二要提高应急处置能力。修订各类突发事件应急预案，加强技术培训与应急演练，完善粮食应急保供体系。三要提高协同保障能力。健全储备分级动用机制，加强同有关部门和地方政府的会商协作，促进中央储备与地方储备、实物储备与能力储备的协调互补。

（四）**全面加强粮食流通和物资储备基础设施建设**。这是保障国家粮食安全和物资储备安全的基本条件。一是建好用好储备设施。编制国家储备基础设施建设规划，调整优化设施布局，加强军民融合和资源能力整合，加快能源储备基地等项目建设进度。二是加强信息化建设。大力推进"互联网+"行动，持续推动仓储智能化，充分利用国家粮食和物资储备信息管理平台，实施"智慧粮食"和"智能储备"，促进信息技术与储备业务深度融合。三是强化科技创新引领。大力实施科技兴粮、科技兴储，支持建立科技创新联盟，搞好仓储物流、质量安全和绿色储粮、精深加工等关键技术创新。

（五）加快提高依法管粮管储水平。这是保障国家粮食安全和物资储备安全的法治支撑。一要大力推动立法修规。加快推进粮食安全保障立法和《粮食流通管理条例》修订，积极做好粮食储备、物资储备等立法修规论证工作。二要理顺完善监管体制机制。探索实行分类分级监管，着力压实企业主体责任、部门行政监管责任和地方政府属地管理责任。改革完善国家储备监管体制，推动建立中央储备粮棉特派监管制度，加大在地监管执法力度。对涉粮涉储违法违规案件，要动真碰硬，严查深究。三要创新方式加强监管。全面推行"双随机、一公开"，做到日常监管和跨区域交叉执法检查、专项检查、突击抽查相结合，突出抓好政府储备数量、质量和安全储存的执法监管。要按照国务院办公厅新近发出的61号文件的要求，扎实开展全国政策性粮食库存数量和质量大清查，先行试点、创新方法，摸清底数、掌握实情，全面消除安全隐患。

三、强化担当砥砺奋进，推动"深化改革、转型发展"取得更大实效

一分部署，九分落实。新路是闯出来的，事业是干出来的；不干，半点马列主义都没有。要认真落实国家局党组关于"讲政治、顾大局，抓重点、出亮点，争主动、真落实，高标准、严要求，多添彩、不添乱"的总体要求，持之以恒转观念、转方式、转作风，确保各项举措落地见效。

第一，坚持以政治建设为统领。要把政治建设摆在首位，严明纪律规矩，坚决做到"两个维护"，有令即行、有禁即止。要坚持不懈地用习近平新时代中国特色社会主义思想武装头脑，用心学习领悟，经常"对表"、忠诚践行。要提高党员干部的政治觉悟、政治能力，始终在政治上站得稳、靠得住、信得过。要按照规定要求和规划安排，认真开展巡视工作，强化政治巡视作用。要紧紧围绕中心工作，在大局下谋划、在大势中推进，自觉服从服务于改革发展全局。

国家局领导同志为大讨论活动优秀组织单位授牌

　　第二，抓好班子带好队伍。要加强领导班子自身建设，扛起主责、抓好主业、当好主角，提高把方向、管大局、保落实的能力，把党的全面领导贯穿到工作的各个方面。国家局党组要按照中央精神，把握好全系统的改革发展方向；各级各单位党组织要团结带领广大基层党员干部职工，全力以赴抓好创造性落实。要坚持以好干部标准为引领，鲜明树立重实干凭实绩的用人导向，激发干事创业的热情，营造人才辈出的氛围。要通过专题培训、轮岗交流、"传帮带"等方式，突出执法监管、储备安全、质量检验、信息化建设等方面，培养干部专业能力、补齐知识短板。要优化干部队伍结构，大力发现培养选拔优秀年轻干部。要以上率下、扶正祛邪，管好自己的人、办好自己的事，树立崇尚学习、注重实干、维护团结、清正廉洁的良好风气。

　　第三，担当作为，真抓实干。在全系统大力倡导敢于担当、善谋实干、锐意进取的精神，进一步激发干事创业的正能量，不断提高部门创新力、执行力、公信力。敢于担当，就是要有舍我其谁、当仁不让的劲头和"功成不必在我，功成必定有我"的气魄，勇挑重担、迎难而上，啃"硬骨头"、当"急先锋"。善谋实干，就是要大兴调研之风，因势而谋、谋定后动，以改革的精神、创新的办法、法治的手段，谋大势、求突破、抓亮点；沉在一线，扑下身子，"踏石留印、抓铁有痕"，推动政策举措落地，事事有着落、件件不落空。锐意进取，就是要自我加压、高点定位，攻坚克难、善作善成，干则必成、争创一流，力戒差不多、一般化，决不能低标准、低水平、"瓜菜代"。要实行正向激励和容错纠错制度，为担当者担当，让实干者实惠，充分调动广大干部职工的积极性。

第四，压实责任，筑牢底线。深化改革、转型发展，安全稳定廉政是前提和保障。对此，国家局党组以专题的形式做出部署，近期又研究拟订了关于加强安全稳定廉政工作的决定。要践行"约法三章"，逐级落实责任，一抓到底，不留"死角"。要扎实开展安全隐患排查整治，做到全覆盖、零容忍，即查即改、彻查彻改。当前正值暑期汛期，出入库作业量较大，要强化安全措施，严防储存安全事故和生产安全事故的发生。要及时回应诉求，化解矛盾，维护稳定局面。要严格履行"两个责任"，严密防控廉政风险，严肃查处违纪违法案件，始终保持惩治腐败的高压态势。

同志们，深化改革再启征程，转型发展势在必行。让我们更加紧密地团结在以习近平同志为核心的党中央周围，不忘初心、牢记使命，与时俱进、开拓创新，加快推进"深化改革、转型发展"，全力保障国家粮食安全和物资储备安全！

（本文根据作者在全国粮食和物资储备系统"深化改革、转型发展"大讨论活动总结大会上的讲话摘编）

向深化改革要动力　以转型发展增活力

曾丽瑛

　　根据国家局党组统一部署，局党组成员、副局长曾丽瑛分赴吉林省和内蒙古自治区，围绕"加快推动深化改革、转型发展，进一步提高部门创新力、执行力、公信力"进行专题调研。调研组先后到吉林市东福集团公司、四平市粮库、通辽市科尔沁区繁盛西伯农机种植专业合作社、赤峰伊品生物等 13 个粮食购销、加工企业和储备库点、新型粮食经营主体进行实地走访，召开多场座谈会，广泛听取各方面意见和建议。

一、吉林、内蒙古深化改革、转型发展主要做法

　　一是积极推动粮食收储制度改革。吉林省建立粮食收购联席会议制度，推进玉米收储制度改革，紧紧围绕"有人收粮、有钱收粮、有仓收粮、有人卖粮、有人买粮、有车运粮"等关键环节出台组合政策，探索形成了政府引导、风险共担、市场运作、粮贷挂钩的市场化粮食收购新机制，设立信用保证基金 8 亿元，组织 1200 个收购主体，培训 3000 余名粮食经纪人，共同参与玉米收储，没有出现农民卖粮难的情况。吉林市开办 12 户"粮食银行"试点，内蒙古开办 19 户"粮食银行"试点，引导粮食企业与金融机构合作，推进一二三产业融合发展。粮食银行服务一

产，破解农民卖粮难；助推二产，拓展收储企业链条；增效三产，提高购销能力和效益，增强收储盈利能力。内蒙古呼伦贝尔农垦乾森"粮食银行"，通过粮食质押贷款为粮食经纪人、经销商、加工企业融资15825万元，收购小麦37719吨、油菜籽5563吨、玉米88360吨。

二是推进企业产权制度改革，推动国有粮食企业转型发展。吉林省发挥所属国有粮食企业的地域、资源优势，与京粮集团深度合作，共同出资组建跨省市区域合资合作的国有粮食企业，培育行业龙头企业，实现了粮食产销的深度开发与融合发展，构建起了特殊时期东北至北京大米12小时进京应急保障机制。内蒙古粮油交易中心开展国有控股企业改革试点，在呼和浩特市南郊粮库开展混合所有制改革试点，在满洲里市开展集团化改革试点。通过改革试点的示范带动作用，带动粮食市场主体转型发展，促进国有粮食企业提质增效。

三是积极开展"中国好粮油"试点，促进玉米深加工产业发展。吉林省大力打造梅河口、公主岭、榆树、舒兰等9个"中国好粮油"示范县，培育和壮大具有核心竞争力和行业带动力的骨干企业，深入挖掘玉米加工的食用价值、饲用价值、药用价值和工业价值，研发新产品、改造生产工艺、建设营销渠道，引导企业调整产品结构、延伸产业链条，提高产品附加值。内蒙古赤峰市大力扶植内蒙古伊品生物科技有限公司等玉米深加工企业，鼓励支持企业研发生产玉米淀粉、赖氨酸、苏氨酸等深加工产品，加大玉米转化力度。据介绍，伊品公司2018年将转化玉米80万吨，2019年将达到180万吨，50%的产品将出口到国外。

四是推动产村融合发展，促进农民就业增收。吉林省吉林市积极推动东福集团有限责任公司与大荒地村合作建设产村融合试点工程。东福集团是村企合一的乡村企业，村民以土地承包权入股企业，既是企业股东，又是企业员工。东福集团一方面依靠农村、农民的资源优势生产优质粮食，开展科技研发、生物肥研制、绿色有机水稻种植、加工、仓储销售等粮食产业链一体化经营，同时发展种植采摘、旅游观光、休闲娱乐等第三产业，企业快速发展壮大；另一方面，企业创建了村民"就地就业、就地医疗、就地养老、就地上学、就地购物"和"离土不离乡，上楼不失地"的就地城镇化发展模式，为村民建设住房、养老院、活动站等福利设施，推动乡村建设和发展。东福集团将粮食产业发展与乡村发展融为一体，相互推动发展，近年来村民通过土地流转和农民就业，年均收入达到2.8万元，远远超过自营土地收入。内蒙古赤峰凯丰商贸有限公司开创了另一种形式的产村融合发展模式，公司位于翁牛特旗西部的毛山东乡，创办了7家农民新型合作组织，把农户联结起来，与1500多户农户建立了紧密联结机制，采取"公司＋合作社＋基地＋农户"等模式，发展订单基地3万亩，托管土地5万亩，为农户从事粮食生产做出保资金、保产业、保增收的"三保"承诺。公司将粮食产业发展和乡村发展结合起来，以产业发展帮助农民脱贫致富。据介绍，合作社社员比非社员增收2000元以上，使301人稳定脱贫。公司还利用350万元扶贫资金和部分自有资金建设乡村脱贫发展项目，为贫困户提供高薪就业机会，使他们获得稳定的工资收入，使1111户贫困户户均实现增收315元，彻底摘掉贫困户帽子。

五是建立产业联盟，推动粮食行业转型发展。吉林省组织林江农业、东福米业、松粮集团等33家大米生产企业、销区渠道商以及专业品牌策划运营机构等成立了吉林大米产业联盟，合力创树稻花香、秋田小町等优质吉林大米品牌，开展品牌化运营，确保质量提升。经过一年的运营，吉林大米产业联盟在发展优质大米、创树品牌、提质增效等方面都取得了积极成效。内蒙古通辽粮食行业商会是拥有47家民营粮食企业的行业组织，经过几年发展，已形成粮食产业联盟。据商会秘书长刘秀琴介绍，商会推动农户实现土地集约化、规模化生产；组织企业到两广、两湖、北京等地考察，发展新客户；引导企业开展"粮食银行"试点，创新融资方式，如"核心企业＋粮食经纪人""互惠连保""助保贷""押监融"等，帮助企业解决粮食收购和发展资金不足等问题；注册"通辽黄玉米"地理标志商标，创建共有名优品牌；购买铁路敞顶集装箱，解决铁路"最后一公里"运输问题。在商会的推动下，企业之间形成互助相帮、资源共享、抱团发展的关系，每个企业都得到了较快发展。

二、多措并举，切实增强粮食部门创新力、执行力和公信力

一是创树知名品牌，提升服务水平。吉林省以推动粮食行业发展和农民增收为目的，以创建大米品牌为突破口，突出东部火山岩大米、中部黑土有机大米、西部弱碱大米三大系列和"吉林稻花香""吉林长粒香""吉林圆粒香""吉林小町"四大品种特点，聚合区域品牌和企业品牌，形成完整的"吉林大米"产品体系；建立"吉林大米"质量安全可追溯平台，从源头上保障品牌产品品质；深入挖掘"吉林大米"品牌文化内涵，通过《粮油市场报》《中国食品报》等主流媒体加大对"吉林大米"品牌的报道力度，提高品牌市场知晓度和美誉度；实施"互联网＋吉林大米"战略，开展品牌销售，实现了品牌水稻售价翻倍，带动农民增收 10 亿元以上。

二是坚持问题导向，帮助粮食企业降成本增效益。针对粮食企业融资难、融资贵、成本高的突出问题，内蒙古建立玉米收购贷款信用保证金制度，创建了政府、银行、企业互利共赢、风险共担的新机制，政府、企业分别出资 3 亿元和 4.5 亿元建立信用保证基金，推动银行向 43 户企业发放贷款 9.7 亿元，解决企业玉米收购资金不足问题。内蒙古通辽市出台《关于进一步促进企业降成本增效益的实施意见》，降低企业用地、用电、税费、融资、物流、科研等成本，支持企业延伸产业链条，提高就地转化能力，实现农企利益联结。

三是切实抓好责任落实。吉林省积极适应粮食购销市场化改革形势，以粮食库存监管、质量安全监管、生产安全监管、流通秩序监管为重点，建立完善规章制度。将地方政府属地监管责任、粮食部门行业监管责任、粮食企业经营主体责任组合形成责任体系，综合推动落实。各级粮食部门层层签订粮食安全责任书，形成纵向到底、横向到边的粮食安全责任落实机制，综合运用网格管理、领导包保、巡视督导等措施，将责任分解层层落实到人，确保每项工作都有人抓、有人管、有人负责。

四是切实做到依规执法、严肃执法。吉林省增强依法行政意识，树立"法定职责必须为，法无授权不可为"思想，注重解决行政执法缺位、错位、越位问题；完善执法体系，建立市县粮食执法联动机制，有效推进粮食执法工作进程；创新执法方式，建立健全跨部门综合协调机制，严格落实"双随机、一公开"要求，坚持做到"有仓必到，有粮必查，查必彻底"。吉林市在"打非治违"专项整治行动中发现安全隐患 327 项，全部整改落实到位。内蒙古赤峰市粮食局 2017 年会同有关部门开展了储粮库存检查、"大快严"集中整治等六次专项检查，彻查风险隐患，查实查细、不走过场、不留死角，对发现的隐患立行立改。

三、调研发现主要问题

一是粮食部门职能定位不清晰。一些基层粮食部门在市场化改革中职能转变方向不明确，对管什么、怎么管、谁来管等问题认识还不清楚。在推进粮食行业转型发展中，对"向哪转""转什么""如何转"认识不清。

国家局曾丽瑛副局长（左二）在内蒙古自治区
围绕推动粮食行业"深化改革、转型发展"开展专题调研

对在新形势下如何更好地服务于种粮农民、消费者、经营者，办法不多，能力不强。

二是有些国有粮食企业改革滞后，转型发展难度较大。由于政策性粮食收储机制在运行中积累的问题，一些国有粮食企业产生了新的"三老"（老人、老账、老粮）问题，严重制约了公司转型发展。以收储政策性粮食为主要业务的粮食企业，临储玉米销售即将完毕，拓展新业务受经营能力、资金不足等因素制约，转型发展难度大。

三是粮食产业发展还需进一步加快转型升级步伐。吉林和内蒙古都具有自然资源禀赋，优质粮源优势比较突出，在发展优质粮食方面做了积极探索，但对发展粮食产业经济认识不到位，忽视了优质粮食加工转化等关键环节，粮食产业经济发展滞后，粮食产业转型升级相对缓慢，优质粮食供给不足，难以满足消费者消费升级需求，优质粮源优势没有很好地转化为经济优势。

四、下步工作建议

进入新时代，粮食行业面临的主要问题已由供给不足转变为普通粮食阶段性过剩和优质粮食供给不足并存的结构性问题，主要矛盾表现为消费者对优质粮食的需求和粮食产业发展不平衡、不充分之间的矛盾。要充分发挥粮食流通对生产的导向作用和对消费的引领作用，大力实施"优质粮食工程"，着力提高粮食品质，调优产品供给结构，培育新的增长点，形成发展新动能，更好地满足城乡居民从"吃得饱"向"吃得好""吃得安全""吃得健康""吃得营养"转变的需求。

（一）进一步加大力度，促进粮食行业转型发展

一是积极创树共同品牌，引领粮食产业转型发展。吉林省吉林市树立"吉林大米"品牌推动优质粮食发展的做法给了我们很好的启示，粮食产业发展要以发展优质粮食产品为基础，创树名优品牌，引领产业发展。要突出产品提档这个前提。引导企业以市场需求为导向，调优产品结构，开发绿色有机优质粮油产品，增加多元化、定制化、个性化产品供给，

挖掘品种、区位、文化优势，精心打造优质粮食产品系列。要抓住品牌运作这个重点。积极实施"公共品牌＋企业品牌"战略，坚持政府推动、协会主导、企业主体、市场运作，形成合力，共同打造公共品牌。要完善品牌粮食产品的标准、检验检测和质量追溯体系，不断提高品牌产品质量水平。要强化品牌化、网络化销售这个关键点。推行线上、线下协同发展，大力发展直营店，推进优质粮油品牌产品进社区、进乡村、进超市、进军营、进学校，发展互联网营销，构建优质粮食网络销售平台，扩大产品销售范围，进一步提升品牌知名度。

二是推动粮食产村融合发展，积极服务乡村振兴战略。在村镇，特别是在主产区的村镇，推动粮食产村融合发展是实施国家粮食安全战略和乡村振兴战略的重要切入点。通过推动粮食产村融合发展，有利于形成以粮食产业发展带动乡村建设发展、以乡村建设发展助推粮食产业发展的良好局面。一要明确"一产是基点，二产是重点，三产是亮点"的定位，推动粮食一二三产协同发展。二要引进粮食龙头企业入村发展，大力发展粮食加工业，以优质粮食加工为引领，带动乡村优质粮食产业化发展。三要创新农村土地流转模式和农民参与机制、政策激励机制、投入机制、管理机制，激发农户参与粮食规模化种植的积极性，为粮食规模化、优质化经营提供支撑。四要促进优质粮种植与生态文明相结合、与文化旅游相结合、与休闲娱乐相结合，发展与粮食产业相关的第三产业，发展"互联网＋"等新模式、新业态，转变粮食产业发展方式，培养新的增长点，使产业转型升级、企业提质增效与农民就业增收紧密结合起来。

（二）推动企业转型发展，促进企业提质增效

一是积极推进国有粮食企业产权制度改革，提升粮食企业市场竞争能力。着力解决困扰国有粮食企业发展的新"三老"问题，盘活企业厂房、土地、仓储物流等优质资源，增强国有资产活力，提高盈利能力，增强企业发展实力和竞争优势。推动国有粮食企业产权改革，鼓励国有粮食企业跨地区、跨所有制资产重组，促进国有资本、集体资本、非公有资

本交叉持股，相互融合，加快混合所有制粮食企业发展进程。加强与其他企业之间的合作，促进企业内外优势资源结合，引入其他企业好的经营机制和模式，拓展新业务，转变经营机制和方式，提高经营效益。在着重解决国有粮食企业政企不分问题的同时，以资本为纽带，组建区域性国有粮食企业集团，做强保障粮食供给、稳定粮食市场、建设产业强国的载体抓手。要重点关注收储制度改革、取消政策性收储任务地区国有粮食企业的改革转型工作，切实发挥基层主观能动性，不断探索好经验、好做法。

二是积极建设粮食产业联盟，服务企业提质增效。针对粮食企业规模小、实力弱的实际，充分发挥粮食行业协会、商会积极作用，促进企业建立紧密或松散型的粮食产业联盟，取长补短，形成合力，抱团发展，切实解决中小粮食企业资金、信息、人才、市场等方面的问题。按照"专业人做专业事"的原则，指导企业开展战略合作，增强业务对接性，建立完善"资源集结，业务对接，收益共享"的工作机制。通过"企业＋农民专业合作社＋农户""企业＋农户"等模式，加强与农民的联系。推进粮食种植、购销、仓储、加工一体化经营，延长产业链，打造共同品牌，提高产品质量，增大盈利空间，促进企业提质增效、农民就业增收。鼓励产销区企业以资产为纽带加强"联合、联盟、联营"，组建跨区域粮食企业联盟，深化产销衔接。

（三）加强行业监管和服务，提升粮食部门公信力

一是建立行业信用体系，加强对企业的监管。依托粮食行业信息化建设平台，建立与国家信用体系和工商综合监管相连相融的行业信用监管体系，制定粮食经营者信用信息管理办法，将涉粮经营主体纳入信用平台，提高监管规范性、公正性和透明度。依据企业信用记录，实行企业信用风险分类管理，分级防范风险。完善经营异常名录和严重违法失信企业名单制度，对粮食流通领域严重违法失信企业实施联合惩戒。通过"互联网＋监管"方式，推动后台监管、远程监管、自动巡检、过程监控等方式的广泛运用，提高粮食流通监管信息化、智能化水平，实现

从单一"人防"到"人防""技防"相结合。

二是借助互联网技术，强化行业服务。建立粮食行业信息资源目录体系和数据交换共享机制，形成粮食行业统一、公共的数据资源池和大数据库，实现全行业各系统、各类数据来源的集中整合和统一存储管理，利用行业大数据资源提升宏观调控、行业监管以及公共服务的精准性和有效性。推动省级粮食电子交易平台、大型粮食及农副产品交易平台与国家平台对接，建设统一、权威的信息与交易平台。建立信息公开制度，实现涉粮信息共享化、业务协同化。利用互联网技术和大数据资源，加强粮食产业链上下游环节资源共享、信息共享，促进各环节业务对接、协调发展。

创新思路举措　完善宏观调控

卢景波

　　"深化改革、转型发展"大讨论活动期间，国家局党组成员、副局长卢景波赴安徽省专题调研粮食宏观调控工作思路、重点任务、创新举措，与安徽、黑龙江、江苏、江西、湖北 5 省粮食局负责同志座谈，深入讨论"粮食形势怎么看、宏观调控怎么办、重点工作怎么干"，并走访基层粮食企业，督导调研秋粮收购工作。

一、安徽等省秋粮收购工作进展顺利

　　从调研座谈和走访了解的情况看，安徽等省 2017 年秋粮收购主要特点是：工作措施实、收购进度快、市场价格稳、市场化收购比重上升。2017 年秋粮上市以来，安徽省委省政府高度重视，主要负责同志先后 10 次作出指示批示，分管负责同志主持会议专题研究、作出安排部署，深入一线调研指导收购工作。粮食部门认真落实国家粮食收购政策，提前谋划、及早安排，采取下发文件、召开会议、督导调研等方式，抓好各项政策措施的落实。截至 2017 年 11 月 30 日，全省累计收购中晚稻 115 亿斤，同比增加 22 亿斤；其中，最低收购价收购 38 亿斤，同比减少 2 亿斤。目前，该省普通品种中晚籼稻、粳稻市场均价分别为每百斤 135 元、147 元，基本稳定在最低收购价水平上下；优质稻比普通稻高 5～10 元，高于最低收购价。

调研座谈中，黑龙江、江苏、江西、湖北省粮食局反映，收购进度总体较快，政策性收购数量同比减少，市场化收购数量增加，普通稻价格较低，优质稻价格优势明显。江苏、江西 2 省分别累计收购中晚稻 97 亿斤、62 亿斤，同比增加 28 亿斤、19 亿斤，其中市场化收购量分别增加 30 亿斤、20 亿斤。黑龙江省最低收购价收购量同比减少 186 亿斤，湖北省减少 27 亿斤。江苏省南粳 9108、5055 等优质稻比普通稻每百斤高 6~12 元。

二、粮食宏观调控工作亮点较多

调研座谈中了解到，各地结合实际探索创新，履职尽责扎实推进，粮食宏观调控工作成效明显，一些做法值得推广。

（一）江苏省推广"满意苏粮"手机 APP（手机软件），农民卖粮进入"指尖时代"。江苏是经济大省、农业大省、粮食大省，是粮食流通信

国家局卢景波副局长（左二）在安徽省
针对粮食宏观调控、秋粮收购等工作开展专题调研

息化试点示范省，粮食部门主动顺应农业供给侧结构性改革，探索"互联网＋粮食"，开发推广"满意苏粮"APP。农民卖粮进入"指尖时代"，足不出户即可预约售粮，手机导航到库交粮，对缓解"卖粮难"、促进优粮优价、帮助农民增收发挥了积极作用，深受基层政府、粮食企业、种粮农民欢迎。工作中，江苏省做到了管理员培训、基础信息修订、管理制度落实、技术宣传推广"四个到位"，为农企双方提供库点、质价、预约等即时信息服务。结合大讨论、大走访、大调研，手把手教基层企业职工和种粮农民安装使用。"满意苏粮"APP共对接省内近1700家企业、2200多个库点、2.46万个种粮大户。截至2017年11月底，通过"满意苏粮"APP组织收购粮食30亿斤，占收购量的40%以上。

（二）江西省发布适销对路的优质粮品种，引导种植结构优化调整。为解决粮食生产不适应市场需求、大路货过剩、优质粮不足等问题，实现"优质不优质，市场说了算"，江西省粮食局深入开展市场调研，根据市场需求选定"质优、价高、畅销"的粮食品种，在春播前推介发布。这种做法充分发挥了粮食流通对生产的引导作用，取得了明显成效。2017年发布了5个优质早稻、15个中晚稻品种，推介品种种植面积近2000万亩，占全省稻谷种植面积的40%。这些品种市场价格每斤比普通稻高10%以上，帮助农民增收20多亿元；市场认可度高，满足了消费者多元化需求；通过市场化购销，有效减轻了政策性收储压力。

（三）部分省积极探索粮食动态储备轮换机制，形成了政府财政开支减少、宏观调控能力增强、企业经营能力提高的"多赢"局面。江西、湖北等省创新储备粮管理模式，由加工企业实行动态滚动轮换。财政部门仅支出利息和轮换费用，节省了保管费用，提高了财政资金使用效率。粮食部门实现了储备粮常储常新，消除了轮换亏损，增强了对企业的调控能力。加工企业节省了周转资金，降低了经营成本，服务国家宏观调控的自觉性也得到了提高。江西省为动态储备的每个货位都安装了摄像头，实行全方位实时在线监控，并委托第三方机构进行年度考核，实行末位淘汰制，确保管理规范、数量真实、质量良好、储存安全。调研中，承担动态储备任务的加工企业表示，对政府储备粮不敢、不能、不想擅自动用，必须管住管好，坚决服从政府调控。

（四）安徽省打响产业经济攻坚战，粮食宏观调控能力水平进一步提高。安徽省优化支持政策，实施品牌战略，推进"放管服"改革，突出项目带动，加快发展粮食产业经济，提升粮食宏观调控和国家粮食安全保障水平。产粮大省、产粮大县奖励资金中有 2000 万元用于粮食产业化建设，并正在筹备设立粮食产业基金。提升产业园区集聚功能，引导支持企业全产业链发展，组织粮油加工机械展、粮食产品展销会，扶持企业做大做强，探索健全"粮食银行"，促进粮食就地加工转化。截至 2017 年 10 月末，全省粮油加工业总产值 2100 多亿元，同比增长 10% 以上；国有粮食购销企业土地变性确权率 68%，同比增长 15%；盈利 2.7 亿元，同比增加 5200 多万元。粮食仓储物流、质量检验监测、产后服务体系、信息化建设项目全面实施，为精准调控奠定了坚实的硬件基础。粮食流通支持政策日益健全，粮食产业链逐步延伸，粮食企业经营能力进一步增强，粮食供应应急保障体系基本形成，为宏观调控打造自身软实力。

三、粮食宏观调控工作思路和重点

调研组认为，完善强化粮食宏观调控，前提是全面客观分析形势，基础是打造现代化粮食仓储物流等硬件，核心是促进粮食供求平衡和市场基本稳定，关键是明确总体思路，重点是创新工作举措。

（一）粮食宏观调控面临的机遇和挑战

总体来看，当前粮食流通工作良好基础和风险隐患并存，战略机遇和矛盾问题交织，改革窗口期和转型攻坚期叠加。这些新形势、新特征，是我们完善强化粮食宏观调控必须牢牢把握的前提和基础。

（1）中国特色社会主义进入新时代，经济已由高速增长转向高质量发展阶段，我国社会主要矛盾已经转化为人民日益增长的美好生活需要和不平衡、不充分的发展之间的矛盾，粮食安全主要矛盾从总量不足转化为结构性矛盾。新时代对落实国家粮食安全战略、创新和强化粮食宏观调控提出了新要求。

（2）党中央国务院高度重视粮食工作，农业供给侧结构性改革和粮食收储制度改革深入推进，我国粮食生产实现连年丰收，粮食储备充足，为经济社会持续健康发展奠定了坚实基础。特别是近年来全国粮食系统深入实施国家粮食安全战略，认真做好"抓收购、管库存、保供应、稳市场"各项工作，积极推动落实粮食安全省长责任制，加快建设"粮安工程"，大力发展粮食产业经济，启动实施"优质粮食工程"，粮食流通改革发展形势喜人。

（3）粮食供给侧和需求侧均存在结构性失衡矛盾，稻谷、玉米等品种阶段性过剩，库存仍保持较高水平，部分主产区仓容紧张，库存消化困难。特别是在供给侧，多样化、优质化、营养、健康的粮油产品供给明显不足，远不能满足居民多元化、多层次、个性化的消费结构升级的需求，流通对生产的引导作用发挥不够。这些都需要不断增强宏观调控的科学性、预见性和有效性。

（4）国际国内粮食市场深度融合，粮食进口量居高不下，给精准调控、稳定市场、防范风险带来较大压力。玉米当年出现产需缺口，需要提前谋划、稳定生产；稻谷阶段性过剩；小麦产需略有节余，但普通品种过剩，优质品种不足；大豆产需缺口巨大，严重依赖进口。要想实现市场机制有效、微观主体有活力、宏观调控有度，还面临着新的挑战。

（二）粮食宏观调控工作总体思路

认真贯彻落实党的十九大精神，坚持新发展理念，坚持稳中求进工作总基调，围绕实施国家粮食安全战略和乡村振兴战略，以农业供给侧结构性改革为主线，深化粮食收储制度改革，完善强化粮食宏观调控机制，依法履行粮食部门抓收购、管储备、稳市场的行业职责，积极稳妥消化粮食库存，为构建更高层次、更高质量、更有效率、更可持续的粮食安全保障体系提供有力支撑。重点要做好如下工作：

第一，协同推进粮食收储制度改革。当前，粮食流通领域出现的矛盾问题已经影响到了整个粮食产业的运行和发展，改革完善粮食收储制度势在必行。近几年国家分品种施策，先后推进油菜籽、大豆、玉米收储制度改革，有效解决了收储矛盾，取得了明显成效。要按照有利于粮食生产、有利于种粮农民增收、有利于粮食市场稳定、有利于国家粮食安全的总体原则，保留稻谷、小麦最低收购价政策框架，让价格回归市场，适当补贴农民，完善配套政策和操作办法。要提高战略定力，充分发挥市场机制在配置粮食资源中的决定性作用，能够运用市场手段解决的问题，政府不要轻易干预。要更好地发挥政府的作用，提高调控精准性，切实把需要政府管住的管起来、管到位，维护粮食市场良好秩序，确保市场稳定。

第二，**持之以恒抓好粮食收购**。粮食收购是粮食流通工作的首要环节，必须高度重视、提前谋划，认真做好预案、预警、预控工作，及早发现并解决苗头性、倾向性问题，加强舆论引导，稳定市场预期。要优化完善执行预案和具体操作办法，提高收购粮食质量等级，调整预案启动条件和程序，支持主产区粮食就地加工转化，扩大市场化购销，推动由政策性收储为主向政府引导下市场化收购为主转变。积极组织开展市场化收购，指导地方千方百计扩大收储能力，抓好质量不达标粮食收购处置工作，严厉查处"打白条""转圈粮"等违法违规行为，切实保护好农民种粮积极性，确保收购工作平稳有序进行，避免发生大面积农民"卖粮难"情况。

第三，**切实强化粮食储备管理**。进一步加强和完善政府粮食储备管理体系，突出社会效益，坚持问题导向和底线思维，发挥政府和市场"两只手"的作用，实现分类管理和协同运作，着力构建安全可靠、灵活高效、管理规范的国家粮食储备体系，确保储得好、调得动、用得上。要搞好顶层设计，创新管理机制，完善规章制度，加强风险防控，稳妥推进中央储备管理体制改革，不断完善地方储备管理体系，引导企业充实商业库存，推进中央储备和地方储备、政府储备和企业商业库存互为补充、协同联动，加快形成责权清晰、管理科学、运转高效、保障有力的国家粮食储备制度，进一步提升国家粮食安全保障水平。

第四，积极稳妥消化粮食库存。当前，玉米库存消化好于预期，稻谷和小麦库存消化量较 2017 年增加，但仍有一些难题需要破解。要统筹考虑国内外粮食供求形势和收储制度改革进展，因地制宜，分品施策，控制增量，消化存量，标本兼治，加大库存粮食特别是稻谷消化力度。合理适价销售，尽快将部分储存时间较长、品质下降较多的粮食消化完毕。积极配合有关部门研究采取扩大轮作休耕范围等措施，进一步调整优化种植结构，坚决打击粮食走私，为消化库存创造有利条件。

第五，深入开展粮食产销合作。坚持政府推动、市场主导、企业运作，落实粮食产销合作扶持政策，营造公平、公正、公开的市场环境，以市场需求为导向，以经济利益为纽带，构建多形式、深层次、长期稳定的粮食产销合作关系。坚持优势互补、互惠互利、丰歉调剂，发挥产区粮食生产、加工和仓储设施优势，努力为销区提供绿色、优质、安全的粮食；发挥销区市场和资金等优势，支持产区稳定发展粮食生产，巩固销区粮源渠道，促进区域间粮食供求基本平衡，推动粮食产销合作持续健康发展。

第六，发挥信息的引导作用。强化粮情监测预警，合理设置市场信息监测点，健全粮油市场监测网络，加强对国际市场跟踪监测，积极探索适合中国国情、粮情的粮油市场预警模式，建立预警模型，实施先兆预警，做到"未涨先知、未抢先知"。完善重点企业和重点指标数据质量跟踪核查机制，严格日常统计数据质量评估，确保统计数据真实可靠。按期完成"国家粮油统计信息系统"二期开发，实现与国家粮食管理平台对接，运用信息化技术手段深度挖掘统计数据价值，为实施粮食宏观调控提供决策依据，切实发挥好信息引导作用。

切实发挥好科技创新在粮食行业高质量发展中的引领带动作用

黄　炜

坚持以习近平新时代中国特色社会主义思想为指导，认真贯彻落实党的十九大科技强国和创新驱动战略的决策部署，国家局党组作出的《关于全国粮食和物资储备系统深化改革转型发展的决定》，明确提出了"强化科技创新引领"的工作要求。在工作实践中落实好这一要求，需要我们着力聚焦第一动力，突出第一资源，深化对创新发展规律、科技管理规律、人才成长规律的认识，大力推动"科技兴粮"，紧紧围绕解决好"创新依靠谁""动力哪里来""成果如何用"等基本问题，坚持创新链、产业链和价值链"三链"协同，加快构建以企业为主体、市场为导向、产学研相结合的技术创新体系，努力把粮食产业的科技创新提高到新的水平，更好地发挥科技创新在粮食产业高质量发展中的带动引领作用。

一、对焦梳理短板领域，明确粮食科技创新的重点方向

科技创新是现代化经济体系的战略支撑，为实体经济发展提供新技术、新产品、新的商业模式、新的产业生态。党的十八大以来，党中央、国务院高度重视科技创新，做出深入实施创新驱动发展战略的重大决策部署，粮食科技创新发展取得了显著成效，科技创新能力明显提升。科技创新在粮食质量安全、产业经济、绿色发展和国民主食营养健康等方

面发挥着日益重要的作用。但是，立足需求导向，对标国际科技发展前沿，按照粮食产业发展涵盖的各环节，理性审视科技运用和支撑状况，客观分析短板问题，我国粮食科技仍存在较大差距。从满足国家重大科技需求上看，我国粮食供求矛盾已由数量不足转变为结构性矛盾，保障粮食安全的重心已从注重总量规模转向数量质量并重。在满足居民对主食营养健康多元化的消费需求、实现"五优"联动等方面，科技支撑力度仍需加强。从粮食加工产业发展上看，仍存在成品率低、食用率低、利用率低、利润率低、产业链条短的"四低一短"问题；粮食产品可追溯的难题尚未解决，制约了信誉体系建设；粮食过度加工造成损失浪费的局面依然未得到改变等。

国家局黄炜副局长（中）在江苏省就科学谋划改革发展思路举措、加快推进粮食安全保障立法等开展专题调研

为缩短差距，补齐短板，需要认真梳理，做好科技规划，聚焦粮食

行业高质量发展，集中行业科研力量，全面开展创新，尽快取得突破。

（一）**在粮食生产环节**。以保障粮食质量提升、数量安全为重点，推进农业绿色化、优质化、特色化、品牌化发展，开展良种、良法、新模式的技术研发和应用。以市场需求为导向，鼓励优质粮食品种研究开发，探索应用高效、绿色种植技术，依靠科技创新优化土肥条件，实现粮食流通生产联动，引导粮食产区发挥优势特色。

（二）**在粮食收购环节**。以保障粮食质量安全需求为导向，继续开展粮油质量安全检测、监测、预警、控制和追溯技术研发，构建评价体系。重点开展粮油质量安全监测预警与风险评估、粮油质量安全快速检测技术和装备、粮油质量安全控制技术与追溯体系、粮油标准物质、粮油有害物危害机制及防控技术等方面的研究。

（三）**在粮食储运环节**。完善安全储粮基础数据，加快保质储藏关键技术、储粮风险预警技术的科技攻关，提升储粮绿色水平，补齐我国粮食国产机械装备短板。重点开展粮食储藏作业关键技术研究，包括储粮害虫综合治理机理与技术研究、储粮微生物测控机理与技术研究、粮食储藏生态理论和工艺研究、粮食干燥技术与装备研究、粮食仓储物流信息化研究、粮食储运安全生产技术研究等。

（四）**在粮食加工环节**。为构建我国粮食营养健康产品体系、抢占粮食产业价值链高端、推动粮食产业转型升级提供有力支撑。重点开展新型营养健康粮油产品加工技术及装备研发、粮食精深加工与转化技术研究、油脂绿色制造技术研究、大宗粮食适度加工技术与标准研究、粮油加工副产物综合利用研究、主食品产业化技术与装备研究、粮油有益微生物以及生物酶研发等。

（五）**在粮食销售环节**。围绕粮油消费结构升级和优质粮食工程对粮油品质、营养科学的需求，加快形成完善的粮油品质、营养、功能评价和基础理论体系。重点开展粮食品质指标与评价方法、粮食营养健康评价与机理、粮食化学与品质机理、粮油产品营养改善和品质提升技术等方面的研究。加大科普宣传力度，推广科学膳食理念，引导国民健康消费。

二、有效激发市场主体活力，增强科研和生产经营实体的竞争能力

突出以市场化的利益实现制度为纽带，合理配置产学研各主体职能，发挥"科技联盟""创新平台"等科创组织在"政产学研"结合中的纽带作用，加大科研院所与政府部门、生产企业的合作，共同攻克粮食产业经济发展重大技术难题，提升科技成果的市场化转化效率。持续推进企业市场化改革，开展混合所有制改革，鼓励知识产权入股，提升粮食企业研发能力。同时，对标四大粮商运营模式和最新科技研发模式，增强我国粮食企业的科技研发能力，培育国际化的现代粮食企业。

对粮食行业研究机构要建立符合科研规律的有针对性的组织管理机制、绩效评价机制。结合科研机构职责定位，对从事基础前沿研究、公益性研究、应用技术研究开发等不同类型的科研机构实施差异化政策倾斜，完善稳定支持和竞争性经费支持相协调的保障机制。对基础前沿研究类机构，加大稳定的经常性经费支持力度，适当提高人员经费补助标准，保障合理的薪酬待遇，使科研人员回归本位，筑牢粮食科技发展基础。

构建粮食科技成果转化平台，建设和完善粮食行业技术转移体系，探索灵活多样的技术转移体制机制，鼓励企业与科研单位开展多种方式的紧密合作，发展"互联网+"粮食科技创新服务，构建多种形式的粮食产业技术创新联盟，支持建立粮食科技成果综合集成示范，促进科技成果资本化、产业化，加深科技与经济结合紧密度，激发全行业创新创业活力。

加强科技服务机构建设。鼓励粮食行业科研单位、学会组织健全科技中介服务职能，为粮食科技成果交易提供场所、信息平台以及信息检索、加工与分析、评估、经纪等服务。粮油学会等科研团体要利用广泛联系科技工作者的独特优势和已有资源，加强科技成果的推介和转化，推动成果、人才、机构与需求有效对接，促进粮食行业科技进步。国家粮食行政管理部门组织对粮食行业科技中介服务机构进行考核评估，对

运作规范、有发展前途的予以支持。粮食标准化管理部门应组织开展粮食行业的新技术、新工艺、新材料、新产品的标准研究和制修订工作，并积极参与国际标准制修订，为推进先进适用的粮食科技成果转化提供标准服务，全面提高行业技术标准水平。

三、切实发挥人才作用，建立健全体现知识价值的激励和奖励制度

一是完善人才评价制度。坚持正确价值导向，不把人才荣誉性称号作为承担各类国家科技计划项目、获得国家科技奖励、职称评定、岗位聘用、薪酬待遇确定的限制性条件，使人才称号回归学术性、荣誉性本质，避免与物质利益简单、直接挂钩。鼓励人才合理流动，引导人才良性竞争和有序流动，探索人才共享机制。突出品德、能力、业绩导向，克服唯论文、唯职称、唯学历、唯奖项倾向，推行代表作评价制度，注重标志性成果的质量、贡献、影响。注重发挥同行评议机制在人才评价过程中的作用，建立人才分类评价体系，探索特殊人才采取特殊评价标准制度，依据科研人员的学术水平、科技贡献，打造不同层次的科技创新人才队伍，充分发挥现有人才作用，着力培养青年人才，合理引进急需人才。

二是强化体现知识价值的知识产权导向。建立知识产权评议和预警机制，促进创新成果向知识产权转变、知识产权向现实生产力转变。将知识产权拥有的数量和质量，以及专利成果转化的情况，作为科技平台、团队、项目、成果转化基地等认定与考核的重要指标。进一步落实技术要素参与收益分配政策，建立合理的科研院所、高等学校和国有事业、企业单位发明成果所得收益分配制度。

三是建立股权激励制度。鼓励粮食企业充分利用股权出售、股权奖励、股票期权、项目收益分红、岗位分红等方式激励科技人员开展科技成果转化，建立健全职称评定、岗位管理、考核评价制度和收入分配激励等约束机制。鼓励高校、科研院所以科技成果等无形资产作价入股的

企业和国有控股的院所转制企业实施股权及分红激励机制，并放宽股权奖励、股权出售对企业设立年限和盈利水平的限制。探索实施国有粮食企业股权激励和员工持股激励方式，开展粮食企业重要科技人员和管理人员股权和期权激励试点。探索建立有利于科技成果转化的管理体制。

四是实施成果奖励制度。大力实施成果转化奖励制度，培育行业知识产权服务机构，提升知识产权创造、运用、保护和管理能力。鼓励各创新主体主导参与制定战略性新兴产业重大技术标准，增强和提升在国际标准领域的影响力和话语权。

四、强化协同体系建设，着力培养核心技术突破能力

一是融通创新，打破孤岛。解决科研人员"自拉自唱"的科研格局是粮食科技领域面临的突出问题。打破孤岛，推进我国粮食行业融通创新，形成关键核心技术的突破是优化粮食产业结构、培育产业经济新增长点的重要手段。要着力在融通科学和技术、融通科技和经济、融通供给和需求的机制、模式和路径上下功夫，以科技创新引领产业升级、推动粮食产业经济向中高端水平迈进。

二是强化机制，合力攻关。要适应不同需求，立足企业、科研院所、高等学校和其他事业单位等各类创新主体自身优势和特色，积极探索形式多样、多主体合作、多学科融合、多团队协同、多技术集成的协同创新模式。破除体制机制障碍，打破各类创新主体间的体制壁垒，突破科技资源分散重复、效率不高等瓶颈，形成运转高效、充满活力的协同创新组织运行机制。通过建平台、强团队、抓项目、设基地、活机制，构建多元开放、集成高效的协同创新体系，促进各类创新主体深度结合、创新要素有机融合、优质资源充分共享，提升我国粮食行业整体科技创新效能。

三是抢抓机遇，协同发展。当代信息技术革命正加速进行并不断深化，5G和物联网、大数据、云计算、移动互联、人工智能、区块链等新一代信息技术不断涌现，催生出了数字经济、平台经济、共享经济等新

模式新业态，科技革命转化为产业革命的周期越来越短。结合粮食行业特点，加快推进信息化和粮食行业发展深度融合，广泛运用大数据、云计算、物联网等现代信息技术手段改造传统粮食行业，努力实现传统行业在更大范围、更高水平、更深层次上协作创新和发展。

五、切实转变政府职能，营造良好政策环境

一是强化政策支撑。推动政府职能从研发管理向创新服务转变。面向产学研用、大中小微等各类创新主体，对接粮食行业发展重大需求和创新活动的部署、引导，发挥企业在技术创新中的主体地位，落实战略规划、政策标准、重大攻关、评价监管、体制改革、法治保障等职责，夯实环境营造等基础工作，做好创新平台建设和公共服务工作，提升粮食科技服务专业化程度，切实补强创新服务"短板"，引导社会多方力量，整合资源打造粮食科技服务知名品牌，打通科技创新和经济社会发展之间的通道，把"出成果"和"用成果"更有机地统一起来。

二是创新体制机制。通过政府引导、企业引领、科研机构支撑等多措并举，促进科技要素向粮食行业流动，激发全行业的创新积极性。探索科技成果转移转化新模式，充分发挥资本、人才、服务在科技成果转移转化中的主体作用，推动粮食产业经济提质增效。

三是完善创新环境。加快项目评审、人才评价、机构评估等制度建设和改革步伐，建设与粮食行业发展紧密结合，科学、规范、高效的科技评价体系，发挥好评价指挥棒和风向标的作用。建设粮食和物资储备行业信用评价和科技诚信平台，完善诚信管理制度，营造公平竞争的市场环境和良好创新氛围。

四是构建良好秩序。从产地标准化、土地集约化、种植规模化、流通信息化、谷物优质化、主食营养化等方面加强科技创新投入，为我国粮食流通产业在整合小、散、弱的过程中，使低成本竞争走向高质量、规范化、法制化的高效竞争，杜绝劣币驱逐良币的发展倾向，从行政化垄断管理走向市场导向、规模化、企业创新主体化的健康发展之路，以科

技创新提高粮食流通效率，降低商户供应链成本，节约供应链人力资源。

五是增强服务能力。积极搭建粮食行业科技成果、人才、机构对接平台，推动粮食行业科技成果供给端与需求端精准对接。广泛征集、筛选粮食行业科技需求，发布《粮食行业科技需求指南》，引导研究开发机构、高等院校围绕行业科技需求有针对性地开展技术研发与攻关工作；要加强粮食科技信息管理，建立行业科技成果库和科技人才库等信息系统，推广科技成果在线登记汇交系统，发布《可面向企业转化的粮食科技成果目录》《产业技术指导目录》《粮食科技人才指导目录》等，为企业有效对接主动提供信息服务。建立全国粮食科技成果转化交流机制，在每年粮食科技活动周期间，继续组织举办"全国粮食科技成果转化对接活动"，以成果、人才、机构等对接为重点，及时发布转化先进适用的粮食科技成果包。同时，构建网上粮食科技成果转化对接信息服务平台，加强科技成果信息汇总，便于供需双方实时对接。

深入推进"放管服"改革
加快提升部门创新力执行力公信力

韩卫江

　　为加快推动深化改革、转型发展，切实增强部门创新力、执行力、公信力，有效履行保障国家粮食安全的光荣使命，国家局党组成员、副局长韩卫江在大讨论活动期间，分赴江苏、河南、陕西和甘肃四省，开展专题调研。调研组实地考察粮食收储、加工、物流、批发、机械制造、军供等企业及粮食产业园区、保税区等，组织召开相关市县粮食局、粮食企业座谈会，围绕创新管理方式、打造竞争优势等重点问题广泛听取意见和建议，提出了加快推动深化改革、转型发展的措施建议。

一、增强部门创新力、执行力、公信力的做法和成效

　　按照"深化改革、转型发展"大讨论活动的部署，江苏、河南、陕西、甘肃四省粮食部门认真贯彻落实党中央、国务院关于农业供给侧结构性改革、粮食收储制度改革和"放管服"改革的决策部署，切实加快"三个转变"、倡树"三破三立"、推进"六项任务"、强化"三个保障"，为粮食流通改革发展创造良好环境，为全局工作提供有力支撑。

　　（一）以改革为动力，增强创新力。四省粮食部门围绕服务行业、发展产业，充分发挥主动性，不断探索创新工作方式，推动粮食行业转型

发展。

一是创新方式，提升粮食收储服务能力。积极推进粮食收储制度改革，重点优化收储服务，着力解决市场化收购面临的难题。江苏省研发出国内首款方便农民售粮的"满意苏粮"APP，在全省范围内推广使用，对接 1673 家企业、2204 个库点、2.46 万种粮大户，农民售粮迈入"指尖时代"，足不出户即可售粮，该举措被评为全省政务服务改革创新成果。盐城市开展收购精准服务，优先为种粮大户、家庭农场、贫困农户、残疾人、军烈属等特殊对象开展特别服务。淮安市在全市粮食系统打造"满意淮粮"服务品牌，为种粮农户提供更为周到细致的售粮服务。宝应县为全县 500 亩以上种粮大户开辟"绿色服务通道"，组建运输服务车队帮助困难农户售粮。河南省认真开展收获小麦质量调查与品质测报，为有针对性地加强粮食质量安全监管提供科学依据。为解决企业市场化收购融资难问题，江苏省在全省范围内推广建立粮食收购共同担保基金，甘肃省探索建立省直企业粮食收购贷款信用保证基金融资担保机制，陕西省富平县推行以粮食经纪人组成互为担保单元的三户联保。

二是创新举措，推进粮食产业经济发展。在品牌建设方面，江苏省淮安市自 2016 年起，在现代农业产业发展财政引导资金中专门建立 1000 万元优质稻米产业发展资金，重点支持优质稻米核心基地建设和渠道开拓、广告宣传、推介展销等，引导产业提质增效。淮安市粮食局组织加工企业、育秧企业、销售企业、国有粮库、品牌策划和包装企业等 29 家企业组建"淮安大米产业联盟"，形成从种植、收购到仓储、加工、销售的全产业链融合发展模式，2017 年被中国粮食行业协会授予全国首个"中国稻米产业融合发展示范市"称号。在推进优质优价方面，河南省以"四优四化"为突破口，2017 年组织 8 个试点县粮食部门、省直粮食企业做好优质小麦专收专储工作，动员省直粮食企业和大型加工企业对试点县外的优质小麦开展订单收购，协调省粮食产业投资担保公司加大优质小麦收储资金筹措力度。在产业集聚发展方面，甘肃省按照"一体两翼"布局，根据区域特点，以全产业链为纽带，整合现有粮食生产、加工、物流、仓储、销售以及科技等资源，打造以兰州为中心的中部粮油加工产业园区，建设以天水为中心的陇东南粮油产业集聚区，以甘肃（武威）国际陆港建设为契机，建设"一带一路"武威粮油进出口粮油加工贸易区，引导粮油产业向三大园区汇集，促进粮食产业园成为省粮食局和当地政府实施粮食宏观调控的重要载体。在"互联网＋"方面，陕西省采取以奖代补的方式支持中小微企业发展电子商务，推动"互联网＋粮食"向更高层次发展。在便民营商方面，甘肃省兰州市连续两年将"放心粮店"建设列入市委、市政府为民兴办的实事之一。

三是创新渠道，增强粮食调控能力。在储备粮管理方面，陕西省建立政府掌控社会周转粮食库存参与市场调节的新机制，增强政府掌控社会粮源能力。探索储备粮联动机制和调整省市县储备比例结构，通过新增或调整省级储备静态管理计划，向销区及自然灾害多发市县倾斜，鼓励和引导国有大型粮食企业参与市县级储备结构调整，解决市县级成品储备粮落实不到位、布局不合理等问题。省级储备作为市县调控兜底保障，推动市县储备实行动态轮换管理，用好市县级储备，提高管理效益，促进区域粮食产业发展。在利用国际粮食资源方面，主动融入国家"一带一路"倡议，加强与中亚国家合作。甘肃省积极筹办"一带一路"粮食安全高峰论坛暨区域粮食协作会议，支持武威粮食陆港口岸建设。陕西省以建设西安粮食物流枢纽为重点，鼓励和引导有条件的企业到国外开展优质粮食收购和加工，补充国内优质粮食供给，并利用"长安号"国际货运专列的运力资源，打通中亚与我国内陆的粮食物流通道，为引进国际粮食奠定基础。

（二）**狠抓工作落实，强化执行力**。四省粮食部门通过强化制度建设，履行行业管理职能，切实提升执行力。

一是细化实化，增强规划可执行性。江苏省出台建设粮食产业强省的实施意见，细化粮食行业人才发展规划和拔尖人才选拔办法。陕西省出台关于粮食产业集群发展、化解加工业低端过剩产能的指导意见，增强国家粮食行业发展规划的可实施性。

二是转变观念，加强管理制度建设。为解决粮食收储仓容不足问题，江苏省盐城市创造性地将"中央财政产粮大县、超级产粮大县奖补资金用于粮食仓储设施、烘干设施及信息化建设投入低于 50% 的"列入市粮食安全责任制考核办法"一票否决"事项，这一做法被江苏省政府写入政府文件，为确保政策落实提供了制度保障。

三是压实责任，强化流通市场监管。在落实责任制考核、开展执法行动中，江苏省和陕西省积极探索跨行政区域的粮食联合执法。江苏省在淮安、扬州、盐城、宿迁等地建立区域执法协作机制，定期召开收购市场监管协调会，确保实现边界执法无盲区、无漏管、无脱管。陕西省与周边省市粮食行政部门开展联合执法行动，实现执法监管区域联动、资源共享。针对超标粮问题，江苏省切实落实市场监管责任，建立超标粮处置机制，出台《江苏省超标粮食处置办法》，防止不符合食品安全要求的粮食流入口粮市场，维护"舌尖上的主食安全"。

（三）以政务公开为途径，提升公信力。四省粮食部门推进"互联网 + 政务服务"，及时发布信息，回应社会关切，增强了粮食部门公信力。

一是推进政务公开，提高粮食工作透明度。江苏省大力推进电子政务建设，实行"不见面审批"服务，建立"统一受理、归口办理、限时办结、过错问责"制度，打造便民利民和网络问政的综合平台。河南省推进阳光信访，抓好舆情监测处置，对舆情信息的监测、分析、研判、回应、处置做出明确规定和要求，营造良好的社会舆论氛围。

二是深化信用管理，营造公平竞争环境。在增强粮食经营者守法诚信意识方面，江苏省以构建粮食经营者诚信体系为重点，规范信用信息归集管理，加大信用监管力度。淮安市创新部门联审，进行跨行业、跨部门的互审联审行动，实现粮食企业信用信息共享共管。河南省将粮食企业经营守法诚信评价工作作为粮食安全省长责任制考核的重要内容。陕西省落实违法失信"黑名单"信息共享和联合惩戒机制，推进守信联合激励和失信联合惩戒制度。

三是抓好新闻宣传，树立粮食部门良好形象。四省粮食部门积极利用大众传媒和新媒体，加强与主流媒体沟通，及时宣传相关法律法规及有关政策。江苏省抓住关键时点，在夏秋两季粮食收购、江苏农业科技大会、"世界粮食日"、"全国爱粮节粮宣传周"等重要会议和重大活动期间，把握新闻宣传主动权，提高了粮食部门和行业的知名度、美誉度。

二、当前存在主要问题

粮食部门的创新力、执行力、公信力在推进深化改革、转型发展过程中得到了提升，但也要看到，与人民日益增长的美好生活需要相比，粮食产业发展的高质量、创新产品仍然不能满足消费者需要，模式创新能力仍然不足，行业服务能力距离群众期盼还存在一定差距，部门创新力、执行力和公信力还有较大的提升空间。

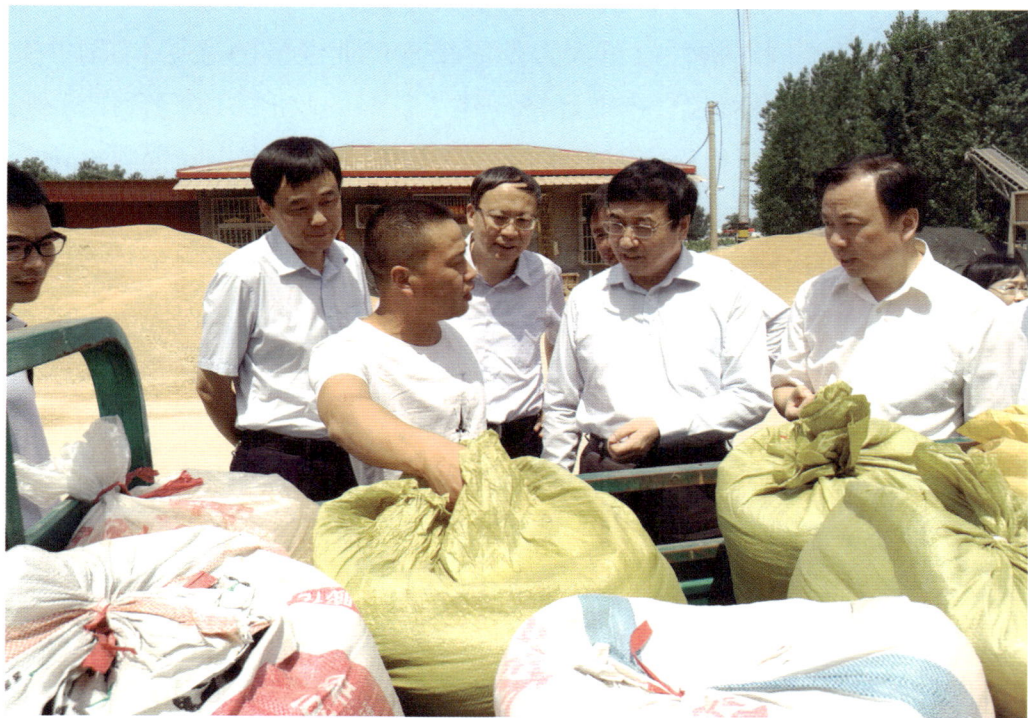

国家局韩卫江副局长（右二）在河南省开展专题调研

一是创新的制度保障不强。部分地方粮食部门反映，政策或机制创新需要突破不适应形势发展的制度条框限制，必须有可靠的政策依据或上位法作为支撑，否则创新非常困难。当前，《粮食安全保障法》等粮食安全保障的顶层法规还在制定，地方政府在粮食立法方面的政策创新积极性不高。比如执法方面缺乏硬性、刚性的法律法规；解决粮食收购贷款融资难和去库存问题有创新举措，但配套的行政规章制度依据不足。2018 年稻谷最低收购价下调，政策性粮食去库存缓慢，影响腾仓进度，也加大了企业融资难度和农民"卖粮难"风险。以融资问题为例，有的省为解决企业粮食收购"融资难"探索了担保制度，但政策性融资担保机构风险与收益不匹配的问题突出，融资担保的风险共担和风险补偿机制不健全，难以形成可持续的经营模式；各级政策性风险补偿资金偏少，对担保机构有效补偿能力不高，政策性扶持力度不强，担保基金的可持续能力缺乏保障，有效运营需要相应的法律环境和制度支撑。

二是利用政策抓手提升执行力的能力不足。《国务院办公厅关于加快推进农业供给侧结构性改革大力发展粮食产业经济的意见》（国办发〔2017〕78 号）为发展粮食产业经济搭建了良好的政府多部门合作机制，粮食安全省长责任制为落实粮食保障责任提供了制度支撑，但目前部分省份还没有探索出适合当地粮食产业特点和发展基础的细化落实方案、政策措施以及符合高质量发展要求的激励机制，粮食产业规模小、链条短、经营同质化问题仍然比较突出，粮食产业发展水平、保障服务能力仍处在较低层次。地方粮食部门以责任制考核推动多部门联合落实政策的能力不足，还没有完全形成以考核为"指挥棒"调度各涉粮部门工作积极性和能动性的工作思路，协同推进区域重点工作对接国家政策规划的手段较弱，多部门政策合力不足。比如，去库存问题涉及与中国农业发展银行、中国储备粮管理总公司等单位的协调配合，粮食质量监管更是一项涉及多部门的系统工程，如果相关部门重视程度不够、落实地方储备不力、部门推诿扯皮，政策执行必然会打折扣，进而影响粮食部门的执行力和公信力。

三是人才队伍建设亟待加强。人才是创新的主体，是推进产业发展的关键因素。现阶段，粮食行业基层职工和专业人才队伍老龄化严重。甘肃省粮食局反映，市县基层职工平均年龄 50 多岁，加上工资水平低，招聘新人难，人才青黄不接，严重影响粮食行业提升创新力和执行力。临夏州、陇西县等地多数职工月均收入在 1000~2000 元，武威市最高月收入也不超过 4000 元，粮食院校毕业生就业时不愿选择粮食行业，即使引进人才，也因待遇低、环境差等原因难以留住。符合粮食产业高质量发展要求的复合型人才缺乏现象更为突出，急需加快培养与市场接轨的行业高素质人才、拔尖人才，落实人才保障，提升粮食行业人才队伍整体水平。

三、切实增强部门创新力、执行力、公信力的措施建议

以习近平新时代中国特色社会主义思想为指导，坚持创新发展理念，加强制度创新、粮食产品创新、发展方式创新和行业服务创新，持续深入推进"放管服"改革，以粮食安全省长责任制考核和落实国办发〔2017〕78 号文件为抓手，创新管理方式，增强粮食部门的公信力和执行力，打造竞争新优势，推动粮食产业高质量发展，满足人民对美好生活的新期盼，切实履行保障国家粮食安全的光荣使命。

（一）多措并举，增强创新力。坚持创新引领，以科技兴粮、人才兴粮等工程为载体抓手，不断创新人才工作方式，凝聚各方力量，统筹协同推进粮食行业创新发展。

一是政策创新。应在全面落实"科技兴粮"和"人才兴粮"相关政策基础上，进一步出台有关创新人才激励、科技研发、成果转化、示范区建设等方面的更细化、更具针对性的政策措施，不断营造宽松政策环境，为市场主体松绑，发挥粮食市场主体技术创新和经营管理创新自主性。各地方粮食部门可借鉴江苏省淮安市的做法，出台财政奖补政策，激活主体，激活要素，采取财政奖补、组建企业联盟、搭建"互联网 +"平台、培育线上线下新模式等方式，促进优质粮发展和粮食产业转型升

级。淮安市政府对实施"六统一"（统一品种、统一种植模式、统一收购加工、统一质量标准、统一形象包装、统一对外宣传）方式生产、使用区域品牌包装、销售精品高端大米产品的企业，实施财政奖补，推动粮食产业高质量发展。

二是产品创新。加大优质粮食品种选种育种资金扶持力度，根据市场需要生产优质绿色产品。加大粮食加工技术研发和新产品开发力度，通过产品创新延长产业链、技术创新提升价值链，增强产品和企业的市场竞争力。大力发展小麦精深加工产业，促进稻米产业精深加工技术及智能装备发展，鼓励发展酶制剂、乙烯及衍生物、聚赖氨酸、结冷胶等高附加值产品。探索基因工程、蛋白质工程、细胞工程、酶工程和发酵工程等现代生物技术在粮油加工业的应用。加快完善行业科技创新平台，加快科技创新资源集聚。

三是服务创新。推广江苏省"满意苏粮"APP模式，做好收粮工作的在线预约、在线测算、在线咨询等精准服务工作，充分利用移动互联网、大数据，指导新型经营主体实现优质优价，发挥流通对生产的调节导向作用。借鉴河南省智能化粮库管理模式，搭建平台对接全省智能化粮库，开展大数据监测，提升监管信息化、智能化水平。积极推动"军粮供应、应急供应、成品粮储备、放心粮油、主食产业化"五位一体融合发展，打造民心工程、民生工程，推进粮食军民融合发展，为保障军需民食提供优质服务。

（二）压实责任，增强执行力。积极转变政府职能，形成职责明确、依法行政的政府治理体系，完善考核激励约束机制，加大行政问责和追究力度，保障各项制度、规划、政策有效落实。

一是充分发挥粮食安全省长责任制考核的导向和促进作用。压实"省考""市考""县考"等各层级保障粮食安全责任的考核工作，督促各层级行政首长加强对各涉粮部门的领导，落实保障粮食安全的各项措施。可结合本地粮食行业发展水平和阶段性工作重点，在符合考核总体要求的前提下，适当调整、细化考核内容，突出考核重点，服务考核目标，增强考核的针对性和实用性。借鉴江苏省通过考核财政资金投放领域与比例、政策落实情况以强化责任、促进落实的做法，更好地发挥考核的"指挥棒"作用。

二是细化实化涉粮政策与规划。着力落实国办发〔2017〕78号文件要求，结合当地实情出台有针对性的措施，细化促进粮食产业发展的财政、税收、融资等措施，推动粮食产业发展。同时，要对地方粮食部门的创新进行有效引导和规范，及时对异地储备、成品粮动态储备、社会责任储备等进行明确清晰的界定，出台规范性的管理办法并加强粮食监管，提升粮食产业服务发展能力。

三是大力加强执法能力建设。通过落实粮食安全省长责任制考核，促进地方各级粮食部门机构建设，确保各项职能有组织和人员保障。对问题集中的重点区域，尤其是对政策性库存粮食，应不定期开展清仓查库"回头看"工作，采取"双随机一公开"方式选取中央、市（县）政策性粮食企业进行检查，既保证抽查重点，又保证抽查工作的代表性和针对性。实行通报机制，通报企业自查、县级普查、市级抽查、省级抽查的结果，以过硬的监管和服务，切实提升执行力，取信于民。

（三）深化"放管服"改革，增强公信力。把电子政务建设与推行政务公开相结合，推进政务公开制度化、规范化。以公众服务为中心，在重点事项上坚持"阳光操作"，为办事创业提供更方便快捷的服务，形成政务公开的综合效应。

一是加强信息公开回应社会关切。对各类政务信息，依照公众关注程度进行梳理、整合，形成相关专题后向社会公开。坚持以公开为常态、不公开为例外原则，推进管理公开、服务公开、结果公开。加强对地方粮食部门新闻发布工作的指导，进一步增强信息发布的权威性、时效性。重要政策法规出台后，应及时上下联动和发布解读信息，回应公众关切，正确引导舆情。

二是注重宣传提升粮食部门形象。借鉴河南焦作、江苏盐城和淮安等地的做法，充分利用好网络等新媒体，搭建宣传展示改革创新成果的新平台，展示粮食行业发展亮点，宣传发展典型事例，扩大示范引领效应。利用微信、短信向农民、企业宣传粮食政策，并进行政策解读，使农民、企业及时了解政策动向。政策疑惑得到有效解决，才能拉近政府与企业、农民之间的距离，树立粮食部门良好形象。

三是深化行业征信机制建设。建立完善违法失信"黑名单"信息共享和联合惩戒机制，实现粮食企业信用信息共享共管，增强粮食行业企业相互监督和自律的能力。充分运用评价结果，不同信用等级采取不同监管方式，发挥评价结果效能，为优惠政策扶持、财政资金安排、评先评优等决策管理提供信用信息服务，增强粮食经营者守法诚信意识，营造良好市场环境，不断提升公共服务水平。

守住安全稳定廉政底线
开创物资和能源储备工作新局面

梁　彦

　　物资储备是维护国家安全和发展的重要物质基础，国家物资储备系统自 1953 年建立以来，在社会主义革命、建设、改革伟大实践中发挥了重要作用，全系统广大干部职工秉承忠诚、吃苦、奉献的优良传统，为储备事业改革发展做出了重大贡献。下面，结合学习党中央、国务院、国家发改委党组、国家局党组关于做好新时代物资储备工作的决策部署，以及何立峰主任和张务锋局长关于物资储备工作的重要讲话、指示批示，简要通报物资储备情况。

一、物资储备各项工作取得新进展新成效

　　党的十九大以来，系统上下以习近平新时代中国特色社会主义思想为指导，在国家发改委党组及国家局党组的正确领导下，坚持稳中求进的工作总基调，牢牢把握高质量发展这一根本要求，加强理论武装，坚守安全稳定廉政底线，注重实践创新，坚持机构改革与业务工作两不误、两促进，各项工作稳中有进，取得了积极成效，可以概括为"五个聚焦"。

　　（一）聚焦首要政治任务，深入学习贯彻习近平新时代中国特色社会主义思想。党的十九大确立了习近平新时代中国特色社会主义思想在全

党的指导地位，系统上下各级党组织把深入学习贯彻习近平新时代中国特色社会主义思想作为当前和今后一个时期的首要政治任务。按照党中央以及国家发改委党组、国家局党组的统一安排部署，系统处级以上党员领导干部全部接受党的十九大精神轮（培）训，实现全覆盖。通过学习研讨、专题调研、视频会议、辅导报告、集中宣讲、集中轮训、主题党日活动等多种方式，全系统持续掀起了深入学习贯彻习近平新时代中国特色社会主义思想和党的十九大精神的热潮，进一步增强了坚决维护以习近平同志为核心的党中央权威和集中统一领导的政治自觉与行动自觉。

（二）聚焦守住三条底线，维护安全稳定良好局面。安全是发展的基石，稳定是发展的条件。何立峰主任反复叮嘱要守住安全稳定廉政三条底线，张务锋局长在系统安全稳定廉政工作视频会议上对全力做好安全稳定廉政工作做了全面部署，提出抓安全、保稳定、促廉政的明确要求。系统上下牢固树立安全发展理念，各级党组织研究工作首先研究安全稳定廉政，部署工作首先部署安全稳定廉政，检查工作首先检查安全稳定廉政，层层签订安全稳定责任书，紧盯春节、"两会"等关键时期和敏感时点，组织开展专项督导检查，加大督查力度。2018年上半年，共对10余个管理局30多座仓库进行重点安全督查，指导隐患整治，强化责任落实。石油储备系统全力做好安全管理工作，健全标准规范，加强隐患整治，完善保障措施，提高应急能力，确保了基地安全运行。4月初以来，一直实施重大情况和突发事件日报告制度。一些单位针对群众反映强烈的突出问题，改上访为下访，主动听取意见，化解矛盾，依法依规解决群众合理诉求。建立健全安全稳定廉政台账，加强风险隐患防控，提升精细化、精准化管理水平。2018年上半年，系统上下未发生重大安全生产事故、群体性上访事件等，这是系统上下广大干部职工扎实工作、共同努力的结果。

（三）聚焦深化机构改革，确保机构职能人员平稳过渡。加强和优化粮食和物资储备机构和职能，构建统一的国家物资储备体系，提升国家储备应对突发事件的能力，是一项以习近平同志为核心的党中央着眼增强忧患意识、防范风险挑战、全面加强新时代国家安全能力建设的重大举措。系统上下认真学习、深刻领会党和国家机构改革的重大意义，切实把思想和行动统一到党中央决策部署上，统一到国家发改委党组及国家局党组具体要求上。广大党员干部牢固树立大局意识，严守改革纪律，令行禁止，人员转隶、集中办公、职责交接等顺利推进，国家石油储备、中央救灾物资和储备糖管理职责交接有序进行。目前，干部职工思想稳定，各项工作在有条不紊地推进。

（四）**聚焦年度重点工作，确保各项任务平稳有序实施。**系统上下各级党组织一手抓改革、一手抓重点工作，做到两不误、两促进，着力推进相关物资收储轮换计划的实施。多措并举，着力推动重大工程项目建设取得积极进展，国有资产管理进一步规范，企业、办公用房和国有资产出租出借"三项"清理整改成果进一步巩固。各管理局（办事处）采取重点抽查和盘点等措施，切实加强储备库存监管。截至目前，各类战略物资数量准确，质量合格，储存安全。

（五）**聚焦强化责任担当，推动全面从严治党不断引向深入。**压紧压实管党治党责任，系统上下各级党组织始终把全面从严治党放在更加突出的位置，认真履行主体责任和监督责任，以党的政治建设为统领，全面推进党的政治建设、思想建设、组织建设、作风建设、纪律建设。贯彻落实年度党建工作要点，紧扣党性锻炼的主线，在井冈山举办基层带头人专题培训班，全面提升党性修养、理论素养和综合能力。修订系统党风廉政建设考核实施方案，加强廉政建设责任制执行情况报告。坚持问题导向，更好地发挥巡视审计监督作用，巩固拓展中央专项巡视整改成果。实施基层党建基础行动计划，推动建立条块结合、齐抓共管的党建工作的新格局。扎实推进基层党组织建设，打造贯彻落实党的路线方针政策、党中央决策部署的坚强战斗堡垒，持续推动全面从严治党向纵深发展、向基层延伸。

二、物资储备工作的主要特点亮点

在国家发改委党组、国家局党组的正确领导下，物资储备工作呈现出了一些新特点、新亮点，总体可以概括为"四个结合"。

（一）问题导向与目标导向相结合。系统上下强化问题导向，围绕收储轮换机制不够健全、事业单位内生活力不足、信访举报量居高不下等突出问题，加强与国家发改委、财政部门沟通协调，进一步健全工作机制，优化业务流程；千方百计筹措资金，消除安全隐患；推动储备仓库等企事业单位业务转型升级，强化激励约束机制，激发广大干部职工干事创业热情和干劲；全面落实从严治党两个责任，严肃追责问责。以出现什么问题就解决什么问题的执着，不断向既定目标迈进。

（二）底线思维与红线意识相结合。系统上下贯彻总体国家安全观，深入贯彻落实"增强忧患意识、防范风险挑战要一以贯之"的要求，牢记"物资储备维护国家安全"的宗旨使命，始终把构建国家物资储备体系作为主攻方向，增强储备实力、优化库存结构，夯实国家储备应对风险挑战的物质基础。紧紧围绕推动高质量发展，各级党组织和全体党员干部牢记何立峰同志提出的"安全不出问题、稳定不出问题、廉政不出问题"的要求，认真贯彻落实张务锋同志坚决做到守土有责、守土负责、守土尽责的"约法三章"，牢牢牵住落实安全责任、稳定责任、廉政责任这个"牛鼻子"，系统抓、抓系统，层层抓落实。广大党员干部自觉用党纪国法规范自己的言行，严守政治纪律、政治规矩，运用法律手段解决各种矛盾问题，不断增强法治意识、纪律规矩意识和依法办事能力。

（三）继承发展与改革创新相结合。物资储备经过 60 多年的发展建设，形成了较为完整的基础设施布局和较为完备的管理制度，锻造了一支具有创造力、凝聚力、战斗力的专业化队伍。系统上下在长期发展改革实践中，不忘初心、牢记使命，默默无闻地践行党和国家赋予的神圣职责，传承甘于奉献、履职尽责的优良传统，不断深化和发展对物资储备工作规律的认识，形成了许多行之有效的好经验、好做法。近年来，系统上下适应新形势、新任务，大力推进成品油储备军民融合，在物资收储和储存管理方面大胆尝试，并引进政府购买服务，转变国有资产使用方式，不断完善企事业单位人员岗位管理，着力提升储备仓库管理标准化信息化水平，储备转型升级、提质增效取得显著成效。

（四）自身努力与外部支持相结合。 面对遗留问题较多、历史欠账较多、实际困难较多等现实情况，系统上下立足自身、不等不靠，尽力而为、量力而行，着力解决遗留问题、实际困难。储备仓库等企事业单位着力调整业务结构，延伸业务链条，提高收入水平，改善职工生活，为完成重点任务提供强有力支撑。采取脱产培训、开办短期研修班、督促网上学习等多种方式方法，为干部职工提供学习锻炼条件，提升能力素质。积极争取上级部门在政策、项目、资金等方面的支持，财政补助资金明显增加。

国家局梁彦副局长（中）在陕西调研物资储备工作

在长期探索实践中，系统上下干部职工深刻体会到要做好新时代物资储备工作，就必须把政治建设放在首位，强化"四个意识"，坚定"四个自信"，坚决维护以习近平同志为核心的党中央权威和集中统一领导；必须贯彻总体国家安全观，牢记维护国家安全宗旨使命，有效发挥国家储备防范重大风险、服务国防建设、应对突发事件、参与宏观调控、维护国家安全和发展的作用；必须按照推动高质量发展要求，有效整合资源，提高使用效率效益；必须落实新时代党的建设总要求，发挥党建引领作用，统筹党务业务队伍建设，增强系统上下的凝聚力、战斗力、创造力。

三、奋力开创物资储备工作新局面

党中央深化党和国家机构改革，作出组建国家粮食和物资储备局的重大决策，使物资储备工作进入新的历史发展阶段，承载着新的历史使命。全系统深入开展的"深化改革、转型发展"大讨论，进一步统一了思想、提高了认识，我们要准确把握新时代物资储备工作的新特点、新要求。一是高站位。要紧扣习近平总书记的总体国家安全观，紧扣我国发展主要矛盾的变化，紧扣市场在资源配置中起决定性作用和更好发挥政府作用的改革要求，紧扣我国国民经济发展的总体情况，思考定位、谋划筹划新时期的物资储备工作，确保物资储备工作的正确方向。二是重统筹。这次机构改革将粮食局、发改委、民政部、商务部、能源局等部门的物资储备职责全部整合到新组建的国家粮食和物资储备局，构建了统一的国家物资储备体系。按照"一类事项原则上由一个部门统筹"的要求，加强统筹规划，加快统一体系建设，加大应急保障能力，实现"大储备"体制下的资源优化配置，提升物资储备的整体效率效能，是改革工作的重中之重。三是强监管。机构改革方案明确要求我局对政府储备、企业储备以及储备政策落实情况进行监督检查。我们要按照中央部署和国家发改委党组、国家局党组要求，创新监管方式，推动机构改革要求落地见效。2018年下半年，随着我局"三定"规定的组织实施，职能职责将进一步优化转变，机构人员深度融合，收储轮换和工程建设、安全监管等一系列重点工作摆在面前，系统上下要在国家局党组的领导下，深入贯彻落实此次会议的部署要求，直面问题和挑战，扎实工作，担当作为，奋力开创工作新局面。

第一，坚持优化协同高效，着力在转职能转方式转作风上下功夫。系统上下广大干部职工要自觉提高政治站位，服从服务大局，服从组织安排，确保我局"三定"规定顺利实施。要按照新的职责定位，强化重大问题研究，强化收储轮换制度创新，强化各类储备资源整合优化，强化储备物资和储备政策执行的监督检查，全面提高履职能力。沉到基层、深入一线，大兴调研之风。按照新的"三定"规定内设机构的职责分工，加强局内局外协同协调和系统上下联动，形成工作合力，展现新形象、新作为。

第二，加快固底板补短板强弱项，着力在构建统一的国家物资储备体系上下功夫。紧紧围绕推动高质量发展要求，不断巩固改革发展底板，强化监督管理，加快补齐体制机制短板，提升应对突发事件的能力，切实加强保障能力弱项。着力推动储备模式多元化、储备管理方式多样化、储备监管法治化，全面加强制度体系建设、提高储备效率效能、强化事中事后监管，全面提升储备防范重大风险、应对突发事件、参与宏观调控、维护国家安全和发展的能力。

第三，强化上下联动抓落实，着力在完成重点任务上下功夫。系统上下要全面贯彻党中央、国务院关于储备改革发展的决策部署以及国家发改委党组指示精神，按照国家局党组关于"讲政治、顾大局，抓重点、出亮点，争主动、真落实，高标准、严要求，多添彩、不添乱"的总体要求，压实责任，狠抓落实，重点做好战略物资收储轮换、重大工程项目建设、体制机制改革创新等重点工作。

（本文根据作者在2018年全国粮食和物资储备局长座谈会上的讲话摘编）

夯实发展基础 放大带动效应
全面提高粮食和物资储备系统信息化水平

何 毅

根据国家局党组统一部署，分批组织 25 个省份参加"信息化建设工作座谈会"，赴浙江、河北、河南、青海、陕西、山西、湖南、广西等省（区），及国家发展改革委、水利部、国家信息中心和中国储备粮管理集团有限公司（以下简称中储粮）等单位实地调研，深入摸查粮食和物资储备信息化建设现状，研判制约发展的瓶颈问题，明确了"夯实发展基础，放大带动效应，加快推进信息化建设"的工作目标，提出了工作思路和重点建议。

一、信息化建设加快推进，发展基础得到了一定巩固

粮食和物资储备系统上下积极推进信息化建设工作，取得了阶段性成果，现代化发展的基础得到了巩固。主要表现在：

（一）粮食和物资储备信息化进程明显加快。一是国家粮食和物资储备管理平台（一期）建成并试运行。国家局耗时 10 个月，围绕云平台、数据资源中心、可视化展示、智能决策辅助、核心业务系统、政务管理系统、政务信息资源整合共享等重点项目，采用"微服务"架构，建设了国家粮食和物资储备管理平台（一期）。目前平台集成了 53 个应用，累计接入数据 713 万条，已进入试运行阶段。二是粮库智能化升级改造

项目建设进度明显加快。截至 2018 年 10 月，在地方 30 个省（市、区）、6600 余个粮库智能化升级改造项目中，22 个省份实质开工建设，3952 个项目已开工，开工率为 60%；其中 3035 个已完成或进入试运行，完成率 45%，预计 2018 年年底完成率能达到 50%。与 2017 年年底时开工率不足 30%、完成率不足 20% 相比，建设进度有了明显加快。三是物资储备信息化基本条件得到了改善。物储专网基本建成，连通了 26 个储备物资管理局（办事处）和火炸药库，各类物资储备库也进行了屏蔽机房、安防监控等配套改造。

（二）建设管理和应用亮点突出。部分省份积极探索建设新模式，尝试新技术应用，取得了良好效果。青海省"云平台、微服务、轻应用"的建设模式，大幅降低了粮库信息化投资成本，减轻了基层粮库运行维护压力。山东省坚持"部署集约化、成果体系化、技术标准化、数据共享化、实施一体化、管理制度化"，业务处长带头开展业务改造，使省平台实用性大幅增强。江苏省的"满意苏粮"APP 和巡检机器人，河南省的仓储和加工"一张图"，浙江、湖北等省的库存识别代码应用等新技术新成果，明显提高了粮食行政管理和企业经营作业的效率。

（三）信息化建设管理能力增强。国家局成立了信息化工作领导小组和信息化推进办，大多数省级粮食管理部门也成立了以省局主要领导为核心的领导小组，组织领导力度得到加强。以业务、技术、管理的统筹协调为核心，建立健全工作机制，形成共同推进信息化的合力。山东、青海、江苏、浙江、安徽、河南、湖北等省通过人才引进、大规模专业培训、人员轮岗锻炼等方式，逐步培养了一批既懂信息化又懂粮食业务的人才，为信息化与业务深度融合提供了有力的人才保障。

二、面对新形势新要求，粮食和物资储备信息化还存在诸多问题

2018 年，习总书记在全国网络安全和信息化工作会议上再次强调："没有信息化就没有现代化，没有信息安全就没有国家安全"，对信息化

在实现现代化、保障国家安全方面的作用做了精确定位。国家先后部署了大数据、人工智能、互联网＋、整合共享、政务服务"一网通办"、网络安全自主可控等一系列重大战略和行动，大力实施网络强国战略。机构改革后，我局"三定"规定中，也明确提出了"充分运用大数据等科技手段，强化动态监控""监测国际国内粮食和战略物资供求变化并预测预警"等信息化建设要求。对照新形势新要求，粮食和物资储备信息化还有很大差距，存在诸多问题。

（一）对信息化的认识还有差距。一是"必须干、必须干好"的决心不坚定。一些基层同志还没有从保障国家安全、推进现代化发展的政治高度充分认识信息化的重要性，存在"不想干"思想。二是信息化规律的认识不深入。简单将信息化建设理解为基础设施建设，"建设与应用脱节，数据与业务脱钩"；对开放共享认识不深，造成"信息孤岛"，数据共享难，信息公开不充分；迭代更新理念不足，信息系统缺乏调整柔性；忽视网络和数据安全，灾备和安全防护能力欠缺等。三是信息化建设的路径不清晰。如何保障国家储备"数量真实、质量良好、储存安全"，如何实现"监测、预测、预警、决策"，如何有效支撑宏观调控、保供稳价和应急保障等路径问题还没有完全破解。

（二）信息化建设能力还要加强。一是统筹推进机制还需完善。一些省份信息化建设还是以单一部门推动为主，业务部门的参与程度依然不够，信息化与业务"两张皮"的问题比较突出。二是信息化人才匮乏。信息化专业人才少，顶层设计的前瞻性、系统性、整体性、协同性不强，运行维护大多依靠外部单位；建设管理人才少，缺乏管理经验，对项目进度、质量、资金进度的把控能力弱；信息化应用人才少，操作不熟练，缺乏基本的故障判断和排除能力。三是标准规范不落地。标准规范与实际建设结合不紧密，不统一、不兼容，使已有标准执行难、落地难，而实际建设又缺乏关键技术规范。

（三）信息化的基础依然薄弱。一是信息化监管尚未实现"政策性储备全覆盖、政策性业务全覆盖"。物资、食糖、应急等储备库信息化条件还比较落后，没有接入国家监控网络，信息化监管无从谈起。粮食行业的监管也远没有覆盖所有政策性储备和政策性业务。二是信息数据总量不够、质量不高、采集手段落后。数据总量还没有达到"海量"规模，难以支撑高水准、高精度、高可靠性的大数据分析。关键数据缺乏，普遍缺乏物流、加工等环节数据。数据门类和格式不规范、不统一，数据利用难度大。缺乏实时准确的数量、质量自动感知手段，特别是质量数据绝大多数属于人工填报。三是互通共享不足。国家局和中储粮平台通过"金宏"网互通，但专线网、涉密网还未按期实现互联互通，数据还没有实现实时全面共享。政策性粮食收购"一卡通"系统与地方信息系统数据全面对接仍未实现。"一行业五储备"基层还存在大量信息"孤岛"，信息系统相互独立运行，无法联动，与消防、武警、应急保障等部门也没有互联互通。四是网络和数据的安全防护能力不强，运维力量薄弱。不同程度存在"重建设、轻使用""重建设、轻运维"的现象，大部分粮库数据安全仅靠防火墙，运维工作由建设单位负责，没有自身技术力量过硬的队伍。

（四）信息化建设水平整体不够高，没有充分发挥出信息化的放大、叠加、倍增效应。一是离"数量真实、质量良好、储存安全"还有较大差距。"数量真实"缺乏有效直观的监测手段；"质量良好"仍然停留在"容重、杂质、水分"等常规指标上，且尚未实现检测数据的自动采集；"储存安全"还有盲区，绝大多数仓房没有安装库内摄像头，关键作业面没有重点监控，视频的存储期仅为3个月，与粮食和物资储存年限差距较大，关键有用视频难以追溯。二是对宏观管理的支撑不够。绝大多数系统仍停留在业务过程信息的简单统计和展示阶段，重"微观"轻"宏观"，强调"到库到仓"，但"预警、预测"的功能设计不够，对整体粮食是否安全、布局是否合理、加工和应急能力薄弱环节在哪里、价格波动对市场有何影响等难以回答。三是与管理业务融合不深。清仓查库等重点业务还在采用传统方式，物资储备的日常查库、安全巡逻等管理业务还在"人拉肩扛"阶段，耗费大量人力财力。四是物流监管、应急指挥等还处于空白。各地均没有建设物流环节的信息监管应用，无论是宏观的粮食流向、流量监测，还是微观的具体每车粮的物流数量、质量追溯，都难以监管。覆盖粮食和物资储备全系统的应急指挥系统尚未建立，应急调度的时效性、精准性不够。

三、补短板，强弱项，夯实发展基础

（一）**强化认识基础**。充分认识行业信息化工作的重要性、必要性和紧迫性，充分理解信息化规律，按照新职能要求，构建统一协同的网信工作新机制。加强统筹协调，坚持统一规划、统一标准、统一数据、统一平台管理、统一安全运维，加强业务需求的统一管理，统筹各类软硬件资源综合利用、技术难题突破、应用人才培养等工作，形成全国粮食和物资储备系统网信工作"一盘棋"。

（二）**巩固设施基础**。加强针对性分类指导和技术指导，尚未招标的要加快招标，正在建设的要确保质量，已完成的要提升功能，尚未开工

国家局总工程师何毅（右三）在青海省调研粮食信息化建设

的要明确方案和时间表。强化督导考核评价力度，加快粮库智能化升级改造和省级平台项目建设。按月调度建设进度，定期全系统通报。

（三）**筑牢数据基础**。构建"横向到底、纵向到边"的粮食和物资储备核心数据立体动态感知体系，彻底消除信息"孤岛"。攻关突破数据传感器，实现粮食和物资储备相关数据的自动获取。加大"一卡通"问题协调力度，实现中储粮"一卡通"数据与国家局平台的互通共享。

（四）**保障安全基础**。强化网络和数据的"动态安全"保障能力，加强网络安全管理、安全检查、风险测评和攻防演练。同时，不能"讳疾忌医"，严禁一关了之、一避了之，杜绝为确保安全而拒绝共享。要做到应共享的全共享，能共享的全共享。

（五）**规范标准基础**。加快出台行业信息化标准规范体系表，做好标准规范研究和制修订工作，建立标准规范反馈机制和绿色通道。

（六）**壮大人才基础**。开展行业信息化人才培训，推广"粮库信息化培训课件"，创新人才培养方式，发挥高等院校的教学资源、IT（信息技术）企业的实践经验优势，培养既懂信息化又懂业务的建设、管理、应用复合型人才。

四、深融合、强示范，放大带动效应

（一）**编准编实"金储"工程建设规划，放大规划带动效应**。根据新机构新职能要求，紧紧围绕更好地服务决策、支撑工作、保障应急、确保安全的目标，实施"智慧粮食""智能储备"，在"十三五"规划中期评估、总结"金字工程"经验教训的基础上，更加突出"1+5"大储备系统均衡发展，更加突出"观念转变、方式转变、模式转变和机制转变"，更加突出"数字化、网络化、智能化"。

（二）**要全面协调、宏观布局行业信息化发展**。改变当前由信息化建设部门单一推动信息化工作的现状，强化统筹协同，强化管理、业务、技术的一体化无缝衔接，充分调动全系统各部门共同发力，将政府的监管手段、企业的经营管理方法，以及相应的法制、政策、机制等进行充分的配套调整。协同推进信息化建设，实现对传统行业全方位、全覆盖、全角度、全链条的改造。

（三）突破国家粮食和物资储备管理平台关键核心技术应用，放大新技术产品化带动效应。局平台一期建设要率先突破智能化决策辅助、可视化展示等难点，实现国家层面粮食宏观调控、科学决策、市场监管的初步智能化；二期项目要着力于深化应用、提升功能，提高决策辅助和宏观调控的科学性、精准性。

（四）总结典型经验，分享典型案例，推广新技术新成果，放大示范带动效应。总结"青海模式""山东模式"等典型经验，挖掘行业信息化应用新技术新成果，大力推广"云架构、微服务、轻应用"和"集中建设、分级部署"等新技术新模式，促进全行业学习交流，放大示范带动效应。

（五）加大政策和资金扶持力度，放大资金政策带动效应。一是补齐信息化基础设施建设短板。支持有关省份政策性粮食信息化建设和战略物资储备信息化建设，使政府储备视频监控、政策性粮食业务、战略物资储备信息化覆盖率达到100%。二是扶持技术攻关研发。引导技术企业突破重点技术，不断提升行业信息化装备和软件性能。鼓励高等院校、科研机构、信息技术企业开展粮食核心数据自动感知、粮食大数据分析应用相关的课题研究，突破技术难题。三是发出稳定的政策信号。争取建立稳定的信息化建设中央财政补助渠道，以少量中央财政资金作为引导，向地方政府释放行业信息化持续推进的信号，同时使市场资本和资源逐步向行业信息化方向聚集，形成一股推动力量。

加快构建统一的国家物资储备体系

宋红旭

加强和优化粮食和物资储备职能，构建统一的国家物资储备体系，提升国家储备应对突发事件的能力，是以习近平同志为核心的党中央着眼增强忧患意识、防范风险挑战做出的重大决策，是全面加强新时代国家安全能力建设的重大举措。学习贯彻习近平总书记在党的十九届三中全会上的重要讲话精神以及《深化党和国家机构改革方案》，是当前和今后一个时期的重要政治任务。按照局党组的统一部署要求，全局上下积极参与"深化改革、转型发展"大讨论，并形成以下初步认识。

一、跟踪研判重点领域面临的风险挑战

改革开放 40 年来，我国经济社会发展取得了举世瞩目的成就。2017 年国内生产总值达到 82.71 万亿元人民币，居世界第二位，人均 8836 美元，步入中等收入国家之列。随着经济快速发展和社会进步，我国重要农产品、主要能源资源的生产消费和进出口都发生了根本性变化。2017 年，我国粮食产量 6.18 亿吨，约占全球总产量的 25%；进口谷物和大豆 1.21 亿吨，占国内消费总量的 16%。一次能源消费总量已占到全球消费总量的 20% 以上。统计数据显示，在过去 20 年稍多一点的时间里，我国已经从石油净出口国转变为净进口国，对外依存度越来

越高，成为世界第一大原油进口国。2018年我国天然气进口量快速增长并成为世界第一进口国；高度依赖进口铜、镍等有色金属以及天然橡胶等，无论是消费量还是进口量都位居世界第一。

国家局督查专员宋红旭（中）在山西省开展安全生产调研工作

（一）粮食能源资源市场格局变化主要趋势

40年来，我国重要农产品、主要能源资源市场供求格局呈现以下三个深刻变化：一是占世界生产和消费总量的比例迅速升至世界第一位或前几位，成为全球瞩目的生产和消费大国；二是从总体上自给自足和少数产品依赖国外供应到大规模、全方位利用国外资源，国内市场与国际市场的相互联系更加紧密，国内需求变化已成为影响全球市场变化的决定性因素；三是从以往单纯的技术经济问题、市场供应问题，演变为国家间政治问题，进而上升到国家安全事务层面。

党的十九大提出，到2035年基本实现社会主义现代化，到21世纪中叶建成富强民主文明和谐美丽的社会主义现代化强国。可以预计，在建设社会主义现代化强国的伟大进程中，重要农产品、主要能源资源市场供求格局将继续发生深刻变化，并呈现以下四大发展趋势：一是消费需求继续增长。随着城镇化的空前发展和人民生活水平的进一步提高，人均农产品消费量进一步提高，主要能源资源在消费强度进一步降低的同时，消费需求继续保持一定的增长速度，消费需求出现"拐点"尚需时日。二是对外依存度继续提高。大豆和部分谷物进口量继续保持在相当水平并呈增加态势；原油和天然气进口继续保持较快增长，对外依存度处于"安全警戒线"之上；铜、镍、钴、天然橡胶等大宗初级产品，以及铂金等稀有金属等的对外依存度将在目前水平上继续提高。三是市场交易广度和深度不断加大。规范化的期货和现货交易进一步取代传统交易方式，实行期货交易的产品将逐步涵盖所有有色金属和稀贵金属、化石能源（石油、天然气、煤炭）以及大宗农产品。随着交易规模扩大和规则创新，国内期货现货交易所的影响力将逐渐超过周边国家和地区现有交易所的影响力，逐步取得全球大宗商品中一些主要品种的定价权。四是金融属性进一步凸显。根据 FIA（美国期货工业协会）的统计，2016 年全球农产品、能源和基本金属等大宗商品期货成交量为 57.7 亿手，比 2007 年增长了 4 倍。交易快速增长、新的金融工具和金融产品激增，大宗商品表现出更强的金融属性。可以预计，资本力量将推动越来越多大宗商品金融化，逐步涵盖从化石能源、矿产资源和农产品等所有领域。

（二）重点领域存在的主要不确定性

数字经济蓬勃发展，人工智能技术突飞猛进，新一轮科技革命和产业变革正在重构全球创新版图，重塑全球经济结构，人口老龄化加剧、资源环境趋于恶化等，已成为当前和今后一个时期影响世界和平与发展的主要因素。我国重要农产品、主要能源资源供求格局变化既与这些大趋势密切相关，同时还将受到五个不确定因素影响。一是大国间战略竞争带来的诸多不确定性。可以预料，大国之间战略竞争将是未来一个时期大国之间国家关系的主轴。未来在金融、科技以及粮食能源资源乃至文化等领域的争端也难以避免。二是贸易自由化与贸易保护主义之间、多边主义和单边主义之间的博弈常态化，使世界经济前景难以预料。三是随着第四次工业革命的到来，粮食能源资源和制造业、服务业等需要被重新定义。四是地缘政治军事格局变幻无常，资源战争可能以新的面目和新的形式，在已知和未知时空发生。

（三）面临的主要风险

大趋势与不确定因素相互作用，意外"黑天鹅"事件，固有的"灰犀牛"风险，使我国粮食能源资源等重点领域国家安全面临诸多严峻挑战。

一是人均粮食占有量抵达"天花板"可能是大概率事件。 未来一个时期，随着人民群众对美好生活的不断追求，人均粮食综合消费水平将持续提高。受土地、水等资源限制，在种植技术出现革命性突破之前，粮食产量保持继续增长仍存在很多制约因素。综合现有产量、人口增长和种植面积等各种资源环境因素，我国人均粮食占有量在未来一段时间内不排除有下降的可能。

二是粮食能源资源价格剧烈波动。 推动粮食能源资源价格上涨的主要力量来自包括我国在内的大多数发展中国家经济社会发展的强烈需求，人民普遍要求有更多、更优质的食品和水，更好的住房，更可靠和更清洁的能源供应，更好的基础设施和更健康的环境等。满足这些需求意味着主要能源资源需求不断增长，这将使价格面临剧烈波动及上涨的压力。

三是主要能源资源供应中断的风险依然存在。 随着全球地缘政治格局变化，尤其是随着大国间战略竞争的不断加剧，以及重特大自然灾害的发生，主要能源和关键性矿产等领域发生供应中断的可能性上升。

四是利用国外能源资源的政治经济环境面临恶化态势。 长期以来，石油和重要矿产等战略性资源的占有与控制一直是国际斗争和国际竞争的重要组成部分，围绕这些战略性资源的各种博弈不时上演，同时又反复成为大国间博弈的工具和筹码。

五是制裁和禁运的可能性增加。 未来一段时期，我国与周边国家或地区在领土、海洋权益和南海等方面的摩擦乃至局部军事冲突，以及地区冲突等，都有可能导致某些国家或国家集团以各种已知和未知的形式对我国从外部进口能源资源等战略性资源进行制裁乃至禁运。

六是外国资本左右乃至控制国内期货和现货市场交易。随着国内金融市场开放程度的不断提高和大宗商品金融化的不断加深，国际资本参与国内大宗商品交易的深度和广度都将出现前所未有的局面。在市场模式创新过程中不排除有外国资本冲击的可能。

面对错综复杂的粮食能源资源形势，要深刻领会习近平总书记关于"增强忧患意识、防范风险挑战要一以贯之"等重要指示批示精神，切实增强忧患意识，把习近平总书记重要讲话精神贯彻落实到具体工作实践中。

二、准确把握新时代国家粮食和物资储备内涵

进入新时代，国家粮食和物资储备内涵和外延更加丰富，时空领域更加宽广，储备管理机构的宗旨使命更加艰巨。

（一）物资储备品种目录范围

长期以来，实际工作部门和理论界一直把粮食、食糖、棉花等重要农产品，石油、天然气和天然铀，以及非能源类关键性矿产等统称为战略物资。随着对外开放的不断扩大，传统意义的战略物资内涵增加、外延扩大，制定储备目录，是做好储备工作的重要前提。总体上，储备目录可按照重要农产品、主要能源、非能源类关键性矿产分为三大类。

第一类：重要农产品。主要包括粮食、棉花、油料（含大豆）、糖料、天然橡胶，以及食用肉类等。

第二类：主要能源。主要包括石油（原油及制品）、天然气（含液化天然气）、天然铀、煤炭。

第三类：非能源类关键性矿产。主要是工业原材料、成品或半成品，包括黑色金属、有色金属、稀有稀土金属，以及军事用化工品等原料或半成品等。

（二）国家粮食和物资储备定义

国家粮食和物资储备是指为维护国家安全，由政府或企业、社会组织等依法建立的重要农产品、主要能源和非能源类关键性矿产实物性库存以及控制能力。储备既是一种制度安排，同时也是一种提供公共产品的活动。

（三）新时代国家粮食和物资储备主要作用

总体上，粮食和物资储备主要功能和作用可以概括为：防范重大风险、服务国防建设、应对突发事件、参与宏观调控、维护国家安全。

一是防范重大风险。重点防范军事、经济、粮食、能源、资源、社会等重点安全领域面临的战略风险、常规风险和固有风险等。

二是服务国防建设。贯彻落实军民融合发展战略，积极参与和支持国防动员和国家经济动员等。

三是应对突发事件。主要应对重要农产品、主要能源和关键性矿产等的供应中断，为重大自然灾害和其他社会突发事件提供相应的救援救助等，配合和协助救援救助相关的对外援助，提供维和行动保障等。

四是参与宏观调控。通过收储轮换调节市场运行，推动实现粮食、石油和关键性矿产等国内生产者和消费者利益最大化。通过储备国际合作，参与粮食和主要能源资源等相关领域的全球治理，为全球提供公共产品。

五是维护国家安全。国家储备是综合国力的组成部分，是国家安全战略不可或缺的重要内容。一方面，"维护国家安全"是对前4项功能作用的总括；另一方面，作为特殊政策工具贯彻落实党中央、国务院有关国家安全的重大决策部署。比如，加强我国优势资源储备，增强相关领域话语权和国际影响力，发挥储备战略工具作用，有效反击贸易保护主义、制裁乃至军事经济封锁等。

（四）储备分类

可按照指涉对象、功能作用、所有权等不同纬度进行分类。

1. **按指涉对象分为**：重要农产品储备、主要能源储备、非能源类关键性矿产储备。初步统计，截至目前我国共有 24 种（类）、百余种重要商品和战略物资储备。按照现行职责分工，这些储备分别由国家发展和改革委员会、商务部、工业和信息化部、民政部、水利部、农业农村部、国家粮食和物资储备局、国家能源局以及国家交通战备办公室 9 个部门管理。

2. **按功能作用分为**：战略储备、调节储备、应急储备。

战略储备：一方面，侧重于防范全局性系统性重大风险（亦称战略风险），应对严重的供应中断，如发生局部军事冲突、主要国家对我国主要能源和其他关键性矿产实施禁运等制裁，或者爆发全球性粮食危机、石油危机等；另一方面，作为特殊的战略工具，在关键时刻发挥威慑震慑作用，增强影响力并提升话语权，反制外部的制裁封锁等。

调节储备：有针对性地进行收储和投放，防止或缓解国际国内大宗商品市场剧烈波动，保护和扶持国内特定产业发展，实现既定的经济增长和产业发展目标。

应急储备：侧重于弥补国内相关产业供应链脆弱缺陷，例如，局部地区出现成品油、天然气供应短缺，或者因重大自然灾害导致输油气管线无法正常运行，或者因关键性企业停产等导致突然出现的供应紧张等。国防动员、国家经济动员以及救灾救援构成应急储备的主要需求。

粮食和石油等少数产品储备同时具有战略、调节、应急两种或三种属性。

3. **按所有权分为**：政府储备、企业储备、共同储备。

政府储备：指政府（中央政府和各级地方政府）出资建立并直接控制的实物性库存，所有权属于政府。一般情况下，政府出资主要通过承担储备库存的财务费用（银行贷款利息）和运营亏损、支付储备管理机构运行费用和储存管理费用等方式实现。目前，中央政府承担绝大部分储备职责，地方政府承担粮食、食盐和生活类救灾物资等少数品种储备职责。

企业储备：指企业依据国家法律法规保有且超出正常经营性库存部分的存货，也可以解释为最低库存保障。主要用于履行企业社会责任，因此亦称为企业社会责任储备。企业储备所有权属于企业，其动用（亦即降低库存规模）应严格遵守国家相关法律法规。2017 年，在国家有关部门的组织协调下，部分稀土企业以实物形态建立起了稀土企业储备雏形。在此之前，财政部门曾采取返还税收等手段鼓励国有大型石油企业建设储油设施，推动石油商业储备建设。

共同储备：指两个或两个以上行为主体（政府、企业以及其他社会组织）共同出资建立的实物性库存，如日本的共同石油储备联盟、德国石油机构储备等，在组织结构上类似于我国的行业协会等社团组织。在品种选择上，共同储备既包括重要农产品和主要能源，也包括稀土等少数关键性矿产。目前，我国在共同储备方面还处于空白状态。

从发展趋势看，在继续深化现有实物储备管理体制和运行机制改革的同时，还应考虑适应数字经济发展大趋势，研究探索创立共享储备、虚拟储备乃至数字储备等储备新模式、新业态。

三、构建统一的国家物资储备体系

从目前各类储备实际出发，可考虑把推动储备供给主体多元化、储备生产方式多样化、储备监管法治化，作为建立健全中央储备与地方储备、政府储备与企业储备互为补充的储备制度，构建统一的国家物资储备体系。

（一）推动供给主体多元化

更多赋予相关企业、社会组织为社会提供储备的义务，确保储备这一公共产品被有效提供。逐步改变储备必须由政府包办的观念和做法，逐步推进供给主体多元化。把政府储备与企业商业储备并举、鼓励和引导企业与社会组织为全社会提供储备服务应成为当前和今后一个时期我国各类储备发展的方向。比如，在原油储备方面，坚持政府储备为主、企业储备为辅；在成品油储备方面，当前应坚持政府储备与企业储备并举，督促和规范企业尽快建立起与自身经营规模相匹配的储备库存，承担社会责任和义务；在铁矿石和钾盐等储备方面，应全部由相关企业承担储备义务；在有色金属和稀贵金属（包括铂族金属）储备方面，由于消费集中度过低以及监管困难等，继续实行中央政府储备，同时增加储备品种和规模。

（二）推动生产方式多样化

按照全面深化改革的要求，充分发挥市场在储备收储轮换以及储存等各个环节中的作用，尽最大可能降低储备运行维护成本，提高效率效能。改变政府储备由政府机构直接提供的观念和做法，大力推行政府购买服务、协议储备、委托管理等方式，逐步推进生产方式多样化。比如，全面总结军队企业代储成品油等的经验做法，将购买服务、委托管理作为改革政府成品油储备日常管理的方向。深化各类储备仓库等事业单位改革。按照中央关于事业单位改革的总体要求，准确把握和妥善处理现有物资储备仓库功能专一性与机构非盈利性之间的关系，优化整合各类储备基础设施及单位机构，选择最佳的管理方式和运营模式。在强化公益属性的同时，建立健全内部激励约束机制，增强内生活力。

（三）推动监管法治化

建立内部监督与外部监管相协调的工作格局，明确发展改革、财政金融、储备管理机构等的监管职责。明确监管法治化近期目标任务：坚持问题导向与目标导向相统一，认真履行储备各类活动的事中事后监管职责。一是提升各类战略物资中央储备库存数量、质量，强化储存安全监管。二是做好物资储备仓库安全生产监管。督促储备仓库履行主体责任，修订完善各类管理制度规则，制定贯彻落实《地方党政领导干部安全生产责任制规定》实施意见，将管行业必须管安全与安全生产属地管理有机结合起来，遏制储备仓库安全生产重特大事故。三是定期检查党中央、国务院重大决策部署落实情况。四是创新监管手段，大力推行数字化监管等。

重要文件

国家粮食局关于在全国粮食行业开展"深化改革转型发展"大讨论活动的通知

国粮发〔2017〕150号

各省、自治区、直辖市及新疆生产建设兵团粮食局，中国储备粮管理总公司、中粮集团有限公司、中国航空工业集团公司：

为深入贯彻习近平总书记系列重要讲话精神和治国理政新理念新思想新战略，扎实做好迎接党的十九大召开和学习贯彻十九大精神各项工作，认真实施国家粮食安全战略，加快粮食流通改革发展，国家粮食局决定，自2017年7月起，利用一年时间在全国粮食行业开展"深化改革、转型发展"大讨论活动（以下简称大讨论活动）。为确保活动顺利开展，国家粮食局制定了实施方案，现印发给你们，请认真贯彻实施，并就有关事项通知如下：

一、**加强领导，制定方案，精心组织**。国家粮食局成立了以局党组书记、局长张务锋同志为组长，其他局领导为副组长的大讨论活动领导小组，加强对活动的组织领导。各省级粮食部门也要相应成立活动领导小组，立足各自实际，制定细化活动方案，精心组织实施，迅速掀起大讨论活动的热潮。

二、**广泛发动，深入讨论，凝聚共识**。各级粮食部门要认真组织好辖区内粮食部门和企事业单位的讨论活动，充分调动广大干部职工参与讨论的积极性。要因地制宜、因势利导，找准载体抓手，创新方式方法，认真做好各环节工作，集思广益、多方联动，形成深化改革、转型发展的强大合力。

三、统筹协调，典型引导，务求实效。要把开展大讨论活动同深入推进"两学一做"学习教育常态化制度化紧密结合起来，与全面落实全国粮食流通工作会议精神和全国粮食流通改革发展座谈会部署紧密结合起来，做到两结合、两促进。要结合推进"抓重点、出亮点、树典型"工作，积极培树深化改革、转型发展的先进典型，发挥典型引领带动作用，放大活动成果。要以严的态度、实的作风，认真组织开展大讨论活动，不搞形式、不走过场，确保活动实效。

各地各单位请于 8 月 15 日前将大讨论活动细化方案报国家粮食局大讨论活动领导小组办公室；活动过程中有关情况及优秀成果，请及时报告。

国家粮食局

2017 年 7 月 31 日

全国粮食行业"深化改革转型发展"大讨论活动实施方案

国家粮食局

为深入贯彻实施国家粮食安全战略，加快粮食流通改革发展，国家粮食局党组研究决定，在全国粮食行业开展"深化改革、转型发展"大讨论活动（以下简称大讨论活动）。

一、指导思想

深入贯彻习近平总书记系列重要讲话精神和治国理政新理念新思想新战略，把迎接党的十九大召开、学习党的十九大精神、落实党的十九大部署贯穿于大讨论活动全过程，始终坚持正确政治方向；以新发展理念为指导，坚持稳中求进总基调，结合推进农业供给侧结构性改革和粮食收储制度改革，加快粮食流通改革发展，不断提高发展质量和效益；坚持问题导向和底线思维，努力破解粮食行业深化改革、转型发展中的难题，抢抓机遇、应对挑战，凝聚思想共识，鼓劲加压明向，不忘初心、牢记使命，砥砺前行、再创佳绩，为构建更高质量、更有效率、更可持续的粮食安全保障体系，确保国家粮食安全奠定思想基础和强化行动自觉。

二、目标任务

大讨论活动总体要求是：学中央精神、明方向大势，转思想观念、谋改革发展，强责任担当、提工作水平；目标任务是：加快"三个转变"，倡树"三破三立"，推进"六项任务"，强化"三个保障"。

通过大讨论，加快推动"三个转变"。一是转变观念。自觉解放思想、更新观念，改革创新、与时俱进，切实强化市场意识和法治思维，不断提高解决实际问题的能力水平。二是转变职能。尽快转、真正转、转到位，切实做到放权更彻底、监管更有力、服务更优质。三是转变方式。转变管理方式、发展方式和经营方式，推动粮食行业从传统向现代、从粗放向集约、从低效向高效迈进。要结合部门、产业、企业实际，把"三个转变"有机统一起来进行深入研讨，推动粮食部门不断深化"放管服"改革，提高依法履职能力，不断增强创新力、执行力、公信力；推动粮食产业加快创新发展、转型升级、提质增效，增加绿色优质粮油产品供给，不断走向高端高质高效；推动粮食企业主动参与市场竞争，增品种提品质创品牌，不断提高核心竞争力。

通过大讨论，大力倡树"三破三立"。一是破除计划经济思维惯性和"吃政策饭"路径依赖，牢固树立市场经济意识，充分发挥市场在配置粮食资源中的决定性作用和更好发挥政府作用；二是破除过多依靠行政手段推动工作的方式方法，牢固树立依法管粮、依法治粮的意识，建立经济、行政、法律等多种手段综合协同运用的机制，加快推进粮食流通治理能力和治理水平现代化；三是破除不想为、不敢为、不善为的消极状态，牢固树立粮食安全忧患意识，敢于担当、善谋实干、锐意进取，努力营造干事创业、争创一流的浓厚氛围。

通过大讨论，推进落实"六项任务"。一是落实国家粮食安全战略，提高粮食安全保障能力；二是完善粮食宏观调控，不断提高调控精准性和实效性；三是加强政府储备管理，确保管得住、调得动、用得好；四是强化粮食流通监管，营造公开透明、竞争有序的市场环境；五是搞好规划引领和规范建设，促进粮食行业转型升级、健康发展；六是服务粮食产业经济发展，促进一二三产业深度融合。

通过大讨论，不断强化"三个保障"。一是强化法律法规保障，为深化改革、转型发展提供法律法规体系支撑。二是强化体制机制保障，不断深化粮食流通体制改革，完善科学决策、组织协调、推进落实、考核评价机制。三是强化人才队伍保障，认真落实全面从严治党"两个责任"，扎实推进"两学一做"学习教育常态化制度化，大力弘扬粮食行业优良传统，建设忠诚、干净、担当的粮食干部队伍。

三、遵循原则

（一）**领导带头、广泛参与**。各级粮食部门领导班子成员要结合深入推进"两学一做"学习教育常态化制度化，带头参与学习讨论，带头开展调查研究，发挥示范引领作用；同时要广泛征求有关部门、涉粮单位的意见，认真听取专家学者、机关干部、企业员工、种粮农民、城乡消费者的建议。充分发挥广大干部职工在大讨论中的主体作用，调动各方参与大讨论的积极性，集思广益谋改革，群策群力促发展。

（二）**直面问题、改革创新**。要认真落实《国家粮食局关于大兴调研之风健全完善长效机制强力推动粮食流通重点工作的意见》，根据各地实际和产区、销区、产销平衡区的不同特点开展大讨论。深挖影响深化改革的思想根源，查找阻碍转型发展的突出问题，列出清单、剖析原因、研究对策。要发扬敢为人先的精神，进一步解放思想、勇于创新，积极稳妥推动粮食流通改革发展，切实做到以改革促进转型、以转型引领发展。

（三）**典型引路、注重实效**。要结合在全国粮食系统开展的"抓重点、出亮点、树典型"工作，鼓励基层首创，支持各地试点，培养树立先进典型，总结推广先进经验，充分发挥典型示范作用。要把活动成果运用到推动落实"六项任务"以及粮食立法修规、"优质粮食工程"建设等重点工作上来，体现到加快构建粮食流通改革发展的"四梁八柱"上来。开展大讨论活动，要因地制宜、因势利导、注重质量、务求实效。

四、方法步骤

大讨论活动为期一年，2017 年 7 月启动，2018 年 6 月结束。具体分为如下四个环节：

（一）**深入学习、提高认识**。一是动员部署。召开全国粮食行业大讨论动员部署视频会议，国家粮食局主要领导同志作动员讲话，粮食主产、主销省份和企业代表分别作表态发言。二是深入学习。党的十九大召开前重点学习习近平总书记关于粮食安全和粮食工作的重要论述，特别是习近平总书记近期在广西、山西考察时关于保障国家粮食安全、发展现代特色农业的重要讲话和李克强总理在山东调研期间听取国家粮食局工作汇报时关于守住管好"天下粮仓"、大力发展粮食产业经济的重要指示。党的十九大召开后，全面学习贯彻大会精神，结合粮食流通改革发展实际深入研讨，自觉以党的十九大精神指导深化改革、转型发展。国家粮食局编印大讨论学习材料，印发全国粮食系统干部职工学习。各级粮食部门要通过中心组集中学习、理论学习务虚会等形式深化学习，提高思想认识。三是交流研讨。结合大讨论进展，国家粮食局在山东滨州召开全国加快发展粮食产业经济现场经验交流会；适时组织召开粮食部门转变职能研讨会、粮食产业转型升级推进会、粮食企业转变发展方式座谈会和粮食行业转型发展学术报告会。各地粮食部门可结合当地实际，通过组织专家报告会、企业座谈会、行业交流会等形式，深入研讨、凝聚共识、协同联动。

（二）**深化调研、找准问题**。一是吃透"两头"、摸清情况。对照大讨论参考题目，深入基层调研，深刻领会党的十九大精神和中央关于深化改革的部署要求，摸清基层粮食部门、粮食产业、粮食企业"三个转变"的实际情况。二是找准差距、明确目标。深入查摆改革发展面临的突出矛盾和问题，建立问题清单；同时到先进地区实地考察学习，从思想观念、体制机制、方式方法等多个层面入手，对标先进找出差距，明确转型发展方向。三是善听意见、寻求对策。在粮食行业开展"深化改革、转型发展"主题征文，征集"我为粮食行业改革发展献一策"合理化建议。深入基层粮食部门、粮库站所、加工企业、科研院校和种粮大户，多渠道、多层面、多角度了解情况、倾听呼声、征询意见。

（三）**培树典型、总结经验**。一是发现典型、宣传推广。各地要主动挖掘、积极培树、大力宣传在部门转变职能、产业转型升级、企业转变方式中的创新成果、先进典型和工作品牌，并及时向国家粮食局推荐。二是中期评估、交流经验。国家粮食局将对大讨论活动进行中期评估，并举办"全国粮食流通改革发展论坛"，交流深化改革、转型发展研讨成果和典型经验。各地要于 2017 年 11 月底前报送大讨论活动进展情况和初步成果。三是全面总结、汇集成果。2018 年 6 月，国家粮食局将全面总结大讨论活动成效。对调研报告、专题征文和合理化建议进行分类梳理，印发全国粮食系统学习借鉴。同时，优选若干可学习借鉴的先进典型，在全国推广。对大讨论活动组织得力、成效显著的先进单位进行表彰。

（四）**实践运用、放大成果**。一方面，服务科学决策。要充分吸纳各层面讨论成果，完善工作思路，强化政策储备，为推进粮食流通改革发展提供决策参考。重要成果将及时报告党中央、国务院和国家发展和改革委员会；另一方面，指导工作实践。运用大讨论成果破解改革发展难题，对经过深入讨论已经成熟的思路做法，要加快落地见效；同时要相互学习交流，借鉴好典型好做法好经验，推动各地粮食流通改革发展齐头并进。

五、保障措施

（一）**强化组织领导**。国家粮食局成立"深化改革、转型发展"大讨论活动领导小组，并下设办公室，具体负责综合协调、宣传发动和督导检查等工作。各地粮食部门要相应成立领导小组，加强对大讨论活动的组织领导，细化活动方案，落实载体抓手，统筹组织好辖区内涉粮企业单位的大讨论活动。

（二）**强化正确导向**。国家粮食局将利用政府网站、微信公众号和《粮食工作简报》《中国粮食经济》《粮食问题研究》《粮油市场报》等媒体，加强对大讨论活动进展成效和优秀讨论成果的宣传。要组织新闻单位特别是主流媒体做好宣传报道，协调新闻媒体开展"粮食行业改革发展基层行"采访报道活动。

（三）**强化督导检查**。要通过多种方式，对国家粮食局各司室单位和各地粮食部门开展大讨论活动的情况进行督导检查。对照活动安排表，督任务、督进度、督成效，力戒走过场、不深入，确保大讨论活动扎实有效。

附件：1. 国家粮食局"深化改革转型发展"大讨论活动领导小组及办公室成员名单

2. 全国粮食行业"深化改革转型发展"大讨论参考题目

3. 全国粮食行业"深化改革转型发展"大讨论活动安排表（略）

附件 1

<h1 style="text-align:center">国家粮食局"深化改革转型发展"
大讨论活动领导小组及办公室成员名单</h1>

一、大讨论活动领导小组

组　长：张务锋

副组长：徐　鸣　　曾丽瑛　　赵中权　　卢景波　　何　毅

成　员：韩卫江　　周冠华　　韩继志　　王耀鹏　　翟江临

　　　　赵文先　　曹颖君　　陈军生　　吴永顺　　夏吉贤

　　　　何贤雄　　唐瑞明　　颜　波　　王晓辉　　贾　骞

　　　　杜　政　　肖春阳　　董德江

二、大讨论活动领导小组办公室

主　任：韩卫江　　颜　波

副主任：陈军生　　吴永顺　　韩继志　　方　进　　秦玉云　　林风刚

大讨论活动领导小组办公室设综合组、宣传组、督导组。

综合组由吴永顺、方进同志负责，晁铭波、胡文国、张永福、张锦锋同志参加。主要负责大讨论活动日常组织和综合协调工作；编印大讨论学习材料；编发《粮食工作简报》大讨论专刊；组织举办粮食流通改革发展论坛；总结大讨论活动情况，汇编大讨论活动成果。

宣传组由韩继志、秦玉云同志负责，陈玲、李可、张亚奇、孔晶晶同志参加。主要负责大讨论活动开展情况及成果的宣传，在国家粮食局网站和微信公众号开设大讨论专栏；发现、总结、培树先进典型；在相关媒体选登优秀稿件；组织新闻媒体进行宣传报道；开展"粮食行业改革发展基层行"采访报道活动；组织"深化改革、转型发展"主题征文和"我为粮食行业改革发展献一策"合理化建议征集活动。

督导组由陈军生、林风刚同志负责，邬成元、夏丹萍、杨焕成、叶一位同志参加。主要负责协调开展大讨论活动调研；组织大讨论督导检查，了解掌握活动面上开展情况及讨论成效；做好服务保障各项工作，推动活动顺利开展。

附件 2

全国粮食行业"深化改革转型发展"
大讨论参考题目

一、粮食干部职工如何进一步解放思想、更新观念、转变作风

1. 面对经济发展新常态和国家粮食安全战略的深入实施，粮食行业干部职工在思想观念、工作方式、纪律作风等方面存有哪些不相适应的问题？在政治素质、专业知识、业务能力等方面存在哪些差距，如何改进完善和提升？

2. 如何主动适应农业供给侧结构性改革和粮食收储制度改革新形势，切实增强市场意识和法治思维，锐意改革、大胆创新，不断提高粮食流通改革发展治理能力？

3. 新时期怎样大力弘扬"宁流千滴汗、不坏一粒粮"优良传统和"四无粮仓"精神，不忘初心、牢记使命，砥砺前行、再创佳绩？

二、粮食部门如何进一步转变职能

4. 在认真履行好"抓收购、管库存、保供应、稳市场"基本职责的基础上，怎样加快职能转变步伐，进一步落实国家粮食安全战略、完善粮食宏观调控、加强政府储备管理、强化粮食流通监管、服务粮食产业经济发展、搞好规划引领和规范建设等，切实增强粮食部门创新力、执行力、公信力，在更广领域更高层次上担负起维护国家粮食安全的光荣使命？

5. 如何深化"放管服"改革，推进政企分开，做好简政放权的"减法"；完善制度、创新方式，做好强化监管的"加法"；履行"为耕者谋利、为食者造福、为业者护航"的行业职责，做好优化服务的"乘法"？

6. 怎样充分发挥市场配置粮食资源决定性作用和更好发挥政府作用，积极稳妥推进粮食收储制度改革，不断增强粮食宏观调控能力？

7. 如何发挥粮食部门优势，扩大为农服务领域，拓展为农服务功能，建设更加紧密的农企利益共同体，千方百计帮助种粮农民增加收入？

8. 怎样加快建立多层次、多形式、长期稳定的产销合作关系，促进区域供求平衡、确保国家粮食安全？

9. 如何适应国防和军队改革新形势，积极推进军民融合与军粮保障创新，加快建设"平时服务、急时应急、战时应战"的全天候保障体系？

三、粮食产业如何进一步加快转型升级

10. 怎样按照农业供给侧结构性改革要求，发挥粮食加工转化引擎作用，优化创新链、拉长产业链、提升价值链，加快向高端高质高效迈进，促进一二三产业融合发展，做好粮食产业经济发展这篇大文章？

11. 如何充分发挥中央财政扶持资金作用，在放大"粮安工程"成效的基础上，深入实施"优质粮食工程"，加快粮食产业园区和物流园区建设，促进粮食产业集约集聚集群发展？

12. 怎样应对粮食高产量、高库存、高进口等新情况，有效破解当前玉米、稻谷等部分粮食品种阶段性过剩和结构性矛盾，加快消化不合理粮食库存？

13. 如何利用信息化成果升级改造传统产业，积极培育新产业、新业态、新模式，加快新旧动能转换？

14. 怎样健全粮食质量检验监测网络，提高检验检测能力，保障粮食质量安全？

15. 如何完善粮食监测预警体系，及时发现并有效解决粮食流通改革发展中的苗头性、倾向性、潜在性问题？

16. 怎样落实科技、人才兴粮战略，推进大众创业万众创新，聚焦行业重大需求推动科技成果转化，发挥科技、人才对行业转型发展的强力支撑作用？

四、粮食企业如何进一步转变发展方式

17. 如何主动适应粮食收储制度改革要求，转变"收原粮、卖原粮，靠政策、吃补贴"的经营方式，摒弃依赖思想，主动走向市场，在竞争中谋生存、求发展？

18.怎样适应供给侧结构性改革需要和居民粮油消费升级需求，增品种、提品质、创品牌，增加绿色优质粮油产品供给？

19.如何以产权制度改革为核心，加快国有粮食企业改制步伐，建立健全现代企业制度，积极稳妥发展混合所有制粮食经济，不断增强国有粮食企业活力、控制力和影响力？

20.怎样抢抓"一带一路"倡议机遇，加强粮食国际合作，推动粮食企业实现多种形式跨国跨区域经营，培育具有国际竞争力的大型粮食企业集团，更好地服务国家外交大局？

"深化改革转型发展"大讨论活动总结报告

国家粮食和物资储备局

　　"深化改革、转型发展"大讨论开展一年来，得到了各级粮食和物资储备部门、广大企事业单位、系统干部职工的热烈响应，大家紧紧围绕活动主题，加快"三个转变"，推动"三破三立"，落实"六项重点任务"，

国家发展改革委党组书记、主任何立峰（中）为国家粮食和物资储备局揭牌，国家发展改革委党组成员、副主任张勇（右一）出席仪式，国家发展改革委党组成员、国家粮食和物资储备局党组书记、局长张务锋（左一）主持仪式

自觉"学中央精神、明方向大势，转思想观念、谋改革发展，强责任担当、提工作水平"，活动成效得到了各方面高度认可。

一、大讨论活动取得显著成效

国家局党组高度重视大讨论，局党组书记、局长张务锋先后作出 20 余次指示批示。各级粮食部门、各派驻地方储备物资管理机构紧密联系实际，深入开展大学习、大调研、大督导、大落实，推动解决阻碍改革转型的"瓶颈"问题，取得了良好成效。

（一）深入开展大学习，切实提高政治站位，统一思想认识。坚持把迎接党的十九大召开、学习党的十九大精神、贯彻党的十九大部署贯穿大讨论始终。据不完全统计，大讨论期间，各级粮食和物资储备部门共举办各类报告会、研讨会、座谈会、经验交流会 1200 余次。国家局编印习近平总书记重要讲话批示摘编、党的十九大学习材料摘编等学习材料，创办"粮食流通改革发展论坛"和"国储论坛"，组织召开 8 次视频报告会，邀请陈锡文、韩俊、王一鸣、陈理等专家做辅导报告。山西、黑龙江、江苏、安徽、福建、贵州等粮食部门分别创建"晋粮论坛""处长大讲堂""金谷大讲堂""粮食大讲堂""良友论坛""新时代学习大讲堂"等学习平台，吉林省粮食局在网站推出"一日一课——十九大报告天天学"专栏，内蒙古粮食局编印十九大应知应会口袋书和名词汇编。通过组织各种形式的学习研讨，加深了对习近平新时代中国特色社会主义思想和党的十九大精神的理解认识，增强了从政治上思考谋划粮食流通和物资储备工作的能力；深化了对"为什么改""怎么改""往哪转""怎么转"等重要问题的思考认识，强化了自觉改、主动转的思想自觉和行动自觉。

（二）认真组织大调研，切实转变工作作风、推动解决实际问题。大讨论期间，各级粮食和物资储备部门共组织各类调研 1500 余次，形成高质量调研报告 600 余份，报送中办的一篇调研报告得到习近平总书记批示。国家局随大讨论方案同步印发 4 方面 20 个调研题目，供各地参考。2017 年，分 3 批确定 64 个重点调研课题，局党组同志领题带头深入基层

韩俊、陈锡文、张晓强、王一鸣等领导、知名专家在
"粮食流通改革发展论坛"上作专题报告

一线进行调研，每月调度重点课题进展。2017 年年底，局党组专题听取
重点调研成果汇报。创新完善粮食宏观调控、加快粮食立法修规、发展
粮食产业经济、着力解决"出库难""融资难"等成果已转化为政策措施。
2018 年，印发《关于大兴调研之风加快推动粮食流通改革发展的意见》，
开展"1+N"专题调研，重点对黑龙江省推动粮食产业高质量发展"解
剖麻雀"。组织 8 次"请进来"座谈会，主动听取各方面意见建议。探索
建立特约调研员制度，首批 80 名同志将于近期正式"上岗"。各地粮食

和物资储备部门结合实际，积极开展上下联动共同调研、跨部门联合调研和跨省份交流调研，摸清问题短板，探索改革创新举措，提高调研工作实效。黑龙江省粮食局认真落实"农头工尾""粮头食尾"要求，积极推动水稻就地加工，实施大米市场营销"百日攻坚行动"，多措并举抓好"龙江大米"品牌建设，加快建设粮食产业强省。山东省粮食局通过深入调研，列出 70 个需要解决的问题，提炼 44 个改革发展亮点，建立清单、动态管理。山西省粮食局发挥杂粮优势，打造"山西小米"区域公共品牌，带动农民增收，助推脱贫攻坚。湖南省粮食局开展水稻价格形成机制和收储制度改革研究，探索实施"精准弹性启动托市收购政策"，相关做法建议被吸纳到全国粮食收储制度改革方案中。新疆维吾尔自治区粮食局积极推动小麦收储制度改革，完善直补政策，调优种植结构，改革成效得到各方面肯定。广西壮族自治区粮食局探索实行"对种粮农民直接补贴与储备粮订单收购"挂钩制度，实现了维护种粮农民利益和优化调整区级储备粮品种结构的双赢。湖北省粮食局高点定位、突出特色，认真抓好首批 10 个"优质粮食工程"试点示范县市建设，切实加快工作进度。吉林省粮食局通过集中力量打造大米"白金名片"，提高品牌附加值，推动企业增效、农民增收，实现优粮优价。四川省粮食局力推以"赏花观光、休闲度假、浓香菜籽油加工"为主要内容的一二三产业融合发展模式，提高粮食产业发展质量效益。云南、西藏粮食局积极打造薏米、青稞等具有高原特色优势的粮食品牌和产业集群，推动粮食产业向绿色化、产业化、品牌化方向发展。内蒙古乌兰察布市与山西大同市、河北张家口市建立杂粮产业发展联盟，发挥三地燕麦、杂粮杂豆和马铃薯种植优势，推动三地相关企业转型升级、共同发展。宁夏回族自治区粮食局将《"一带一路"倡议下自治区粮食产业经济创新发展路径思考》列入区党委决策参考之列。

（三）聚焦担当作为，切实激发干事创业热情、凝聚创新发展强大合力。 国家局出台关于激励干部担当作为干事创业的试行意见，组织首届粮食流通改革发展青年论坛，展示讨论成果、培养锻炼青年干部。各地粮食部门组织干部职工积极参与献一策、优秀征文征集活动，国家局共

国家局张务锋局长（左二）在北京市调研粮食流通改革发展重点工作

收到各类建议 1200 余条，征文近 1500 篇，评选出全国优秀建议 36 条，一、二、三等奖优秀征文 36 篇。黑龙江省粮食局以"机关作风好把式"评选活动为抓手，推动干部自觉转变作风，优化营商环境。宁夏回族自治区粮食局开展以"亮身份、亮标准、亮承诺，比学习、比作风、比技能、比纪律、比担当、比业绩"和"服务基层、服务企业、服务社会"为主要内容的"三亮六比三服务"党建活动，调动干部干事创业热情。甘肃省粮食局主动担当作为，分重点发展、支持发展、限制发展和逐步淘汰 4 类，优化地方储备粮储存库点整体布局。贵州省粮食局推动建设"食品工程职业学院"，加快建设粮食行业人才培育基地，为行业持续发展奠定坚实人才基础。天津市粮食局指导有关企业依托"公共仓"，搭建黑龙江大米直销天津通道，创新产销合作新路径。广东粮食局与黑龙江签订产销合作协议，积极推动对口稳定合作，保障销区粮食供应安全。辽宁省粮食局全力打造"东北粮网"，建设粮食现货电商交易及物流服务平台，提高粮食流通效率。青海省粮食局建设粮食云平台，加快信息化建设，提高决策管理服务高效化、规范化、精准化水平。中粮集团着力打造农业综合服务平台，建设更加紧密的农企利益共同体。供销集团推广

"供销 E 家"等新型农产品零售业态，实行 O2O（线上到线下）商业模式，推动线上线下融合发展。

（四）挖掘培树先进典型，展示行业新形象、开创工作新局面。国家局编发 80 期大讨论简报，交流推广各地典型经验和优秀成果。2018 年上半年向党中央、国务院报送专报 38 份，其中 26 份得到领导同志批示；向中办、国办报送信息 62 期，其中中办采用 7 期、国办采用 23 期。上海、江苏、江西、福建、广东、广西、云南、西藏等省（市、区）委、省（市、区）政府主要领导或分管领导同志分别对大讨论作出批示或听取汇报。人民日报、新华社、中央人民广播电台、光明日报等主流媒体对活动情况进行宣传报道。各级粮食部门普遍在官方网站、行业媒体开设专栏，形成"网、刊、报"立体宣传态势，进一步传播了粮食声音，树立了行业形象。江苏、浙江、山东等地积极推动将粮食安全保障立法列入地方人大、政府立法规划，加快立法修规步伐，提高依法行政水平。北京市粮食局动态调整行政职权事项，优化简化流程手续，提高服务效率，强化对社会化涉粮企业的监督检查，2017 年对社会化涉粮企业的检查次数首次超过储粮企业。青海省粮食局制定"710"台账管理制度和工作定期督查通报制度，一般事项必须在 7 天内办结，复杂事项 1 月内要有结果，所有事项当年年底清零销号。浙江省粮食局加快推进"最多跑一次"改革，细化办事指南，方便群众办事。河南省粮食局以推动落实"四优四化"工程为抓手，着力探索"优粮优价"新机制，2017 年收购优质小麦帮助农民直接增收近 2.5 亿元。江苏省粮食局开发国内首款粮食购销 APP，运用现代信息手段方便农民售粮，提高服务效率。上海市粮食局主动拓展为农服务范围，在基层收购库点配置烘干清理设备，提供专业化服务，减少粮食产后损失。陕西省粮食局对 14 户粮食龙头企业实施"一企一策"扶持，努力提高服务针对性和实效性。重庆市粮食局着力推动建设优质粮食品牌溯源监管体系，提高粮食质量监管水平，保障"舌尖上的安全"。青岛市粮食局采取有力措施，建设地方粮食储备体系、质量监管体系和应急供应体系，全面提高安全保障能力。

二、大讨论活动的有益启示

（一）**转变观念是加快粮食和物资储备改革发展的先导条件**。通过大讨论，大家深刻认识到，转变观念是粮食和物资储备工作攻坚克难、取得胜利的重要法宝，是统一思想、凝聚共识、推动发展的重要前提。转变观念不是一时一地的权宜之计，而是必须一以贯之的思想路线。新时代带来新要求，必须把转变观念作为"当头炮"，不断破除传统观念、习惯做法、路径依赖负面影响，激发广大干部敢于担当、善谋实干、锐意进取的精神。

（二）**转变职能是粮食和物资储备部门高效履职的关键所在**。通过大讨论，大家深刻认识到，深入推进"放管服"改革，主动转变部门职能，是切实发挥市场配置资源决定性作用和更好发挥政府作用、全面加强国家物资储备监管、切实提高部门服务质量水平的战略举措。新职责带来新使命，必须以自我革命的政治勇气，采取更加有力举措，继续深化简政放权、放管结合，优化服务改革，切实增强内生发展动力，提高国家粮食和战略应急物资储备安全保障水平。

（三）**转变方式是实现粮食和物资储备高质量发展的必由之路**。通过大讨论，大家深刻认识到，积极适应社会主要矛盾变化和建设现代化经济体系新要求，牢固树立新发展理念，是提高国家物资储备效率效能、实现高质量发展的必然选择。新征程呼唤新作为，必须以更大力度，创新完善国家物资储备体制机制，优化完善储备供给结构，加快构建更高质量、更高层次、更有效率、更可持续的粮食和战略应急物资保障体系，提高国家储备服务宏观调控和经济社会发展的能力水平。

（四）**深化调研是推动粮食和物资储备改革发展的有效途径**。调查研究是谋事之基、成事之道。只有老老实实深入开展调查研究，把问题找准、把思路理清、把措施定细，才能真正把中央精神和工作部署不折不扣落到实处。构建统一的国家物资储备体系、提升应对突发事件能力，是一项复杂而艰巨的系统工程，需要通过深入调研，汇集各方智慧，摸清情况、找准症结、谋定后动，确保改革转型始终沿着正确方向发展。

（五）**典型引路是加快粮食和物资储备改革转型的重要方法。**在深化调研基础上，总结经验、培树典型、以点带面，往往可以起到事半功倍的效果。加快粮食和物资储备改革发展步伐，既需要从顶层设计入手，搞好试点、率先突破，推出务实管用的实招硬招；也需要从基层实践出发，总结推广可复制、可借鉴的好经验、好典型，切实形成"比学赶超"的浓厚氛围。

三、要巩固放大大讨论活动成果

（一）**以认真落实中央关于机构改革的决定精神为契机，推动深化改革转型发展不断取得新成效。**深入学习贯彻中央关于深化机构改革的决定精神，准确把握机构改革总体要求以及粮食和物资储备部门职能定位，自觉从服务总体国家安全大局的政治高度，认真履行"三定"规定各项职责任务，加快职能转变步伐，切实把党中央国务院关于粮食和物资储备的各项决策部署不折不扣落到实处。

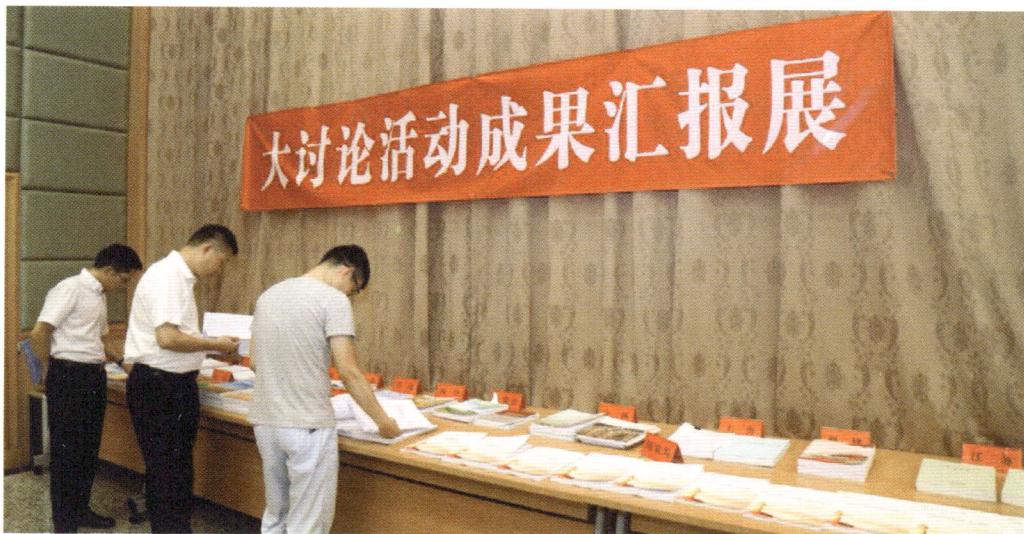

国家局举办大讨论活动成果汇报展

（二）以纪念改革开放 40 周年为契机，推动深化改革转型发展再上新台阶。认真办好粮食和物资储备系统纪念改革开放 40 周年图片展等重要活动，回顾改革发展历程，总结改革发展经验，大力弘扬粮食和物资储备系统优良传统，从历史中汲取智慧力量，进一步加快深化改革转型发展步伐。

（三）以全面贯彻国家局党组《决定》为动力，把深化改革转型发展不断引向纵深。认真贯彻国家局《关于全国粮食和物资储备系统深化改革、转型发展的决定》（简称《决定》）精神，明确改革重点和转型方向，研究提出细化落实措施，推动《决定》各项部署安排落细、落小、落到实处。

国家粮食和物资储备局
关于"深化改革转型发展"大讨论活动
优秀组织单位和优秀征文建议的通报

国粮发〔2018〕170号

各省、自治区、直辖市、计划单列市及新疆生产建设兵团粮食局，各储备物资管理局（办事处），中国储备粮管理集团有限公司、中粮集团有限公司、中国供销集团有限公司，国家粮食和物资储备局各司局、直属单位、联系单位：

为深入学习贯彻习近平新时代中国特色社会主义思想和党的十九大精神，国家粮食和物资储备局组织开展了为期一年的"深化改革、转型发展"大讨论活动。各地各单位高度重视、精心组织，广大党员干部积极响应、踊跃参与，在转观念、转职能、转方式方面取得重要突破，找到了发展改革中的短板弱项，明确了部门新的定位和发展方向，达到了预期良好的效果，并涌现出一批来自基层、产生于一线，可信、可学、可借鉴、可推广的先进典型。

为进一步宣传推广大讨论活动中的好做法好经验，全面提升国家粮食和战略应急物资储备安全保障水平，局大讨论活动领导小组经过严格评选，研究决定：北京市粮食局等13家单位（详见附件1）为"深化改革、转型发展"大讨论活动优秀组织单位；《从"福娃模式"成功实践看粮食加工转型路径》等36篇文章（详见附件2）获得主题征文一、二、三等奖及优秀奖；《建立与完善区域粮食应急供应保障体系的建议》等36篇建议（详见附件 3）获得"我为粮食行业改革发展献一策"优秀奖。经过公示，现对优秀组织单位和优秀征文建议予以通报。

　　希望获得荣誉的单位和个人再接再厉，充分发挥典型示范作用。各地各单位要学赶先进、见贤思齐，认真贯彻落实习近平总书记关于"中国人的饭碗任何时候都要牢牢端在自己手上"的重要指示精神，按照党中央、国务院对粮食和物资储备工作的总体总署，全面落实国家粮食安全战略，全力保障国家储备安全，为加快构建更高层次、更高质量、更有效率、更可持续的粮食和战略应急物资保障体系做出应有的贡献！

　　附件：1."深化改革转型发展"大讨论活动优秀组织单位名单
　　　　　2."深化改革转型发展"主题征文获奖名单
　　　　　3."我为粮食行业改革发展献一策"优秀奖名单

国家粮食和物资储备局

2018 年 7 月 24 日

附件 1

"深化改革转型发展"大讨论活动
优秀组织单位名单

（排名不分先后）

北京市粮食局

山西省粮食局

吉林省粮食局

黑龙江省粮食局

江苏省粮食局

安徽省粮食局

山东省粮食局

湖北省粮食局

广东省粮食局

四川省粮食局

甘肃省粮食局

宁夏回族自治区粮食局

中粮集团有限公司

附件 2

"深化改革转型发展" 主题征文获奖名单

一等奖（2 名）

从"福娃模式"成功实践看粮食加工转型路径（陈修柱，湖北省荆州市粮食局）

关于粮食地方立法的几点建议——以上海为视角（徐自广，上海市粮食局）

二等奖（4 名）

北京市粮食安全形势分析及引导推进粮食加工产业发展的思考（阎维洪，北京市粮食局）

粮食企业建立优质稻商品生产基地的研究与思考（雷海州，广西壮族自治区柳州市五里卡粮库）

滨州市粮食行业"新六产"发展现状及对策分析（高玉华等，山东省滨州市粮食局）

强化法律法规保障　推动行业转型发展——由百个涉粮案例引发的思考（石少龙，湖南省粮食局）

三等奖（10 名）

对新时代粮食人才培养的思考与建议——粮食人才培养目标路径与方式方法探析（曾位强，四川省粮食局）

试论确保国家粮食安全的实践思路（马文娟，宁夏回族自治区粮食局）

浅析地方国有粮食企业的困境及对策建议（陈晓洪、李冬钰、李俭，江西省吉安市永新县粮食局）

构建粮食行业机关青年综合信息资源库的思考（李董，上海市粮食局）

新形势下粮食部门转变职能所亟须解决的几个问题（李永明，甘肃省庆阳市粮食局）

开门开放办流通，促进粮食行业供给侧结构性改革（霞玉，四川省广汉市粮食局）

深刻理解社会主要矛盾转化　积极推动粮食行业转型发展（黎霆，国家粮食和物资储备局）

以供给侧结构性改革为统领　深入推动湖南粮食行业转型升级（欧阳建勋，湖南省粮食局）

平昌粮食供给侧安全面临的挑战与对策（刘开荣，四川省巴中市平昌县粮食局）

国有粮食企业人力资源现状及改进对策研究——以慈溪市粮食收储有限公司为例（王晨，浙江省慈溪市粮食收储有限公司）

优秀奖（20名）

提升基层粮食干部职工的职业荣誉感（陈军林，江苏省丹阳市粮食局）

淮安稻米加工企业融资困境及对策研究（张爱如，江苏省淮安市粮食局）

粮食主产区地方骨干国有粮食购销企业生存发展的路径选择（段国峰，内蒙古赤峰东城国家粮食储备库）

把握山区粮食供需特点　助推特色粮油产业升级——对湖北省秭归县2016年农户粮食抽样情况的调查与思考（周桂林，湖北省宜昌市秭归县粮食局）

深化"放管服"改革　推动粮食行业健康发展的思考（刘开田、吕明、魏才奎，山东省粮食局）

粮食交易客户融资服务探讨（徐国银，武汉国家粮食交易中心）

浅析新形势下省属粮食储备企业依托储备做好经营的思路和建议（王维军，甘肃省长城粮油储备库有限公司）

精准施策、多措并举推进粮食去库存（高伏兵，江苏省淮安市粮

食局）

完善省级储备粮管理长效机制降低轮换亏损的建议（王强，湖南省粮食局）

明确基本思路　落实重点措施　以"加减乘除法"助力企业改革发展（王鑫，中国华粮物流集团北良有限公司）

发挥粮食部门优势　拓展为农服务功能　提高种粮大户种植收益（丁卫东、王井宝，山东省曲阜市粮食局）

"三化"大武汉进程中的粮食安全保障（方中华、王必生、夏勤慧，湖北省武汉市发改委）

政府储备粮社会化代储的实践与思考（吴伟民、胡双平，浙江省金华市粮食局）

加快改革　完善机制　推进军民融合深度发展（龙建跃，湖南省军粮中心）

对深化"放管服"改革加强粮食社会化管理的思考（郭冬青，山东省潍坊市粮食局）

打造海外粮企集群，应对国际粮市挑战——在国际粮食市场合作与竞争中的"梯队"建设构想（马新辉，陕西杨凌粮食仓储有限责任公司）

粮食那些事（陈娜，山东省潍坊市粮食局）

健全粮食质量安全检验监测网络　保障粮食质量安全（候瑞宏，山西省粮食局）

关于我市粮食加工产业发展的几点思考（刘授国，湖北省十堰市粮食局）

浅谈粮食纯销区构建粮食安全保障体系之路径（毛智军，浙江省宁波市北仑区粮食总公司）

附件 3

"我为粮食行业改革发展献一策"优秀奖名单

建立与完善区域粮食应急供应保障体系的建议（李杨、曾凡成，四川省成都市金牛区发改局）

关于鼓励支持国有粮食企业参与农村土地流转承包的建议（周理干、叶爱东，江西省九江市粮食局）

我为粮食行业发展建言献策（张庆玲，北京市西南郊粮食收储库有限公司）

深化国有粮食企业改革发展的思考（许虎志，湖北襄阳东国家粮食储备库）

建立发布"国内粮食购销景气指数 GTI"（董琦琦，国家粮食和物资储备局）

打造国家平台　服务粮食事业（李圣军，国家粮油信息中心）

关于设立"国家粮食安全宣传周"的建议（孔晶晶，国家粮食和物资储备局）

打造粮食产业联合体　注重产前延伸掌粮源、产后延伸占市场（李冬钰、李俭，江西省吉安市永新县粮食局）

关于粮食安全省长责任制考核工作的一点思考（张军杰，国家粮食和物资储备局）

由"每日坚果"想到"每日粗粮"（徐伟玥，山西省粮食局）

托市收购面临的难题与建议（凌华、李忠，江苏省南通市通州区商务（粮食）局）

运用食品级惰性粉实现绿色防治储粮害虫（程显栋，甘肃省景家店粮油储备库有限公司）

粮食产业如何加快转型升级（吕学宗，湖北省恩施市粮食局）

确保粮食安全在"好"字上下功夫（郭斌，四川省巴中市通江县粮食局）

做好县粮食收储公司国有资产管理建议（陈立民，浙江省台州市仙居县粮食局）

把控源头，用途导向，发挥质量引领作用——以质量保障体系服务行业发展（杨军，四川省粮油中心监测站）

将粮食安全纳入省级县域经济考核推动粮食安全省长责任制落地生根——进一步压实县级政府在保障国家粮食安全中的责任（王士春，湖北省粮食局）

谈粮食收购质检过程中应注意的几个问题（刘俊玲，山东省淄博市高新区粮食局）

对高大平房仓"免熏蒸"防治的探索（邹赟，浙江省慈溪市粮食收储有限公司）

关于粮食产后服务体系建设的几点思考（唐家青、王海杰，辽宁省锦州市农委）

建议在仓储管理中引入并推广 6S 现场管理模式（胡长青，江苏省淮安市粮食局）

关于提高粮食流通监管执法效力之浅见（许红波、倪建博，湖北省天门市粮食局）

创新思路 多措并举 推动粮食产业跨越发展（付振杰，山东省肥城市粮食局）

关于在粮食销区建立防控粮食安全风险种植区规划的建议（钱兴平、姚梅，云南省玉溪市粮食局）

建议建立粮食安全指数发布制度（苑敬敏，浙江省温州市粮食局）

强化服务监督意识 活跃粮食流通市场——对民勤县粮食市场监管的思考（李万瑞，甘肃省武威市民勤县粮食局）

推进储粮保水技术，提升储粮运营效益（邱山，湖北谷城黄坑国家粮食储备库）

完善粮食市场价格监测网络　服务粮食宏观调控（薛晓峰、闫超，河北省粮食局信息中心）

完善信用保证基金政策　为粮食企业融资增信（郭建，国家粮食和物资储备局）

节能环保、清洁高效、提质增收——关于在黑龙江省粮食干燥中推广使用生物质能源的建议（肖渊壮，黑龙江省粮食科学研究所）

借助网络新技术　推动粮食市场监测持续健康发展（张文波，河北省粮食局粮油批发交易中心）

构建国家粮食电子交易平台会员体系　服务粮食流通体制改革（史敏，国家粮食和物资储备局）

以信息化为引领打造粮食行业市场监管新机制（高树龙，宁夏回族自治区粮食局）

关于发展仓顶阳光工程的建议（郭东良，山东省德州市粮食流通安全管理中心）

多措并举搞活粮食市场流通——关于如何加快粮食"去库存"的路径思考（王千银，湖北省襄阳市粮油食品饲料检验检测站）

深化国有粮食企业改革（史成刚，江苏建湖粮食产业发展有限公司）

中共国家粮食和物资储备局党组
关于全国粮食和物资储备系统
深化改革转型发展的决定

国粮党字〔2018〕31 号

各省、自治区、直辖市、计划单列市及新疆生产建设兵团粮食局，各储备物资管理局（办事处）：

粮食和战略应急物资储备是保障国家政治安全、经济安全和维护国家长治久安的重要物质基础。为认真落实总体国家安全观，深入实施国家粮食安全战略，切实履行党中央、国务院赋予的使命职责，守住管好"天下粮仓"，全面提升粮食和战略应急物资储备保障国家安全和应对突发事件的能力，现就全国粮食和物资储备系统深化改革、转型发展，特作如下决定。

一、充分认识深化改革、转型发展的重大意义

（一）**深化改革、转型发展是认真落实总体国家安全观，全面提高国家储备安全保障水平的必然要求。**党的十八大以来，以习近平同志为核心的党中央确立了总体国家安全观，明确了国家粮食安全战略，强调加大对维护国家安全所需物资保障能力建设，为粮食和战略应急物资储备改革发展指明了前进方向、提供了根本遵循。新时代新机遇，必须深化改革、转型发展，健全储备体系，明确功能定位，提高整体效能，充分发挥粮食和战略应急物资储备在促进国家长治久安中的重要作用。

（二）**深化改革、转型发展是加快构建统一的国家物资储备体系，切实履行新职责新任务的迫切需要**。深化党和国家机构改革方案明确指出，要加强对国家储备的统筹规划，加快构建统一的国家物资储备体系，加强对中央储备粮棉的行政管理，提升国家储备应对突发事件的能力。新时代新要求，必须深化改革、转型发展，创新完善宏观调控，全面加强行政监管，着力防范重大风险，构建更高层次、更高质量、更有效率、更可持续的国家粮食和战略应急物资安全保障体系。

（三）**深化改革、转型发展是不忘初心、牢记使命，着力强化担当作为的现实举措**。新中国成立特别是改革开放以来，全国粮食和物资储备系统坚持改革创新、认真履行使命，广大干部职工勤勉负责、甘于奉献，切实加强粮食和战略应急物资储备管理，为保障国家安全贡献了智慧和力量。新时代新机构，必须深化改革、转型发展，敢于担当、积极作为，大力弘扬优良传统，更新观念、与时俱进，不断提高部门创新力执行力公信力，为保障国家安全做出新贡献。

二、明确深化改革、转型发展的总体要求

（四）**指导思想**。以习近平新时代中国特色社会主义思想为指导，全面贯彻党的十九大和十九届二中、三中全会精神，坚持总体国家安全观，坚持新发展理念，坚持稳中求进工作总基调，以供给侧结构性改革为主线，按照高质量发展要求，向深化改革要动力，向转型发展要活力，全面提高国家粮食和战略应急物资储备安全保障水平。

（五）**基本原则**

——**坚持党的领导，提高政治站位**。加强党对粮食和物资储备工作的全面领导，以党的政治建设为统领，自觉从政治和全局的高度统筹谋划粮食和物资储备改革发展。

——**坚持改革创新，优化协同高效**。持续深化"放管服"改革，充分发挥市场在资源配置中的决定性作用，更好发挥政府作用，深化政府储备运营事业单位和国有企业改革，强化各类各级储备协同高效运作。

——**坚持与时俱进，贯彻新发展理念**。自觉摒弃影响改革发展的思想障碍、思维惯性和路径依赖，坚持用创新、协调、绿色、开放、共享的理念推动粮食和物资储备高质量发展。

——**坚持问题导向，强化底线思维**。紧盯短板弱项，深入调研论证，谋定后动、精准发力，重点突破改革"瓶颈"，着力破解发展难题，切实防范化解风险。

——**坚持依法行政，增强责任担当**。切实增强为国管粮管储的政治担当、历史担当和责任担当，强化法治思维，运用法治手段，全面加强储备监管，确保储备数量真实、质量良好，收得进、储得好、调得动、用得上。

（六）**主要目标**。坚持问题导向和目标导向相统一，立足打基础利长远、补短板强弱项，重点在管理体制、运行机制、监管方式、宏观调控手段和国家储备优化协同高效等方面深化改革，着力在构建统一的储备体系、实施国家安全保障、增强应对突发事件能力、完善强化粮食流通和物资储备基础设施及建设粮食产业强国等方面转型发展，增强改革发展的系统性、整体性、协同性。力争用5年左右的时间，形成职责清晰、运行规范、监管有效、保障有力的统一的国家储备体系，全面提高国家粮食和战略应急物资储备安全保障水平。

——**安全保障更加有力**。聚焦各类各级储备发展不平衡、作用不充分等问题，增强储备实力，加强安全管理，强化应急能力，积极防范风险，切实保障安全。

——**体制机制更加完善**。聚焦粮食和物资储备监管体制机制不健全、运行不协同等问题，完善权责清晰、协同高效的决策、执行、监管体制，加快构建中央储备、地方储备与企业储备协同发展的新格局。

——**监督管理更加有效**。聚焦法规制度相对滞后、监管力量明显不足和方式较为单一等问题，加快推动立法修规，健全机构、充实队伍、创新方式、压实责任，增强监管针对性和实效性。

——**储备设施更加完备**。聚焦储备设施功能不尽适应、布局不够科学等问题，加强规划、统筹建设、提升功能、规范管理，加快形成资源共享、布局合理、功能完备的储备设施网络。

——**效率效能更加明显**。聚焦规模品种结构不够优化、收储轮换管理不够规范等问题，明确各类各级储备功能定位，科学确定规模布局，完善储备管理模式、运营方式和技术规范，提高整体效能。

三、构建统一的国家储备体系

（七）**推动国家储备统筹规划**。按照党中央、国务院决策部署，统筹考虑国家安全和经济建设、国防建设需要以及财政承受能力等因素，积极配合或协同有关部门制定国家储备总体发展规划和国家储备品种目录；合理确定粮食和战略应急物资储备规模；加强各类储备资源整合，积极推进军民融合深度发展；提高国家储备整体效能，充分发挥国家储备"压舱石"作用。

（八）**创新储备管理制度**。加强中央储备，完善地方储备，推动企业社会责任储备，鼓励企业商业储备，推动中央储备与地方储备、政府储备与企业储备互为补充、协同发展。坚持政企、政事、事企分开和管办分离的原则，积极稳妥地推进各项改革，提高储备运营管理效率。

（九）**完善收储轮换机制**。建立健全与储备品种相适应的收储轮换机制，严格落实收储轮换计划，确保储备库存适时更新、质量良好。推动完善储备动用机制，规范相关程序。鼓励通过市场竞价交易、公开招标、竞争性谈判等方式，组织开展储备的收储、轮换。

（十）**加强粮食储备管理**。改革完善粮食储备管理体制机制，科学界定储备功能定位，优化各级储备粮规模、品种、布局。全面落实承储企业主体责任，着力强化外部行政监管，充分运用现代储粮技术，确保储粮安全和安全生产。认真落实粮食最低最高库存管理制度。

加强对中央储备粮棉的行政管理，依法对中央事权粮棉政策执行和中央储备粮棉管理情况实施监督检查和年度考核。加强和完善棉花、食糖储备管理，更好地适应新形势发展要求。

（十一）**强化战略应急物资储备管理**。按照国家储备规划，落实年度收储轮换任务。强化重要战略物资政府储备，推动建立企业储备，优化储备库存布局结构，夯实抵御风险的物质基础。

推动健全国家能源储备制度。完善国家石油储备管理体制，构建产权清晰、责任明确、运行规范的石油政府储备管理机制，加快推进企业社会责任储备。压实中央石油石化企业在国家石油储备购销轮换和委托管理等方面的责任。按照国家统一规划部署，积极推动建立天然气储备。

完善中央救灾物资储备库运行机制。加强救灾物资储备管理，保障救灾应急需要。

四、提高国家粮食安全保障水平

（十二）**创新完善粮食调控**。推动宏观调控从注重总量向数质并重转变，从侧重收储环节向统筹"产购储加销"各环节转变，从指令型调控向综合型调控转变。稳步推进粮食收储制度改革，巩固玉米收储制度改革成果，完善稻谷、小麦最低收购价政策，切实维护种粮农民利益。加强粮食市场监测，合理引导社会预期，增强调控的前瞻性、精准性和有效性。加快消化不合理粮食库存。加强粮食产销协作，构建统一开放、竞争有序的现代粮食市场体系。统筹用好国内、国外两个市场和两种资源。大力提升军粮供应保障能力和优质服务水平，加快军民融合深度发展。

（十三）**全面加强粮食质量安全管理**。积极推进粮食及其产品质量标准的制定或修订，建立符合高质量发展需要的粮食质量安全标准体系。突出重点品种和区域，改进粮食收获质量调查和品质测报。加强收购、储存、运输环节粮食质量安全和原粮卫生的监督管理，完善粮食出库质量检验制度。按照"机构成网络、监测全覆盖、监管无盲区"的要求，健全粮食质量检验监测网络。探索建立粮食质量追溯系统，增强粮食质量安全监管和应急处置能力。探索开展第三方粮食质量检验监测服务试点。

（十四）**加快建设粮食产业强国**。围绕高质量发展和建设现代化经济体系，适应由增产导向向提质导向的转变，加快粮食产业创新发展、转型升级、提质增效。推动产业链、创新链、价值链"三链协同",统筹建好示范市县、产业园区、骨干企业和优质粮食工程"四大载体",加快实施优粮优产、优粮优购、优粮优储、优粮优加、优粮优销"五优联动"。发展新业态,培育新动能,倡导推广粮食循环经济模式。发展粮食精深加工与转化,大力推进主食产业化,不断增加绿色优质和特色粮油产品供给。深化国有粮食企业改革,培育一批具有竞争力、影响力、控制力的骨干企业;支持民营企业发展,稳妥实施混合所有制改革;激发企业动力和活力,提高发展质量和效益。

(十五)**严格粮食安全省长责任制考核**。协同有关部门科学制定标准、优化指标,提高考核的精准性、导向性和实效性。认真执行考核规范和程序,组织做好省级自评、部门评审、部委联合抽查和综合评价,确保考核结果公平公正。坚持年度考核与日常考核相结合,强化问题整改和结果运用,发挥好考核"指挥棒"作用,推动完善中央和地方共同负责,确保国家粮食安全。

五、增强国家储备应对突发事件能力

(十六)**完善应急管理机制**。加强对粮食和战略应急物资市场供求形势的监测研判,强化预测预警和预期引导。完善各类突发事件应急预案,做好与国家、地方相关预案的衔接。建设国家粮食和物资储备应急指挥调度平台,实现统一指挥、科学调度、快速响应、保障到位。

(十七)**提高应急处置能力**。加快完善应急保供网络,依托骨干企业建立应急能力储备,强化应急处置功能。建立完善信息报告和发布制度,注重舆情引导。综合运用多种方式,加强技术培训和应急演练,增强应急实战能力。

(十八)**加强应急协同联动**。建立完善救灾物资储备政府采购、紧急生产、定期轮换、调剂调用等制度,加强与宏观调控、应急管理、交通运输等部门和地方政府的会商协调,推动实现中央储备与地方储备、实物储备与能力储备的相互补充和高效协同。

六、加强国家储备基础设施建设

（十九）统筹规划建设储备基础设施。 编制国家储备基础设施建设规划，加大各类储备设施整合力度，调整优化布局，充分发挥优势，提高利用效率，构建满足防范重大风险需要、布局合理、功能完备的现代储备基础设施体系。加强政府投资引导，鼓励社会资本参与储备基础设施建设。建好用好能源储备基地等。分类做好各类储备基础设施利用、维护和管理工作。

（二十）加强储备设施安全管理。 健全储备设施设备安全隐患整治常态化工作机制，保障日常安全费用投入。加强物防、技防和自控系统建设，提高安全管理水平。加快老旧设施维修改造，增强安全运行保障能力。

（二十一）强化科技创新引领。 深入实施科技兴粮、科技兴储，坚持以市场为导向、企业为主体、产学研深度融合，支持建立科技创新联盟。集中优势力量加大仓储物流、质量安全和绿色储粮、精深加工、粮机装备等关键技术的研发攻关。实施"现代粮仓"创新行动。加强技术研究、创新、推广等平台建设，促进科技成果转化。

（二十二）加快储备管理信息化。 推进粮食和物资储备领域数据共享、信息互通。全面实施"互联网＋"行动，建设完善国家粮食和物资储备信息管理平台，实施"智慧粮食"和"智能储备"。加强云计算、大数据、物联网、人工智能的运用，实现信息技术与储备管理的深度融合。

七、坚持依法管粮管储

（二十三）积极推动立法修规和标准建设。 全力推进粮食安全保障立法和《粮食流通管理条例》修订工作。适时推动粮食储备、物资储备等法规制度建设。尽快形成国家标准、行业标准、地方标准和企业标准相互支撑的粮食和物资储备标准体系。加强法治宣传教育，强化法治思维能力，提高依法行政水平。

（二十四）理顺完善监管体制和机制。 根据不同承储主体和管理方式，探索建立分类分级监管机制。压实企业主体责任，落实部门行政监管责任和地方政府属地管理责任。改革完善国家储备监管体制，依托国家粮食和物资储备局垂直管理机构，强化中央储备粮棉的行政监管。积极争取纪委监委和司法机关的支持，及时查处涉粮涉储违纪违法案件，并严肃追责问责。

（二十五）创新方式加强监管和督查。全面推进"双随机、一公开"和"互联网＋监管"，采取"四不两直"方式，加强跨区域交叉执法检查、专项检查和突击抽查。加快建立国家储备库存动态监管系统，做到在线监控、电子巡查和实时监管，实现远程监管全覆盖。完善政府储备承储企业和粮食企业信用监管体系，建立失信企业黑名单制度并实施联合惩戒。充分发挥 12325 监管热线作用，加强社会舆论监督。

加强对政府储备、社会责任储备和储备政策落实情况的监督检查，突出抓好政府储备数量、质量和安全的执法监管。加强粮食市场执法检查，特别是对政策性粮食的管理，今明两年重点做好全国政策性粮食库存数量和质量的大清查工作。

八、切实加强组织领导

（二十六）坚持以政治建设为统领。认真落实新时代党的建设总要求，切实把党的政治建设摆在首要位置。增强"四个意识"，坚定"四个自信"，坚决做到"两个维护"，自觉在思想上政治上行动上同以习近平同志为核心的党中央保持高度一致。强化党组领导核心作用，提高把方向、管全局、抓落实的能力水平。全面加强基层党组织建设，充分发挥政治核心和战斗堡垒作用。认真落实国家局党组关于"讲政治、顾大局，抓重点、出亮点，争主动、真落实，高标准、严要求，多添彩、不添乱"的总体要求，凝聚强大合力，持续将深化改革、转型发展向纵深推进。

（二十七）加强领导班子和干部队伍建设。全面贯彻新时代党的组织路线，切实抓好各级领导班子建设，不断提高政治业务素质，担起主责、抓好主业、当好主角，带好队伍、管好系统、转变作风，积极推进改革发展。推动建立符合改革发展需要的干部素质培养、选拔任用和严格管理、正向激励机制，培养造就忠诚干净担当的高素质专业化干部队伍。大力培养选拔优秀年轻干部，充分调动各年龄各层级干部的积极性。适应机构改革和职能转变的新形势，按照增强"八种本领"的要求，有针对性地补齐知识短板，强化干部的专业精神和专业素养。深入实施人才兴粮、人才兴储，采取更加有效的引才聚才用才政策举措，实现优秀人才进得来、用得好、留得住。

（二十八）着力增强部门创新力执行力公信力。切实转变职能，强化事中事后监管，推动政务服务"一网通办"，全面提升行政效能。认真履行粮食流通行业管理职责，更好地维护种粮农民利益和消费者合法权益。要善借外力、集中众智，对重大问题深入调研、充分论证，重大决策及时听取各方意见建议。加强政务公开和信息公开，认真做好政策解读和新闻宣传工作。

（二十九）切实守住安全稳定廉政底线。坚持生命至上、安全第一，严格落实安全生产责任，坚决消除安全隐患；加强思想政治工作，关心干部职工工作和生活，维护其合法权益。认真做好信访稳定工作，为深化改革、转型发展创造条件。加强审计监督，严明财经纪律，强化国有资产管理。加强纪律建设，防控廉政风险，以"零容忍"态度坚决惩治腐败。

（三十）坚持求真务实真抓实干。大力弘扬粮食和物资储备系统优良传统，营造鼓励支持广大干部职工敢于担当、善谋实干、锐意进取的良好氛围；加强工作指导、组织调度和督查督办，以"抓铁有痕、踏石留印"的作风狠抓落实，为保障国家安全做出新的更大贡献！

各省级粮食行政管理部门、各储备物资管理局（办事处），要依据职责并结合实际，制定深化改革、转型发展的具体措施，认真组织实施。

中国共产党国家粮食和物资储备局党组

2018 年 8 月 16 日

中共国家粮食和物资储备局党组
关于全国粮食和物资储备系统
加强安全稳定廉政工作的决定

国粮党字〔2018〕32号

各省、自治区、直辖市、计划单列市及新疆生产建设兵团粮食局，各储备物资管理局（办事处）：

近年来，全国粮食和物资储备系统认真落实党中央、国务院决策部署，抓安全、保稳定、促廉政，为保障国家安全、促进经济社会发展作出了重要贡献。为全面贯彻习近平新时代中国特色社会主义思想和党的十九大精神，深入落实中央关于深化党和国家机构改革的部署要求，切实加强安全稳定廉政工作，特作如下决定。

一、增强做好安全稳定廉政工作的紧迫感和责任感

（一）**充分认识重大意义**。粮食安全和物资储备安全是国家安全的重要基础。粮食和物资储备系统加强安全稳定廉政工作，有利于适应新时代新要求，更好地履行党中央、国务院赋予的职责；有利于深化改革、转型发展，推动转观念、转职能、转方式，实现高质量发展；有利于加快构建更高层次、更高质量、更有效率、更可持续的粮食安全保障体系和统一的国家物资储备体系。

（二）**清醒认识严峻形势**。当前，粮食和物资储备系统安全稳定廉政形势总体向好；同时也存有亟待引起高度重视的问题：粮食库存持续高

企、租仓储粮、简易设施储粮和超期储粮数量较多，政策性粮食和储备物资出库作业频繁，部分储备仓库设备设施老化，安全储存和安全生产风险加大，隐患排查整改不到位；部分单位历史欠账多、包袱重，内部管理、干群关系、职工生活等与各方面的期待要求尚有差距；政策性粮食购销、储备物资收储轮换、重大项目建设等环节存在廉政风险，少数地方和单位违规违纪行为时有发生。粮食和物资储备系统正值机构改革的关键时期，安全稳定廉政工作比以往更加现实而紧迫，任务比以往更加艰巨繁重，迫切需要进一步凝聚共识、完善机制、强化措施、压实责任。

（三）**统筹把握安全稳定廉政的关系**。加强安全稳定廉政工作，是保障国家粮食安全和物资储备安全的底线工程。安全是前提，稳定是基础，廉政是保障，三者密切联系、相辅相成。因此，必须统筹谋划、整体推进，加快建立健全安全稳定廉政工作相互支撑、互促共进的长效机制。

二、明确安全稳定廉政工作的总体要求

（四）**提高政治站位**。以习近平新时代中国特色社会主义思想为指导，认真落实总体国家安全观，强化政治自觉和使命担当，从党和国家事业全局、国家安全大局出发，切实把思想和行动高度统一到党中央、国务院关于安全稳定廉政工作的决策部署上来，保障国家粮食安全，提升国家储备应对突发事件的能力。

（五）**坚持以人为本**。全面贯彻以人民为中心的发展思想，始终把人的生命安全放在首位。坚守"发展决不能以牺牲安全为代价"这条不可逾越的红线，推动安全发展。用心用情为广大干部职工办实事、解难题，切实维护合法权益，增强获得感、幸福感、安全感。

（六）**突出问题导向**。强化"隐患就是事故"的意识，抓早抓小抓苗头，定期查摆问题隐患，加强风险预警研判。通过体制机制创新，补短板、强弱项，着力解决薄弱环节和难点问题，把风险隐患消灭在萌芽状态。

（七）**推进综合治理**。坚持大排查、快整治、严管理、重长效，完善

制度、加强监管，层层传导压力，压实主体责任。强化源头治理、综合施策，健全"人防、物防、技防、联防"机制，构建全方位综合防控体系。

三、从严从实抓好安全工作

（八）全面夯实主体责任。严格落实《安全生产法》和《粮油储存安全责任暂行规定》《粮油安全储存守则》《粮库安全生产守则》《国家物资储备仓库安全生产监督管理办法》等法律法规和规章制度，切实压实承储企业或单位的主体责任。承储企业或单位实行全员安全生产责任制度，法定代表人和实际控制人同为安全生产第一责任人；主要技术负责人负有安全生产技术决策和指挥权，强化部门安全生产职责。建立生产经营全过程安全责任追溯制度，依法依规制定安全生产权力和责任清单，明确从主要负责人到一线从业人员的责任，完善落实"层层负责、人人有责、各负其责"的责任体系，做到守土有责、守土负责、守土尽责。

（九）着力强化监管责任。坚持"党政同责、一岗双责、齐抓共管、失职追责"和"管行业必须管安全、管业务必须管安全、管生产经营必须管安全"，将安全工作作为粮食流通和物资储备管理的重点任务，指导督促承储企业或单位加强安全管理，强力压实监管责任。根据《地方党政领导干部安全生产责任制规定》，制定完善相关措施。加大监督检查力度，强化事中事后监管。

（十）严密排查和治理隐患。按照"全覆盖、零容忍、严执法、重实效"的要求，开展经常性安全隐患排查和区域性、系统性隐患专项治理，组织跨区域交叉执法检查，探索建立隐患排查治理第三方评价制度。突出储存安全和生产安全两个重点，加强对简易设施储粮、超期储粮、租仓储粮、储粮化学药剂存放和使用，生产作业、动用轮换、工程建设、治安保卫、防火防汛等关键环节，以及危化品仓库等重点部位的隐患排查，确保所有仓库全覆盖。实行隐患清单管理，对重大隐患挂牌督办。健全物资储备系统"重大事故隐患三级双轨督办机制"，明确国家局、垂直管理机构、储备仓库三级责任，业务系统与地方政府双轨推动落实整改责任。凡存有重大事故隐患且无法保证安全的，依法立即停业整顿。

（十一）**完善风险预警防控体系**。建立监测预警、信息通报和资源共享机制，定期研判分析形势，强化风险防控。完善危险源清单，做好登记、评估和报备工作，加强监控与管理。健全安全风险警示和预防应急公告制度，按规定及时向地方政府安全生产监管等部门备案。严格执行安全生产档案管理规定，全面规范痕迹化管理，确保各类资料的完整性、时效性和可追溯性。

（十二）**增强应急处置能力**。完善应急预案和重点岗位、重点部位现场处置方案，加强预案和应急准备能力评估，做好预案宣贯和培训。落实预案管理及响应责任，健全部门之间、系统内部预案衔接联动机制。强化应急救援队伍建设和应急物资装备配备，加强应急演练。出现市场异常波动时，按规定从速实施粮食等重要商品的调控，稳定市场预期和价格水平；发生突发事件时，密切配合相关部门及时完成应急物资出库接转等救援保障工作。

（十三）**加强安全培训教育**。突出培训重点，创新培训方式，把安全生产监管纳入领导干部培训内容。加强安全管理人员、特种作业人员、特种设备操作人员、岗前交底和外包作业人员培训；特殊岗位人员，必须具有相应资质。建立培训台账，严格培训考核，做到不培训不上岗、培训不合格不上岗。充分利用信息化手段，注重政策法规、安全常识、职业健康、应急处置、事故案例等宣传教育，增强安全意识，营造安全氛围。

（十四）**强化安全保障**。培养和配备高素质、专业化、有资质的安全监管人员，加强安全监管干部队伍建设。积极推广应用高效环保安全的仓储技术和机械化、智能化进出仓技术，继续实施"危仓老库"维修改造，加快仓储设施提档升级。大力推进安全生产标准化建设，逐步实现安全管理、操作行为、设备设施和作业环境的标准化。充分利用大数据、云计算等现代信息技术手段提升安全监管水平，实现可视可控。认真落实安全生产费用提取使用管理规定，保障安全工作投入。

四、着力维护稳定良好局面

（十五）**大力营造和谐氛围**。密切关注干部职工思想动态，做好思想政治工作，关心干部职工身心健康。主动了解干部职工实际困难，及时排忧解难。认真做好离退休干部工作，切实加强"三项建设"，全面落实"两个待遇"。加强粮食和物资储备文化建设，增强广大干部职工的使命感、荣誉感、归属感。

（十六）**加强问题综合研判**。定期分析研判意识形态领域情况，对重大事件、重要情况中的倾向性、苗头性问题，有针对性地进行引导，维护意识形态安全。加强对突出问题的分析研判，摸清底数，及时处置，做好源头防控，避免发生群体性事件。

（十七）**妥善化解各类矛盾**。按照"诉求合理的解决问题到位、诉求无理的思想教育到位、生活困难的帮扶救助到位、行为违法的依法处理"要求，进一步完善基层矛盾排查化解机制。提高法律政策运用水平，积极稳妥处理好各类问题，特别是历史遗留问题和群众反映强烈的突出问题。

（十八）**认真做好信访工作**。深入贯彻《信访条例》和《信访工作责任制实施办法》，全面落实信访工作目标管理制度，加强督查督办和考核评价，严格落实信访工作责任。各垂直管理机构要把主体责任落实到位，对职责范围内的问题，统筹协调、多措并举、妥善解决。对因损害群众利益造成信访突出问题的，对群众反映的问题推诿扯皮、不认真解决、造成不良影响的，严肃追究责任。

（十九）**积极回应社会关切**。通过新闻发布会和接受媒体采访等形式，加强粮食和物资储备工作宣传，积极营造良好社会舆论环境。制定和完善新闻发布应急预案，及时公布突发事件情况、处置进展和调查结果。

五、切实加强党风廉政建设

（二十）**坚持把政治建设摆在首要位置**。认真落实新时代党的建设总要求，旗帜鲜明讲政治，不断提高党建工作水平。持续推进"两学一做"学习教育常态化制度化，扎实开展"不忘初心、牢记使命"主题教育，增强"四个意识"，坚定"四个自信"，坚决做到"两个维护"。加强对落实中央路线方针政策特别是关于粮食和物资储备决策部署情况的督导检查，把党中央的指示精神不折不扣落到实处。

（二十一）**严格落实"两个责任"。**层层签订党风廉政建设责任书，夯实各级党组织主体责任和纪检监察组织监督责任，切实抓好班子、管好系统、带好队伍。建立完善述责述廉制度，加强对重要领导干部、重点工作岗位和关键工作环节的监督管理，完善"三重一大"等重要事项的议事规则和决策程序。坚定不移深化政治巡视，高质量完成巡视巡察全覆盖。认真做好巡视巡察"后半篇文章"，着力推动问题改到位、见实效。加强纪检监察机构和干部队伍建设，增强监督执纪问责的能力。

（二十二）**持之以恒正风肃纪。**加强经常性纪律警示教育，深化运用监督执纪"四种形态"，特别是用好第一种形态。严格落实中央八项规定及其实施细则精神，严禁"表态多调门高、行动少落实差"等形式主义、官僚主义新表现，杜绝享乐主义、奢靡之风反弹回潮。认真纠正行业不正之风，切实提高依法行政水平。

（二十三）**始终保持反腐败高压态势。**坚持无禁区、全覆盖、零容忍，重遏制、强高压、长震慑，严肃查处违纪违法案件，强化不敢腐的震慑。完善项目审批、资金安排、工程建设、招标投标、行政许可、监管执法等工作流程和内控机制，加强对重大建设项目和大额资金支出的廉政风险防控，扎牢不能腐的笼子。坚定理想信念，加强党性修养，大力弘扬艰苦奋斗、勤俭节约等优良传统，增强不想腐的自觉。

六、严格考核评价和问责追责

（二十四）**健全报告制度。**认真落实《生产安全事故报告和调查处理条例》，及时、准确、完整报告安全生产事故。发现重大安全稳定隐患、重要苗头性倾向性问题，立即报告上级主管部门。物资储备系统每日报告安全稳定情况，定期报告廉政工作情况。对瞒报、谎报、漏报、迟报的单位和个人，依规依纪追究责任。

（二十五）**完善考核办法**。按照职责权限，把安全稳定廉政工作纳入年度考核重要内容，确定科学合理的考核指标和评价标准。加强考核结果运用，以此作为领导班子总体评价和干部选拔任用、业绩评定、奖励惩处的重要参考。

（二十六）**树立鲜明导向**。认真落实中央关于进一步激励广大干部新时代新担当新作为的意见，为从事安全稳定廉政工作的干部撑腰鼓劲。各级领导干部要坚持原则、敢于担当，真抓真管、长管长严。坚持抓重点出亮点树典型，倡导实施正向激励。

（二十七）**严格追责问责**。认真执行责任追究制度，实行安全稳定廉政工作"一票否决制"。对责任不落实、工作不到位、安全隐患多、信访问题集中的，上级机关要及时通报、约谈和挂牌督办；对发生安全稳定事故或违纪违法案件的，严格落实"一案双查"和"责任倒查"，真正做到失责必问、问责必严。

七、完善安全稳定廉政工作长效机制

（二十八）**加强组织领导**。各级粮食部门和物资储备系统要把安全稳定廉政工作摆上重要议事日程；主要负责同志作为第一责任人，对本单位安全稳定廉政工作负总责。领导干部要深入基层一线了解掌握安全稳定廉政工作状况，制定落实相关措施。要精心组织、周密安排，完善机制、明确责任，形成层层分工负责、上下齐抓共管的格局。

（二十九）**强化统筹协调**。安全稳定廉政工作与深化改革、转型发展，要有机结合、整体推进。严格执行国家法律法规和相关标准，建立健全符合粮食和物资储备系统实际的安全稳定廉政工作制度。加强与有关部门的会商协调和协同联动，形成抓安全保稳定促廉政的强大合力。

（三十）**狠抓工作落实**。要以踏石留印、抓铁有痕的韧劲和作风，抓好安全稳定廉政工作。坚持抓常抓细抓长，持之以恒、常抓不懈，驰而不息、久久为功。要突出重点、强化落实、定期督查，确保全系统安全稳定，干部职工清正廉洁，行业风清气正。

各省级粮食行政管理部门、各储备物资管理局（办事处），要结合实际，制定加强安全稳定廉政工作的具体意见，认真组织实施。

中国共产党国家粮食和物资储备局党组

2018 年 8 月 16 日

中共国家粮食和物资储备局党组关于进一步激励广大干部新时代新担当新作为的实施意见

国粮党字〔2018〕40 号

各司局、直属单位、联系单位，各储备物资管理局（办事处）：

为深入贯彻习近平新时代中国特色社会主义思想和党的十九大精神，认真落实新时代党的组织路线，按照局党组关于"讲政治、顾大局，抓重点、出亮点，争主动、真落实，高标准、严要求，多添彩、不添乱"的总体要求，着眼建立崇尚实干、带动担当、加油鼓劲的正向激励体系，建立完善容错纠错机制，引导激励全局广大干部担当作为、干事创业，加快推进粮食和物资储备系统深化改革、转型发展，根据中央办公厅印发的《关于进一步激励广大干部新时代新担当新作为的意见》精神，结合实际，提出如下实施意见。

一、坚持把政治建设摆在首位，夯实新担当新作为的思想基础

（一）**强化政治引领**。坚持用习近平新时代中国特色社会主义思想武装干部头脑，认真学习贯彻习近平总书记关于国家粮食安全和物资储备安全重要论述精神，扎实推进"两学一做"学习教育常态化制度化，教育引导各级干部强化"四个意识"，坚定"四个自信"，坚决做到"两个维护"，在政治立场、政治方向、政治原则、政治道路上与以习近平同志

为核心的党中央保持高度一致。坚定不移贯彻党中央各项决策部署，坚决拥护、支持、投身改革，做到党中央提倡的坚决响应、党中央决定的坚决执行、党中央禁止的坚决不做。

（二）**筑牢理想信念**。坚定马克思主义信仰，坚守共产党人精神追求。扎实开展"不忘初心、牢记使命"主题教育，大力弘扬社会主义核心价值观，继承和发扬粮食和物资储备系统优良传统。教育引导广大干部坚定理想信念，以对党忠诚、为党分忧、为党尽责、为民造福的政治担当，满怀激情地投入粮食和物资储备事业；教育引导广大干部深刻领会新时代、新思想、新矛盾、新目标提出的新要求，进一步解放思想、更新观念，以时不我待、只争朝夕、勇立潮头的历史担当，加快推动粮食和物资储备高质量发展；教育引导广大干部牢记保障国家粮食安全和物资储备安全的神圣使命和重大责任，以守土有责、守土负责、守土尽责的责任担当，坚定信心、迎难而上、积极作为，不断做出新的贡献。

（三）**严明政治纪律和政治规矩**。把遵守党的政治纪律和政治规矩摆在更加突出的位置，选拔干部要把政治标准放在首位。用党章党规党纪规范党员干部行为，坚决反对"七个有之"、自觉做到"五个必须"。认真落实新形势下党内政治生活若干准则，全面提高党内政治生活质量，增强政治性、时代性、原则性、战斗性。突出政治巡视要求，发挥巡视"利剑"作用，从严查处违反政治纪律和政治规矩的问题。

二、鲜明树立重实干重实绩的用人导向，释放激励新担当新作为的强烈信号

（一）**大力选拔担当作为的干部**。坚持正确选人用人导向，认真落实好干部标准，突出信念过硬、政治过硬、责任过硬、能力过硬、作风过硬。大力倡导有为才有位，突出实践实干实效，让那些想干事、能干事、干成事的干部有机会有舞台。大力选拔一心一意干工作、全心全意为事业，在推进粮食和物资储备改革发展中勇于开拓创新、敢于迎难而上，在急难险重任务面前能够挺身而出、攻坚克难，在平凡岗位上不计得失、

任劳任怨、埋头苦干的干部；对个性鲜明、坚持原则、敢抓敢管、不怕得罪人的干部，符合条件的要大胆使用，激励广大干部敢于担当、善谋实干、锐意进取。

（二）**提高选人用人工作水平**。坚持党管干部原则，充分发挥党组织的领导把关作用，一切出于公心选干部、一切为了事业选干部、一切按照规矩选干部。结合巡视、审计、年度考核等工作和平时掌握的情况，加强对领导班子和干部队伍的综合分析研判，完善干部分级分类管理。坚持全面历史辩证地看待干部，主要看实事、看实情、看实绩，注重分析具体事例、具体工作，不唯票、唯分、唯年龄，增强考察识别干部的科学性和精准性；把谈话调研作为了解考察干部的重要手段，特别是在动议环节要做好谈话调研、广泛听取意见工作，在民主推荐环节合理确定谈话范围，不断提高知事识人能力。坚持"凡提四必"，严格把好政治关、廉洁关、形象关，对政治上有问题的"一票否决"，对廉洁上有问题的"零容忍"，对形象上有不良反映和负面影响属实的不予使用。

（三）**推动干部能上能下**。认真贯彻落实《推进领导干部能上能下若干规定（试行）》，将担当作为情况纳入局党组巡视和督查的内容。严格问责问效，坚持不换思想就换人、不负责就问责、不担当就挪位，坚持优者上、庸者下、劣者汰。对贯彻执行党的路线方针政策和决策部署不坚决不全面不到位，落实局党组的工作安排标准不高、推进不力、效率低下，甚至推诿扯皮、上交矛盾等问题，要认真核查，严肃问责、督促整改；对不作为、乱作为，群众反映比较强烈，或经教育仍不改正的，不得提拔重用，不宜担任现职的，采取调离岗位、改任非领导职务、免职、降职等方式进行组织处理。对干部存在的苗头性、倾向性问题，要及时进行提醒，严肃批评教育，防止小问题变成大错误。

三、充分发挥干部考核评价的激励鞭策作用，激发新担当新作为的动力活力

（一）**突出考核重点**。紧紧围绕贯彻落实党中央决策部署，紧紧围绕

粮食和物资储备改革发展重点工作，完善考核评价指标体系，科学设置考核内容和指标权重。突出政治考核，要看干部政治立场坚不坚定、政治意识强不强、政治担当够不够，注重从精神状态、作风状况考察政治素质。突出实绩考核，看干部在全局重大任务、重点工作中的表现，看干部抓重点出亮点情况，看干部的真实业绩，引导干部树立正确政绩观，切实防止和解决表态多调门高、行动少落实差等突出问题。加强对领导班子和领导干部履行"一岗双责"和廉洁从政情况的考核，确保责任层层落实到位。

（二）创新考核方法。按照党中央关于干部考核有关规定，针对机关、直属单位、垂直管理机构的不同特点，考虑不同单位客观条件、工作职能等因素，制定分类考核办法，增强考核的差异化和精准度。完善年度考核与平时考核相结合、定性考核与定量考核相结合、正向加分激励与负面清单管理相结合、领导评价与群众评议相结合的考核机制。改进年度考核，搭建亮绩平台，年底组织各单位主要负责同志集中述职述廉，开展民主评议，评选先进单位和优秀个人，形成干事创业、争先创优的浓厚氛围。加强平时考核，在日常工作中近距离、全方位、多角度了解干部，及时掌握干部现实表现。整合优化考核资源，充分运用信息化手段，多维度比对，多层次印证，科学准确评价干部。

（三）强化考核结果运用。坚持考用结合，解决干与不干、干多干少、干好干坏一个样的问题，使政治坚定、奋发有为的干部得到褒奖和鼓励，使慢作为、不作为、乱作为的干部受到警醒和惩戒，切实发挥考核"指挥棒"作用。加强对考核结果的分析研判和综合运用，对工作实绩突出的单位和个人，在干部选拔任用、年度考核优秀名额分配、评优推先、绩效分配等方面重点倾斜；对考核评价较差、工作打不开局面、干部群众意见比较大的，要及时批评教育，约谈主要负责同志，情节严重的要依纪依规进行组织处理，增强考核的严肃性和权威性。加强考核结果反馈，引导干部发扬成绩、改进不足，更好忠于职守、担当奉献。

四、切实为敢于担当的干部撑腰鼓劲，营造新担当新作为的良好氛围

（一）建立完善容错纠错机制。全面落实习近平总书记关于"三个区分开来"的重要指示，按照事业为上、实事求是、依纪依法、容纠并举等原则，对干部在创造性地贯彻落实党中央、国务院决策部署和局党组工作安排，探索推动粮食和物资储备改革发展中出现的失误、错误，以事实为依据、以纪律规定和法律法规为准绳，认真开展调查核实，集体研究作出认定。作出容错免责决定后，及时启动纠错程序，以适当方式向容错免责对象说明纠错事项及要求，责令限期整改。督促其认真分析原因，深刻吸取教训，完善制度、健全机制、堵塞漏洞，防止类似错误再次发生。

（二）准确把握政策界限。要结合动机态度、客观条件、程序方法、性质程度、后果影响以及挽回损失等情况，对干部的失误错误进行综合分析，对该容的大胆容错，不该容的坚决不容，坚决防止混淆问题性质、拿容错当"保护伞"、搞纪律"松绑"，确保容错在纪律红线、法律底线内进行。符合以下全部或部分条件的，可予以容错免责或从轻、减轻处理：法律、法规、制度没有明确规定或明令禁止的；没有为自己、他人或单位谋取私利的；因不可抗力、难以预见因素或形势任务发生重大变化无法再继续落实的；因大胆探索创新、没有先例可循，出现无意过失的；严格落实民主集中制和"三重一大"决策制度，经充分论证和集体研究决定的；失误、错误发生后，积极主动采取措施消除影响或挽回损失的；法律法规已有规定可予免责的。

（三）保护干部担当作为的积极性。对予以容错免责的干部，提拔使用、职级晋升、职称评聘不受影响；所在单位和个人年度考核、任期考核、表彰奖励不受影响、不作负面评价。对确需问责、予以党纪政纪处分的，可根据有关规定，酌情从轻、减轻处理。引导干部实事求是、按规定程序反映问题，对借反映问题之名泄私愤、泼污水等行为，要依纪

依法严肃查处；对恶意中伤、干扰正常工作造成不良影响的，视情节给予批评教育直至依纪依法追究责任。建立澄清保护机制，对捕风捉影、夸大其词、捏造事实等不负责任的诬告陷害，及时为受到不实反映的干部澄清正名、消除顾虑。

五、建立源头培养、跟踪培养、全程培养的素质培养体系，增强新担当新作为的本领能力

（一）**大力培养优秀年轻干部**。抓好年轻干部"选育管用"，坚持集中调研和日常了解相结合，建立持续发现、分批调研、动态管理的长效机制。突出政治训练，加强年轻干部党的理论、党的革命历史和优良传统教育，培养对党忠诚的政治品格，教育年轻干部把当老实人、讲老实话、做老实事作为人生信条。强化实践磨炼，立足岗位成才，给优秀年轻干部交任务、压担子，放到吃劲岗位、重要岗位磨炼。对有培养前途的优秀年轻干部，打破隐性台阶，不拘一格大胆使用。有计划地选派优秀年轻干部到脱贫攻坚主战场、援疆援藏和基层一线经受锻炼、砥砺品质、增长才干。新进公务员，原则上优先选调综合素质和政策理论水平高、基层实践经验丰富、文字能力强、相对年轻的干部。通过举办青年干部论坛等形式，搭建交流工作经验、展示能力业绩的平台，营造比学赶帮超的浓厚氛围。

（二）**加大干部轮岗交流力度**。将干部轮岗交流、机关企事业单位多向交流和易地任职交流，作为进一步激发干部活力、增强干部本领和防范廉政风险的重要途径。紧紧围绕事业发展需要，打破单位、地域界限，树立"一盘棋"思想，统筹用好全局全系统干部资源。加强粮食、物资储备、能源储备各业务板块干部之间的融合交流；鼓励有思想、敢担当、善作为的国家局机关优秀干部到垂直管理系统任职，同时从垂直管理系统和企事业单位择优选调干部到国家局机关工作。机关公务员和直属单位管理岗位干部在同一职位任职满5年，或在京单位司级干部在同一司局单位工作满15年，处级干部在同一处室工作满10年，原则上应予轮

岗交流。省级垂直管理机构主要负责人和纪检组长一般异地交流任职。干部轮岗交流按照积极稳妥的原则，在保持领导班子相对稳定和工作连续性的基础上，根据工作需要、个人表现和任职年限统筹安排。严肃干部工作纪律，对无正当理由拒不服从组织轮岗交流决定的，根据《中国共产党纪律处分条例》等有关规定严肃处理。

（三）强化专业本领培训。着眼提高学习、政治领导、改革创新、科学发展、依法执政、群众工作、狠抓落实、驾驭风险"八个本领"，突出政治素质培养，把提高政治觉悟、政治能力贯穿干部教育培训全过程。增强专业素质，培养专业知识、专业能力、专业作风、专业精神，常态化组织调训和培训。注重精准化和实效性，结合新机构履职需要，创新业务培训内容方式和平台载体，充分利用党校、行政学院、干部学院、高校等优质资源举办干部培训班，有针对性地帮助干部弥补知识弱项、能力短板、经验盲区。支持广大干部在职参加学历学位教育和与业务有关培训，鼓励干部利用业余时间提升素质和能力。进一步加强培训管理，统筹安排培训计划，完善干部培训情况登记制度和跟踪督导机制，做到学习工作两促进。

六、满怀热情关心关爱干部，强化新担当新作为的正向激励

（一）加强激励支持。健全激励表彰机制，建立重大任务、重点工作专项表彰制度，对在全局性工作中表现突出的干部，及时表彰奖励，让担当作为者更有尊严和地位。深入推进"抓亮点、树典型"工作，坚持标准条件，选树一批担当作为、实绩突出、群众认可的先进典型。组织开展争当"担当作为好干部"、争创"干事创业好团队"活动，对优秀单位和个人给予奖励。给予基层干部特别是工作在困难艰苦地区的干部更多理解和支持，主动帮助他们排忧解难，创造良好的工作环境。

（二）关注干部身心健康。完善和落实谈心谈话制度，注重围绕改革发展重大任务做好思想政治工作，及时为干部释疑解惑、加油鼓劲。坚

持重点干部重点谈话，对受到问责的干部、受到诬告错告应予澄清保护的干部、个人家庭生活存在实际困难的干部、存在心理健康问题的干部、职务提拔调整及免职退休的干部等，要按照干部管理权限，采取灵活有效的形式，及时安排谈心谈话，帮助解决问题、加油鼓劲。加强经常性谈心谈话，倾听干部诉求，了解干部关切；重视关心干部心理健康，积极组织开展丰富多彩、健康向上的文体活动，帮助干部调整工作节奏，舒缓工作和精神压力。

（三）**落实待遇保障**。按照党中央部署，认真组织落实公务员职务与职级并行制度，用足用好改革政策。发挥事业单位绩效工资分配激励作用，让收入分配向关键岗位、高层次人才和基层一线倾斜，向担当作为、业绩突出的干部倾斜。鼓励各级领导干部带头执行休假制度，统筹安排好干部职工休假。落实定期走访慰问制度，对遇到家庭生活困难或重大变故的，及时给予帮扶救助。加大对异地交流任职干部、派出挂职干部特别是援疆援藏和扶贫干部的关心力度，落实有关政策和待遇，让干部安心、安身、安业，以更好履职奉献。

七、凝聚形成创新创业的强大合力，为新担当新作为提供坚强的组织保障

（一）**加强组织领导**。各单位领导班子要切实履行主体责任，主要负责同志要亲自抓，结合本单位实际进行专题研究部署，提出具体有效措施，健全完善正向激励、容错纠错机制。相关司局单位要根据各自职责承担工作任务，加强协调配合，形成合力，确保各项措施落地见效。各级领导干部要切实发挥示范表率作用，带头履职尽责、带头担当作为、带头承担责任，形成"头雁效应"，一级带着一级干，一级做给一级看，以担当带动担当，以作为促进作为。

（二）**注重宣传引导**。积极培树、大力宣传担当作为干事创业的先进典型，充分发挥典型的示范引领作用，进一步激励广大干部立足新岗位、体现新担当、展现新作为。加强舆论引导，坚持激浊扬清，注重保护干

部声誉，维护干部队伍形象。尊重基层的首创精神，鼓励结合实际创新激励干部担当作为的有效做法，并适时予以总结推广。

（三）**强化跟踪问效**。坚持问题导向，及时分析研判出现的新情况新问题，不断完善激励干部担当作为的政策措施。人事司、机关党委（纪委）要对各单位贯彻落实本意见的情况进行督导检查，对落实不力或执行走偏的及时纠正。要严明工作纪律，对执行过程中有徇私舞弊、违反规定的，根据情节轻重给予批评教育或者党纪政纪处分。

本意见自 2018 年 10 月 12 日起施行。此前发布的有关文件规定，凡与本意见不一致的，按照本意见执行。

中国共产党国家粮食和物资储备局党组

2018 年 10 月 12 日

战略研究

加快推进粮食行业转型发展几个重点问题研究

中国粮食研究培训中心

在长期粮食生产补贴、最低价收购和临储收购等政策的激励下，我国粮食行业出现了高产量、高库存、高价格、高进口量"四高"和低转化、低附加值"两低"等问题，粮食行业迫切需要推动深化改革、转型发展。国家局党组高度重视，做出了在粮食行业开展"深化改革、转型发展"大讨论活动的决策部署，提出了加快"三个转变"、倡树"三破三立"、推进"六项任务"和强化"三个保障"的总体要求。为了进一步深化对粮食行业转型发展"往哪转""转什么""怎么转"等问题的认识，基于"转变观念是行动先导，转变职能是关键之举，转变方式是主攻方向"的基本理念，我们着重围绕粮食部门如何转变管理方式、粮食产业如何转变发展方式、粮食企业如何转变经营方式等几个重点问题进行深化研究，提出加快推进深化改革、转型发展的措施建议。

一、加快推进粮食行业转型发展面临的新形势新要求

党的十八大以来，粮食领域深入推进供给侧结构性改革、收储制度改革和"放管服"改革，这"三项改革"对粮食行业发展带来了深刻的影响。十九大报告提出了建设现代化经济体系的要求和保障国家粮食安全、实施乡村振兴战略、健康中国战略的部署，进一步增强了粮食行业加快转

型发展的紧迫性。

1. 建设现代化经济体系新要求。我国经济已由高速增长阶段向高质量发展阶段转变，目前正处在转变发展方式、优化经济结构、转换增长动力的攻关期，建设现代化经济体系是跨越关口的迫切要求和我国发展的战略目标。尽管我国经济目前仍然处于产业链低端、价值链底部和创新链外围，但决定经济增长的供需条件发生了重大变化，科技革命和产业变革的新趋势颠覆了许多传统的生产经营模式和消费模式。适应质量第一、效益优先的市场需求，要求政府和各类社会主体转变观念，解放和发展社会生产力，加快建设实体经济、科技创新、人力资源协同发展的产业体系。

2. 供给侧结构性改革进入攻坚期。推进农业供给侧结构性改革，要在确保国家粮食安全的基础上，把增加绿色优质农产品供给放在突出位置。具体到粮食供给侧结构性改革上，就是要把握党的十九大关于新时代我国社会主要矛盾已经转变为"人民日益增长的美好生活需要与不平衡不充分的发展之间的矛盾"的新特征，以及"确保国家粮食安全，把中国人的饭碗牢牢端在自己手中"的战略要求，有效化解供给侧和需求侧不对称矛盾，更好地满足绿色优质粮油消费需求。2018年是决胜全面建成小康社会承上启下的关键之年，供给侧结构性改革处于深化阶段，要求加快粮食供给结构优化升级，深化要素市场化配置改革，大力培育新动能，推动粮食传统产业优化升级，实现"由过去依赖资源的消耗向追求绿色生态可持续转变，由主要满足量的需求向更加重视满足质的需求转变"两个重要转变。

3. 粮食收储制度改革深入推进。粮食收储制度改革是农产品市场调控方式和农业补贴方式的重大转变。自2014年开启粮食收储改革新进程以来，改革总体进展顺利，成效好于预期，特别是玉米收储制度改革成效明显，既激活了市场、搞活了产业链、促进了结构调整，也保障了农民种粮基本收益，有效释放了各种所有制粮食经营主体的内在活力。市场在粮食资源配置中的决定性作用增强，粮食行业供求关系发生积极变化，为粮食产业经济的加快发展带来了难得机遇。根据国家发改委近期出台的《关于全面深化价格机制改革的意见》，到 2020 年，我国由市场决定价格的机制将基本完善，以"准许成本 + 合理收益"为核心的政府定价制度基本建立，促进绿色发展的价格政策体系基本确立。围绕确保国家粮食安全、口粮绝对安全，完善稻谷、小麦最低收购价政策，逐步分离政策性收储"保增收"功能，同步建立完善相应的补贴机制和配套政策。

4. **粮食部门"放管服"改革深化**。深化"放管服"改革是推进政府职能转变的核心要求，也是党的十八大以来推进国家治理体系和治理能力现代化的重要举措，目的是进一步增强微观主体的活力和实现更有效的宏观调控。粮食部门推动"放管服"改革，正是顺应这一发展趋势的要求，也是深化粮食供给侧结构性改革的重要内容。目前，多地省市（县）两级粮食部门弱化趋势严重，绝大多数粮食部门并入当地农业（发改或商务）部门，粮食部门职能在合并、撤销中削弱。随着收储制度改革的深入推进，粮食精准调控、稳定市场、防范风险均面临较大压力，市场监管要求更加精细，要求管理方式从以微观管理、直接管理为主转向宏观管理、监督管理为主，进一步理顺政府和市场、政府和社会、政府和企业的关系，释放市场潜力和活力，打造法治政府、创新政府、廉洁政府和服务型政府。

当前，我国粮食行业正处在深化改革的重要窗口期和转型发展的重要攻关期，要加快推进深化改革、转型发展，必须要以转变思想观念、转变管理职能为先导和前提，以转变粮食部门管理方式、粮食产业发展方式和粮食企业经营方式为着力点和落脚点。

二、粮食行业转变方式取得的成效与存在的问题

粮食行业转型发展"转方式"，重点是粮食部门转变管理方式、粮食产业转变发展方式、粮食企业转变经营方式。

（一）关于部门管理方式转变

按照国务院关于行政审批制度改革和"放管服"改革精神，国家局目前仅保留3项行政许可事项（中央储备粮油轮换计划批准、中央储备粮代储资格认定、粮食收购资格认定），另有1项非行政审批事项（全国粮食流通及仓储、加工设施项目审批）需要进一步改革和规范。2016年，国家局开展了首次粮食安全责任考核并完善了考核办法，从制度层面强化了保障粮食安全的地方责任，明确粮食部门职责范围包括粮食收购、落实地方储备和监督管理、完善调控和监管体系等，为地方粮食部门放管结合、优化服务提供了制度依据。

2017年9月12日，全国加快推进粮食产业经济发展
现场经验交流会在山东省滨州市召开

目前，部门转变管理方式的问题主要在于，粮食行业各环节各项管理职能分散于多个部门。粮食安全问题涉及国家发改委、国家粮食和物资储备局、财政部、农业部、商务部、卫生健康委、国家市场监督管理

局等多部门。其中，多数部门的职责仅是涉及，容易出现监管真空。部分地区基层粮食部门当前的职能设置不能满足或不适应新形势下粮食行业发展的需要，导致机构萎缩撤并，粮食行政管理部门的指导监管职能进一步弱化。一是粮食宏观调控难度增大。随着粮食收储制度改革逐步深化，粮食收购的性质、主体、操作方式及定价机制都发生了根本性变化，多年积累的结构性矛盾可能通过市场信号集中显现，市场形势、外部环境更加复杂多变，不确定性增强，稳定市场价格、防范市场风险的难度加大，增加了宏观调控工作的难度，维护公平竞争和良好市场秩序的任务艰巨。二是粮食流通监管体系较为薄弱。当前，政策性粮食库存高企使得粮食储存品质控制的难度加大，粮食去库存使得对"转圈粮""出库难"监管任务加重，市场化收购后参与主体多元化使得保护农民利益责任加重，粮食产业链拉长带来新的监管难题等。监管体制不顺、力量不足、手段不适应，已难以适应发展要求和日益繁重的工作需要。以中央储备粮管理体制为例，中储粮体量设计与艰巨的监管任务严重不配套、现行监管体制与巨量国有财产监管责任不配套，以及在收购、库存管理环节，地方政府属地监管责任落实不到位，部门间存在边界不清晰、责任不明确的问题，地方粮食部门对中央事权粮的监管存在不敢管、不会管、不愿管的问题等，共同监管的作用未能有效发挥。

（二）关于产业发展方式转变

粮食产业是粮食安全保障体系的基础。各省从建立服务机制、创新体制机制等方面，多途径降低企业经营成本与风险，营造公平竞争的粮食流通市场环境，促进粮食产业升级。一方面，创新产业发展体制机制。比如，在发展粮食产后服务体系方面，四川省注重制度管理创新，率先开启了省属粮食企业与中粮、中储粮基层企业合作的新模式，以及全省粮食流通示范县试点。在建设模式方面，采取"多元主体参与、多重功能融合、多种资金共建"的推广模式，通过民议、民定、民建、民评、民管实现了由"政府主导"向"村民自主"转变，发挥了粮食产后服务及支农补贴资金的效益。各省还通过组织粮食科技成果转化对接、筹建粮食产业科技人才孵化平台项目、实施创新示范项目、组建品牌技术创新联盟等方式，鼓励以科技创新注入产业化发展新动能。另一方面，优化产业发展环境。以"优化服务"为重点，各省创新制度建设，通过建立粮食加工骨干企业及大项目跟踪服务机制，跟踪掌握项目建设进度，帮助企业协调解决实际问题；建立例会制度，定期研究解决粮食科技创新中的重点、难点问题；建立省、市、县三级重点企业联系制度，送政策、送信息、送服务，掌握动态，总结经验，解决问题，帮助企业降本减负。如江苏省推行"互联网＋政务服务"，持续推进粮食流通信用体系建设，打造与粮食流通现代化发展水平相适应的社会信用体系建设框架和运行机制。湖北省开展稻谷品质测报、品质调研活动，引导粮食种植结构调整优化，得到种粮大户、家庭农场、专业合作社及农村基层组织的积极响应。安徽省会同省农发行、中储粮安徽分公司建立了近2万个新型农业经营主体数据库，建成了一批综合性全程农事服务中心，为种粮大户提供烘干、清理等服务。

　　产业转变发展方式的问题主要在于，粮食产业供求结构性矛盾仍然突出，粮食价格形成机制尚不完善，优质优价的激励机制不足。一是产业结构不合理、产能利用率低。粮食精深加工能力不足，中高端产品缺口较大，低端产能过剩，平均产能利用率仅为46%。面包、糕点、饼干等强筋粉、弱筋粉制品的消费增长迅猛，但强筋小麦、弱筋小麦国内供给明显不足，难以满足城乡居民消费升级的要求，低层次、同质化竞争激烈。二是产业链条短、关联度低。70%的粮食加工企业从事米面油等初级产品加工，70%的成品粮油加工企业尚未实现副产物综合利用。稻谷、小麦的加工副产品大部分仅作为初级原料或饲料使用，尚未形成规模化的增值转化产业：稻壳发电和直接填烧锅炉比例仅为25%，米糠利用率不到20%，用于制油和深加工的不足10%。加工业向前后两端延伸不够，产业链各环节结合不紧密。三是产业布局分散、集中度低。粮食龙头企业数量不多，加工流通企业"小散弱"问题突出，对区域内企业的辐射和带动作用有限，难以形成集群效应。

（三）关于企业经营方式转变

国有粮食企业在开展全产业链经营及延伸产业链经营方面收效明显，混合所有制有益探索，跨地区、跨行业的区域性粮食集团和国际化粮食企业正在形成。骨干粮食企业发展迅猛，向生产、收购、储存、加工、销售等一体化发展，延伸和完善产业链条，拓展经营空间，促进资产、资源向优势企业集中，粮食产业主体不断培育壮大。

企业在转变经营方式过程中面临的问题有以下几点。一是国有粮食企业改革不彻底。地方国有粮食企业对政策性业务依赖较重，加上国有资本不足、负债率过高，体制机制不活、法人治理结构不完善，导致参与市场竞争动力不足，转型升级本领不够，普遍存在有效资产少、整体实力弱、经营形式单一、经营能力和管理水平有限等问题。部分地方国有粮食企业原有人员分流不彻底，企业背负沉重的人员包袱，无力承担人员安置的改革成本。二是中小粮油企业发展后劲不足。粮食产业作为传统劳动密集型、资源高消耗行业，面临的资源环境约束日益严峻，节能减排、转型升级的成本约束逐年提升。由于普遍缺少研发平台和技术人才，工艺装备落后，新产品开发滞后。政策性银行基本不对民营加工企业贷款，商业贷款担保抵押成本过高，企业缺乏融资手段，融资难、融资贵约束企业转型发展。三是人才缺乏。传统粮食企业在人才的"新旧交替"中面临吸引力不足、人员老化、人才断档等挑战，从业人员普遍年龄偏大，或知识固化、技能水平不高，适应市场化经营和产业发展新模式、新业态的能力不强。

三、加快推进粮食行业转变方式的措施建议

加快推进深化改革、转型发展，要以党的十九大精神为指引，深入贯彻新的粮食安全观和国家粮食安全战略、乡村振兴战略、健康中国战略，适应国家粮食安全新形势、新要求、新任务，以推进供给侧结构性改革为主线，以提升宏观调控和监管能力为保障，以制度创新为动力，切实发挥市场在配置资源中的决定性作用和更好发挥政府宏观调控作用，

构建市场机制有效、微观主体有活力、宏观调控有度、全产业链协同发展的粮食产业经济体系，为构建更高层次、更高质量、更有效率、更可持续的粮食安全保障体系提供有力支撑。

现场经验交流会

（一）进一步深化对粮食工作新形势新要求新任务的认识，加快推进思想观念转变

进入新时代，粮食市场、粮食流通和粮食产业发展等领域发生了重大变化，人民生活水平不断提高，美好生活需要更多的优质生态产品，粮食行业面临的主要问题已由供给不足转变为普通粮食阶段性过剩和优质粮食供给不足并存的结构性问题，主要矛盾表现为消费者对优质粮食的需要和粮食产业发展不充分的矛盾。粮食高产量、高库存、高价格、高进口，以及低转化率、低附加值等问题依然存在，粮食深加工业发展滞后，粮食产业转型升级难度较大。当前粮食工作的主要要求是深入贯彻落实党的十九大精神，落实"把中国人的饭碗牢牢端在自己手中"战

略部署，在中国人的饭碗中不仅要装满粮食，而且要装满优质粮食，要全面落实国家粮食安全战略、健康中国战略和乡村振兴战略，构建更高层次、更高质量、更有效率、更可持续的粮食安全保障体系。粮食行业的重点任务是充分发挥粮食流通对生产的导向作用和对消费的引领作用，大力实施"优质粮食工程"，提高粮食品质，培育新增长点，形成新动能，推动粮食产业高质量发展，调整产品供给结构，增加绿色、有机、优质粮食的供给，满足城乡居民从"吃得饱"向"吃得好""吃得安全""吃得健康""吃得方便"转变的要求。

转思想观念是"转方式"的行动先导和指南，要加快推进转型发展，必须加快推进思想观念转变，并坚持始终将转思想观念贯穿于"转方式"的全过程之中。

1. **增强法治意识**。牢固树立依法管粮、依法治粮的意识。以"全社会依法治粮、粮食行业依法管粮、粮食行政机关依法行政、粮食干部职工依法履职、粮食市场主体依法经营"为目标，通过典型案例、警示教育、集中学习等有效方式，不断增强粮食系统干部职工的法治意识，提高依法办事的素质和本领，将法治理念渗透到行政管理、业务经营等日常工作之中，推动粮食流通改革发展法制化、规范化。

2. **强化市场化观念**。转变计划经济思维定式，转变不适应现代化经济体系发展的传统观念，转变过多依靠行政手段推动工作的方式方法，增强市场意识，把握市场规律，形成适应粮食市场化改革的思想观念和专业素养。处理好有形之手和无形之手的关系，更多地运用经济手段、市场机制来调控粮食市场，引导市场主体经营，真正发挥市场在配置资源中的决定性作用。创造公平竞争环境，倒逼国有粮食企业改变"等靠要"的依赖思想，通过重科技、重质量、重市场来提高竞争实力和经济效益。

3. **提高服务意识**。充分认识粮食流通对粮食生产和消费的桥梁、纽带作用，牢固树立"为耕者谋利、为食者造福、为业者护航"的理念，通过主动适应、引领粮食生产和消费，推动粮食流通，加快改革发展。

（二）加快推进粮食部门转变管理方式

转职能是转变方式的关键之举。推进"放管服"改革，重在转变部门管理方式，提升监督管理、宏观调控和公共服务能力，使粮食行政管理部门真正成为市场主体的监管者、公平竞争的维护者和公共服务的提供者。

1. 创新完善粮食宏观调控。认真落实党的十九大关于"创新和完善宏观调控""着力构建市场机制有效、微观主体有活力、宏观调控有度的经济体制"，以及"使市场在配置资源中起决定性作用，更好发挥政府作用"的要求，加快构建在市场机制基础上的粮食宏观调控体系。

一是更加注重前瞻性。一方面，加强预期管理。加快打造权威的国家粮食信息发布机制平台，加强信息收集分析和市场监测，加强涉粮苗头性、倾向性、潜在性问题研究，为粮食宏观调控提供可靠依据。另一方面，健全完善市场监测预警体系。探索主要粮食品种价格、库存、进出口等指标的合理区间，设定市场波动的合理范围。在区间调控的基础上保持定力，给市场主体经营发展留下空间，避免轻易动用"有形之手"；当调控指标超出安全运行的边界时，运用灵活的调控政策，政府通过经济手段、法律手段乃至行政手段进行干预，维护市场稳定，确保粮食安全。

二是更加注重导向性。采取市场公开操作的调控方式，减少市场主体的信息不对称，避免调控成为市场和价格波动的来源。充分发挥公开竞价交易对粮食市场的调控作用，推进政策性粮食储备的轮换、拍卖和抛售通过规范的国家粮食交易中心公开进行，降低储备粮竞购的无序性和违规性，合理引导储备粮流向，保证储备粮轮换和宏观调控要求相适应。除了政策性粮食进场交易外，还要引导商品粮进场交易，进一步放大市场流通对粮食生产、消费的导向效应。

三是更加注重精准性。宏观调控不宜采取"一刀切"的方式，应根据粮食市场形势变化，增强调控的灵活性，适时修正、调整，灵活运用相机调控、定向调控、结构性调控等方式，防止把临时调控措施变成中长期的稳定政策。妥善处理好粮食收储市场化改革与保护种粮农民利益的关系，调整粮食宏观调控目标多元化的政策取向，将重点放在保障粮食安全和市场供应上，逐步剥离政策性收储"保增收"的功能，主要通过采取价外补贴、价格保险、市场保险和发展粮食产业经济等方式，增加种粮农民收益。强化供给管理，关键是增加绿色优质粮食产品供给；改善需求管理，重点是引导健康消费，积极培育粮油消费新需求，着力补齐影响制约粮食行业发展的突出短板，倡树优粮优价导向。

四是更加注重协调性。针对短期可能出现的卖粮难问题，中期或较长时期粮食去库存、调结构等问题，以及宏观经济风险等，要有统筹协调措施，有利于形成相对稳定的市场预期。粮食宏观调控要注重综合运用经济、法律、行政手段，加强与财政、信贷、保险、贸易、进出口、投资等政策联动，打好"组合拳"，处理好稳定市场和价格等关键性、全局性目标之间的关系。注重统筹协调好中央与地方、产区与销区的职责范围与功能定位，加强上下联动、区域联动、部门联动，与相关部门建立协调机制，整合共享重点指标数据，注重流通与生产、消费等环节的协调配合。在中央与地方调控方面，进一步明确中央储备与地方储备的功能定位、区域布局和品种结构，发挥好中央储备粮的"压舱石"作用和地方储备粮的"第一道防线"作用，健全库存管理、吞吐调节制度，优化应急动用方案。在产区与销区统筹协调方面，除了建立长期稳定的粮食产销合作关系、促进区域间粮食供求平衡以外，还要在储备合作、产业发展、联合监管、优化服务等方面进行区域协调，促进产销区企业加强"联合、联盟、联营"，提高合作层次和水平，实现产区粮食有稳定销路、销区粮源有可靠保障。各级粮食部门更要加强沟通协作，紧密衔接好调控的重点和力度，保持导向一致、步调一致，形成调控合力。

2.**健全强化粮食流通监管**。通过加快立法修规、依法加强监管，完善监管体制、强化监管责任、创新监管方式、多元共治监管等，探索建立符合国情粮情的长效监管机制，营造公开透明、竞争有序的市场环境，服务保障国家粮食安全战略大局。

一是加快立法修规，依法加强监管。党的十九大强调"必须坚持厉行法治""以良法促进发展、保障善治""建设法治政府，推进依法行政，严格规范公正文明执法"。积极推动粮食安全保障立法，加快修订《粮食流通管理条例》《中央储备粮管理条例》，制定和完善行业管理规章制度，使加强监管、促进发展做到有法可依。各地要根据本地实际，加快出台粮食方面的法规，为规范区域粮食流通秩序提供更加坚实的制度基础。

二是完善监管体制，强化监管责任。进一步强化粮食安全意识，以推进监管工作在地化、常态化为方向，全面压实粮食企业经营主体责任、地方政府属地管理责任、各级粮食部门行政监管责任。建立健全跨部门综合协调机制，强化监管协同联动、责任追究。建立跨部门信息交换机制，广泛运用"互联网＋监管"，推动政府相关部门及时有效交换共享信息，增强监管合力，消除监管盲点。

三是创新监管方式，多元共治监管。在库存检查、安全检查、专项检查中，全面推行异地交叉执法检查，鼓励地方把"双随机、一公开"扩展到对市场主体的各项检查事项上，建立健全随机抽查制度，增强检查实效。依托粮食行业信息化建设平台，制定粮食经营者信用管理，实行企业信用分类管理和风险预防，建立行业信用监管体系。提高对粮食企业监管的规范性、公正性和透明度，强化粮食经营主体契约意识，完善自我约束机制。建立失信惩戒机制，对粮食流通领域严重违法失信企业探索建立强制退出市场制度。

3. **强化行业指导服务**。在尊重市场规律的前提下，以"质量第一、效益优先"原则引导产业结构调整，完善市场信息发布和市场准入退出机制。推进市场制度创新，广泛应用大数据、物联网、云计算等新技术，加强风险监管，减少微观事项审批，强化对公益性服务的协调和引导。

一是加快粮食行业标准规范。鼓励和引导粮油加工企业制定高标准粮油产品生产技术规范和企业标准，大力推进粮油相关产品国家标准和重点标准的制修订工作，优先推进"中国好粮油"、信息化建设、仓储技术、粮食质量安全快速检测方法等重点标准制修订。

二是加强粮食质量检验检测体系建设。大力推进广覆盖的粮食质量检验检测网建设。推进收获粮食质量调查和品质测报，严格实施出入库检验，实现流通环节粮食质量安全监测全覆盖。

三是注重发挥行业协会商会组织作用。发挥行业协会联系政府与企业的纽带作用，在加强行业自律、推动行业发展等方面发挥重要作用，提升为企业服务能力和水平，加强行业信用体系建设和健全优胜劣汰的市场退出机制，维护粮食生产者、经营者、消费者的合法权益。

（三）加快推进粮食产业转变发展方式

改革完善体制机制，制定以提质为导向的产业政策，推进粮食产业转变发展方式，提高发展质量。以"粮头食尾""农头工尾"为抓手，改造升级粮食产业，壮大新动能，培育新业态，推动产业向智能、精细、绿色中高端转变，更好服务改革开放大局。

1. 着力优化产业发展方式。树立"大食物、大粮食、大产业、大市场、大流通"的理念，充分发挥粮食加工转化引擎作用，把增加中高端绿色优质粮油产品放在突出位置，探索建立"优质优价"的粮食流通机制，实行优质粮油的专收专储、定点加工，推动各环节分散经营向"产购储加销"一体化转变，培育从田间到餐桌的优质粮油全产业链经营模式，实现优质粮油的粮源基地化、加工规模化、产品优质化，促进粮食一二三产业融合发展。鼓励粮食企业建立循环经济系统，按照"循环利用、吃干榨净"原则，探索粮食加工副产物的全值利用和废弃物的梯次利用，提升产品丰富度和优质率，促进节粮减损、节能降耗、提质增效，实现经济效益与生态效益相统一、产业发展与农民增收相统一的产业增值。

2. 着力发展新模式新业态。坚持因地制宜、因企施策，推广全产业链经营、产业集聚、循环经济、产业融合、产后服务带动等模式，推进粮食产业由传统发展方式向现代发展方式转变、由粗放经营向集约经营转变，实现粮食产业高效、协调、健康、持续发展。大力实施"建链、补链、强链"工程，粮源优势突出的地方，培植引进粮食龙头企业，高起点建立加工贸易产业链，有针对性地补齐粮食深加工、副产物综合利用和物流配送等环节短板。完善粮食产后服务中心功能，发展适宜当前规模化种植及农村劳动力特征的农业综合服务体系，依托"优质粮食工程"建设，重点增强粮食清理、烘干、仓储和加工处理能力，为打造有机、绿色和生态的粮食品牌奠定基础。探索与大型互联网企业战略合作等方式，推进"互联网＋"与粮食供应链深度融合，优化粮食流通方式和渠道，让粮食企业、种粮大户、专业合作社及广大农户进入交易网络，解决企业与农户市场信息不足问题，通过信息共享提升企业及农户应对市场能力，提高粮食供应链效率和效益。

3. **着力推动新旧动能转换**。一方面，深入实施"科技兴粮工程"，健全科技创新管理体制，支持粮油企业与科研院校共建协同创新共同体，构建开放、合作、互利、共享的创新生态，促进创新要素向企业集聚，联合攻克质量安全、节粮减损、现代物流、"智慧粮食"等领域关键技术。另一方面，大力实施"人才兴粮工程"，重视粮食行业知识型、技能型、创新型、实用型人才培养，弘扬劳模精神和工匠精神。依托国家专项科技计划、产业技术创新联盟等，建成一批粮食行业高技能人才培养基地，加快培育高水平行业人才队伍。搭建粮食专业技术人才创业平台，实现"引进人才、留住骨干、培养梯队"，建立长效人才保障机制。重点培养行业紧缺的实用型人才和技能型人才，打造门类齐全、技艺精湛的粮食技能人才队伍，采取轮训学习、挂职锻炼、交流任职等多种方式，提高粮食行业人才的业务素质和工作水平。

4. **创新有利于增加绿色优质粮食供给的政策体系**。建立以绿色生态为导向的产业政策支持体系和科技创新推广体系，完善企业等各类创新主体协同攻关机制，实现由以政策支持和要素支撑为主向以创新驱动为主转变，全面激活产业绿色发展的内生动力，促进新产品、新模式、新业态加速成长。完善粮食主产区利益补偿机制，全力服务乡村振兴战略，健全粮食产销协作机制，构建跨区的新型粮油购销服务体系。支持主产区发展粮食精深加工和粮食产业经济，探索建立配套奖励资金、产业发展基金、共同担保基金等机制，激励各类社会资本加大对粮食产业化项目和粮食企业的融资支持力度。建立扶植粮食循环经济发展的财税补贴制度，对粮食加工企业联合开发、共同投资、连续使用废弃物循环生产设施给予支持，鼓励共享绿色经济收益。依托粮食交易公共服务平台，为粮食龙头企业提供整体供应链融资方案。降低企业用地、用电、税费、融资、物流、科研、技改等成本，支持企业延伸产业链条。

（四）加快推进粮食企业转变经营方式

积极引导多元市场主体发展，促进国有粮食企业加快转换经营机制，构建多元粮食市场主体共同保障国家粮食安全的新格局。

1. 加快国有粮食企业改革，转变企业经营机制。加强国有粮食企业党的领导和党的建设。对国有粮食企业功能进行界定与分类，对于继续执行政府储备和军粮供应等政策性业务的国有粮食企业，整合优质资源，增强国有资本的放大效应和控制力，提升服从服务于政府宏观调控、维护粮食安全的能力和水平。对于不再执行政策性业务的国有粮食企业，继续深化政企分开改革，积极探索以多种方式入股非国有粮食企业和非国有资本参与国有企业的混合所有制改革，建立健全现代企业制度。国有粮食企业通过产权制度改革，重点是加强与其他企业之间的合作，促进企业内外优势资源的结合，引入其他企业好的经营机制和发展模式，拓展新业务，转变经营机制和方式，提高经营效益，增强企业竞争力、影响力、控制力。鼓励国有粮食企业依托现有收储网点，主动与新型粮食经营主体等开展合作，推动国有资本做强做优做大。当务之急是要加强引导国有粮食企业转变经营机制、盈利模式，积极发展市场化经营，在市场竞争中发展壮大。

2. 培育壮大粮食产业化龙头企业，引领优质粮食生产。认定和扶持一批具有核心竞争力和行业带动力的粮食产业化重点龙头企业，促进资产、资源向优势企业集中，加快培育一批创新型粮食领军企业，增强带动辐射能力，使之成为粮食产业发展的"领军者"。引导支持龙头企业通过多种方式与种粮大户、家庭农场、农民合作社结成经营联合体和利益共同体，引导优质粮食种植，带动农民增收、农村发展。

3. 发展具有国际竞争力的大型粮食集团，开展产业链经营。以资本、资产、资源、品牌和市场为纽带，通过产权置换、股权转让、品牌整合、兼并重组等方式，发展跨所有制、跨行业、跨区域的大型粮食企业集团，延长、拓宽从田间到餐桌的粮食产业链，提升粮食产业链价值，发挥对粮食产业经济发展的示范、引领、带动作用。

4. 支持多元主体协同发展，提升企业经营效益。鼓励多元主体开展多种形式的合作与融合，大力培育和发展粮食产业化联合体。鼓励龙头企业与产业链上下游各类市场主体按照"资源集结、业务对接、收益共享"的原则成立粮食产业联盟，共同制订标准、创建品牌、开发市场、攻关技术、扩大融资等，促进产业联盟内各企业建立密切的战略合作关系，实现粮食产业资源优化配置、优势互补。鼓励联盟体通过"企业＋农民专业合作社＋农户""企业＋农户"等模式，加强与农民的联系，推进粮食种植、购销、仓储、加工一体化经营，延长产业链，打造共同品牌，提高产品质量，增大盈利空间，促进企业提质增效、农民就业增收。支持符合条件的多元主体积极参与政策性粮食收储、仓储物流设施建设、产后服务体系建设等；在确保区域粮食安全和风险可控的条件下，探索创新多元主体龙头企业参与地方粮食储备的机制。

关于国外粮食储备管理经验和启示

中国粮食研究培训中心

　　由于农业发展程度和制度安排的差异，不同国家和地区在粮食储备制度上表现出很大的差异性。根据市场和政府在一国粮食储备体系中所发挥的作用不同，可将粮食储备体系分为市场主导型和政府主导型两种模式。市场主导型粮食储备模式是指市场是整个粮食储备的主要来源，而政府几乎不拥有粮食储备，政府主要依靠法律法规以及金融政策等间接调控手段对粮食市场进行调控，当前较为典型的国家和地区为美国和欧盟等。与之相对应的，政府主导型粮食储备模式则是政府拥有较多的粮食储备，能够通过收购与抛售来调节粮食供需以达到对粮食市场调控的目的，当前比较典型的国家有日本、印度和中国。一般而言，政府占有的粮食储备份额越高，对市场的控制程度也就越高，越容易实现其调控目标。

一、国外粮食储备管理机制

（一）美国

1. 储备规模

美国是世界上农业现代化水平最高的国家，2016/17 年度谷物总产量大约为 4.5 亿吨，居世界首位，人均占有量为 1500 千克[①]，同时也是谷物出口大国。美国政府不储备粮食，储备粮食的主要是农场主和企业。2016/17 年度，美国谷物期末库存量为 9189 万吨，其中小麦为 3213.3 万吨，占库存总量的 35%；玉米 5829.5 万吨，占库存总量的 63.4%；大米 146.2 万吨，占库存总量的 1.6%[②]。美国谷物库存消费比自 20 世纪 90 年代以来，一直在 30% 以下波动，2011 年曾降至 14%。由于近年玉米丰收，库存量大增，2016/17 年度美国谷物库存消费比为 20%，处于上升趋势[③]。

2. 运行机制

（1）储备目标。美国储备粮设立的目标是调节市场供求，在客观上起到稳定价格和确保农场收入的作用[④]。

（2）储备主体。农场储粮是储备体系的主体。各大型农场都有较为完善的仓储设施，在粮食收获后，多数农场主并不急于将粮食全部销售，而是将部分粮食储存，待季节差价有利时再销售，从而起到粮食储备的作用。商业性粮仓对储备体系起辅助作用[⑤]。美国共有商业性粮仓 11818 处，仓储能力占总仓储能力的 42%。其中，供出口使用的有 66 处，仓储能力为 800 万吨左右[⑥]。

（3）管理与补贴方式。美国政府不经营储备粮和仓储设施，主要通过信贷杠杆的方式来间接调控粮食市场。政府需要储存粮食时，会委托给私人存储，政府支付一定的仓储费用。参与储备计划的农民需要和政府所属的商品信贷公司签订合同，信贷公司给农民支付补贴并以低于市场的利率提供低息贷款，农民需要保证所储粮食的质量，并在市场粮价急剧上涨时，抛售粮食及时归还贷款；如果农民想继续存储，信贷公司

---

① 世界粮油市场月报，2017 年第 12 期。

② 同上。

③ 白美清编著. 中国粮食储备改革与创新，2015 年，第 206 页。

④ 白美清编著. 中国粮食储备改革与创新，2015 年，第 206 页；刘颖等著. 新时期我国粮食储备政策与调控体系研究，2016 年，第 183 页。

⑤ 白美清编著. 中国粮食储备改革与创新，2015 年，第 206 页；张昌彩. 国外粮食储备管理及其对我国的启示，经济研究参考，2004 年第 24 期。

⑥ 张昌彩. 国外粮食储备管理及其对我国的启示，经济研究参考，2004 年第 24 期。

将停止支付储粮费用并不再提供低息贷款①。

（4）法律法规。美国对储备粮的运营管理主要通过建立有效的法律来实行监督和控制。美国政府先后颁布了《美国仓储法》以及《粮食仓储条例》，对粮食储备的许可证、存单、保证金、各方的责任以及粮食质量安全检验等系列问题都做了明确规定②。

（二）欧盟

1. 储备规模

欧洲作为世界第六大洲，地少人多，共有 45 个国家，约有 7.28 亿人，大约占据了世界人口的 12.5%，却是世界第三大粮食生产地区。2003 年粮食储备为 2563 万吨，2009 年回升到 4313 万吨，2011 年下降到 2742 万吨。欧盟谷物库存消费比在过去十几年里经历了与库存变化相似的 3 次波动。1999 年谷物库存消费比为 12%，2003 年降至 8.4%，2004 年又回升至 15%，2007 年降至 8.2% 的历史最低水平，此后略有回升，目前为 10%③。

2. 运行机制

（1）储备目标。欧盟进行粮食储备主要是为了稳定粮食市场，储备的粮食主要通过收购的方式从农民手中获取④。

（2）储备主体。欧盟储备粮的储存主体通过公开招标的方式来确定，一般是私人企业或者是合作社。政府与中标的储备主体签订储备合同，合同中明确规定储存的年限和政府补贴的费用⑤。

---

① 吴娟.基于粮食安全的我国粮食储备体系优化研究，2006 年，第 98 页；张昌彩.国外粮食储备管理及其对我国的启示，经济研究参考，2004 年第 24 期。
② 我国粮食储备规模、品种结构、区域布局以及储备机制研究；张昌彩.国外粮食储备管理及其对我国的启示，经济研究参考，2004 年第 24 期；刘颖等著.新时期我国粮食储备政策与调控体系研究，2016 年，第 184 页。
③ 白美清编著.中国粮食储备改革与创新，2015 年，第 208 页。
④ 吴娟.基于粮食安全的我国粮食储备体系优化研究，2006 年，第 98 页；白美清编著.中国粮食储备改革与创新，2015 年，第 209 页。
⑤ 刘颖等著.新时期我国粮食储备政策与调控体系研究，2016 年，第 184 页；吴娟.基于粮食安全的我国粮食储备体系优化研究，2006 年，第 98 页。

（3）管理与补贴方式。承担粮食储备任务的企业和合作社的运营和管理方式比较灵活，一是存储者在所签合同允许的范围内，对粮食自行管理，可以自行选择存储或销售来获取利润；二是存储者只在所签合同的有效期内负责储备粮的管理，合同到期后，将储备粮交还给政府，政府会补贴一定的保管费用。同时，欧盟还采取了一定的政策措施，如价格支持等来鼓励农民和私营企业自行建立仓储设施来储备粮食[①]。

此外，欧盟还会实行价格干预政策。以法国为例，当市场粮价低于"干预价格"时，农民可以按"干预价格"把粮食交售给欧盟设在法国的"干预中心"作为临时储备，从而得到价格补贴。欧盟农业补贴委员会对"临时储备"给予必要的储存费用和利息补贴。补贴方式是由欧盟补贴给法国粮管局，再由粮管局补贴给储粮企业。高度市场化的粮食市场和运作方式，使法国粮食存储的时间相对较短，实现了常储常新，降低了政府储备成本[②]。

（4）政策法规。为了鼓励企业和农民在适当的时间内储存更多的粮食，避免粮食供给短缺或过于集中而影响粮食价格，政府实行了"月加价"政策，即对企业和农民的粮食储存进行补贴，西班牙为每月补贴 0.93 欧元／吨，法国为每吨粮食每增加一个月的存储期，给予 6 法郎的补贴[③]。

（三）日本

1. 储备规模

日本受地理条件和客观环境的影响，粮食自给率较低，每年要从国际市场进口大量小麦和饲料粮，但是大米的进口量却不是很大[④]。根据渣打银行 2011 年的数据，日本的大米库存大约能维持 4 个月消费，小麦、玉米和大豆库存分别能维持 15 天、22 天和 7 天。以这 4 种食物的消费量

①　刘颖等著. 新时期我国粮食储备政策与调控体系研究，2016 年，第 185 页。
②　张昌彩. 国外粮食储备管理及其对我国的启示，经济研究参考，2004 年第 24 期；白美清编著. 中国粮食储备改革与创新，2015 年，第 210 页；我国粮食储备规模、品种结构、区域布局以及储备机制研究。
③　白美清编著. 中国粮食储备改革与创新，2015 年，第 210 页。
④　刘颖等著. 新时期我国粮食储备政策与调控体系研究，2016 年，第 186 页。

为权重，加权计算得到日本的粮食库存消费比为 10.66%[1]。

2. 运行机制

（1）储备目标。日本是一个粮食短缺的国家，进行粮食储备主要是为了平衡供求、调控市场、稳定价格和储备紧急用粮[2]。

（2）储备主体。日本粮食储备由政府和民间共同负责，并将粮食储备制度化。按照《新粮食法》的规定，日本设立粮食专项储备，储备量约为 150 万吨，目前已调节为 100 万吨，可上下浮动 50 万吨。为了提高粮食储备运用效率，日本将政府粮食储备中的 15 万吨储存在全国的 10个政府仓库中，其余 85 万吨通过招标方式交由民间代储，主要是农协或专业储存公司代储[3]。

（3）管理与补贴方式。对于民间代储的粮食，日本农林水产省会与代储方订立合同，明确规定双方的权利、义务及违约赔偿问题[4]。政府对粮食储备给予补贴，政府仓库按每年每吨大米 1.2 万日元的标准进行补贴，对民间代储的费用补贴也大体相当。除补贴储备费用外，政府仓库的建设维修改造、设备购置等费用由财政核实下拨，储备粮轮换销售的价差损失也由政府承担。

此外，为减轻政府财政负担，保证储备规模合理，日本政府采取了一系列相应措施。一是如果有部分政府储备粮未完全售出，政府收购粮食数量会做出相应调整；二是由于日本大米价格较高，难以出口，日本政府会将超额储备的粮食作为国际援助处理[5]。

---

① 张丽华，姜鹏 . 地缘环境下中日韩粮食安全比较研究，学习与探索，2012 年第 10 期，第 88-91 页。

② 白美清编著 . 中国粮食储备改革与创新，2015 年，第 213 页；我国粮食储备规模、品种结构、区域布局以及储备机制研究；张昌彩 . 国外粮食储备管理及其对我国的启示，经济研究参考，2004 年第 24 期。

③ 刘颖等著 . 新时期我国粮食储备政策与调控体系研究，2016 年，第 187 页；何安华，陈洁 . 日本保障粮食供给的战略及政策措施，现代日本经济，2014 年第 5 期。

④ 刘颖等著 . 新时期我国粮食储备政策与调控体系研究，2016 年，第 188 页。

⑤ 白美清编著 . 中国粮食储备改革与创新，2015 年，第 213 页；刘颖等著 . 新时期我国粮食储备政策与调控体系研究，2016 年，第 188 页。

（4）轮换方式。储备粮以周转的方式定期轮换，储备粮轮换以 6 月为基准月，购进 100 万吨大米要在第三年 6 月全部清仓，平均每隔 1 年抛出 50 万吨旧米（通常在当年新米上市后抛出），同时购进新米，即每年 6 月始终维持在 100 万吨左右的储备规模。储备粮基本上是由跟政府签约的 2 万家米店和超市协助销售[1]。

（5）政策法规。日本早在 1942 年就出台了《粮食管理法》以及与之配套的实施细则，在后来的实施当中又对其进行多次修订，逐步将粮食生产规范化；针对 WTO（世界贸易组织）的规则，日本政府在 1995 年再次出台了《新粮食法》，这些粮食法规都在粮食流通活动中发挥了相当重要的作用。除此之外，日本政府在农产品流通管理中也制定了《自主流通法》等多项法规[2]。

（四）印度

1. 储备规模

印度是一个人口大国，2015 年人口规模达到 13.24 亿，而其人均耕地面积仅有 0.12 公顷。2001 年印度粮食库存量为 4930 万吨，2005 年为 1330 万吨，2014 年回升至 3920 万吨左右。印度粮食储备的主要品种是大米和小麦，大米约占储备量的 40%，小麦约占 60%。2001 年印度谷物的库存消费比为 21%，2005 年降到 6%，2014 年回升到 17%[3]，2016/17 年度下降为 13%。

2. 运行机制

（1）储备目标。印度粮食储备分为商业经营库存和缓冲库存两种：经营库存是为保证全年连续供给而存储的粮食；缓冲库存主要是为了保

---

① 白美清编著.中国粮食储备改革与创新，2015 年，第 213 页；我国粮食储备规模、品种结构、区域布局以及储备机制研究。

② 张昌彩.国外粮食储备管理及其对我国的启示，经济研究参考，2004 年第 24 期；刘颖等著.新时期我国粮食储备政策与调控体系研究，2016 年，第 189 页。

③ 刘颖等著.新时期我国粮食储备政策与调控体系研究，2016 年，第 190 页；白美清编著.中国粮食储备改革与创新，2015 年，第 214 页。

障粮食供给，稳定粮价，维持社会安定[①]。

（2）储备主体。印度政府储备粮由中央政府和邦政府委托的代理机构承储，中央政府的粮食收购机构由印度粮食公司和全国农业合作运销协会代理，邦政府的粮食收购机构是邦政府粮食供应部。印度粮食公司独立于各邦政府，具有粮食储备和粮食经营的职能，但不以营利为目的，是具有双重职能的机构。此外，在城市和农村建立了大量的粮食储备网点，形成了一个健全的粮食储备网络[②]。

（3）管理方式。印度粮食储备由中央和邦政府分级管理。缓冲库存由印度粮食公司负责，经营权归属公司，粮权归属中央，中央负责承担相应的库存费用。经营库存则由邦政府粮食部门负责，库存量要保证与3~8个月的配售量的经营库存相当，经营性库存的粮权分别属于中央、地方两级[③]。

（4）轮换方式。印度的储备粮轮换实行先购后销制度。为了保障粮食储备充足，规定必须先购买新粮食储备后再出库陈粮。缓冲库存的粮食若想更新，必须是在新的粮食运到后才能让陈粮运走[④]。

（5）法律法规。1957年，印度国会通过了《农产品开发和仓库公司法》，并于次年成立了中央仓库公司。1962年颁布的《中央仓库法案》规定中央仓库公司负责代表政府采购、出售、储存、运送农产品、种子、化肥、农业器械。2013年9月印度政府通过了《国家粮食法案》，主要包括粮食安全供给、粮食补贴家庭的认定、定向公共分配制度改革、各级政府保

① 刘颖等著.新时期我国粮食储备政策与调控体系研究，2016年，第190页；白美清编著.中国粮食储备改革与创新，2015年，第215页。
② 张昌彩.国外粮食储备管理及其对我国的启示，经济研究参考，2004年第24期；白美清编著.中国粮食储备改革与创新，2015年，第216页；刘颖等著.新时期我国粮食储备政策与调控体系研究，2016年，第190页。
③ 白美清编著.中国粮食储备改革与创新，2015年，第216页。
④ 我国粮食储备规模、品种结构、区域布局以及储备机制研究；白美清编著.中国粮食储备改革与创新，2015年，第217页。

障粮食的职责、定向公共分配制度的透明性和问责制等[①]。

（五）两种储备模式的比较

以市场为主的粮食储备模式，在通常情况下能高效率地对粮食储备进行调节，通过市场价格对粮食储备的品种和规模进行调整。同时，以市场为主的粮食储备体系，能够大大地节约政府开支。但是，这种粮食储备模式也存在一些问题。例如，市场并不总是有效的，而且承担储备任务的是以营利为目的的公司，当发生危机时，拥有粮食储备的人很有可能囤积居奇，故意抬高价格，失去粮食储备的作用。因此，单靠市场进行调节，也存在一些风险[②]。

以政府为主的粮食储备模式，虽然能够较好地调节价格和控制市场供给，但是其最大的缺点是效率低下和财政支出庞大。政府储备不以营利为目的，所以大都管理低效。同时，由于粮食储备需要时常更新，给财政造成很大负担。而且，政府对粮食市场过度干预，往往会导致粮食的市场定价发生偏移，从而不能有效地反映出真实的供求情况。另外，以政府为主导的粮食储备体系，对于政府的执政能力要求非常高[③]。

对比发现，两种储备模式目的都是维持粮食供求平衡，维护粮食价格稳定。但是由于这两类国家的基本国情不同，政府在粮食储备中发挥作用的程度也不同。对于粮食生产能力较强的国家来说，政府在规定了粮食储备体系的基本制度之后，可以交由市场来进行粮食储备；而对粮食生产能力较低的国家来说，粮食储备的意义尤为重要，需要政府有目的性地引导，这就需要政府在粮食储备体系中发挥主导型作用。可以说，一个国家粮食储备体系的形成，还是要立足于本国的基本情况，尤其是

---

① 刘颖等著.新时期我国粮食储备政策与调控体系研究，2016 年，第 190 页；农村经济研究中心.政府粮食储备管理模式比较研究，2016 年，第 61 页。

② 刘悦，刘合光，孙东升.世界主要粮食储备体系的比较研究，经济社会体制比较（双月刊），2011 年第 2 期。

③ 同上。

对中国来说，不能盲目地进行市场化改革[①]。

二、国外粮食储备运行管理机制的经验

（一）建立多层次的粮食储备体系

国外的储备体系都具有广泛性、多层次的特征，应按储备的不同用途分层次地建立储备体系。比如美国的农场主储备、商业性粮仓储备，印度的经营库存和缓冲库存等。[②]

（二）重视储备粮管理

以日本和印度为代表的粮食资源较为紧张的国家，尤其重视粮食储备的管理工作，并建立了一套完善有效的储备制度。政府直接参与粮食储备并控制粮食储备的规模和粮食价格，粮食市场带有以政府为导向的特点。国家直接参与虽然在一定程度上会降低效率，但是能够对粮食储备的宏观调控起到一定的促进作用[③]。

（三）健全的法律法规体系

在成熟的市场经济国家，政府的粮食政策都是以法律、法规来保障和落实的，所有粮食流通管理和营销活动都必须严格遵循相关法律和规定，各市场主体都必须依法来规范自己的行为。比如美国的《美国仓储法》《粮食仓储条例》，日本的《粮食管理法》《自主流通法》等，都在保障粮食储备和流通等方面发挥了重要作用[④]。

（四）利用先进技术管理储备粮

利用科技和信息技术手段保障粮食储备安全和提高储备粮管理效率非常重要。德国积极利用高科技手段对储备粮进行监控，确保粮食的安

---

① 刘悦，刘合光，孙东升.世界主要粮食储备体系的比较研究，经济社会体制比较（双月刊），2011 年第 2 期。

② 张昌彩.国外粮食储备管理及其对我国的启示，经济研究参考，2004 年第 24 期；刘颖等著.新时期我国粮食储备政策与调控体系研究，2016 年，第 193 页。

③ 张昌彩.国外粮食储备管理及其对我国的启示，经济研究参考，2004 年第 24 期；刘颖等著.新时期我国粮食储备政策与调控体系研究，2016 年，第 193 页。

④ 张昌彩.国外粮食储备管理及其对我国的启示，经济研究参考，2004 年第 24 期；颜加勇.国家储备粮保障体系建设研究，2006 年，第 101 页。

全。美国多通过中央控制室来对粮库进行自动化管理，实时监控粮仓温度、水分、库存、粮食进出等情况，保障粮食安全；利用红外分析仪对粮食的容量、含杂、蛋白质含量和发芽率四个指标进行快速抽样，确保储备粮质量[1]。

（五）合理控制储备规模

为了减轻政府的财政负担，日本、欧盟等国家和地区都注重储备规模的合理性，降低储备调节的成本与风险。欧盟成员国中的大多数国家都是粮食产大于销，因而都愿意储备粮食，但是大量的储备会带来财政负担和储粮风险，因此欧盟逐年减少粮食储备量。日本也采取了一些措施，合理控制储备规模[2]。

（六）重视市场作用的发挥

目前世界上的粮食储备模式，总体是向着市场化的方向演进的。在欧美国家，政府都选择通过市场手段，采用经济、法律等措施来鼓励社会企业广泛参与到国家粮食储备中，其储备承储主体主要是农户和私营公司。尤其是美国，政府不经营任何储备粮和仓储设施，完全委托给公司进行经营[3]。

三、对我国粮食储备管理的启示

无论是市场主导型还是政府主导型，其粮食储备都是为了保持粮食供求平衡，保证粮食安全，只是由于国情粮情不同，不同国家选择了不同的储备模式。同样，我国粮食储备体系的建立，也不能照搬照抄，而是要结合我国人多地少、粮食生产与消费分离加剧、粮食运距大等实际情况，借鉴国外的成功经验，切实加强我国储备粮管理，提高储备体

---

① 刘颖等著.新时期我国粮食储备政策与调控体系研究，2016年，第195页。
② 刘颖等著.新时期我国粮食储备政策与调控体系研究，2016年，第194页。
③ 吴娟.基于粮食安全的我国粮食储备体系优化研究，2006年，第100页；张昌彩.国外粮食储备管理及其对我国的启示，经济研究参考，2004年第24期；刘悦，刘合光，孙东升.世界主要粮食储备体系的比较研究，经济社会体制比较（双月刊），2011年第2期。

系运行效率。

（一）加强法律法规体系建设

粮食储备是国家粮食安全保障体系的重要组成部分，必须通过立法来提供制度保障。我国粮食法制建设还比较薄弱，至今没有相关法律出台。我国在粮食储备制度的建立与完善过程中，应加快粮食安全保障和储备的法制建设，在《粮食流通管理条例》《中央储备粮管理条例》和相关制度办法的基础上，借鉴欧美国家的经验，结合我国国情，加快《粮食安全保障法》的立法进程，为加强储备粮管理和贯彻实施国家粮食安全战略提供法律制度保障。

（二）加强政府对储备粮的管理

我国不同于欧美发达国家或粮食出口大国，它们的粮食储备主要是周转库存，兼有调节市场供求和价格的作用；而我国的粮食储备首先是战略储备，其次才是调节储备。因此，为了国家安全，我们要充分认识粮食储备的战略意义，高度重视粮食储备的重要性，充分发挥政府在粮食储备中的作用，科学确定粮食储备规模，统筹中央与地方储备粮的品种结构、形态结构、区域布局和轮出轮入时间，形成功能互补、协同运作的调控模式，确保国家粮食安全和粮食市场的稳定。

（三）构建多层次粮食储备体系

随着粮食新型经营主体的发展壮大和粮食收储制度改革的不断深化，粮食种植大户、家庭农场、专业合作社、粮食企业等新型经营主体以及粮食加工企业将有能力、有实力、有动力储备粮食，而且国家也在积极推进粮食产后服务体系建设，扶持新型经营主体建立仓储、烘干设施储备粮食。因此，可借鉴国外做法，鼓励农户和企业存粮，以便完善我国粮食储备层级体系和加强粮食储备对粮食安全的调节作用。在政府储备之外探索建立企业社会责任储备机制，选择信誉度高、资信好、实力强的社会企业承担社会责任储备。探索建立竞争和激励机制，除明确中央与地方国有骨干企业承担政府储备之外，政府采取购买服务的方式，委托社会企业承担政府储备。

（四）利用科技手段加强储备粮监管

我国粮食储备量大，储备地点分散，涉粮案件频发。因此，要积极借鉴美国、日本等做法，在储备粮监管中，结合仓储、物流、加工等涉粮数据，利用大数据分析与识别技术，对储备粮管理业务全流程进行监管，在粮食安全、流通过程、涉粮财务等重要环节进行预测分析，及时筛查发现风险并警示，使储备粮监管更加精准。

（五）科学合理确定粮食储备规模

科学合理确定粮食储备规模是一个事关国计民生的重大问题。储粮过多势必增加国家财政负担和储粮监管难度，造成粮食资源的闲置和浪费；储粮过少则不足以应对自然灾害和突发事件，会威胁到国家粮食安全和影响居民生活。要借鉴国外经验，并结合我国国情粮情，科学合理确定粮食储备的最低标准和最高标准。

深度调研

国家局 2017 年和 2018 年
重点调研报告精选

关于粮食产销合作情况的调研报告

调控司

近年来，各地主动适应粮食收储制度改革新形势，为粮食产销合作争取支持，搭建平台，推动了粮食产销合作深入发展。但是，还存在一些问题，如主产区利益补偿机制尚未真正落地，产销合作规模不大、形式单一，物流不够通畅等，亟需加强支持和引导。加强粮食产销合作，要深入贯彻党的十九大精神，认真落实国家粮食安全战略，健全体制机制，加大支持力度，着力解决粮食运输问题，提高产销协作双方履约率，促进粮食产销合作健康发展。

根据局统一安排，为积极推进粮食产销合作，调控司在前期对各地近年来粮食产销合作开展情况进行全面调研的基础上，2018 年 8 月 7—11 日又派调研组赴上海、江苏等地实地调研，通过召开政府部门和相关企业参加的座谈会、走访相关企业等，广泛听取各方面意见建议。现将有关情况报告如下：

一、各地粮食产销合作情况

各省（区、市）党委政府高度重视粮食产销合作工作，省级粮食部门主动适应粮食购销市场化改革的新形势，积极与相关省份对接，不断加强产销合作。国务院《关于建立健全粮食安全省长责任制的若干意见》印发后，各地以粮食安全省长责任制考核为契机，落实国家有关要求，争取政策资金支持，积极为粮食产销合作创造条件，推动粮食产销合作不断拓宽合作范围、深化合作内容。

国家局张务锋局长（右二）在福建省福州市调研粮食产销合作情况

（一）加大粮食产销合作扶持。一是各地根据自身粮食产需情况，制定出台促进粮食产销合作发展的指导意见，一些省在本地区粮食行业"十三五"发展规划中做出具体部署，明确支持方向和保障措施，推动粮食产销深度融合发展。二是加强基础设施建设，打造现代化粮食物流园区和物流通道，建设一批关键物流节点项目，提升粮食物流节点功能，配套建设散粮中转和接发设施。三是北京、上海、浙江、福建、四川等地政府对企业还实施了奖励或者补贴政策，为产销合作企业争取粮食生产扶持政策和农业龙头企业优惠政策。

（二）**积极搭建产销合作平台**。一是产销区政府或粮食部门签订产销合作战略性协议，健全合作沟通机制，推动粮食产销合作发展。如江苏等省指导省内产销区加强合作，地市间结对签订产销合作协议。二是建立区域性产销合作机制。如上海、江苏、浙江、安徽建立了"长江三角洲粮食产销合作会议机制"，每年定期召开会议共商合作事宜。北京、天津、河北建立并完善了"京津冀粮食行业协同发展局长联席会制度"，有序疏散京津部分粮食收储、加工、物流产业到河北，探索建立环京津粮食应急保障圈等。三是粮食产销区政府、行业协会举办粮油商品展销会、贸易洽谈会，为供需企业搭建平台，发挥桥梁和纽带作用。目前"黑龙江金秋粮食交易合作洽谈会"和"九省粮食产销协作福建洽谈会"等，在全国具有很大影响力，形成了品牌效应。四是各地依托交易市场和粮食产后服务中心，充分利用国家粮食交易中心近3万个会员客户，将服务平台功能下延，组织产区企业与销区终端消费企业对接，推动开展线上交易，扩大销售渠道。此外，有部分主产区企业直接到主销区粮食批发市场、物流中心、大型超市落户，开设销售窗口，实现产销区一体化经营。

（三）**建设"公司＋粮源基地"**。产销区企业以资产为纽带，通过投资、合资或联营合作等方式，共同组建跨区域的粮食收储、加工和经营企业，实现资源共享、优势互补，开展深度合作，建立长期稳定的产销合作关系。如上海良友集团，通过对虎林绿都集团增资控股，建成集粮食收购、中转、储存、加工、销售于一体的粮源收储基地；与黑龙江储备粮管理公司合资在大庆建立一个以收购玉米为主、兼顾杂粮的收储基地，年收购玉米25万吨；与黑龙江金谷物流公司合资成立良友金谷粮食收购有限公司，从事玉米收储业务，并代储部分储备粮。此外，上海良友集团还在江苏、安徽等地通过合资控股当地企业，开展粮食收储掌握粮源，增强了调控能力，为确保上海市场供应发挥了重要作用。

（四）**开展代收代储业务**。销区或平衡区委托主产区企业代收代储，充分利用主产区粮源充裕、仓储设施完备、气候条件适宜等条件，实行异地储备，巩固长期稳定的产销合作关系。目前 7 个主销区和部分产销平衡区都主动与主产区签订了动态储备合作协议，制定了动态储备粮管理办法，强化管理。云南等地还对参与动态储备的双方企业给予一定资金补贴。

二、存在的主要问题

（一）粮食产销协作机制有待完善。国务院关于完善主产区利益补偿机制的意见下发后，各地正在研究具体的落实措施意见，但真正落地还需要一段时间。部分产销平衡区对开展产销合作的重要性认识不足，省际常年、稳定的产销合作关系有待加强。从目前情况看，各地开展的产销合作具有较强的行政色彩，主要靠政府推动，企业主体意识不强。

（二）产销合作规模不大，深度不够，形式单一。主要合作形式多为企业间的原粮贸易，主销区企业到主产区投资建立收储、加工基地等

国家局张务锋局长主持召开粮食产业经济座谈会

方面开展深入合作的项目不多。企业间进行横向交流、签订意向协议多，实质性的合作项目少。

（三）**粮食物流设施不够通畅**。目前我国部分地区特别是东北地区粮食运输主要依靠铁路，铁路运力"瓶颈"是制约产销合作深入开展的一个重要因素。新粮上市期间，粮食运输与煤炭、木材等大宗商品"争嘴"现象严重，产销双方即使签订了合作协议，由于铁路运力紧张，产区粮食难以在合同约定的时间内运抵，往往会错过市场最好时机。

（四）**政策和资金支持不足**。2006 年国家有关部门曾出台促进产销合作的指导性意见，但由于在税收、财政、金融等方面没有优惠政策，实际落实的效果不好。同时，一些地方受财力限制，对到产区建立粮食生产基地、设立收购点、投资建厂等的扶持措施较少。

（五）**粮食产销合作履约难**。我国农村组织化程度较低，生产经营分散，粮食企业参差不齐。由于部分企业和农户法律意识淡薄，缺乏诚信，经常发生单方面违约现象。目前我国诚信体系建设尚不完善，缺乏违约处罚机制，合同对合约双方法律约束力差，经常出现订单或购销协议无法执行的情况。

三、措施与建议

（一）**健全粮食产销合作体制机制**。一是以推进粮食供给侧结构性改革、完善粮食等重要农产品收储制度为契机，抓紧修改完善促进粮食产销合作的指导性文件，进一步落实主产区利益补偿机制，缓解主产区财政困难，保障国家粮食安全。二是发挥好粮食安全省长责任制考核"指挥棒"作用，进一步优化"粮食产销合作"考核指标，加大考核力度。三是统一规范整合各类粮食洽谈会、展销会，可以采取分类划片、相关省份轮流举办的方法，最大限度整合资源，共享产销合作统一平台。

（二）**研究制定扶持和项目资金支持政策**。一是中央财政建立专项资金，对主销区到主产区建立粮食生产基地和异地粮食储备、参与主产区粮食生产、收购且将粮食运回销售的企业，给予适当补贴。二是按照《国务院关于完善粮食流通体制改革政策措施的意见》（国发〔2006〕16号），将中央财政对主销区补贴的粮食风险基金专项用于粮食产销衔接，并研究制定产销合作资金使用管理办法，强化事中事后监督检查，对企业的社会效益、经济效益进行综合评估，确保产销合作资金合法合规使用，发挥最大效益。三是协调有关部门对产销协作企业给予税收、信贷等方面的优惠和支持。如对跨省承包土地、建设粮食生产基地的企业，可享受当地农业产业化龙头企业优惠政策，在用地指标、土地价格等方面给予支持等。

（三）着力解决粮食运输问题。一是结合粮食行业"十三五"发展规划加强粮食物流体系建设，重点打通铁路散粮出关和东北地区到华东、华南地区的铁水联运通道，不断提高"北粮南运"运输能力和效率，降低粮食运输成本。二是恢复"北粮南运"费用补贴政策，有利于加快东北地区库存粮食消化，也有利于调动销区企业北上运粮的积极性。三是加大与铁路、交通等部门协调，切实解决东北地区铁路运力瓶颈问题，参照鲜活农产品运输绿色通道政策，对公路运输粮食的车辆，开设专用通道，减免通行费。

（四）加强优质粮源基地建设。一是积极响应"健康中国"号召，主动适应粮油消费提档升级的新形势，增加高端优质、营养健康粮油产品供给，实现优粮优价，提高产销合作的层次和水平。二是着眼于已建粮源基地提质增效，引入项目评估机制，通过系统评价、跟踪考核、第三方审计等方式，进一步加强粮源基地建设、管理。三是加大对优质粮源基地支持力度，重点支持绿色优质粮源掌控力强和信息化管理程度高的粮源基地建设，协调新闻媒体加强对名、优、新、特粮油产品的宣传力度。

（五）提高产销协作双方履约率。一是加强全国信用体系建设，将产销合作履约情况纳入全国统一的诚信平台系统，对违约企业采取限制措施，增加企业违约成本。二是强化企业的信用意识，培养重合同、守信誉的经商原则，引导企业按照合同条款，落实义务和责任。三是建立产销合作履约协调机制，及时沟通粮食生产、供求、质量、价格等方面的信息，协商解决合作中出现的问题，为双方粮食企业服务，促进产销合作的健康发展。

关于深入推进"优质粮食工程"
建设思路和举措的调研报告

规划财务司

为深入贯彻习近平总书记"要把增加绿色优质农产品供给放在突出位置，狠抓农产品标准化生产、品牌创建、质量安全监管，推动优胜劣汰、质量兴农"的重要指示精神，以实际行动贯彻习近平新时代中国特色社会主义思想和党的十九大精神，更好地落实国家粮食安全战略和乡村振兴战略、健康中国战略，促进粮食行业由增产导向转向提质导向，在更高水平上保障国家粮食安全，根据 2018 年全国粮食流通工作会议安排和张务锋局长的部署，按照卢景波副局长的要求，规划财务司和仓储与科技司、标准质量中心、科学研究院就深入推进"优质粮食工程"实施开展多次调研，了解推进过程中存在的问题，发现典型经验和做法等，提出了进一步推进"优质粮食工程"实施的主要思路和具体措施。现将有关情况报告如下：

一、进展情况

2017 年 50 亿元中央财政资金拨付各省份后，国家局和财政部继续积极加强顶层设计，在联合印发《关于在流通领域实施"优质粮食工程"的通知》和《关于印发"优质粮食工程"实施方案的通知》的基础上，又先后印发了《粮食产后服务中心建设技术指南（试行）》《粮食产后服务中心服务要点（试行）》，并陆续发布了 12 项优于现行国家及行业标准的"中国好粮油"系列标准。同时，通过督导调研、现场座谈、观摩培训、典型示范、项目调度、媒体宣传等多种方式指导各地推进"优质粮食工程"实施。

国家局张务锋局长（中）出席 2018 年中国好粮油（小米）品鉴大会

2017 年 16 个重点支持省份完善了本省份具体实施方案，细化了落实措施，确定了领导小组，积极筹措资金，全力推动 3 个子项落地实施。16 个省份共拟建设粮食产后服务中心 1800 多个，省、市、县 3 级粮食检验机构 1000 个左右，支持 100 多个具有优质粮油生产潜力的产粮、产油大县开展示范县建设，支持 20 多个中央和地方粮食企业开展省级示范企业建设，引导带动农民优化种植结构，提高绿色优质粮油供给水平。

总体上看，"优质粮食工程"受到了地方和企业的高度重视和普遍欢迎，很多省份都把"优质粮食工程"作为加快推进农业供给侧结构性改革的重要抓手和大力发展粮食产业经济的有力载体，将"优质粮食工程"打造成"惠民工程"，促进农村发展和农民增收，目前已取得积极成效。

二、典型做法

（一）整体推进方面（湖南）

湖南省首批确定在 14 个产粮大县开展粮食产后服务体系建设，在 5 个市和 11 个县开展粮食质量安全检验监测体系建设，在 10 个示范县和 2 个省级示范企业（含 1 个中央企业）开展"中国好粮油"行动。在实施过程中，湖南省强化突出"产购储加销"一体化产业发展经营模式，突出培育壮大市场主体（力争到 2020 年，全省主营业务收入过 100 亿元的粮食企业数量达到 3 家、过 50 亿元的达到 6 家、过 10 亿元的达到 20 家、过 5 亿元的达到 30 家），突出打造粮油加工优势产业链（重点打造产值年均增速在 20% 以上的稻谷精深加工与循环利用、面业食品、大宗油脂油料精深加工、油茶精深加工、绿色优质有机营养大米、特色主食、香油加工 7 个现代粮油加工优势产业链）；推动发展理念转变、推动支持方

湖南省委副书记乌兰（左二）参观第十五届中国国际粮油产品及设备技术展

式转变（根据实施效果和考核结果给予奖补）、推动工作方法转变（与项目所在地政府签订目标责任书）；实现"六位一体"协调发展，形成"湘"字号特色品牌，促进优质品率大幅提升（到 2020 年，力争全省产粮大县的粮油优质品率提高 30% 以上，全省优质粮油产品市场占有率突破 50%）；落实五项保障（强化制度建设、召开专题会议、组织展销活动、加强典型引领、强化宣传推广），推动"优质粮食工程"实施，促进粮油产业优化升级。

（二）粮食产后服务体系方面（6 种模式）

粮食产后服务体系主要有以下 6 种模式：合作社独立建设（四川、湖南、宁夏等）；合作社联合社建设（四川省广汉市黍鑫粮食专业合作社联合社、江西绿万佳种养专业合作联社等）；民营粮油加工、购销企业独立建设（江苏省南通季和米业有限责任公司等）；国有粮食收储企业独立建设（江苏省南通市地方粮食储备库等）；与供销部门联合建设（四川德阳、山东德州等）；国有企业吸收民间资本建设（江西抚州、宜春等）等。

（三）粮食质检体系建设方面（江苏、陕西）

江苏省首先摸清机构现状，对单位性质、人员、场地、工作经费保障、工作开展等情况进行摸底，为制订方案打下基础。在项目实施前，江苏省编制印发了《江苏省县级粮食质量检验监测体系建设项目管理办法》，对各级粮食行政管理部门的职责、资金规范使用、招投标程序、项目验收等做出明确要求，严格规范项目实施。建立县级粮食质检体系建设联络员制度，省粮油质量监测所选派 9 名专业技术人员，每人挂钩联系 1~2 个地级市，指导项目建设单位实验室场地规划、仪器设备购置，密切跟踪项目建设进度，及时协调解决遇到的困难和问题。

陕西省质检机构的投资来源为中央财政资金和地方配套资金，省粮油质检中心根据《陕西省粮食质量安全检验监测体系项目建设管理办法》，制订各级质检机构设备选型方案，并组织专家严格论证、审验，同时确定省市县仪器设备采购招标方案，完善购供货合同范本及供货商仪器设备交验货首付款程序。2017 年 12 月公开招标，仪器设备将在 2018 年 6 月底全部安装调试到位。目前，11 个县共采购仪器设备 66 类 700 台（套），

江苏省委书记娄勤俭（左一）视察江苏好粮油展示馆

其中进口设备 88 台（套）；省市共采购仪器设备 211 台（套），其中进口仪器设备 88 台（套）。

（四）"中国好粮油"行动方面（陕西）

陕西省依靠粮食企业和农垦资源的优势组建陕西粮农集团，建成了从产前种植到加工销售的一体化管理模式。例如：订单农业方面已经完成 2 年的品种比较试验，确定了丰德存 5 号作为优质品种，亩产量达 1000~1200 斤，买断其陕西省独家繁育权，向丰德康种业支付每亩地繁种费用 100 元，2017 年共繁种 1.5 万亩。2017 年订单面积达到 110 万亩，打破了优质粮食生产、流通、加工、销售不畅的制约。

三、主要思路和具体措施

（一）争取中央财政及地方各级财政等大力支持

（1）和财政部共同指导各省份做好绩效评价工作，联合印发绩效评价的文件。目前已请 2017 年重点支持的 16 个省份按规定开展自评，并将结果报送财政部和国家粮食和物资储备局；同时，以座谈、电话、督导调研等方式，指导各地做好自评工作，确保自评结果的科学性；将绩效评价结果与中央财政资金安排挂钩，确保中央财政资金发挥实实在在的效益，为争取更多资金奠定基础。

（2）和财政部共同指导相关省份做好参加评审的有关工作，同时，指导相关省份修改完善本省份具体实施方案，确保方案的总体需求和建设规模合理、资金测算和筹集方式科学、进度安排和预期效果符合实际。

（3）争取财政部支持，扩大粮食风险基金使用范围，由各地政府结合实际，用于"优质粮食工程"等方面的支出。继续争取农业发展银行等政策性银行及其他商业银行支持，降低对农民合作社等新型经营主体的放贷门槛，解决融资难、融资贵等困难。

（4）指导相关省份粮食部门，加强与本省份财政等部门的沟通协调，切实按照"优质粮食工程"实施方案中提出的"在制定方案、安排项目、分配资金、出台政策时，对包括中央粮食企业在内的各类粮食经营主体要一视同仁，充分调动各类粮食经营主体的积极性"，按规定对符合条件的各类粮食经营主体给予支持。

（二）加强资金监管和绩效评价

（1）在印发《国家粮食和物资储备局关于进一步加强粮食行业项目资金使用管理工作的通知》的基础上，指导各地和中央企业及时足额落实"优质粮食工程"项目资金，进一步规范和加强资金管理，突出监管重点，保障资金安全，提高资金使用效益，提升廉政风险防控水平，促进项目尽快落地、尽早见效。

（2）充分发挥绩效评价的"指挥棒"作用，利用好这个管好用好财政资金的重要抓手，指导 2017 年重点支持省份做好绩效评价工作，设定好绩效目标、评价标准、评价方法等，督促相关省份提高重视程度、加大资金筹集力度、加快资金拨付进度，切实推动"优质粮食工程"又好又快实施。

（3）做好品质测评工作。科学研究院联合标准质量中心，在印发《关于做好 2018 年度"中国好粮油"行动计划优质粮食品质测评工作的通知》（国粮办发〔2018〕153 号）的基础上，加强对地方优质粮油测评工作的指导，尽早摸清优质品率的底数，不断提升优质品率。同时，掌握优质优价收购情况，切实提高促农增收水平。

（三）完善标准体系

（1）建议仓储与科技司指导各地严格按照"优质粮食工程"实施方案和《粮食产后服务中心建设技术指南（试行）》及《粮食产后服务中心服务要点（试行）》，开展项目布局和建设，避免出现投资浪费和重复建设，防止继续发生无序竞争等问题。

（2）建议仓储与科技司尽快印发《粮食产后服务中心干燥系统技术要求》和《清理筛技术要求》等标准和技术要点，以便各地尽早科学合理地采购和配置设施设备，避免选购低端烘干、清理设备。

（3）建议标准质量中心及早制订发布粮食质检体系建设技术指南，指导各地在确定各级粮食质检机构功能定位的基础上，进一步明确省级、地（市）级、县级质检机构的建设内容和设备配置规范等，避免出现参数不明确等问题。

（4）建议科学研究院继续完善"中国好粮油"系列标准。尽快制修订小米、营养大米、荞麦、燕麦、青稞和杂粮 6 项"中国好粮油"系列产品标准，以及 7 项"中国好粮油"产品标准配套的检测方法标准，为开展"中国好粮油"产品遴选奠定基础。

（四）加强技术和人才支撑

（1）建议仓储与科技司、科学研究院等单位加快移动式清理烘干设备等高端粮食产业装备的生产研发、推广应用，缓解烘干设备季节性闲置的问题；加强技术攻关，提高国产装备技术和工艺水平，达到先进、高效、可靠、环保、节能等相关要求。

（2）建议仓储与科技司、标准质量中心、科学研究院等单位根据调研、绩效评价的实际情况，坚持问题导向，结合各自所负责子项特点制订培训方案，分别开展专项培训，有针对性地解决各地存在的共性问题。

（3）建议各有关单位指导各地认真落实《关于"人才兴粮"的实施意见》，发现、培养一批科技创新领军人才、一批粮食产后服务领域复合型高素质技术技能人才和高水平粮油质量检验人才，为"优质粮食工程"的实施提供强有力的技术和人才支撑。

（五）加强典型引领

1. 深度挖掘典型。建议各单位分别结合调研、工作调度、绩效评价等工作，挖掘、培树典型，同时，指导各地在本省份范围内发现典型，总结提炼好的做法、经验及主要建设模式等。典型在精不在多，建议各单位深入一线掌握第一手资料，深度挖掘各典型的细节和具体做法，使典型真正有可学之处、有借鉴意义，让各地根据典型"依葫芦画瓢"或结合本地实际稍做调整。

2. 继续印发简报。各单位要将发现的典型通过粮食和物资储备工作简报（"优质粮食工程"专刊），印发推广各地借鉴参考。

3. 加强宣传引导。在山西太原、湖北武汉、黑龙江等地召开的2018年粮食科技活动周及产业经济现场会上，通过多种媒体对"优质粮食工程"进行大力宣传。同时，利用好"中国好粮油网"的公益性板块，依托平台开展"中国好粮油"产品遴选、信息发布、科普宣传等公益性服务工作，加强对"优质粮食工程"的宣传，发挥引导和示范作用，放大实施效应。

（六）完善工作机制

1. 高度重视。建议各单位按照"讲政治、顾大局，抓重点、出亮点，高标准、严要求，争主动、真落实，多添彩、不添乱"的总体要求，站在全局高度，切实重视"优质粮食工程"工作。认真落实局党组，特别是张务锋局长的批示精神和卢景波副局长的明确要求，把推动"优质粮食工程"实施作为推动粮食行业供给侧结构性改革、深化粮食收储制度改革、加快粮食行业转型发展、促进粮食产业经济发展的出彩之笔，作为当前和今后一个时期的重大工作，主动加压，谋定后动，主动推动，抓紧抓实，干则必成。及时督促整改督导调研、绩效评价等发现的问题，限期解决。按期高质量、高标准落实局党组和局领导的决策部署，力求把好事办好，尽快见到成效。

2. **加强指导**。建议仓储与科技司指导各地统筹管理当地烘干资源，避免烘干资源闲置浪费；指导各地设置科学合理的烘干收费标准，避免农民收益受损。标准质量中心加强与发展改革、财政、编办等有关部门沟通，进一步明确粮食质检机构职能与定位，明确粮食质量检验监测任务与质检机构工作、运行经费来源等，深入研究粮食质检机构运行体制机制，充分发挥粮食质检机构在提升粮食质量安全保障水平上的积极作用。科学研究院继续指导各地做好"中国好粮油"产品申报等相关工作。

3. **定期调度**。根据实际情况，建立"优质粮食工程"定期调度机制，统一设计调度表，督促各省份按月填报，及时掌握建设进度、主要问题、经验和建议等，指导各地推进项目实施，并将有关情况上报局领导。

4. **督促落实**。建议各单位继续赴相关省份特别是通过调研发现进展缓慢或存在问题的省份，开展现场督导，深入了解并争取解决这些省份存在的主要困难和问题，帮助这些省份加快建设进度，保证建设质量。建议将进展十分缓慢或问题较多，且多次督促仍无明显成效的省份，通过简报等形式进行通报，切实督促各地加快推进"优质粮食工程"实施。

关于山东省粮食产业新旧动能转换的调研报告

仓储与科技司

为贯彻落实习近平总书记在参加党的十九大山东代表团审议时对保障粮食安全、推动乡村产业振兴作出的重要指示精神和李克强总理对粮食工作的指示要求，按照局领导指示，2018 年 3 月 29 日—4 月 3 日，仓储与科技司会同办公室、科学研究院及山东省粮食局到山东省滨州市（局信息平台、粮食园区）及滨城区（中裕食品、托福食品）、博兴县（香驰控股、渤海实业）、邹平县（三星集团、西王集团）和德州市（仓顶阳光工程）及乐陵市（中谷淀粉、星光糖业、希森马铃薯）、禹城区（麦香园食品、禹王实业、保龄宝生物）、平原县（福洋生物）、夏津县（发达面粉）等地进行专题调研，采取"解剖麻雀"的方式，深入了解该省粮食产业新旧动能转换情况，以探索可借鉴的做法。调研情况如下：

一、2017 年山东粮食产业经济发展总体情况

1. **山东省粮食产业经济情况**。2017 年全省实现粮食产业总产值 3957 亿元，同比增长 5.3%；粮食产业销售收入 4078.4 亿元，同比增长 12.8%；科技研发投入 17.3 亿元，同比增长 9.5%；利润 142 亿元，同比增长 24.7%。2018 年 1—2 月加工转化量达 1223.8 万吨，同比增加 58 万吨。

2. **滨州、德州粮食产业经济情况**。滨州市政府在全国粮食产业经济

国家局张务锋局长（左二）、徐鸣副局长（右二）在山东省滨州市粮食企业调研

发展现场经验交流会后，围绕 1500 亿级粮食加工产业集群作为粮食产业新旧动能转换工作目标重点抓落实。2017 年全市粮食加工转化总量达到 1437 万吨，粮食产业发展增速领先其他工业 5 个百分点，占全市工业总产值比重由 2016 年的 12.74% 上升到 14.16%，仅 2017 年下半年特别是全国粮食产业会以后，经济效益增长明显，工业总产值同期增长率提高到 19%；2018 年 1—2 月，粮食产业加工转化量达到 230 万吨，实现主营业务收入 131 亿元，同比增长 6%，呈现出逆势而上的强劲势头。德州市政府加速新旧动能转换，充分发挥粮食产业经济的发展引擎作用，2017 年实现粮食工业总产值 294 亿元，销售收入 288 亿元、利税 24.9 亿元。

二、山东推进粮食产业新旧动能转换的主要做法

（一）省政府在新旧动能转换上提供政策支持

山东省力推供给侧结构性改革，加速新旧动能转换，出台一系列政策措施。一是主动给企业松绑。省政府出台了《关于在国家级功能区开展"证照分离"改革试点工作的实施意见》（鲁政发〔2018〕2 号），因地

制宜，统筹推进"证照分离""多证合一"，实现部门协调向政府推动转变。二是加强政策顶层设计。省政府制定了《山东省人民政府办公厅关于加快推进农业供给侧结构性改革大力发展粮食产业经济的实施意见》（鲁政办发〔2018〕2 号），提出通过大力发展粮食产业经济，以粮食产业化龙头企业为带动、以粮食精深加工转化和粮食品牌建设为引领，将粮食产业新旧动能转换作为粮食供给侧改革的核心内容之一。在"粮头食尾""农头工尾"上发展全产业链，在关键物流节点上发展产业集群，在"互联网＋"线上线下上发展新业态。三是着力做好规划引领。在《山东新旧动能转换综合实验区建设总体方案》获得国务院批复后，省政府印发了《山东省人民政府关于印发新旧动能转换重大工程实施规划的通知》（鲁政发〔2018〕7 号），重点突出粮食产业经济在济南、滨州、德州等市的功能性地位。将济南作为新旧动能转换先行区，布局包括全省粮食现代物流交易中心；将滨州作为国家级经济技术开发区，布局包括粮食产业经济融合循环经济示范基地；将德州作为国家级高新区，布局包括功能糖研究中心和齐鲁技术产权交易市场。

（二）市县政府细化措施引导企业实现新旧动能转换

滨州市制定了《滨州市新旧动能转换专项资金管理办法》（滨财发〔2018〕4 号），对符合新旧动能转换的人才载体、"两化"融合、品牌建设、标准化建设、科技成果转化等方面给予奖励、补贴或贴息支持；《粮食产业发展"十三五"规划》《关于打造千亿斤级粮食加工产业集群的二十条意见》以及设立 20 亿元黄河三角洲农粮产业基金，着重支持循环经济园区、粮食产业精深加工、科技创新引领等方面。博兴县加大高端人才引进力度，设立高端人才基金 2000 万元，并投资新建人才公寓，实现拎包入住。德州市在《建设协同发展示范区人才支撑计划》中给予引进高层次人才的科研经费、生活补贴、人才公寓等方面支持。

（三）省市政府及粮食等部门在粮食产业新旧动能转换上提供要素支撑

1. **着力构建信息平台。**山东省粮食局正在建设山东齐鲁粮油网，将为企业提供线上线下融合发展新模式和信息指导。滨州市粮食局为了主动服务于千亿级粮食产业集群，充分激活粮食产业新旧动能转换，开发了粮食仓储及产业发展管理信息平台，该平台不仅实现了仓储管理智能化，还可集中展示全市粮食产业现状、加工企业简介、主要粮油产品等行业信息；运用色差分析和展示当前国内外粮食产业发展现状和走势，尤其是汇集展示玉米、大豆和小麦价值点和精深加工前沿科技，积极引导粮油精深加工企业优选设备和工艺、把握研发投向和研判产品市场前景等。

2. **着力搭建技术平台**。为更加紧密地联结企业和科研机构，强化科技创新驱动引领，德州市政府与国家粮科院签署技术合作协议，双方在谷物化学、食品营养等领域开展技术合作，组建了粮油加工与检测技术联合实验室。

3. **着力给予资金支持**。山东省财政给予主食产业化的主食设备设施升级、主食供应品种增加、配送检测能力提升方面 1.5 亿元资金支持。滨州市政府成立信用保障基金，为企业提供信贷保障支持，化解龙头企业原粮收购资金不足等问题。博兴县设立新旧动能转换基金 2000 万元。

三、山东省推进粮食产业新旧动能转换的主要经验

（一）创新发展思路

1. **坚持三链协同**。在粮食产业新旧动能转换上注重三链协同，全面提升粮食产业经济发展质量和效益。强化创新链，形成新的经济增长点；提升价值链，充分挖掘潜在价值点；拉长产业链，形成三产融合、产学研相结合的闭合循环经济。当前，滨州市着力打造粮食产业发展循环示范园，把价值、产业、创新有机融合；德州福洋生物将玉米制品创新转化为建筑行业使用的葡萄糖酸钠，将废料加工成有机肥，废水废气用于热电联动，实现三链协同，互补互促；中裕食品通过创新驱动，将生态循环经济、产品创新研发与产业优化升级、科技专利相结合，实现创新经济生态互联。

2. 强化精细管理。将精细管理贯彻企业发展始终，扎实推进制度建设、流程再造、风险防控等，实现社会效益和经济效益全面提升。例如，香驰控股探索实施"划小核算单位"精细化管理办法，将生产车间的水、电、汽消耗和产品出率、合格率、安全生产操作规范、现场卫生等定量、定性指标层层分解，量化考核到人，取得了良好的管理效果和经济效益，仅 2018 年 1—3 月就盈利 2 亿余元，所有工厂持续保持零库存。西王集团实施"基于精细化管理 PDCA 循环"的管理模式，将工艺流程化为小生产考核单元，在班组管理基础上，实施工段管理，建立了设备控制、工艺控制、小组活动的组织机构；生产过程中实施全员监控，确保过程零缺陷和产品零缺陷的"双零"目标，实现淀粉板块玉米总干收率 99.5%，结晶糖板块物收率 108% 以上。三星集团以数据驱动和预防性管理，针对过程采取措施，实行全员参与品控，确保每桶油品质。

（二）创新载体抓手

1. 示范带动。滨州市按照新旧动能转换、农业供给侧结构性改革和乡村振兴战略要求，紧紧围绕科研创新、人才引育、市场体系、主食产业化、军民融合等方面持续发力，在发展壮大产业化龙头企业的基础上，全面打造国家级粮食产业融合循环示范区，持续发挥"滨州模式"和"全国粮食产业经济发展示范市"效应，为全国粮食产业经济发展起到示范引领作用。

2. 项目带动。滨州市政府把大项目、好项目作为新旧动能转换重大工程的主要载体，按照"四新"促"四化"要求和"大、好、实、新"的标准，瞄准科技含量高、附加值高、能引领产业发展的重大项目，优中选优，好中选好，储备了一批粮食产业项目。目前，中裕食品项目被列入省政府 2017 年新旧动能转化重大项目工程 100 个项目中，西王集团正在积极争取纳入该项目库。

3. 品牌带动。山东拥有良好的粮油精深加工基础，优质品牌多。调研中了解到，山东省不但有鲁花花生油、长寿花食用油和西王玉米油，而且还有菏泽牡丹油、泰安小麦胚芽油以及乐陵希森集团马铃薯产业等，对整体提升粮食产业经济发展也起到了良好作用。

（三）创新发展动力

山东粮食企业积极实施新旧动能转换，在粮食精深加工业领域精准发力"四新"，推动创新驱动，可为其他地区起到较好的示范作用。

1. 发力新技术。一是研发使用新工艺新设备。 三星集团联合研发新工艺，有效解决玉米生产过程中的皂脚问题；渤海实业开发新工艺，实现大豆油所有副产物资源化和零排放；麦香园食品自主改进设备，实现10余个主食产品一键生产数据化、标准化，馒头可以在10℃以下保持鲜度20天；西王集团凭借玉米生产无水葡萄糖和结晶果糖的技术处于国际领先地位。**二是开发新产品。** 三星集团金胚玉米油的维生素E、不饱和脂肪酸和淄醇含量大大高于普通玉米油，长寿花稻米油谷维素含量高达1380mg/100g；福洋生物科技开发的葡萄糖酸钠核心新产品畅销东南亚等国建筑市场。

2. 发展新模式。一是集聚发展。 滨州市企业成立了粮食产业科技创新联盟，积聚了各种优势科技资源集聚。星光集团将原糖精炼制糖、玉米深加工、热电联产、焦糖色素生产、食糖储备、物流、保税仓库、科技研发等集于一产业园区，实现了综合成本最低、关联资源共享的集聚发展。**二是循环发展。** 中裕食品将育种、种植、存储、初加工、食品加工、深加工、餐饮零售连锁经营、绿色生态养殖、废弃物综合利用环节整合成闭合循环经济产业链；龙凤面粉（惠民县）以公司＋合作社＋订单农业＋生态养殖方式实现良性循环；德州的仓顶阳光工程，实现储粮低温绿色，同时也创利增收，2017年发电收益300多万元；香驰控股把依赖资源净消耗线性增加发展转变为依靠生态型资源循环发展，通过原料、副产品、水、能量和废弃物五大循环圈实现循环综合利用，2017年实现污水处理收益2000万元。**三是融合发展。** 香驰控股把种植基地、加工、物流积聚在一起，推动了一二三产业融合共生；中裕食品依靠科学研究院同滨州部分企业共建重点实验室；渤海实业依托院士工作站、重点实验室、企业技术中心等创新平台载体，引进专家院士，联合江南大学等高校院所进行油脂创新研发，实现了产学研融合促进；托福食品为部队官兵提供馒头产品，进一步加强了军民融合发展。

3. 发力新业态。山东粮食产业新业态在龙头企业示范带动下逐渐形成。中裕集团、龙凤面粉建立网上商铺和线下直营店，实现了电子商务和实体店无缝衔接；麦香园食品的主食产品如馒头直营社区，疏通了家到超市的最后一公里；花园食品（无棣县）供应学生营养餐，已经覆盖全县一半以上中小学。

4. 发力新产业。滨州、德州等地粮食精深加工产业基本形成规模，过去单纯产粮存粮和粗加工格局正在转变。西王集团历经 11 年攻关将玉米加工成果糖，福洋生物将玉米转化成葡萄糖酸钠，香驰控股将大豆加工成大豆蛋白和膳食纤维，保龄宝生物将大豆转化成保健品，三星集团将玉米加工成玉米蛋白和玉米淀粉糖，希森集团将马铃薯发展成马铃薯馒头、饼干、糕点、饮品等 8 大系列主食产品。

四、几点建议

滨州、德州在粮食产业新旧动能转换方面整体成效明显，但也存在以下问题：一是作为粮食深加工集聚区，小麦、玉米、大豆原料需求量大，目前整体上粮食初加工产能过剩，并有粮食加工同质化苗头，副产物综合利用率不高；二是除西王等大型企业采用相对较为先进设备和工艺外，两市整体上传统设备和工艺居多，加之企业研发、技改资金不足，将影响粮食产业新旧动能转换进度；三是产业聚集不够，一方面是企业间业务联系不紧密，另一方面在同一园区企业内的各个业务板块间关联不高，导致粮食加工成本升高。为此，提出如下建议：

一是加强粮食产业统计指标分析。充分发挥国家粮食行业统计数据引导高质量发展的作用，及时掌握并深入分析全国粮食产业整体分布、各地粮食产业聚集程度、企业的粮食科技含量高低以及精深加工水平和能力等，深入挖掘促进粮食产业新旧动能转换的各主要经济数据之间关联度，精准把握粮食产业新旧动能转换的政策要点和各类财政预算内资金投向，引导地方政府科学规划粮食产业布局，引导粮食加工企业合理配置加工产能。

二是夯实粮食产业新旧动能转换载体。积极争取发改委等部门的支持，建立粮食产业新旧动能转换重大工程的专项政策和资金，引导粮食企业向精深加工方向发展，重点在粮食综合副产物利用、粮食精深加工产品及设备和工艺研发、主食产业化和品牌化、产学研深度融合、产业集聚度高的园区方面给予财政资金引导性支持，尤其要优先支持使用国内先进工艺、设备和自主创新研发的企业，形成以产业促科技，以科技兴产业的格局。

充分发挥 12325 热线作用
切实提高监管效能

执法督查局

2017 年 11 月以来，在局党组的正确领导下，执法督查局克服时间紧、任务重、人手少等实际困难，抓紧建设 12325 全国粮食流通监管热线，并于 2018 年 1 月 2 日开通试运行。半年来，采取边建设、边运行、边总结、边完善的方式，不断优化管理措施，强化运行效果，为维护和保障国家粮食安全初步发挥了积极作用，取得了良好反响。近期，按照局党组开展"大调研"活动的要求，针对如何提高热线工作效能和优化热线服务功能，广泛听取各地各方面的意见和建议，并专程到北京市 12345 非紧急救助热线、12398 国家能源监管热线、12359 国家文物举报热线等单位调研，分析问题，借鉴经验，提出进一步优化管理的具体措施。现将有关情况报告如下：

一、构建形成了"四位一体"管理制度架构

执法督查局全面树立法治思维，着力打造法制化、规范化、群众化、信息化的热线，狠抓制度建设，初步构建了"四位一体"的 12325 热线管理制度架构。

（一）公布一个规定。印发了《12325 全国粮食流通监管热线举报处理规定（试行）》，连同《热线举报须知》一并向社会公布，对热线受理

12325 全国粮食流通监管热线话务中心

范围、分办原则、办理时限和程序等做出规定，明确了群众向热线举报和热线处理举报的详细流程，有效畅通了广大群众的诉求渠道。

（二）制定一套规则。制定了《12325 全国粮食流通监管热线管理工作规则（试行）》，对举报的接收、受理、分办、转办、催办、督办、结案、反馈、抽查等内部管理措施进行了规范，夯实了各级粮食部门和有关单位的主体责任。同时还制定了《话务员接听工作规范》，明确了来电处置的标准话术和应答语言规范。

（三）落实一大理念。以局办名义印发了《关于做好 12325 全国粮食流通监管热线管理工作的通知》，要求各地和有关单位提高政治站位，切实落实"以人民为中心"的理念，高度重视举报投诉办理工作。对话务员和热线管理员进行全面系统培训，切实提高专业素质和服务水平，强化了热线运行管理。

（四）开发一套系统。运用"互联网＋监管"思维，搭建了热线应用软件系统平台，实现了 12325 热线在全国 344 个地市的全覆盖，通过电话、网络、微信三种渠道同时接收处理举报投诉，更加方便人民群众反映诉求。配置了语音服务器、应用服务器等信息技术设备，顺利实现了涉粮举报接收、登记、分办、转办、催办、督办、报送核查结果等工作的网上高效办理功能，实现了案件办理全程记录留痕，责任可倒查追溯。

二、初步显现出"六大效应"

执法督查局致力于建设群众的贴心热线，把提高举报办理质量放在突出位置，切实让群众体验到通过热线能够依法依规解决问题。截至 6 月 30 日，12325 热线共接收举报和投诉 170 件，146 件受理的举报投诉中，97 件依规办结，并向举报人反馈了办理结果。各级粮食部门和群众反响较好，初步显现出六大效应，在探索"互联网＋监管"路径的过程中迈出了"从无到有"到"从有到好"的坚实步伐。

（一）密切联系群众的"民生"效应。12325 热线在粮食主产区已形成了一定影响力。吉林、黑龙江、湖北、湖南等主产省积极宣传 12325 热线，已经在涉粮企业和售粮农民中形成一定知晓度，群众在遇到粮食流通违法违规问题和粮食交易纠纷等涉粮问题时，愿意向热线反映。试运行半年期间，共接收群众来电 5000 多次，来电接通率 99% 以上。通过 12325 热线，密切联系了群众，有效拉近了距离，有利于各级粮食部门干部与群众心连心，加速推进粮食流通监管手段的改革创新，共同维护国家粮食安全。

（二）回应基层呼声的"一线"效应。自热线运行以来，各级粮食部门切实将保护售粮农民利益作为基本职责，处理了 40 多起涉及拖欠售粮款的举报，已为上百户农民追回了售粮款。例如：经吉林省粮食局协调，兑付拖欠群众的售粮款 7000 余万元。吉林省农安县、长春市双阳区粮食部门积极协调公安机关立案侦查了当地涉及诈骗农民售粮款的案件，努力帮助群众挽回经济损失。

（三）严厉打击违法违规行为的"利剑"效应。各级粮食部门和有关单位高度重视热线举报的违法违规线索，第一时间进行查处，对违法违规行为绝不姑息、零容忍，有效震慑了违法违规行为。例如：吉林省农安

12325热线举报案件处理流程

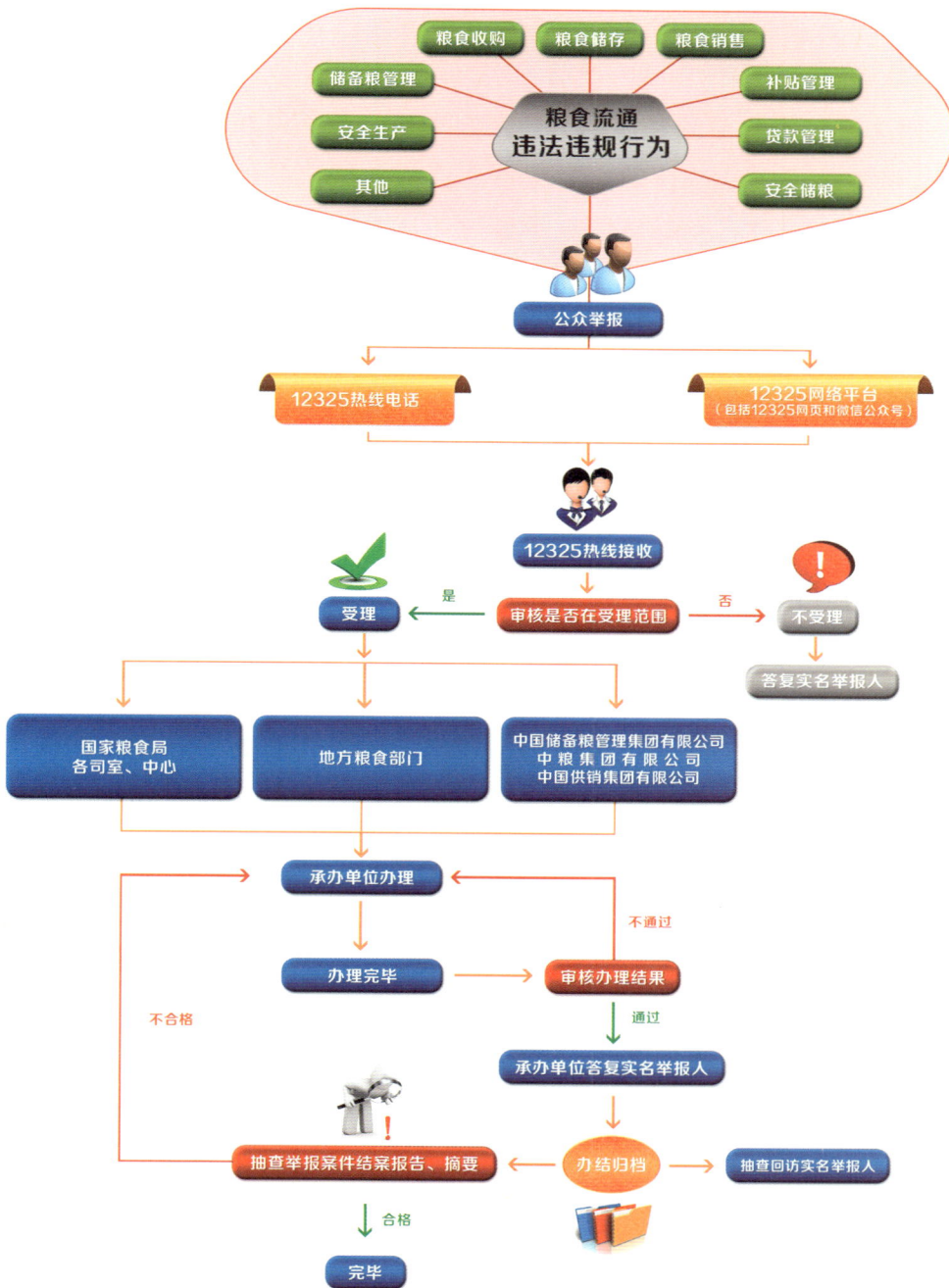

粮食收购　粮食储存　粮食销售

储备粮管理　　补贴管理

安全生产　　贷款管理

其他　　安全储粮

粮食流通违法违规行为

公众举报

12325热线电话　　12325网络平台（包括12325网页和微信公众号）

12325热线接收

审核是否在受理范围 ──是→ 受理　　否→ 不受理 → 答复实名举报人

国家粮食局各司室、中心　　地方粮食部门　　中国储备粮管理集团有限公司 中粮集团有限公司 中国供销集团有限公司

承办单位办理

办理完毕 → 审核办理结果　不通过

通过

承办单位答复实名举报人

不合格

抽查举报案件结案报告、摘要　　办结归档 → 抽查回访实名举报人

合格

完毕

举报案件处理流程

县粮食局注销了诈骗农民售粮款的某企业粮食收购许可证；长春市粮食局对某企业违法行为作出了罚款 5 万元的决定；中储粮北京分公司针对下属某企业领导班子存在的不作为、慢作为情况，对多名责任人给予了行政处分或经济处罚，起到了警示作用。

（四）维护粮食流通秩序的"规范"效应。 政策性粮食顺畅出库是确保国家粮食精准宏观调控的必要条件。根据热线接到的举报，执法督查局会同交易协调中心及时督促有关地方协调政策性粮食交易纠纷，督促承储库点履约出库，情节严重的责成所在地粮食部门严肃查处；敦促一些反映销售出库问题较多省份的粮食部门积极采取措施及时纠正违规行为，协调矛盾纠纷。热线对涉及粮食交易纠纷和出库问题等 60 多起举报在第一时间进行了处理，有效净化了粮食市场诚信经营的环境。

（五）推动政策完善的"优化"效应。 结合热线平台归集的各类信息，加强形势研判，及时发现重点和热点问题，并与相关处室加强沟通，以问题为导向有针对性地完善监管措施。例如，针对热线举报集中反映的收购"打白条"、政策性粮食出库难等问题，执法督查局正在起草《关于切实加强国家政策性粮食收储和销售出库监管的意见》，进一步强化政策性粮食定点、收购、验收、储存到销售出库等各环节的监管措施，提出了有针对性的解决办法。再如，针对政策性粮食公开交易时间集中、交易纠纷案件时效性强的特点，对热线受理的交易纠纷举报案件，执法督查局会同交易协调中心建立了交易纠纷快速处理机制，简化受理审批环节，提高案件处理的即时性，原则上事不隔夜转，当天受理、当天分办、当天到达承办单位，快处理、快协调、快解决，大力推动去库存工作。

（六）推进依法管粮工作进一步深入的"引领"效应。 12325 热线开通后，对承办单位办理热线分办的案件提出了明确的程序和实体要求，对粮食流通领域依法办案工作起到了一定的示范作用。首先，明确要求办案规范化。对案件受理、分办、转办、办理、结案、反馈等各个环节进行明确规定，严谨设置办案流程，严格规范办案行为，严肃办案纪律。其次，大力强化办案责任。在热线系统中案件办理全程留痕，实现责任可倒查可追溯，设置投诉制度对办案行为进行外部监督，夯实承办单位和人员的办案责任。再次，切实提升办案质量。对结案报告等案件办理的实体要件和档案保管等一系列具体问题作出详细规定，建立案件查办通报制度，对办案质量好的和差的典型定期通报，倒逼承办单位提高办案质量。最后，坚持案件查处并重。对热线受理的案件，要求承办单位在事实调查清楚的基础上，明确调查结论并以此为依据依法处置违法违规行为，不仅仅一查了之，还要一查到底，发挥查办案件的震慑效应。

三、进一步发挥热线效能需要解决的五个问题

热线开通后，执法督查局采取线上分办与线下沟通相结合的方式，加强对案件办理督促指导，同时详细收集一线情况，了解基层案件办理工作中遇到的困难和问题，结合具体案例不断优化细化管理措施，完善系统建设工作。总体来看，12325 热线的开通，对强化粮食流通监管工作起到了积极作用，但是进一步发挥热线效能还存在一些需要解决的问题。

（一）**各地群众对热线的知晓"冷热不均"。**执法督查局会同仓储与科技司、政策法规司通过粮食科技周活动、光明网、夏粮收购宣传活动等平台和媒介对热线作了宣传，初步取得了一定的效果，但总体上各地群众对热线的知晓度和关注度"冷热不均"。目前收到的举报主要集中在黑龙江、吉林、辽宁等粮食主产区，正式受理的举报范围仅覆盖 16 个省区市，其他省区市群众未向热线打过电话，特别是北京、上海、浙江、广东等主销区。导致此类现象发生的主要原因有两方面：一方面，各级政府按照国办要求，通过 12345 非紧急政府服务热线将各项政府部门承担职责的举报受理工作进行整合，分流了属地粮食流通市场监管的电话反映事项；另一方面，宣传工作不到位，热线宣传没有全覆盖，涉粮农民、粮食企业和职工对 12325 热线了解还不够。

（二）**粮食部门主动意识需要进一步强化。**有个别粮食部门服务群众的意识淡薄，对 12325 热线受理的涉及信访问题案件不愿接手，内部处

室之间互相推诿。有的单位来电表示自己没有精力查处举报，不希望接收热线分办的举报。有的粮食部门以人员力量不足为理由，推脱应由粮食部门查处案件。在这种不愿主动作为的思想影响下，粮食流通监管热线的效能受到不同程度的影响。

（三）**重大涉粮违法违规行为举报机制尚未建立。**建立监管热线的重要目的是及时、尽早发现各级储备粮和政策性粮食管理的重大违法违规问题。根据以往案件记录，承储储备粮和政策性粮的企业是违反《中央储备粮管理条例》和《粮食流通管理条例》、实施违法违规行为的高危主体。但目前看，热线发现的此类重大线索较少。从热线的来电对象看，主要集中在拖欠售粮款的农民和交易出库遇到阻挠或产生纠纷的竞买企业，占来电量的80%以上，多数是因为自身利益受到损害而来电举报。企业职工参与监督进行举报的主观能动性不够、积极性不高，热线发现承担储备粮和政策性粮承储任务的企业重大违法违规问题的能力还不足。从客观上分析，知晓违法违规行为内情的企业职工，自身就是利益共同体，缺乏主动向有关部门举报揭发的动力，发动企业职工监督政策性粮食存储管理中的违法违规行为的难度较大。

（四）**案件办理质量亟待进一步提高。**有的承办单位办理质量不高，个别举报多次督促才草草报送结案报告。主要体现在以下方面：一是核查结果报告不规范。例如：部分涉及政策性粮食交易纠纷的举报办理相对简单，核查报告撰写不规范，调查过程和结论没有针对性，未形成加盖公章的正式文件。二是核查结案不及时。个别举报核查结束后未及时在系统提交结案报告。对于即将到期和超期未办结的举报案件，执法督查局分别通过发送系统短信和人工电话的方式来督促办理，但仍有少量案件超期后才提交报告。三是有的单位对举报处理规定理解不到位。对已经作出"受理"决定的举报，有的地方没有按照程序报核查报告，履行结案手续，而是要求上级改为"不予受理"决定。

（五）**个别长期信访事项耗费精力。**热线作为一个窗口，接收的举报有些属于长期信访事项，也有些涉及粮食部门和粮食企业但并不属于监管范畴，若不受理会影响群众、社会对热线甚至对执法督查局的评价，若受理并分办下去，基层协调难度极大，一定程度上陷入两难境地。在来电举报者中，个别人因自身不合理的利益诉求得不到满足，不但向热线举报还通过其他渠道反复举报，处置起来较为棘手，耗费精力较大。

四、六点值得借鉴的经验

针对热线管理运行工作中发现的问题，执法督查局认真问计于地方粮食部门，探讨好的措施；同时，也注重借鉴其他部门和地方人民政府热线的管理经验，进一步找准12325热线努力的方向。

（一）**完善举报处理制度是一项长期任务。**全面吸收消化地方粮食部门提出的关于热线管理的合理意见建议，认真分析实际案件分办查办过程中遇到的困难和问题，逐步细化，有针对性地完善举报处理规定，在工作实践过程中不断总结和完善该制度。比如，有的地方粮食部门在调查拖欠农民售粮款案件时，发现有的案件属于粮食经纪人恶意诈骗，并涉及跨省办案，应更多依靠公安和司法机关进行处理，应建立处理此类问题的沟通协调机制。再如，要进一步明确对案件查办结果进行通报的条件和范围，便于地方把握。又如，要对承办案件单位向举报人了解情况的环节作出硬性规定，避免发生坐在办公室里办案的情况。另外，要加紧编写发布新版的《12325热线系统操作手册》，增加统计、分析、展示及其他新增的功能介绍，更加方便基层熟悉和使用系统。这种做法在其他热线系统中的应用也较为普遍，12398热线结合实际运行中出现的问题，已多次修订相关管理制度；12317等热线也对举报处理规定等相关制度，修订了一些条款和实施细则。

（二）**建立良好的内部协调机制是举报高效高质处理的必要条件。**12359文物保护热线对举报线索的处置实行受理和处置环节分工负责，即案件受理处室主要负责受理工作，接收线索后，对照受理范围作出受理决定；业务处室负责线索查办，按职能分工负责对接收线索的处理，牵头查处或向地方文物部门转办，并对查处结果负责。案件查结后，承办单位将结案报告统一报业务处室归档。举报受理处室和业务处室之间相互配合、相互衔接，找到了热线工作统一管理和案件查处工作的平衡点。上海市、海口市 12345 热线均成立了市政府主要领导任组长的热线领导工作小组，强化工作指导监督，确保各部门和各区协调高效处理群众诉求事项。

（三）注重把问题解决在基层一线是强化监管的根本途径。12398 能源监管热线，每年接受群众来电上万件。为把问题解决在一线，《12398 热线投诉举报处理暂行办法》明确规定，按属地原则，各地方监管局负责处理线索问题，及时督促各大电力公司解决问题，第一时间解决群众反映的问题。12398 的线索处理方式有效减少了内部审批流程，在分办环节压缩了流转时间，提高了线索处置效率。北京市 12345 非紧急救助热线接到群众反映的问题后，一般直接按属地原则分办至街办（乡镇）办理；热线重点通过建立回访机制，督促有关部门和基层街道等单位把民生问题解决在一线。海口市 12345 建设了以解决一线问题为目标的智慧海口综合联动指挥平台，形成了"五个一"的社会综合治理格局（即一个指挥体系、一支综合力量、一张统一网络、一套运行机制、一个受理平台），发挥了"指挥棒""绣花针""连心桥"三个作用。

（四）适度扩大宣传有利于提高热线知晓度。对部门管理的行业监管热线，通过在本领域的报刊媒体进行宣传，较为容易扩大热线影响力。如文物举报热线主要是通过《中国文物报》等行业报刊，进行针对性的宣传，在行业内形成了较大的影响力。北京市 12345 政府热线则重点在北京电视台和市政府网站进行宣传，建立了"市民有问题找 12345"的良好口碑。

（五）建立必要的线索移送机制可及早化解法律风险。热线开通运行后，有些群众的诉求和反映的问题并不属于行业管理部门职责范围。这类问题，如得不到及时处理或简单以不属于本部门职责为由作出"不予受理"决定，容易让群众产生误解，导致政府部门在群众心中的可信任度下降。为此，有的热线初步建立了线索移送制度，对涉及其他部门职责的案件，依据《信访条例》移送处理，并告知来电人。

（六）及时通报查处结果和工作情况有助于提高群众信任度。对群众来说，公开信息也是一种守信，有利于提高政府部门热线的信任度。大部分政府服务和监管热线均通过建立案件查处结果和工作情况通报制度，以有效震慑违法违规行为。如 12317 举报热线定期对各地查处举报的案件进行曝光，从 2016 年以来共通报了 600 多起地方扶贫领域的案件查处情况和人员处分结果，有力遏制了扶贫领域的腐败高发态势；海口市、上海市和北京市 12345 热线、12398 热线均通过政府网站等方式通报各承办单位查实的案件，对严重违法主体公开曝光，部分案件受理和查办情况能够通过网络实时查询。

五、推动热线发挥更大作用的七项措施

针对热线运行管理中发现的应该改进和完善的问题，积极采纳相关单位提出的合理意见建议，吸收借鉴其他热线有益经验做法，以饱满的热情、创新的举措，从以下七个方面进一步搭建好、维护好热线，推动热线发挥更大作用，打造 12325 品牌。

（一）压实责任，进一步落实地方的主体责任。一是压实地方对粮食流通监管工作的主体责任，逐级传导工作责任和压力，推动各级粮食部门经常向同级党委政府汇报粮食监管工作并争取最大支持，大力协调相关部门和有效力量查处相关违法违规行为，利用好合力，避免角力，发挥最大公约数，处理好粮食流通违法违规行为处置与当地社会大局稳定之间的关系。二是在受理举报线索过程中，及时发现苗头性、倾向性、趋势性的涉粮问题，敦促地方粮食部门及时化解本系统领域的涉粮信访矛盾纠纷，形成行业和地方稳定、和谐、双赢的局面。

（二）完善制度优化流程，进一步发挥紧密联系群众的纽带作用。以方便群众举报为目标，不断提高热线服务和办理标准，进一步完善制度和流程，建立保障热线良好运行的长效机制。一是适时修改完善举报处理规定和管理工作规则。进一步规范承办单位办理案件的要求，如承办人员办理案件时必须与举报人见面询问了解相关情况，避免敷衍了事直接结案。承办单位向举报人反馈办理结果应先征求举报人意见，若举报

人持异议要询问是否可提供其他证据，办案机关应当做进一步调查核实，直至查清后再结案。二是运用"互联网＋监管"技术继续完善软件，让数据多跑路，让群众少跑腿，尽量简化举报处理流程，进一步优化网络、微信和电话三种举报操作路径，方便群众反映问题。加快发布热线系统操作手册，完善系统统计分析功能，方便地方粮食部门和涉粮央企通过热线系统办理案件，通过图表直观展示本地区或本系统案件受理和办理等情况，便于进行风险研判。

（三）加强督办提升质量，进一步强化社会的监督作用。办案质量是热线的生命线，要紧抓办案质量，力争把每一件举报办成"铁案"，努力提升群众对12325热线的信任度。一是抓住投诉举报受理、分办、办理、督办等关键环节，加大人民群众诉求的落实力度，及时督促、协调群众反映的粮食流通问题。以案例推动工作，梳理共性问题，督促各级粮食部门和相关单位从根本上解决，避免同一个地区、同一个问题不断重复出现，切实在提高服务质量上下苦功、用硬招，更好地满足人民群众的服务需求。二是规范结案行为。下发规范热线案件办理工作的专项通知，规范结案报告和结案摘要，指导承办单位形成高质量的结案报告。对办结案件进行重点抽查，对不符合要求的办结案件，启动退回重办程序，倒逼承办单位真正重视办案工作。选取典型案例，指导地方规范办案，切实提高办案质量。三是完善热线软件系统功能。根据热线案件办理工作的实际需求，继续会同软件设计公司不断完善增加系统功能，督促尽快完成案件分析统计汇总等功能开发任务，实现软件更科学智能、更人性化、更高效率的目标，为科学决策提供基础参考材料。

（四）广泛宣传提升影响力，进一步发挥问题监管的信息渠道作用。一是会同政策法规司，借助央视、新华社、人民网、光明网等主流媒体，运用电视、广播、互联网等多种媒介，搭借粮食科技活动周、夏粮收购专项宣传、粮食行业信息化工作会等平台，采取内容丰富、形式多样、感官直接的形式宣传推介12325热线，大力推动12325热线宣传"进农户、进粮库、进企业、进机关"，让群众知道为什么建立12325热线、12325

热线是什么、拨打 12325 热线干什么。二是有针对性地面向种粮售粮农民、粮食经纪人、中储粮系统企业、其他涉粮企业、粮食交易中心开展宣传。设计简洁明了、内容明确的海报、宣传折页、小物件等电子文档模板，提供各省及相关涉粮单位开展宣传。在夏秋售粮期间和政策性粮食出库高峰期，专门在田间地头、仓储企业、交易市场等场所作宣传。三是探索重大违法违规案件调查属实举报的激励机制，鼓励群众实名举报、实事求是反映问题，积极主动与粮食流通违法违规行为作斗争。

（五）协同高效处理举报，进一步发挥制定粮食流通和物资储备政策的参谋作用。一是第一时间上报群体性和重大紧急事项，继续定期认真分析总结违法违规问题，及时发现苗头性、倾向性和敏感性问题，深入剖析问题产生的原因和体制机制障碍，积极改进工作，为局党组制定政策和完善措施提供参考素材。二是从全局各司局看，涉及局内其他司室和单位职能的举报，原则上由相关单位负责处理，并跟踪查办结果。三是从执法督查局内部看，投诉举报中心重点做好举报的接收、受理、转办、督办、抽查等工作；执法业务处室按照职责分工重点审核举报查实情况，对不符合程序的要及时督促纠正；执法督查局内部做到分工明确、提高效率，避免热线案件办理和业务处室监管脱节和"两张皮"。原则上，已办结案件一案一报，及时报领导批示，同时向相关处室通报，便于共享工作情况。

（六）及时总结通报情况，进一步建立案件办理及通报机制。逐步建立热线案件办理情况通报制度，提高粮食流通监管工作的社会参与度，形成正向引导和反向震慑效应，形成社会监督的舆论压力，以公开透明促进公平公正。一是建立 12325 热线案件办理情况通报制度，树立正向激励和反向批评的典型，通过适当形式公开。定期将各级粮食部门和有关单位的办案情况进行总结，对分办的案件质量进行分析评比，对办案质量较高、办案敢于担当、办案工作态度认真的要通报予以大力表扬，对办案质量较差、办案拖沓推诿、办案工作态度消极的要通报予以严肃批评，形成激励先进、鞭策后进的正确导向。二是及时梳理共性问题，督促承办单位从根本上解决，对地方办理质量不合格或结案报告撰写描述不清的，必要时督促重新办理。三是对核查结果不属实的举报，大力支持承办单位及时澄清事实，及时消除被举报人思想负担，同时督促承办单位教育举报人实事求是反映问题，对属于严重诬告陷害的，支持被举报对象运用法律武器维护自身合法权益。

（七）适时扩大监管范围，进一步在机构改革工作的大局中拓展职能。按照局党组机构改革的统一安排部署，热线举报受理范围相应增加物资储备监管的职责，相应涉及完善举报处理流程，推动粮食流通和物资储备监管内容在统一平台下高效运转。积极向有关部门申请变更热线名称和热线服务受理范围，稳妥完成职能转换，确保热线不掉线、不脱节，进一步发挥好热线在粮食流通和物资储备监管职责的"前哨"作用。

抢抓"一带一路"建设机遇　加强粮食国际合作更好服务外交大局的对策建议

外事司

为深入贯彻"一带一路"倡议，谋求我国粮油产业发展新动力，了解我国粮油企业在"一带一路"沿线国家对外合作基本情况，加快粮油企业走出去战略布局，外事司在广泛收集全国 23 个省（市）"一带一路"对外合作情况的基础上，梳理了我国粮油企业在"一带一路"沿线国家和地区对外合作的基本情况，形成了调研报告并提出相关建议。

一、粮油企业在"一带一路"沿线国家和地区开展合作的基本情况

我国粮油企业对外合作遍及东南亚、中亚、拉美和非洲、东欧多个国家和地区。俄罗斯及中亚具有地缘优势，是企业粮食开发的重要合作伙伴，东南亚国家是我国粮食企业合作的重点地区。开展对外合作的粮油企业中，民营企业居多，占合作企业总数的 94%。合作业务多为在海外购置土地或租地，进行粮食种植、深加工、贸易、收储等。

粮油企业对外合作的分布和程度有差异，开展对外合作呈现了一定的影响力和各自的特点。山东、陕西、河南、江苏和厦门的粮油企业，开展对外合作相对较多，发展较快；陕西省西安爱菊粮油工业集团在哈萨克斯坦合作建设粮油种植加工基地，与哈萨克斯坦粮油加工企业建立

产销对接、优势互补合作；广西粮食部门加强与东盟国家粮食生产、加工、物流园区服务合作，在柬埔寨建大米加工厂；厦门市鼓励粮油企业从东盟和南亚开展粮油贸易；山东香驰控股公司研究开发的果葡糖浆产品出口菲律宾；青海省三江集团公司与俄方日出公司以股份制形式合作，发展优质冬小麦种植；江苏省丰尚智能科技有限公司在南美、印度、独联体相继建立生产基地，参与国际竞争；贵阳市粮食局引导组建贵州多彩谷健康产业有限公司，联合贵州大学的科研团队，将优质稻种推广到东南亚国家进行栽种、培育；安徽省农垦集团在津巴布韦合作开发了农场；浙江省粮食局协调支持省内粮食企业"走出去"，重点支持舟山国际粮油产业园区发展，使之成为我国沿海重要的粮食物流和进口粮食中转基地；中粮国际是我国目前规模及市场占比最大的央企，其资产和业务涉及全球 50 多个国家和地区；聚龙集团、西王集团、丰尚智能科技有限公司、牧羊集团及重粮集团在粮油企业"走出去"方面也取得了成功。

国家局代表团在莫斯科与俄罗斯联邦农业部
就加强两国粮食领域国际合作进行双边会谈

这些粮油企业，借鉴国际大粮商的先进经验，从产业链上的一个环节作为突破口，通过延伸产业链获取收益，从而控制从粮食生产、仓储、运输，到加工、销售等整个环节。

二、存在的问题

从总体上看，我国粮油企业"走出去"的体量不大，投资规模较小，投资占比较低，相对于我国 1 万多家粮油企业而言，我国对外合作"走出去"的粮油企业数量较少，且规模较小，相对于我国农业企业"走出去"的规模而言，粮油企业占比较小，总体来说国际影响力较弱。

（一）对外合作"走出去"意识不强。一些省粮食部门及粮食企业靠政策、等投入的依赖思想比较严重，缺乏对外合作意识，个别省粮食部门不积极去了解本省粮食企业"走出去"基本情况；一些粮食企业不敢"走出去"，参与"一带一路"建设的积极性不高。

（二）对外交流合作缺乏人才。粮食行业缺乏熟悉外贸政策、精通国际贸易、擅长对外交流的复合型人才，也缺少企业管理、市场营销、科研技术、经营策划等领域的高端人才。

（三）国内服务体系不完善。粮食行业参与"一带一路"建设缺乏顶层设计，相对于中央企业和国有企业，对民营企业境外投资的政策支持有限，许多有意向的粮油企业不敢贸然"走出去"。我国金融机构驻外网点尚未完备，粮油企业融资难、融资能力不足，资金缺口大，"一带一路"沿线国家多为发展中国家，国家货币风险等级普遍偏高，货币流通性差，企业信用有限，个别粮油企业境外项目迟迟难以落地或投资后难有回报。

（四）政策及进出口手续限制。除大型企业外，中小型企业进口配额量较少。国家对进口粮食实施指定口岸制度，粮食进出口需进行非常严格的检验检疫审核。进口商检流程较长，证书提供慢，通关不畅通。双方口岸存在基础设施建设不对等、口岸级别与行政机构级别不对等、查验制度不对等的情况，产品不能回运。

（五）沿线国家政治环境不稳定。"一带一路"沿线国家政策不连续、政党更迭、机构和人员变动频繁，导致企业在东道国的投资合作得不到长期有效的保障，部分企业在境外停产倒闭。有些国家每逢政府换届，都要对上届政府未实施的议案进行审视，这为境外投资者带来了较大政策风险。企业在东道国面临着投资手续办理困难、签证办理困难、法律法规不完善、企业不被公平对待、外汇管制、基础设施不配套、劳工政策缺乏顶层设计等问题。

三、推动粮食企业"走出去"的工作建议

为认真贯彻党的十九大精神，积极落实乡村振兴战略，进一步推动我国粮食企业更好地"走出去"，特提出以下建议：

（一）加快培育我国具有国际竞争力的大粮商。目前，中粮国际业务覆盖全球 50 多个国家和地区；牧羊集团在 44 个国家设有办事处，拥有50 多个海外销售机构；聚龙集团海外事业触角已经由东南亚延伸到非洲大陆，这些企业已经在"走出去"方面积累了丰富的经验，应加大对它们的支持力度，帮助企业进一步提升国际竞争力，更好地为保障国家粮食安全服务。

（二）把粮食企业"走出去"纳入农业"走出去"行动计划中。相对农业企业"走出去"而言，我国粮食行业参与"一带一路"建设的时间晚、规模小，无针对性的顶层设计和扶持政策。很多"走出去"企业农粮一体，建议农业对外合作部级联席机制中充分考虑发挥粮食行业在产后仓储物流加工等方面的优势，把粮食企业"走出去"融入农业企业"走出去"大框架中，合力解决粮油企业"走出去"遇到的困难和问题，推进粮油企业"走出去"。

（三）加大政策宣传力度扶持粮食企业。引导粮食企业从转变和创新经济发展方式的角度思考，深刻认识到"走出去"在对外合作中的重要性，使企业真正认识到"走出去"不仅是国家战略，也是企业发展壮大的必然选择。粮食部门要鼓励和支持粮油企业"走出去"，积极审慎地推进粮

油企业"走出去"。不但扶持国有粮食企业，也扶持其他所有制企业"走出去"，使各种类型企业发挥优势，形成合力。

（四）搭建平台服务粮食企业。粮食部门要主动为粮油企业搭建对外合作平台。为粮油企业牵线搭桥，帮助企业寻找商机，方便企业实施对外投资，推动企业与"一带一路"沿线国家开展经贸合作。充分发挥粮油行业协会和组织的作用，推进组建产业联盟，帮助粮食生产、技术服务、粮食仓储物流、粮食贸易、粮食加工企业组成联盟，抱团出海。

（五）加强全球跨国粮商的监测和研究。汲取跨国粮商的成功经验，支持我国粮食企业取得全球范围的成功。强化粮食行业信息的全球监测，确保我国粮油企业有相对客观的全球信息，防范经营风险。

（六）加强培训交流，提供人才培养智力支持。依托粮食院校、科研院所、大中型企业和培训机构，有计划、有重点地培训粮食行业人才。引进海外优秀人才，积极引进年轻的专业技术人员和经验丰富的企业经营管理人才，为粮油企业对外合作提供支撑。

四、其他相关建议

同"一带一路"沿线国家粮食部门建立长效机制，多为粮油企业争取和提供"走出去"的机会，政府间互访时，请企业参与公务会谈，为企业解决"走出去"存在的问题。完善"一带一路"国家粮食对外合作指南和国别报告，为我国粮食企业对外合作提供外部环境服务。加强同联合国粮农组织和粮食计划署及其他国际组织的合作，推动南南合作在粮食产后各领域的合作，创新实施"藏粮于发展中国家"战略。通过"一带一路"建设和亚洲基础设施投资银行等资助"一带一路"沿线发展中国家建设粮食生产、仓储和运输等相关基础设施，借此为我国粮食企业开拓对外合作渠道和资源。在"藏粮于地"和"藏粮于技"的同时，也要创新"藏粮于发展中国家"。

关于加强粮食人才培养
增强粮食流通改革发展智力支撑的调研报告

人事司

根据局党组关于深入开展调查研究、强化政策储备的部署要求，人事司先后赴湖北、江苏、安徽、山东青岛"三省一市"，围绕"加强粮食人才培养，增强粮食流通改革发展智力支撑"开展了专题调研。调研组通过座谈了解、问卷调查、实地察看等形式，深入调查了解有关情况。调研期间，共召开座谈会12次，先后到9个市县、15家各类企业和院校、科研院所，与有关负责人和基层干部职工代表进行广泛交流，对行业人才队伍建设状况有了比较全面的了解。现将有关情况报告如下：

一、做法及成效

各地对粮食行业人才工作普遍比较重视，能够紧密结合地区发展和行业人才队伍建设实际，从顶层设计入手，强化政策支持，统筹协调各方资源，加大投入力度，行业人才工作取得明显成效。

一是注重加强顶层设计。各地都把人才工作作为一项系统工程，摆在突出位置，认真谋划、推动落实。其中，湖北省粮食局成立科技人才兴粮领导小组，出台《关于实施人才兴粮工程的意见》和《关于加强粮食科技创新的意见》，把推进科技人才兴粮工程纳入年度工作目标考核体系；江苏省粮食局联合省人才工作领导小组共同制定印发粮食行业人才工作规划,提高了规划的权威性;安徽省编制《粮食行业中长期人才发展规划纲要》,把加快行业人才队伍建设纳入粮食安全保障工程建设发展"十三五"规划,与粮食业务工作同步安排、同步推进、同步落实;青岛市制定《关于加强粮食系统人才队伍建设的意见》,明确了 2020 年前人才队伍建设的总体原则、发展思路和目标要求。

二是注重加强高层次人才培养。针对行业普遍存在的高层次人才紧缺问题,各地都能紧贴实际,创新方式方法,在高层次人才培养上形成了一些有效做法。比如,湖北省粮食局以"熊宁创新工作室"为依托,积极推进领军人才工作室建设,支持领军人才承担项目研发、培训技术骨干;安徽省粮食局与合肥工业大学、中电集团 38 所等单位签订合作框架协议,共享高层次人才资源;江苏省依托牧羊、正昌等知名粮机企业,打造粮食机械产业人才高地,仅这两家企业就集聚了近百名高层次专业技术人才;青岛市粮食局通过开展大规模、经常性的职工技术比武活动,选拔了一大批仓储、检验高技能人才。

三是注重统筹人才培养资源。各地普遍重视发挥各类人才培养资源优势,通过校企合作、委托培养、支持粮食专业建设等多种方式,加强粮食专业人才培养。江苏省粮食局坚持"不求所有、但求所用"的人才理念,善于吸收各类资源为粮食行业服务,支持江苏科技大学增设粮食学院,与连云港市共建工贸高等职业技术学校。湖北省粮食局协调省教育厅支持在湖北大学知行学院举办面向全省粮食系统在职职工单独招生的大专学历教育。安徽省粮食局实施"双百人才培养工程",面向全省粮食行业每年定向培养 100 名农村特困家庭学生,毕业后回原籍粮食企业参加工作,缓解了基层人才缺乏问题。

四是注重加大支持力度。各地对行业人才工作的重视程度和投入力度不断加大,想方设法争取各方支持,形成了人才工作的合力。安徽省粮食局积极协调将"稳定机构和队伍"纳入省政府《关于落实粮食安全省长责任制的实施意见》,并将行业人才发展情况单列进行考核;每年争取省级预算安排专项经费支持行业人才教育培训,近 5 年省财政对所属两所粮食院校累计投入 4.01 亿元。湖北省粮食局联合省财政厅出台《粮食科技创新及成果转化等奖补资金管理暂行办法》，对创建的粮食科技创新领军人才工作室给予 10 万元补助，对引进高端粮食专业人才的企业给予硕士研究生 2 万元 / 人、博士研究生 5 万元 / 人的奖励，对粮食行业特有工种培训鉴定站点给予每人 500~2000 元不等的补贴，每年支持人才工作经费近 1000 万元。

通过行业上下不懈努力，人才供需矛盾得到初步缓解，行业发展吸引人才、人才促进行业发展的局面初步形成，加强行业人才培养的成效逐步显现。

（一）人才供需矛盾得到缓解。一是结构性矛盾缓解。一方面，年龄老化问题有所改观，中储粮武汉直属库、湖北省储备粮油公司武汉直属库一线仓储保管、检验岗位员工有不少是近几年招聘的专业对口的毕业生，为企业补充了新生力量；益海嘉里（武汉）粮油工业公司员工平均年龄只有 33 岁，为企业发展增添了活力。另一方面，人才培养与业务工作结合更加紧密，中粮米业（仙桃）公司与武汉轻工大学建立合作关系，成立专业教学科研基地，实施"订单式"人才培养，达到了教学与实践相统一的目的，取得了较好效果。一些企业针对不同层次、不同岗位制订员工培训措施，人才培养的针对性大大增强。二是多措并举解决人才不足问题。湖北省储备粮油公司针对单个库点人才力量不足的问题，从各库抽调人员组成创新工作小组，开展难点技术攻关，提出解决方案，既发挥了人才的活力，也提高了人才利用率。青岛维良食品有限公司是以面粉深加工为主的粮食企业，公司把抓好人才引进和产品创新作为企业发展最重要的两件事，想方设法引进技术人才，专门从韩国聘请了产品研发团队，费用比国内高校的兼职研发团队还低，有效提升了公司产品研发能力。福娃集团与安琪酵母公司合作，成功研发了一系列以大米为原料的休闲食品，该集团负责人认为，人才的最终目的是解决企业的实际问题，每个企业都应根据自身实际解决人才问题。

（二）以产引才、以才促产的局面逐步形成。一是传统产业升级为人才发展提供了新契机。近几年，随着"粮安工程"实施、"危仓老库"改造、粮库智能化升级和粮食质检体系建设的深入推进，粮食购销、仓储企业需要引进一大批了解新技术、熟悉新设备的技术人才和懂经营、善管理的专业人才，调动了院校培养粮食专业人才的积极性。二是粮食产业经济发展激发了新的人才需求。益海嘉里（武汉）粮油工业公司现已具备较强的油脂压榨、精炼和大米加工能力，下一步将继续投资9亿元，建设日产1500吨面粉的加工生产线，成为益海嘉里国内业务种类最全、盈利能力最强的分公司，企业的良好发展前景释放了较大的人才需求，近几年来，公司每年都要招聘近40名高校毕业生、60余名技术工人。首批农业产业化国家重点龙头企业福娃集团，现已形成稻米加工、食品加工、生态农业三大产业体系，建立起虾稻共作生态综合种养基地、粮食收购仓储、精深加工一体化的产业园区，年产值超过100亿元，虽然地处乡镇，但每年仍吸纳70~80名大学毕业生就业。安徽青松食品集团主食研发板块发展迅速，已成为全省中小学生午餐的最大供应商和合肥市覆盖面最广的早餐车供应企业，还将建立食品深加工研发基地，对各类研发人才有很大的需求，特别是对高水平人才求贤若渴。青岛市粮食局及各企业集中引进20余名计算机专业等信息化人才，加强对信息化岗位人员的重点培训，信息化人才队伍发展迅速，有力支撑了青岛市在山东省率先推进粮食信息化建设，青岛第二粮库率先建成高水平智能管理系统。

（三）人才投入的力度不断加大。益海嘉里（武汉）粮油工业公司每年为了引进急需的专业人才，向专业对口的高校毕业生提供跟岗实习机会，还发放实习生活补助。人才引进后，结合公司长远发展和员工自身特点，量身制定职业发展规划，明确晋升通道，出台一系列考核激励措施，员工离职率从2014年的13.5%降到2016年的5.8%。福娃集团立足于自身资源培养技能人才，建设了可同时容纳500人的员工培训学校，配备专门师资和先进教学设施，培养了一批技术能手。中储粮六安直属库建立仓储人员激励措施，实行包仓制奖励，使得同等级的保管员比其他岗位员工年收入高2万元，缩短保管员晋级时间，比其他岗位少3~4

年，有效激发了从事艰苦关键岗位人员的积极性。青岛维良食品有限公司出台了《创新及申报专利奖励办法》，对符合条件的及时兑现奖励，对持有中、高级职称或职业资格证的专业人才，发放一定的津贴，激发了员工创新和创造的积极性。

（四）重视人才的氛围更加浓厚。粮食行政管理部门和企业普遍把人才作为事业发展的重要基础，通过拓宽引进渠道、加强培养锻炼、强化激励等举措，提高了自身人才吸引力，形成了重视人才的良好氛围。湖北省储备粮油公司武汉库 2015 年招聘的 1 名硕士研究生曾谈及：在这里收入和其他同学差不多，但省公司领导亲自到学校招聘，到库里后按照专业对口安排做粮食仓储工作，还兼任党办副主任，享受中层副职待遇，又被抽调参加省公司的创新工作小组，感到在这里受重视，也有发展。江苏省每年选送 40 余名关键岗位人才出国培训，学习先进理念和经验，2017 年还在清华大学举办了各类粮食企业负责人专题研修班，提高了推动发展的能力。安徽阜阳海泉达亿食品公司发动在职员工向公司推荐人才，对推荐成功的给予奖励；还通过多种方式主动与本地外出务工人员联系，打好"乡情牌"，说服他们回家乡到企业工作。同时，为留住高端研发人才，把公司的研发中心、营销中心等部门办公点设在合肥，下一步还将在北京、上海设立办公点，增强对人才的吸引力。

二、存在问题

（一）人才工作定位不准，存在盲目性。一些粮库和国有粮食加工企业存在盲目追求人才高学历的问题。比如，对一线仓储保管岗位，有的粮库招聘时设置了较高的学历和专业要求，许多大学生分配到基层粮库后，心理落差比较大，真正能够留下来的不多；有些地处市县的粮食加工企业，职工中大专以上学历已过半，但仍把提高学历层次作为企业人才发展的重要目标。

（二）产业经济和信息化等方面人才紧缺。随着粮食产业经济和行业信息化建设的发展，相关专业人才需求越来越大。目前，粮食深加工设备大多依靠进口，我们在粮食深加工机械装备研发、制造方面要取得突破，对高层次专业人才需求量很大。调研中，各粮库都提出，现在粮库信息系统都是依托信息科技公司进行研发和建设的，初期运行也由他们的技术人员提供支持，但下一步系统正式交付后，对依靠自身人员力量来充分发挥信息系统的作用心里没底，迫切需要引进信息化方面的专业人才。武汉粮食设计院是承担粮油相关技术研发和工程设计的高新技术企业，近几年正在开发国际市场，由于既懂技术又懂经营管理的复合型人才不多，具有法律专业背景的国际化人才十分紧缺，一定程度上影响了企业"走出去"。

（三）对科研人员使用的评价体系与企业需求不相适应。调研中发现，科研事业单位大多以获得科研项目的数量和科技成果奖项为评价标准，在鼓励科研人员围绕产业发展创新创业上做得不够，主动为人才松绑、提供创新创业平台的意识不强，所开展的研究项目和成果很多停留在理论上、落实在纸面上，不接地气。与此同时，粮食企业一些技术问题却得不到有效解决，导致科研成果与企业需求"两张皮"。湖北福娃集团反映，虽然现在粮食行业科研院所的科研能力比较强，研究成果也不少，但与粮食企业发展的需求不相适应，不能很好地解决企业实际问题和困难。体现了粮食企业对科研事业单位实施灵活的科研及用人机制，有很高期望。

（四）一些基层存在人才不足的问题。市县一级普遍存在人才进不来、留不住的问题，即使中央企业，其基层单位对人才的吸引力也不足，中储粮湖北分公司直属库 2017 年新招 40 余人，2018 年只剩下 11 人，其中坐落在市县的直属库只留下 4 人。2018 年与中粮米业（仙桃）公司达成就业意向的 2 名大学生，最后签约时都选择了其他单位。青岛城阳区粮库一名入职 7 年的职工，每月工资 2500 元左右。他们反映，如果是本地人，从粮校毕业后到这里工作，还能勉强接受这个收入，其他地方的年轻人都不愿留下来。同时，基层粮食部门还存在由于体制机制原因老人退不了、新人进不来的问题。

（五）企业人才主战场的作用发挥不够明显。调研中还发现，国有粮食企业特别是购销企业，受计划经济影响，一些单位还延续着吃政策饭的思想，没有真正进入市场，人才意识不强，对人才抱着可有可无的态度，不能正常释放人才需求。从国有企业看，存在用人机制不活的问题，对一些急需紧缺人才没有创新人才使用模式，采取柔性引才的很少。粮食加工企业大多是非国有企业，行业主管部门对这些企业情况了解不多，对一些人才引进、培养、使用方面好的做法和经验总结推广不够，行业人才工作支持措施有些不能有效覆盖这些企业，根据对人才的需求采取针对性的措施不多。

（六）抓人才工作的主动性不足，缺乏有效的宣传。有的基层粮食企业安于现状，对人才工作不够重视，不愿在引进人才上下功夫，拴心留人的办法不多。一些基层的企业、单位大都把人才留不住、引不来更多地归咎于待遇和地域等客观原因，没有充分挖掘自身资源优势，积极想方设法为吸引人才、留住人才创造环境、提供平台。同时，对行业发展的宣传做得也不够，导致社会对行业的认知度不高，特别是年轻人对粮食企业的认识存在较大偏差。一些粮食企业的负责人谈到，现在很多人对粮食行业的认知还停留在计划经济时代，认为面粉企业还要扛面袋、推磨面机，都是体力活，没有什么技术含量，导致很多人不愿意到粮食企业来。因此，迫切需要加大面向社会的宣传力度。

三、相关建议

（一）坚持以需求为导向的人才工作理念。虽然当前粮食行业人才状况有所改善，总量矛盾有所缓解，但要充分认识到在新时代，随着粮食行业转型发展，深化粮食供给侧结构性改革、建设粮食产业强国等政策不断推进，新的人才供需矛盾又将出现，粮食行业人才队伍建设任务仍十分紧迫。我们要破除就人才论人才的思想，充分坚持以用为本，什么样的人才能解决问题就引进什么样的人才，切实紧贴需求，加快行业人才培养，激发人才活力，推动人才在粮食流通改革发展中发挥更大作用。

全国粮食行业职业教育集团联盟签约仪式

（二）**注重围绕产业转型升级培养人才**。推动粮食流通改革发展需要人才保障，大力发展粮食产业经济对强化人才保障提出了更高的要求。下一步，行业人才培养要注重围绕产业转型升级和重大任务需求来开展。一方面，围绕大力发展粮食产业经济，通过建立科技协同创新平台、技术创新联盟，搭建专业技术人才创新创业平台，集聚高水平领军人才和创新团队为粮食产业服务；另一方面，围绕推进行业信息化建设，提高粮食加工装备自主创新制造能力，坚持以用为本，集中引进、培养专业人才和研发人才，也可依托技术研发公司设立技术支持团队，通过购买服务实现为我所用。

（三）**注重解决人才工作的突出问题**。从行业人才队伍状况看，最突出的矛盾是结构不合理，"两高"人才不足。针对高层次专业技术人才不足的问题，要加大科技领军人才的培养，实施科技领军人才创新团队建设工程和青年拔尖人才优先培养工程，有条件的企事业单位可考虑设立"首席科学家"；针对高技能人才不足的问题，实施技能拔尖人才培养工程，进一步完善技能拔尖人才的选拔、使用、考核和激励等措施，鼓励企业建立"首席技师"制度，通过开展形式多样的技术比武、技能竞赛等活动，营造竞相成才的良好氛围。针对基层人才不足的问题，要进一步促进校企合作，实行"招生即招工"，采取定向招生、委托培养等方式，吸纳学生报考粮食专业，培养能够留得下来的基层实用人才。同时，要不断完善行业职业技能培训体系，加强在职职工实用技能培训。

（四）进一步做好放权松绑的工作。全面清理当前束缚用人单位自主权和制约人才发展的不合理制度措施，保障和落实用人单位自主权，减少过度干预和对人才不必要的限制。特别是院校和科研单位，要转变人才管理方式，想方设法激发专业技术人员科技创新活力和干事创业热情，选派专业技术人员到企业挂职或参与项目合作，允许专业技术人员到业务领域相近单位兼职，或者利用本人科研成果创业。更加注重市场认可和市场评价，对在市场中得到检验并认可的项目要开绿灯，让创新人才名利双收。要拓宽人才引进的方式和渠道，用好柔性引才的方法，达到人才不求所有、但求所用的目的，同时，对人才实行个性化管理，向人才提供个性化服务，为人才提供宽松的成长环境。

（五）进一步发挥企业人才主战场作用。企业的发展离不开人才，企业也是人才的主战场。我们加强行业人才培养，要紧紧围绕各类企业发展需求，人才支持项目要向企业倾斜，对科研人员的评价要注重科研成果转化的成效。注重发现总结一些企业在实践中探索形成的先进的人才理念，灵活的用人方式、用人机制、激励模式，一方面向其他企业推广借鉴，巩固放大成果；另一方面探索出针对行业人才工作应该出台什么样的政策、应该做什么，不断完善人才引进、培养和评价等政策措施。要引导企业与培训机构、院校开展多种形式的合作，加强人才培养。

（六）充分发挥各类院校等人才培养机构的作用。院校是人才培养的主力军、主阵地，在人才培养、支撑经济社会发展中发挥着重要作用。要大力支持各类院校开办粮食专业，通过开展科研、人才培养合作等方式，充分利用各类院校优势资源服务行业发展。注重统筹院校粮食专业建设，拓展涉粮新兴学科，在相近专业开设粮食课程、融入粮食元素，不断加大专业人才培养力度。通过政府购买服务方式，引导院校等人才培养机构承担粮食行业教育培训任务。

（七）加大行业人才工作的宣传力度。一是加大对粮食行业发展现状的宣传，加强正面教育引导，改变对粮食行业、粮食企业的错误认识，增强行业的吸引力。二是总结推广加强行业人才培养、助推行业创新发展的经验做法，充分发挥典型的示范引领和辐射带动作用，以点上经验带动面上工作，在全行业营造重视人才、培养人才的浓厚氛围。三是充分利用报纸杂志、广播、电视、微信、微博等新闻媒体，通过多种形式，大力宣传粮食行业优秀人才典型和创新团队，弘扬劳模精神和工匠精神，用榜样的力量广泛吸引更多人才参与创新创业。

（八）加强对各级人才工作的指导督导。一是将行业人才队伍建设纳入粮食安全省长责任制考核内容，明确考核的具体内容和评价标准，层层压实责任，增强各级政府对粮食行业人才工作的重视程度，争取更多资源支持。二是督促各级粮食行政管理部门认真贯彻中央关于人才工作的决策部署，结合本地区实际制定政策措施，盘活用好人才资源，不断提高人才队伍建设水平。三是继续加大人才投入力度，建立健全以政府投入为引导、用人单位投入为主体、社会和个人投入为补充的多元化投入机制。积极争取国家人才工程经费，加大行业人才兴粮工程经费投入，创新支持方式。完善人才投入资金绩效评价考核制度，强化对人才投入成效的考核，提高经费使用效益。

关于湖北广东海南粮食行业
转型发展的调研报告

中国粮食研究培训中心

　　根据局党组的统一部署，中国粮食研究培训中心牵头组织调研组，赴湖北、广东、海南省就推动粮食行业转型发展进行专题调研，现将有关情况报告如下：

一、三省粮食行业转型发展的措施及成效

（一）夯实粮食宏观调控基础

　　一是充实地方储备规模。湖北、广东、海南省均已落实国家要求，充实了地方储备规模。湖北省按照以地方储备粮中省级储备粮为主导、省级储备粮中省属储备企业为主导的思路，增大省级储备规模，提高省储备管理公司承储比例，增强了省级政府调控能力。二是加强应急体系建设。广东省针对全国最大销区的特点，建立了省级粮食应急保障重点企业联系制度，给予企业扶持资金用于应急设施建设，粮食部门与企业共同开展培训和应急演练，增强应急保障能力。三是深化产销合作。湖北省组织企业到广东、广西等省（区），举办荆楚粮油精品展示交易会。广东省与黑龙江、湖南等省通过制订对口合作方案、签订产销合作协议、举办粮油贸易洽谈会等方式，促进省内企业与产区企业有效对接。四是推进信息化建设。湖北省初步建成了省级信息化综合管理平台和 10 个中

心粮库信息化项目。广州市开发了覆盖全市的储备粮信息管理系统及视频监控系统、粮情数据统计分析与监测预警系统，实现了对全市粮食流通的标准化、实时化、网络化、智能化管理。

（二）探索创新地方储备粮管理机制

一是优化储备结构。广东省建立粮食储备与优质粮发展对接机制，根据市场消费需要调整储备结构，减少普通稻谷储备比例，增加优质稻谷、小麦、玉米和成品粮储备比例。二是探索异地储备和动态储备模式。为落实地方增储任务，解决仓容缺口问题，广东、海南两省实施异地储备和动态储备。广东省动态储备接近总储备量的50%，其中广州、深圳两市的动态储备比例达100%。海南省异地储备规模接近80%。三是引入多元主体参与政策性收储。湖北省通过公开竞争方式，委托47家粮食加工龙头企业承储10亿斤省级成品粮储备，有效遏止了地方储备粮轮换亏损。四是加强动态管理和风险防范。湖北省推动各级地方储备企业共同建立轮换风险金，并建立承储企业第三方评价机制。海南省明确异地储备企业的条件、管理职责及责任追究机制，成立异地储备常驻管理小组，负责异地储备粮的日常监管工作。

（三）积极推进粮食产业转型升级

一是支持多元主体发展。湖北省统筹安排技改贴息、成品粮储备补贴、产粮大县奖励、科技创新等财政资金1.85亿元，扶持福娃、洪湖浪等一批粮食领军企业发展；安排省级财政补助资金，支持新型粮食生产经营主体、基层国有粮食收储企业建立粮食产后服务体系；积极搭建银企对接平台，破解粮食企业融资难、融资贵矛盾。同时，明确地方国有粮食企业土地出让金用于解决粮食仓储设施建设和企业改革遗留问题的政策，推动发展混合所有制，增强企业活力。二是引导优质粮食发展。湖北省支持引导粮油加工龙头企业采取"虾稻共作"等生产方式，发展绿色优质粮食生产；探索推进粮食单收、单储、单加工，提高粮油产品品质；开展农户粮食品质测报，使优质稻生产与加工、消费无缝对接，提高粮油优质品率。三是推进粮食全产业链经营。湖北省支持企业发展粮食精深加工，福娃集团以糙米食品为核心，打造稻米深加工全产业链，形成有机米、饼干、糕点、米果、营养粥、精深加工制品等系列产品；洪湖浪米业以资源综合利用、循环经济为核心，打造稻谷循环利用、生物能源和化工、副产品综合利用三条产业链。粮食全产业链经营促进了一二三产业融合，带动了江汉平原及周边地区80多万农户参加粮食产业化经营，每年增加农民收入超过10亿元。广东省茂名市坚持"工业与农业对接、车间与田间对接、企业与市场对接、产业与项目对接"的思路，推进粮食全产业链经营发展。四是发展粮食品牌经济。湖北省促进地区品牌整合，打造地域优势品牌，建立公共品牌共享机制，着力提高湖北粮油"荆楚大地"等公共品牌的知名度、美誉度和影响力。

（四）完善粮食市场监管机制

一是加强质量监测与标准制定。湖北省围绕粮油加工业发展和消费升级需要，组织制订优质、特色、专用粮油产品地方标准和团体标准。广州市通过交叉检测、封闭抽样检测、异地检测等方式，建立常态化质量抽查检测制度。二是推进联合监管执法。湖北、广东省明确"权责清单"，加强对粮食收购、库存、销售出库的监督检查。湖北省建立外部监督机制和联合监管制度，加强对地方储备粮的监管和审计。海南省加强对政策性粮食销售出库监管、省级储备粮库存检查，对部分异地储粮点采用"四不两直"方式进行抽查。广东省探索建立地方储备粮轮换月报制度，广州市还委托专业机构对粮食库存数量和质量进行监控和审计。广东省江门、茂名、湛江等市建立了粮食流通市场的联合执法制度、跨区域协调监管机制。

二、加快推动行业转型发展的措施建议

（一）加快转变思想观念

不断增强粮食系统干部职工的法治意识、服务意识和市场化观念，以"全社会依法治粮、粮食行业依法管粮、粮食行政机关依法行政、粮食干部职工依法履职、粮食市场主体依法经营"为目标，推动粮食流通

改革法制化、规范化发展。牢固树立粮食行业为粮食生产者、消费者服务的理念，主动适应、引领粮食生产和消费，推动粮食流通加快改革发展。

（二）加快粮食部门职能转变

粮食行政管理部门要切实转变职能，更好地担负起维护国家粮食安全的使命。在粮食流通监管方面，加快出台《粮食安全保障法》立法等行业立法修规进程，完善超标粮食处置长效机制、异地储备管理等规章制度；落实地方政府属地监管、粮食部门行业监管、粮食企业经营主体"三个责任"，加强市场准入、流通统计、质量监管、仓储备案等执法监管。在行业标准规范方面，建立健全涵盖粮食流通领域的粮食质量标准体系，鼓励粮食企业制定高于国家标准的企业标准；加快建立第三方粮食质量检验监测机构，开展粮食质量调查和优质粮食品质测报，对重金属、农药残留等指标实施强制性检验。在行业指导服务方面，鼓励产销省份在储备合作、产业合作、联合监管、优化服务等方面进行总体设计和区域协调；推进"互联网+"服务，健全完善审批流程与服务体系，提高服务农民、服务企业、服务行业的能力水平；加快粮食市场信息平台建设，发挥其引导粮食生产、加工、贸易的公共服务作用；推进粮食产后服务体系建设，支持产粮大县整合仓储设施资源，为粮农提供"五代"服务。

（三）完善粮食市场宏观调控

落实粮食安全省长责任制，建立分级负责的粮食调控体系。完善中央、地方储备粮管理体制机制，优化储备的功能定位、地区布局和品种结构。明确粮食宏观调控目标重点是保障粮食安全和市场供应，加强对动态储备、异地储备的有效监管。建立科学的预警体系和市场调控机制，提高对市场波动的容忍度，只要粮食市场在合理范围内波动，避免轻易动用"有形之手"。

（四）加快粮食产业转型升级

一是培育壮大产业主体。支持国有粮食企业加强与新型粮食生产经营主体、加工企业的联合经营。支持产区和销区企业之间以资产为纽带加强"联合、联盟、联营",实现优势互补、合作共赢发展。二是打造绿色优质粮食供应链。主动适应粮食消费提档升级,大力推进"优质粮食工程",积极培育从田间到餐桌的优质粮油全产业链经营模式,实现优质粮油的粮源基地化、加工规模化、产品优质化。探索粮食加工副产物的全值利用和废弃物的梯次利用,增加中高端绿色优质粮油产品供给和农民种粮收入。三是发挥科技创新驱动作用。深入实施"科技兴粮工程",加快在质量安全、节粮减损、加工转化、现代物流、智慧粮食等关键技术和新产品研发方面取得突破,鼓励粮食骨干龙头企业联合科研机构开展关键技术研发,推动科技成果产业化。四是发挥品牌引领作用。积极实施"增品种、提品质、创品牌"战略,支持企业联合打造优势品牌,加强全国性、区域性品牌建设与保护,提高粮油产品美誉度和影响力。

各地大讨论活动调研报告精选

关于内蒙古玉米收储制度改革的调研报告

内蒙古自治区粮食局

2016 年，玉米临储政策走向终结，取而代之的是"市场化收购"+"补贴"的收储政策改革，从市场化收购的试水成功，到 2017 年的继续推进、积极向好，玉米收储制度改革效果好于预期，市场化收购进展顺利。

一、内蒙古玉米收储制度改革取得的成效

（一）**保障了农民基本收益，保持了农村稳定。**玉米种植涉及内蒙古自治区 80% 以上的农民，玉米购销关系广大种粮农民的基本收益，关系农村整体稳定。2016 年至收购期结束，全区累计收购玉米 358 亿斤，商品率达到 83.6%，保障了种粮农民合理收益，解决了农民切身利益，保持了农村的整体稳定，也为国家粮食安全做出了积极贡献。

（二）**玉米市场化收购，推动了粮食市场机制的形成。**玉米收购市场化改革完善了粮食价格形成机制，发挥了市场在资源配置中的决定性作用，调动了各类企业参与市场的积极性。2017 年秋粮市场最明显的特点就是市场化购销活跃，多元化主体入市积极，收储机制改革成效显现，

呈现出收购主体多、售粮进度快、外运数量大、存粮意愿高的特点。

（三）促进了玉米产业的健康发展。 通过实施玉米加工奖补政策，调动了玉米加工企业的生产积极性，使大型玉米深加工、饲料企业的开工率提升，促进了玉米产业持续健康发展。内蒙古阜丰生物科技有限公司、通辽玉王生物公司扩大了产能，为进一步发展夯实了基础。

（四）调整优化了种植结构。 2016 年，全区压减籽粒玉米 933 万亩，相应扩大了大豆、油菜籽、青贮玉米等优势品种的生产。2017 年，全区玉米种植面积再调减 573 万亩，大豆、稻谷进一步增加，粮食种植结构进一步优化。

（五）增强了国内玉米市场竞争力。 据监测，2015/16 年度全国玉米及替代品累计进口量约为 2160.07 万吨，较上一年度减少 31%，进口数量显著收窄。2017 年全国玉米累计进口 283 万吨，较 2016 年下降 10.7%。

二、基于改革实践的几点启示

（一）建立健全高效顺畅的工作机制。 玉米收购涉及的部门多，牵扯的范围广。自治区粮食局及时成立秋粮收购工作领导小组，建立了粮食收购进度、价格日报、周报和月报制度，实时掌握玉米收购的具体情况；自治区建立健全工作协调、信息共享机制，建立部门间的联席工作会议制度，沟通玉米收购的有关情况，共同协调和解决所涉及的情况和问题；建立粮食运输协调机制，密切购销衔接和市场对接，铁路部门对玉米外运工作加大了支持力度，玉米外运运力紧张状况得到缓解；建立信息上报反馈机制，及时向政府分管领导反映情况、提出意见和建议。

（二）坚持改革创新。 自治区粮食局强化责任担当，积极主动作为，始终坚持创新引领，把控收购工作走向：拓展工作思路，创新服务引领，着力释放市场主体活力，引导多元主体入市；建立了粮食收购贷款信用保证基金，探索形成市场化收购资金保障的长效机制，高度重视"粮食银行"等粮食金融模式的发展，突破多元主体入市收购的融资瓶颈，深入研究应对市场化的市场工具应用，推动粮食期货、经营保险业务；积

内蒙古自治区粮食局在兴安盟调研玉米收储制度改革工作

极搭建平台，抓粮食产销衔接，带领企业走出去对接市场，引进客户举办粮洽会。

（三）聚集有效资源。自治区粮食局分批组织督导调研组，密集开展对各盟市粮食安全省长责任制贯彻落实情况和种植、收购准备情况的督导调研，围绕"有人收粮、有钱收粮、有仓收粮、有车运粮"目标，全面摸清生产、仓容、烘干能力及不同市场主体的底数，号召各地及早谋划、早动手，千方百计做好收储准备工作。在玉米收购开始之后，自治区有关部门共同组成联合督导组，对玉米收储制度改革和秋粮收购情况进行督导检查。在密集调研的基础上，通过召开座谈会、推进会进一步分析形势、细化收购工作部署。

（四）灵活实施政策调控。鉴于呼伦贝尔市、兴安盟地处自治区东北部深处，地理位置远，交通条件差，又遭受较为严重的旱灾，玉米质量受到很大影响，加之自我消化能力不足，玉米收购、外销外运难度大，自治区积极协调增加一次性储备规模，并实施区域调整，促进后期玉米收购进度，精准落实玉米深加工企业奖补政策，充分调动了玉米深加工企业和饲料企业加工消化新产玉米的积极性，推动玉米市场化收购的有序进行。政策手段、市场运营的良性互动，提升了玉米产业的竞争力，激活了整个产业链的活力，加快了玉米的市场化进程，也有利于从长久上、根本上促进玉米产业的健康可持续发展，保障农民的利益，把保障粮食安全建立在更加牢靠的基础之上。

三、进一步深化改革需解决的突出问题和工作建议

（一）**农民卖粮难问题**。对内蒙古自治区而言，玉米的收储、销售关系到80%农民的利益，玉米购销问题的解决是保障农民基本收益的重要途径。为了防止玉米市场的大起大落，必须解决好企业入市、宏观调控、购销服务等多方面的问题，确保不出现大面积的卖粮难。一是进一步发挥央企支持粮食市场化收购的作用。二是构建顺畅的购销渠道，创造良好的营商环境，引导各类市场主体积极入市。三是紧跟有效的信息服务，为企业、农民提供准确及时的信息服务，引导农民有序售粮，企业有效组织流通。

（二）**种植结构调整问题**。必须加大推进农牧业供给侧结构性改革力度，以市场为导向，从生产、加工、输出等具体环节入手，力争调整结构、提升品质，生产适销对路的绿色粮食产品。建议从宏观上调控结构调整方向，根据功能区域划分统筹调整。比如内蒙古呼伦贝尔适合种植大豆，通辽处在世界黄金玉米带上，玉米为优势种植作物，不适宜替换为别的粮食作物。

（三）**国家政策调控问题**。2016年是全国收储体制改革的第一年，为避免影响农民种植积极性，中央出台了一系列配套的调控政策，如深加工和饲料企业奖补、增加一次性储备收购指标等。虽然配套政策在一定程度上保护了农民的利益，但容易使农民、企业对政策形成依赖，建议

根据市场情况适时适度出台调控政策。一是完善玉米市场化改革方案。在保持政策连续性和稳定性，确保给农民的实惠不减少的同时，积极改进补贴办法，提高补贴的针对性和指向性。淡化"玉米"生产补贴概念，强化"种植"补贴功能，让农民在生产上有更多的选择，树立优粮优价导向。二是建立健全利益补偿机制。加大对粮食主产区的财政转移支付力度，增加对商品粮生产大省和粮油猪生产大县的奖励补助，降低或取消产粮大县直接用于粮食生产、流通等建设项目配套资金，支持粮食主产区发展粮食加工业，鼓励主销区通过多种方式到主产区投资建设粮食生产基地，使主产区重农抓粮得到应有的财力保障。三是推进玉米加工产业转型升级。鼓励玉米深加工企业从发达国家引进技术、开展合作，推进产品向深度开发。从内蒙古的实际出发，从有利于优势产品区域布局出发，合理增加玉米就地加工转化能力。四是加强储备机制对市场化收购的调节作用。建立中央和地方储备粮轮换衔接制度，把握轮换时间和节奏，避免集中入库和出库，冲击全国或区域粮食市场和价格；加大政策性粮食库存的抛储、竞价拍卖政策研究力度，有效避免粮食市场和价格的大起大落。

（四）收购资金问题。一是鼓励和引导金融机构切实加强和改善对中小企业的服务，协调金融机构加大产品创新力度；二是扩大政府信贷基金规模和基金使用覆盖面，最大限度地解决粮食收购资金；三是加大玉米收储制度改革中应用的政策支持。

（五）粮食产销协作问题。鉴于目前产销协作中存在的问题，建议对粮食产销合作给予政策支持：一是落实产销协作所需资金保障，特别是优先纳入玉米收购贷款保证基金使用范围；二是保持与毗邻省相关运输政策的衔接，包括运费减免、绿色通道等相关政策；三是支持区外企业到本地开展代购、代储和代加工，或共同出资收购粮食；四是统筹运用运力投向，适时增加运力总量，精准调整运力配置方向，引导、调节玉米市场。

以信息化为抓手　催化公共属性
打造上海综合性粮食交易公共服务平台

上海市粮食局

根据国家局《关于在全国粮食行业开展"深化改革、转型发展"大讨论活动的通知》精神，为进一步提升上海粮食市场能级，充分发挥上海国家粮食交易中心服务粮食宏观调控、保障粮食市场稳定和安全的作用，上海市粮食局开展了相关调研。

一、上海国家粮食交易中心情况

（一）基本情况

2013 年，由上海良友（集团）有限公司、上海农产品中心批发市场、上海市江桥批发市场按照 4：3：3 的比例出资 1000 万元，共同组建了上海国家粮食交易中心（以下简称：上海交易中心），为上海良友（集团）有限公司旗下的控股子公司。企业内设一室三部，包括经理室、综合部、交易部、财务部，主要承接中央和地方储备粮竞价交易，负责组织商品粮交易，提供融资贷款、信息咨询等服务，发展目标是成为集商流、物流、信息流于一体的区域粮食交易中心、价格中心、物流中心、信息中心。

（二）发展瓶颈

上海交易中心经过五年的市场培育，取得了一定成绩，同时也面临着公共属性不强、发育动力不足的尴尬，主要表现为：一是目前交易范围已覆盖上海所有区级储备粮轮换交易和市级储备粮销售竞拍及部分采购业务，实现本市粮食交易中心的功能定位，但同时增长触顶，交易量"天花板"显现，离政策性粮食"全覆盖"的目标尚有一段距离；二是初步形成了价格发现机制，但价格"发现"有限，指导作用不强；三是在物流中心建设方面，上海交易中心作为一家轻资产企业，不掌握仓储物流资源，未实现物流中心的功能目标；四是在信息中心建设方面，目前依托国家粮食电子交易平台组织开展交易，业务管理系统与上海良友（集团）储备粮物流管理系统联网。通过网站、粮油信息期刊、微信公众号等为用户提供粮油信息服务，但受众面和点击量有限。

二、十三五规划时期的粮食交易中心发展定位思考

"十三五"时期是全面破解粮食供求阶段性、结构性矛盾的关键期，满足粮食流通能力现代化、调控精准化、监管常态化、产业发展高效化、行业服务优质化的迫切需求，倒逼我们构建行业发展新引擎。2018 年 4月召开的国家粮食交易工作座谈会提出了全国粮食市场建设发展的大方向，即结合当前粮食供给侧结构性改革的有利条件，建设以电子商务为平台，以成品粮批发零售、物流服务、结算服务、信息服务为辅助的一体化粮食综合市场。"电子商务""综合市场"，两个关键词标注了粮食交易市场未来发展的重要载体和基本方向。

（一）以市场化为方向，提高资源配置效率

粮食交易中心，其核心功能即组织交易，通过竞争发挥市场配置粮食资源的基础性作用。2018 年粮食流通改革发展总体任务提出的"六项重点"工作中的第一项便是：积极推动由政策性收储为主向政府引导下市场化收购为主转变，建立优粮优价的市场运行机制。这是在新形势下对战略物资的资源配置方式提出的战略优化。上海交易中心应坚定市场化的发展方向，做好改革的"助推器"。

（二）以信息化为引擎，驱动平台升级发展

随着信息技术的飞速迭代发展，现已进入互联 3.0 时代。上海交易中

心通过做强交易主业，将实现粮食购销多个环节、多元市场主体、多种交易方式、多层次市场结构充分协同互联；通过将交易价格、数量、质量、频次、空间等"物"的信息和交易对象性质、特点、习惯、分布、信用等"人"的信息，在平台充分分析，开发出"数据中枢"功能，凸显公共属性。一方面，为生产者、消费者、经营者和政府提供综合、高效、真实、便捷的信息服务；另一方面，也为上海交易中心转型发展、提升平台能级提供内生动力。

三、兄弟省市国家粮食交易中心经验借鉴

为解决上海交易中心内生动力不足、能级提升遭遇瓶颈的问题，上海市粮食局主动学习兄弟省市的先进经验，赴江西南昌国家粮食交易中心（以下简称：南昌交易中心）调研。

（一）公共属性突出

南昌交易中心为江西省粮食局下属的行政事业单位，是一个独立于交易主体之外的第三方平台。依靠其第三方平台的定位，全面实现"公开、公平、公正"的公共属性，既服务政府宏观调控，实现了中央、省、市、县四级政策性粮食交易体系全覆盖，承担省级储备粮动态监管、省应急指挥中心、视频会议和省级云平台信息系统建设任务；又服务企业市场竞争，推动粮食交易链条往下延伸，搭建起覆盖全省 11 个地市的分中心粮食交易体系，为市场提供及时、权威的本省粮油信息服务。

（二）拓展信息职能

江西南昌国家粮食交易中心始建于 1993 年，2016 年增挂"江西省粮油信息中心"牌子。近年来，南昌交易中心以信息化为支持，不断优化拓展信息职能。通过数据资源管理中心、全省监控中心信息项目建设，把住了全省粮食信息化建设的核心，加速推进一批经济带动性强、信息化水平高的项目建好做实，逐步集聚信息建设红利，为转型发展、提速换挡提供了强有力的支撑，以此催生电子商务物流一体化和全产业链新型网上粮食交易公共服务平台的成长。

四、上海国家粮食交易中心的发展路径探讨

南昌交易中心虽与上海交易中心的背景情况存在一定差异，但其理念、做法仍有许多值得学习的地方。总结经验、放眼未来，新形势、新要求为上海国家粮食交易中心的发展指明了方向，即以信息化为抓手，催化公共属性，打造上海综合性粮食交易公共服务平台。

（一）夯实"交易中心"主业，明确"价格中心"定位

借助收储制度改革契机，着力打造"公开、公平、公正"的交易平台，强化区域粮食交易中心、价格中心的功能定位。

1. 政府引导，明确地方储备粮全部进平台交易。 "进场交易是原则，不进场交易是例外"，大力推动储备粮食交易进平台全覆盖，同时对商品粮入市提出鼓励性措施和引导性意见，促使本市粮食消费走上市场配置资源、市场引导流通、市场形成价格的一体化格局。

2. 企业推广，拓展综合服务功能，助力粮食产业升级。 一方面，主动"走出去"产销对接，与兄弟市场互联互通，合作举办省际产销对接洽谈会、竞价交易会等，搭建产销企业交流平台，活跃上海粮食市场；另一方面，积极"引进来"，借力上海"四个中心"建设，着力发挥区位优势和比较优势，练好交易、价格、融资、信息服务的组合拳，吸引各类交易主体、粮食品类进场交易。

（二）加码"信息中心"职能，催化"数据中枢"功能

以发展"互联网＋粮食"为契机，形成粮食交易的数据沉淀池、信息汇聚库，为政府决策、监管提供有力的依据和抓手，为客户研判行情提供及时准确的咨询服务。

1. 增挂"省粮油信息中心"牌子。 对接国家粮油信息中心。通过两个"一省一中心"的职能，强化交易中心作为第三方平台的公共属性。

2. 增加信息管理职能。 交易中心在目前职能架构上，增设信息技术部，引进专业技术人才，全面规划、完善平台功能，依靠科技引领，加速创新驱动，提高服务能级。

3. 参与省级平台建设。 升级业务管理系统，整合交易信息资源，对标市场监测、应急预警、库存监管、质量追溯、信用评级等功能，做好数据拆分检索，积极参与省级平台子平台建设。通过项目引导，聚力企业升级发展。

（三）强化公共属性，孵化粮食行业监管"鹰眼"

通过两个"一省一中心"的优势叠加，强化平台公共属性，扮演好市场裁判员和监管辅助者的角色。

1. 拓展纠纷仲裁功能。 通过对交易主体信息的审查、背书，交易流程的跟踪、记录，形成完备的交易目录和会员信用体系。同时引进法律仲裁专业人员，或借助外脑，发展交易纠纷仲裁业务。

2. 强化辅助监管职能。 赋予市场监测预警、动态库存监管、质量安全监测、企业信用管理等辅助政府监管功能。一方面，通过对涉粮信息的监测、采集、分析、处理，及时发现市场供求信号，为政府精准调控提供决策依据；另一方面，通过对交易主体信息的审查、背书，交易活动的跟踪、记录，形成完备的会员信用资料体系，为行业全面推行"双随机"监管提供支撑。

3. 构筑行业廉政监管防火墙。 通过推进储备粮交易进平台全覆盖，促进交易公开、公平、公正，查堵寻租漏洞，防范廉政风险。

2018 年，是贯彻党的十九大精神的开局之年，是决胜全面建成小康社会、实施"十三五"规划承上启下的关键一年，也是粮食行业深化改革、转型发展的攻坚之年。国家粮食交易中心作为粮食市场的中枢按钮，连接粮食流通上下游环节，既辅助监管又服务市场。在供给侧结构性改革和信息智能时代发展的双重坐标系中，上海交易中心应坚持市场化发展，培育好数据中枢这个"大脑"，在打造综合性粮食交易公共服务平台的新征程上聚力赋能，为粮食行业深化改革、转型发展孵化新引擎。

粮食产业经济发展调研报告

安徽省粮食局

为切实推进全省粮食行业"深化改革、转型发展、闯出新路"大讨论活动，贯彻落实党中央、国务院和省委、省政府关于发展粮食产业经济的决策部署，按照"大讨论"活动统一安排部署，调研组一行对淮北、宿州、蚌埠、滁州、安庆五市粮食产业经济发展进行调研，具体情况总结如下。

一、总体情况

各级政府深化"放管服"改革，出台支持政策，给予资金补助，支持粮食产业发展。各级粮食部门和产业化龙头企业认真落实粮食产业经济发展政策，粮食产业经济实现向好发展态势。

（一）龙头企业创新发展，工业产值稳步提升。各地以实施"中国好粮油"行动计划为契机，集中政策和资金培育龙头企业，产业化龙头企业发展迅猛。丰原集团有限公司规划投资 150 亿元在固镇经济开发区规划建设占地 6000 多亩的生物制造产业基地，目前投资 39.5 亿元的一期项目已经正式投入生产。安徽联河股份有限公司投资 10.32 亿元，新征工业用地 500 亩，新建日处理 2000 吨稻谷及精深加工项目，精心打造"中国好粮油"品牌。安徽凤宝粮油食品（集团）有限公司、蚌埠兄弟粮油食品科技有限公司、天麒面业科技股份有限公司、淮北鲁南面粉（集团）

安徽省政府召开推进粮食产业经济发展专题会议

有限公司均发展势头强劲。四川米老头食品工业有限公司、河南漯河三麦食品有限公司、浙江顶点食品公司等纷纷来皖投资，成效显著。在龙头企业的带动下，各市粮油工业产值每年平均增长 8% 以上。

（二）品牌创建成效显著，产业融合初露端倪。各地以"增品种、提品质、创品牌"为目标，开展品牌创建，打造一批有较强市场影响力的知名品牌，"皖王""味之家""孙侯"等获得中国驰名商标称号，米乐意米乳、"闽福宁"皖香贡米、渡民长粒香粳米荣获第十五届中国国际粮油产品及设备技术展示交易会金奖。安徽省粮食局引导龙头企业采取"龙头企业＋合作社＋家庭农场＋农民"等组织模式，建立利益联结和服务联结机制，大力发展粮食产业联合体，主导一产，做大二产，影响三产，促进一二三产业融合发展。其中，宿州金海面粉有限责任公司成立了由 1 家小麦深加工企业、10 个家庭农场、5 家种植合作社、2 家农机服务社组成的产业化联合体，实现了产业融合发展，取得了良好的经济社会效益。

（三）"两项工程"扎实推进，产业扶贫亮点纷呈。大力推进"主食厨房"配送中心、直营门店和"放心粮油"配送中心、示范点和经销店建设。

安庆市建设放心粮油配送中心、示范店、经销店 62 个，完成年度目标任务的 137%；建设主食厨房配送中心、直营店 28 个，完成年度目标任务的 186%。蚌埠市建设"放心粮油"示范点 96 个，配送中心 4 个，"主食厨房"直营店 53 个，配送中心 4 个。粮食产业化龙头企业积极参与精准扶贫，增加种粮农民收入。安徽联河股份有限公司实施"联合扶贫"模式，即"公司＋农户＋农技"的绿色稻米订单产业扶贫模式、"小额信贷带资入股分红"的金融扶贫和"带动就业"的就业扶贫模式，2017 年涉及建档立卡贫困户 8296 户，被评为全国农业产业化龙头企业、产业扶贫榜样企业。淮北市积极实施"放心粮油·主食厨房·精准扶贫"工程，首批 5 个工程点已经完成招标，进入施工环节。

二、存在的问题

安徽粮食产业经济发展"短板"主要体现在产业不强、产业链短和企业管理体制不完善、融资困难等方面，与建设粮食经济强省目标还存在一些距离。

（一）**产业大而不强，发展不平衡不充分**。粮油加工企业遍布城乡，数量多，但规模小，在全国有影响力的大型粮油企业少，缺少规模效应，示范和带动能力弱。全省粮油加工类企业在主板上市的仅有 4 家。安徽粮油加工企业多由家庭作坊、小型加工厂发展而来，并未建立现代企业制度，企业没有迅速发展壮大，造成企业规模小、抗风险能力弱的局面。

（二）**低端产能过剩，产品科技含量不高**。产品结构不合理，一般的大路货产品多，绿色、优质、大品牌产品少，有机绿色大米、强筋弱筋小麦等优质原料不足，缺少市场竞争力，导致龙头企业存在开工不足问题，部分企业停产半停产或等待破产重组。企业的创新能力、新产品研发能力、精深加工能力较弱。安庆有 4 家企业正在破产重组。

（三）**管理方式粗放，现代企业制度不健全**。大部分企业经营理念落后，多数企业依靠经验、家族式管理，未建立现代企业制度，或制度执行不严格，导致管理能力弱，企业效益低下。

（四）企业融资难招工难，发展环境不优。因中国农业发展银行经营调整，大幅减少对粮油加工企业的中长期贷款，导致企业使用资金费用急剧上升，企业负担增加。例如，皖王集团贷款余额由 2012 年最高额度 4.89 亿元降至目前的 3480 万元，为缓解资金压力，公司已向私人累计借款 7000 万元。同时，由于本地劳动力外流，企业招工难、用人难，用工成本显著增加。

（五）产业链条短，一产带动三产能力欠缺。安徽粮食加工企业普遍存在产业链条短、价值链低、利益链脆弱的问题，提高粮食资源利用率、增加产品附加值和延长产业链迫在眉睫。由于一产带动能力不强，加之连续多年启动最低收购价政策，绿色、有机等优质粮油品质的优势难以显现，影响了加工企业绿色化、品牌化、优质化、特色化进程。

三、对策与建议

（一）优化政策扶持思路。政府、金融机构和企业要共同努力，在政策支持上实行"四个集中"。一是集中资金。统筹利用产粮大省奖励资金、产粮大县奖励资金、粮食风险资金等，重点支持粮油产业化发展。二是集中政策。落实金融保险支持政策，在风险可控的前提下，建立粮食市场化收购贷款信用保证基金担保融资机制、"政府＋银行＋保险"和"银行＋保险"风险共担机制，鼓励和支持保险机构为粮食企业提供保险业务。落实粮食初加工用电执行农业生产用电价格政策。三是集中资源。将部分地方储备粮作为商业储备，安排到粮食加工企业，支持符合条件的企业参与超期储备粮食的加工转化、政策性粮食收储。四是集中方向。围绕主业，重点支持一批具有核心竞争力和行业带动力的大型企业集团。

（二）培育壮大龙头企业。进一步扶优、扶大、扶强龙头企业，遴选推荐一批具有核心竞争力和行业带动力的粮食企业申报国家级农业产业化重点龙头企业，组织开展省级粮油产业化龙头企业认定。支持和鼓励有条件的企业在资本市场上市，支持骨干粮食加工和流通企业发挥自身优势，开展跨境贸易，充分利用国际国内两个市场，建设跨国粮食集团。各有关部门要加强沟通协调，共同研究综合运用财政政策、税收政策、金融政策、贸易政策、土地政策，引导龙头企业发挥带动作用，发展粮食产业经济。

（三）**加快科技成果转化**。整合粮食行业的科研力量，研究发展粮食产业的共性技术和商业模式，为企业提供技术和智力支撑；协调科研院所、高校等与粮食企业进行深度合作，支持科研、教学人员以技术入股或到企业兼职，促进科技成果转化；支持企业建立研发机构，加快研发基地、研发中心建设，围绕增强市场竞争力开发新产品，重点支持开展副产物综合利用，生产各类功能性食品，推广大米、小麦粉、食用植物油适度加工。探索建立粮食产业化科技成果转化信息服务平台，定期发布粮食科技成果，促进粮食科技成果、科技人才、科研机构和企业有效对接，推动科技成果产业化。

（四）**创建区域公共品牌**。加强粮食品牌建设顶层设计，通过质量提升、自主创新、品牌创建、特色产品认定等，培育一批具有自主知识产权和较强市场竞争力的全国性粮食名牌产品。坚持品牌引领，深入推进"安徽好粮油"行动计划，加强组织领导，加大区域公共品牌、企业品牌、产品品牌建设，推行"公共品牌＋企业品牌"模式，发掘品种、品质、区位、文化内涵，完善产品标准、质量检测、质量追溯体系，建设品牌统一、质量可控、运行规范的产业发展联盟。

（五）**构建现代企业制度**。推动建立现代企业制度，改变作坊式、家族式等管理模式，完善法人治理结构，以明晰产权、产权多元化、结构合理化为目标，完善企业法人产权。进一步规范公司章程、组织结构，有效发挥企业基层党组织的作用，建立健全组织管理制度。要牢固树立诚信意识，指导企业加强文化建设、塑造团队精神，全面提升企业整体素质和市场竞争力，走可持续的现代企业发展道路。

山东"五位一体"军民融合发展问题研究

山东省粮食局

近年来，山东省各级粮食部门认真落实国家和省有关决策部署，牢固树立政治意识、大局意识和服务意识，充分发挥职能作用，加快推进军粮供应、应急供应、成品粮储备、放心粮油、主食产业化"五位一体"融合发展，积极构建以综合应急保障基地为枢纽、成品粮油配送中心为支撑、基层军粮供应网点为服务终端的军民融合、平战结合的军粮供应网络体系，助力军民融合深度发展示范省建设。

一、发展现状

（一）**军粮供应体系完备**。一是军粮供应机构完善。省、市粮食局均设有专门的军粮供应管理机构，负责驻鲁部队军粮供应工作，全省军粮供应站和军粮代供点资产完整、产权明晰。二是军粮供应质量稳定可靠。全省军粮年供应数量充足，供应品种为大米和面粉。出台了《山东省军粮统筹暂行办法》，军供粮源实行省级统筹。认真落实一批一检一报告等军粮质量管理制度，军供站全部设立军粮质量检验室，实现常规质量指标自检，确保军粮质量稳定可靠。三是管理规范高效。自 2011 年起，在全省军供系统开展争创规范化管理星级军供站活动，健全工作制度、加强队伍建设、优化军供设施、改善服务环境，创建星级军供站 29 个。四是拥军服务到位。在全省组织开展"粮油科技进军营"活动，累计为部队举办粮油科技培训班 700 余期，培训基层炊事人员 1.3 万余人次。为改善部队官兵生活，从 2005 年起，在每年重大节日期间为部队调剂供应优质军粮；从 2008 年起，为驻"三无"岛屿部队供应特种军粮（营养强化小麦粉和防潮包装免洗米）。

（二）应急保障能力显著增强。全省粮食部门按照粮食应急需要，经过多年探索、实践，修订完善应急保障预案，建设改造粮食应急保障网点，实现了粮食储备、加工、配送、供应等环节的有效对接，建立起由政府统一领导指挥，发改、粮食、财政等部门各负其责、配合联动的粮食应急保障机制，逐步形成了符合当地实际的粮食应急保障体系。同时，各地充分发挥军粮供应系统密切联系军地双方优势，依托军粮供应平台，整合社会优质资源，全面提升综合应急保障能力。

（三）放心粮油工程成效明显。全省认定放心粮油服务网点 4302 个，拥有配送中心 132 个、配送车辆 1506 台，基本实现放心粮油网点城乡全覆盖，为确保城乡居民舌尖上的健康与安全发挥了生力军作用。泰安市粮食局实施"七统一"管理，对市属放心粮油工程进行以奖代补扶持，推动了全市放心粮油工程的开展。

（四）"主食产业化"发展迅速。粮食部门充分发挥自身优势，按照"政府引导、市场运作、企业承办、财政扶持"模式，充分利用企业现有设施和场地改造升级，引进主食加工新技术，改善传统加工方式，并完善配送服务功能，扩大服务网点，实现主食加工规模化、销售网络化，更好地满足城乡居民消费需求。积极争取资金扶持各地主食产业化项目建设，一批业态新颖、经营灵活、贴近百姓生活的主食产业化项目已建成并得到消费者认可。

二、存在的问题

（一）思想认识不到位，对军民融合存在认识偏差。实地调研发现，粮食工作军民融合理论研究相对薄弱，对怎么融、谁主导、融什么等问题的认识存在偏差。部分地方粮食部门表示，推动军民融合主要基于上级部门指示，自身尚无明确发展思路；一些地方粮食部门反映，一无资金二无政策三无手段，导致推动融合发展的工作难度很大；受体制、历史遗留问题和计划经济的影响，部分职工靠政策吃饭的依赖思想未得到有效根除；部分企业的经营理念相对陈旧，小富即安思想比较普遍，缺乏做大做强的开拓意识，在激烈的市场竞争态势下，显得力不从心、后劲不足。

（二）**体制机制不够顺畅，融合发展的内生动力不强**。因市场主体多元化，部队饮食保障军地双方加强融合的紧迫感不够，部分人员仅仅从本地区、本部门、本行业角度考量，未站在军民融合发展战略全局去谋划，军地之间、部门之间缺乏融合发展的内生动力，在缺乏顶层设计和强力推动的环境下工作很难展开。

（三）**部队分散采购影响部队饮食保障和军民融合发展**。部队化整为零的分散采购，存在一定程度的食品安全隐患，也不利于伙食费的统一、规范、有效管理，更难以发挥部队恒量消费对地方特色产业的市场拉动作用，与地方规模化种植、养殖和加工企业难以形成对接，也不便于政府整合资源予以政策性支持。部队分散采购模式下的军粮供应站，在副营业务开展和军民融合发展中，处于单打独斗阶段，发挥不出部队恒量消费市场的牵引作用，基地化保障难以实现，无法有效建立支柱龙头企业，平战结合的能力不能充分培育。

（四）**政策支持体系尚不完备**。各级各部门对粮食行业军民融合发展政策支持精确性、持续性、整体性的理解有待进一步加强，现有的支持性政策有待整合，形成体系。从主食产业化发展看，粮油加工业是微利行业，整体仍属于传统的粗加工和劳动密集型行业，产品附加值不高，而由于缺乏推进主食产业化发展的扶持政策，财政、税收和金融信贷等方面没有具体支持措施，使得税率较高。另外，由于科研技术投入不足，单打独斗、层次低的个体小作坊遍地开花，使得多数正规主食产业化企业举步维艰。从放心粮油工程发展来看，粮食部门自营的放心粮油店，由于经营成本高、销售利润低、营销方式单一、经营品种单调，在没有扶持的情况下，仅能维持保本经营甚至出现亏损；以加盟、承包等方式经营的放心粮油店，多为个体经营业主，在没有资金扶持的情况下，对其没有吸引力，进货渠道复杂，粮食部门又无法监管成品粮商品，不能调动业主的积极性。

三、对策与建议

（一）**进一步加大政策扶持力度**。军民融合发展涉及资金、人才、税收、土地使用等很多方面，应加强顶层设计，建立军地联动机制，加强统一领导，理顺工作关系，建立新的工作机制，强化制度保障，改变"协调工作靠感情、解决问题靠关系、多做工作多吃亏"等现象，消除军地之间、部门之间的利益固化藩篱，对粮食军民融合工作给予政策倾斜与扶持，为深化军粮融合发展提供支撑。

（二）**构筑军需民食网络**。抓住国家建设军民融合军粮供应工程建设的重要机遇，按照"保证重点、突出创新、兼顾全面、整体提升"原则，统筹考虑部队集约化保障需求，在全省建设国家级军粮综合保障基地、区域型军粮配送中心，围绕粮源统筹能力、粮油储存能力、军粮运转能力和应急保障能力，加快推进军供网点维修改造和功能提升，夯实军粮供应集约化保障基础，构建以综合应急保障基地为枢纽、成品粮油配送中心为支撑、基层军粮供应网点为服务终端的军民融合、平战结合型军粮供应网络体系。

（三）**培育和发展储备、加工、供应相融合的军供企业**。优先安排军粮供应企业承担成品粮油储备等政策性任务，将放心粮油、应急保障供应等作为军粮供应的后备资源，通过粮食系统盘活存量资产，优化资源配置，进一步壮大军粮供应企业实力。充分发挥"山东军粮"品牌优势，建立山东军粮、放心粮油与大型商超合作新模式，实现互利共赢。

（四）**延伸粮食产业链条**。以省内粮食产业龙头企业为依托，加快提升传统主食产业化水平，加快系列化、营养化、专用化主食原料产品开发，积极发展绿色全谷物、有机食品等中高端粮食产品，推动粮食产业技术升级、质量升级和品牌升级，满足市场需求的同时，提升粮油加工综合利用水平，增加产品附加值，促进粮油加工企业转型升级。

关于推进湖北省粮油产品标准体系建设的调研报告

湖北省粮食局

为了全面掌握湖北省粮油产品标准体系建设情况，进一步做好湖北省粮食标准化工作，推进湖北省优质、特色、专用粮油产品相关标准体系建设，湖北省粮食局对湖北省粮油标准体系建设情况进行了专题调研，现将调研情况报告如下：

一、湖北省粮油产品标准体系建设现状

（一）湖北省粮油标准体系基本构成。长期以来，湖北省逐步形成了以国家标准、行业标准为主导，地方标准、企业标准为补充的粮油标准体系。目前，归口国家局管理的粮食国家标准和行业标准共有626项，包括产品、检验方法、储藏、物流、信息、加工机械设备和检验仪器、行业管理技术规范等标准，形成了覆盖粮食生产、收购、储存、加工、运输、销售和进出口等各个领域的比较完整的粮油标准体系。湖北省现行粮油地方标准20项，主要涉及粮油产品类13项、原粮品种品质类5项、操作规程类1项、粮油机械类1项。全省各级粮食部门在粮食购、销、储、加等环节，认真执行现行国家、行业及相关地方和企业的粮食标准，充分发挥标准的技术门槛作用，促进技术、管理和服务的规范化，保障了湖北省粮食质量，促进了粮油加工产品提档升级和粮油产品市场竞争力

国家局张务锋局长（中）、曾丽瑛副局长（左二）
在湖北省粮食食品质量监督检测中心调研

的提升。

（二）**地方标准、协会标准助力打造地域品牌**。为保护和发展湖北省特色粮油产品，对授予地理标志保护产品称号的粮油产品，制订了"京山桥米""竹溪贡米""宣恩贡米"等地理标志产品地方标准。这些标准促进了湖北省优质品牌粮油的发展，引导和规范农民种植优质、安全、绿色稻谷，与企业生产需求相对接，打造出具有地方特色的优质稻米品牌。仙桃市米业协会制订"仙桃香米"协会标准，统一产品质量要求，提高当地产品市场竞争力，有利于"仙桃香米"品牌形象的建立。"仙桃香米"以抱团形式进行销售占有了较大市场份额。

（三）**参与标准制修订，推动特色产品发展**。通过对全省47家粮油加工企业、收储企业调查发现，企业对标准化工作经费投入逐年增加。47家企业中，有17家企业2017年标准化工作经费超过10万元，并设有专门部门和人员从事标准化工作，有效促进了企业标准化工作的开展。

一些知名大型粮油企业非常重视标准研制工作，积极参与标准的制订。湖北国宝桥米有限公司制订《粥米》《香米》等6项企业标准，并参与粮食行业有关标准和国家标准的制订；福娃集团有限公司制订了4项企业标准。有些加工企业还根据地域特点制订了具有地域特色的企业标准，如土家爱食品开发有限公司、京和米业等企业制订了《合渣粉》《天然硒米》等企业标准，推动了湖北省特色粮油产品的发展，有助于提升企业知名度。

（四）标准制修订团队作用得到充分发挥。以湖北省粮油食品质量监督检测中心为主体的标准制修订团队，发挥湖北省粮食主产区优势，积极承担和参与国家稻谷、油菜籽等相关标准的制修订从而服务粮食产业链，共承担和参与制修订30多项国家、行业粮油标准，参与ISO国际标准的修订和验证工作。

二、湖北省当前粮油产品标准体系建设存在的主要问题

（一）对粮油产品标准体系建设认识不到位。各地普遍对标准重要性认识不足，把标准化工作和粮油产品标准体系建设等同于执行国家和行业的相关标准，甚至认为标准化工作主要由粮食质检机构或企业内质检室承担即可，没有把标准化工作和粮油产品标准体系建设工作作为系统性工作统筹谋划，缺少专门机构或部门、缺少专业人员、缺少专项资金支持。标准作为提升粮食行业业务技术水平，引导湖北省优质、特色、专用粮油产品发展的作用未能充分发挥。

（二）企业参与制订标准的意识和能力不强。调研的47家粮油加工和购销企业，只有7家企业对具有地方特色的产品制订了相关产品的企业标准，4家企业参与了湖北省地方标准的制订，大部分粮油加工企业仅依据国家、行业或地方标准进行产品生产和质量控制。一部分企业没有专门的部门、人员从事标准化工作，标准化工作经费投入偏低。一半以上的企业2016年标准化经费不足3万元，企业标准化工作经费均为自筹，随企业效益的变化而波动。企业不能根据企业产品生产需要制订相关标准，严重制约企业产品品牌创建和发展。

（三）粮油产品标准体系结构不够合理。目前，粮油产品标准体系中，主要以大宗粮油品种的质量标准和检测方法标准为主，对为适应粮食供给侧结构性改革，不断发展的粮食深加工、精加工产品，粮食加工的副产品，如碎米、米糠、麸皮等，国家和行业标准制订的速度跟不上。对有利于保障粮食加工绿色、营养、健康，防止过度加工的粮油产品标准，存在空缺。对具有湖北省地方特色的粮油产品，如湖北省特色主食产品豆丝、米发糕用米粉、米酒用糯米等产品标准是空缺的。与粮油产品标准配套的生产管理、生产工艺等标准，以及粮食产后服务体系、绿色储粮标准等，亟须研究制订。

（四）标准的适用性、合理性和科学性需加强。目前，湖北省粮油产品标准除国家、行业标准外，地方标准主要是以地理保护标志产品为主的产品标准。这些标准的内容，多是参照国家或行业标准制订，没有体现当地产品特色的参数或指标。如大米类地理保护标志产品标准，除了在使用范围的地域上有区别，从产品最终质量指标和参数上看，没什么大的差异。由于标准制订时调研不充分，有的指标设置可能还制约了当地特色产品的生产和发展。如大米水分、垩白粒率，均严于大米国家标准中优质大米标准要求，忽视了大米加工水分及垩白粒率受气候、生产种植条件的影响。有的产品，没有相关国家、行业及地方标准，企业为了实现产品生产，委托他人或机构代为制订企业标准，所订标准不能反映产品的质量水平和企业生产能力，不利于企业产品的规范化发展。还有的国家标准，如油菜籽油标准指标对如何提高油脂营养与减少过度加工指导意义不大，需要通过制订地方标准予以完善。

三、主要对策及建议

为加快湖北省粮油产品标准体系建设，推进粮食供给侧结构性改革，提升粮食标准化工作质量，促进湖北省粮油产业发展，围绕"优质粮食工程"的要求，提出以下对策及建议：

（一）提高对标准化工作重要性的认识。党的十八届三中全会《决定》提出，政府要加强发展战略、规划、政策、标准等的制定与实施。标准化从此上升为治国理政的重要工具，定位为经济活动和社会发展的技术支撑，国家治理体系、治理能力现代化的基础性制度。国务院印发了《深化标准化工作改革方案》《国家标准化体系建设发展规划（2016—2020 年）》，中国将全面实施标准化战略，以标准助力创新、协调、绿色、开放、共享发展，推动经济发展方式从规模速度型的粗放增长向质量效益型的集约增长转变，把标准化理念和方法融入政府治理之中。当前，加强粮食标准化工作，对推进粮食供给侧结构性改革、推动粮油产业转型升级、提质增效，具有基础性、战略性、引领性作用。要充分认识粮食标准化工作的重要性，全面统筹标准化工作，明确专门机构或部门、明确专人、安排专项资金，开展粮食标准化工作。

（二）加强对粮油产品标准体系建设的引导。国家局出台的《贯彻实施国务院〈深化标准化工作改革方案〉的意见》和湖北省政府制订的《湖北省标准化体系建设发展规划（2016—2020 年）》中，对粮食标准工作提出：重点制（修）订粮油原料及产成品质量、粮油收购、粮油储运、粮油加工、粮油检测、粮食信息化、粮油机械、节粮减损、种子质量安全生产过程控制等标准，这是对粮油标准体系建设构架提出的具体要求。为贯彻落实国家和省政府对粮食标准化工作的要求，各地粮食部门要坚持市场主导、政府引导、企业主体，发挥行业和区域优势，会同高校、科研院所、质检机构，支持龙头企业重点针对优质粮食、专用粮食、特色粮食的生产、加工和消费，研究制订行业、地方、团体和企业粮油标准，完善各级粮油标准体系。出台配套制度和政策，实施标准制修订奖补办法，鼓励参与标准制修订工作，以标准带动粮食行业的转型升级和产业化发展。

（三）因地制宜发展地方标准和团体标准。支持制订针对性强、技术含量高的企业标准。依托"优质粮食工程"，结合湖北省实际情况，突出地域特色，制订湖北省"荆楚好粮油"地方标准及团体标准，为打造湖北优质粮油品牌提供技术支撑。在制订完善粮油产品标准的同时，加强与产品标准配套的管理与服务标准及仓储、物流和信息化标准的制订，建立省级粮食收购、仓储管理标准示范点或示范库，优质稻米、双低菜籽油生产加工标准示范企业等。鼓励企业将新成果、新产品、新资源、新方法转化成标准，积极参与标准的制修订，将标准制订工作作为提高产品质量、提升单位竞争力和形象的一个平台。

（四）打造标准共建、共享平台。针对粮油标准政策性强、涉及面广、种类和品种多的特点，成立省级粮油标准化技术委员会，建立粮食标准化协调沟通机制，搭建交流和服务平台，实现标准需求和技术支持及时对接、标准后评估全方位跟进，为各级粮食部门、企业提供标准化技术咨询等服务，全面提高全行业粮食标准制修订水平，大力推进粮食标准化工作进程。

（五）加大标准宣贯和标准化工作人员培训力度。一是对主要粮食质量和食品安全标准、管理标准及生产安全标准进行全员宣贯，确保使用的正确性和实效性。二是对标准化工作进行宣传，提高全员标准化意识及业务水平，确保标准工作有人抓、有部门管。三是对标准制修订知识进行培训。实施标准化人才战略，建立标准化工作人才库，培养后备人才，提高标准制修订和标准化工作水平，使粮食标准化工作更好地服务粮食经济高质量发展。

关于基层单位落实全员安全责任制情况的调研报告

湖南储备物资管理局

为进一步贯彻落实党中央、国务院关于加强安全生产工作的决策部署，按照国家局《关于全面加强国家物资储备仓库全员安全责任制工作的通知》，湖南储备物资管理局从 2017 年 11 月开始，在各基层单位部署建立健全全员安全责任制工作。为了检验运行效果，管理局成立调研小组，通过问卷调查、查阅文档资料、个别交流、现场提问、数据统计、安全效果检查评估等方式对 6 个基层单位落实全员安全责任制工作开展了调研，形成如下报告。

一、建立全员安全责任制的基本情况

各单位按照党政同责、一岗双责和"六同管"的要求成立领导小组，制定实施方案，组织干部职工学习相关文件，开展《安全责任清单》编制工作的业务培训。围绕安全生产、消防安全、治安保卫、综合治理等重点内容，共编制完成包含 400 余个岗位、3200 多项具体条款在内的《安全责任清单》。

各单位在显著位置对《安全责任清单》进行公示，征求干部职工意见建议，并经领导小组审定通过后颁布实施。同时，按照《安全责任清单》及履职标准要求签订全员安全责任书，强化安全责任落实，加强监督考核，有力提升了安全工作实效，形成了上至处长书记、下至一线职工，横向到边、纵向到底的安全责任体系。安全管理出现了三个明显变化。一是安全责任意识进一步强化。《安全责任清单》进一步明确每个层级、每个岗位、每个人责任范围、内容和标准，进一步压紧压实全员安全责任，逐步形成人人重视安全、人人关心安全、人人参与安全管理的局面。二是安全基础工作明显改善。按照"党政同责、一岗双责、齐抓共管、失职追责"要求，依据《安全责任清单》工作标准，不断规范安全管理，严格执行安全例会制度，健全各项安全管理制度，加强安全管理机构队伍建设，加大事故隐患整治力度，落实消防和综治责任，加强安全保卫，规范各类安全台账记录，进一步强化安全基础工作。三是安全形势稳定向好。不断细化和完善各项安全管理制度和办法，明晰每个科室、每个岗位的安全职责、岗位风险和作业标准，做到明责、尽责、履责，实现对关键作业、关键环节的有效控制，有效解决了安全责任传递"上热、中温、下凉"问题，从源头上减少一线从业人员的"三违"现象，有效减少因人的不安全行为造成的生产安全事故发生，2018年全局安全隐患数量同比下降40%，"三违"现象同比下降37%，全局安全形势明显好转，连续三年未发生安全责任事故。

二、当前安全责任制存在的问题

各单位在建立健全和落实安全责任制方面虽然取得了一定成绩，但在组织领导、编制质量、培训公示、检查考核等方面还存在一些问题。

（一）对建立全员安全责任制的组织领导不到位。一些单位在建立全员安全责任制工作之初，仅限于开会动员部署，对后续成立编制指导小组、细化任务、合力抓落实等环节不够重视；一些单位对推进安全责任制落实过程中发现的突出矛盾和问题，没有及时分析研判，没有制定有效解决措施；一些单位在《安全责任清单》编制过程中，没有做到广泛发动、全员参与，岗位所在部门甩手，最后安全保卫部门内勤唱"独角戏"的问题比较突出；一些单位工作主动性不够，存在等靠的思想，总想管理局提供模板，照抄照搬，走捷径；一些单位的责任制说在嘴上，层层强调，但没有具体分工，落实乏力。

（二）《安全责任清单》编制质量有待提高。一些单位未结合岗位实际把安全责任理清写全，从而产生责任盲区；有些单位将其他业务职责、流程与安全责任混淆，将非安全责任范围的内容编写进安全责任清单内，造成清单内容繁杂；一些单位《安全责任清单》逻辑性不强，联系实际不够，重点不突出，可操作性不强；一些单位安全责任清单的条款内容不精练，不便于记忆、执行和考核；一些单位部门、岗位之间安全责任未实现无缝对接；个别单位安全责任的分解和运行未落实到各个管理层级、各个部门、各个岗位，使安全责任的落实存在脱节、遗漏和盲区；一些单位在储备仓库标准化建设中，没有注意将《安全责任清单》与职业健康安全管理体系文件相对接，出现体系文件中的安全职责与《安全责任清单》的内容不一致的现象，给检查考核工作带来不便。

（三）安全责任制的培训公示还存在走过场的现象。一些单位对待安全责任制公示不认真，对相关的内容是否符合岗位实际和要求没有广泛征求干部职工意见建议；一些单位对收集的意见建议未认真研究分析，未及时对《安全责任清单》进行修改完善；一些单位没有制订具体培训计划、方案，相关教育培训情况记录缺失；一些单位没有按照规定对所有岗位从业人员进行安全生产责任制教育培训。

（四）安全责任制检查考核不严格的问题还比较普遍。一些单位的责任制写在纸上，责任书签订后却锁在柜子里，束之高阁，责任书的落实情况没人监督，也没人进行对照检查，责任书成了一纸空文；一些单位对安全责任考核没有具体的办法和标准，随意性较大，在考核中追求一团和气，对失职失责现象姑息迁就，从而降低了《安全责任清单》的约束作用，长此以往，难免流于形式，失去《安全责任清单》的作用。

三、进一步强化安全责任制的对策措施

安全责任制是安全管理制度的核心。强化安全责任制，是加强安全管理组织领导、落实安全责任、做好各项安全工作的保证。

（一）**加强全员安全责任制的组织领导**。各单位党委要切实加强组织领导，落实推进责任、强化问责措施，研究解决重大问题，督促各级、各部门认真履行健全和落实全员安全生产责任制工作职责。单位安全生产领导小组要加强检查指导，及时研究解决推进全员安全责任制过程中遇到的重点、难点问题。编制指导小组负责人要深入各科室检查指导，及时解决各科室编制和修订《安全责任清单》遇到的问题，把好质量关。单位工、青、妇等组织也要共同参与，形成人人抓安全局面。同时加大宣传力度，广泛发动、鼓励引导广大职工群众参与，营造良好安全氛围。

（二）**进一步修订完善《安全责任清单》**。各单位要高度重视《安全责任清单》修订工作，参照管理局编制的三种类型储备仓库《安全责任清单》样板，实行动态管理，对各部门、各岗位《安全责任清单》进行认真审核，对实行效果进行评估，对《安全责任清单》进行优化完善。各单位要认真组织编制人员进行再培训，明确编制标准，重点解决编制工作中出现的职责范围界定不清、工作内容不齐、标准不明、逻辑混乱、语言不简练、篇幅过长等问题，不断提高单位《安全责任清单》的编制质量。修改完善《安全责任清单》的过程中一定要注意各层级人员的安全职责分工，坚决杜绝出现"上级大包大揽，下级不闻不问"的现象，做到责任无缝衔接、风险严密防控，进一步体现"一岗双责"要求，做到重要职责不遗漏，进一步突出岗位重要安全风险控制实际需要，提高安全职责及标准的针对性、有效性，使各岗位《安全责任清单》更加有效。

（三）**严格安全责任制的培训**。各单位《安全责任清单》修订完善后，要及时汇编成册纳入职业健康安全管理体系文件，并将各岗位职责印发本岗位及关联岗位人员学习。要加强全员安全责任培训，使每名干部职工都清楚自身的职责、掌握作业程序和标准，从而自觉落实规章制度，提高全员的安全意识，培养良好的安全习惯。同时，各单位要建立教育培训档案，如实记录教育和培训情况。各部门、各岗位《安全责任清单》要粘贴上墙，促进监督有效执行。

（四）**强化安全责任制的检查考核**。各单位要严格执行安全责任制检查考核制度，加大监督检查力度，强化考核管理，将考核结果与职工经济效益、积分管理挂钩，严格考核标准及奖罚措施，严防考核"送人情"，一味姑息迁就，防止出现"两张皮"的现象。各单位要把相关方也纳入单位安全责任制检查考核范围，消除安全责任盲区，落实相关方安全监管职责。探索建立安全责任不良记录"黑名单"制度，杜绝"黑名单"上的相关方进入库区生产作业。

关于广东省粮食收购资金筹集情况的调查报告

广东省粮食局

为顺应粮食收储市场化改革形势，拓宽粮食市场化收购资金筹集渠道，促进粮食市场化收购顺利进行，根据国家局工作部署，广东省粮食局在全省范围内开展了粮食收购（含省内收购和省外采购，下同）资金筹集情况的调查。结合广东省实际，对省内国有及国有控股粮食企业和承担储备任务的非国有企业（以下统称"被调查企业"）2016年粮食收购资金筹集情况进行全面摸底，与省财政厅、农业发展银行广东省分行（以下简称"农发行"）、省储备粮管理总公司等省直有关单位和企业进行座谈交流，并赴广州、佛山、东莞市进行了实地调研。现将有关情况报告如下：

一、广东省粮食收购形势和特点

（一）从收购渠道看：**省内收购量少，省外采购量大。**广东省是全国第一大粮食销区省，粮食产量和本地收购量一直稳定在较低水平。2016年，广东省粮食产量1360万吨，根据农民自留的口粮及饲料用粮测算，省内自产粮食商品量约为600万吨。同时，全省粮食消费量达4490万吨，粮食净购入约3600万吨，约1/3的居民口粮、大部分的饲料及工业用粮、地方储备粮均通过外省采购或进口解决。

（二）从收购价格看：**各类粮食均随行就市收购，未启动过最低收购**

价预案。自 2001 年全面实行粮食购销市场化改革以来，广东省逐步建立并完善了粮食收购价格市场形成机制，省内市场收购价格一般高于国家最低收购价，未纳入国家最低收购价政策执行省份之列，省政府也未启动过本省最低收购价预案。

（三）从收购用途看：商品粮收购量占比大，储备粮收购总量有所提高。2016 年，全省粮食收购总量中，商品粮占比约为 80%，用于地方储备粮收储和轮换的约占 20%。2014 年，国家将广东省地方粮食储备规模调增后，广东省地方储备收购量大幅增加，库存量不断攀升。

（四）从收购主体看：国有粮食企业收购量小，非国有企业收购量大。根据广东省纳入粮油流通统计的 1306 家企业（单位）统计情况，国有粮食企业的粮食购入数量占全省商品粮购入总量的 13.4%，非国有粮食企业占比 86.6%。此外，增储后，受国有粮食企业仓容不足等因素限制，非国有企业承担的地方粮食储备任务不断增加。2016 年，全省已落实的地方粮食储备规模中，民营企业代储比例约为 12%，其储备粮收购量占比也相应增加。

二、粮食收购资金筹集情况

2016 年全省粮食收购总量约 4200 万吨，其中本地粮食收购量 600 万吨，省外净购入（含进口）3600 万吨。所需资金总量约 1000 亿元，其中地方储备粮收储轮换用粮所需资金约 260 亿元。

（一）收购资金主要筹集渠道

农发行贷款是地方储备粮收储轮换资金的主要来源。2016 年，农发行共发放粮食业务贷款 173.4 亿元。其中本地商品粮收购贷款 1.36 亿元，占贷款总额的 0.8%，支持本地商品粮收购 4.07 万吨；储备贷款 155.5 亿元，占贷款总额的 89.7%，支持地方储备粮收储 587 万吨；轮换贷款 6 亿元，占贷款总额的 3.5%，支持轮换（先进后出）地方储备粮 20.3 万吨；其他业务贷款 10.5 亿元，占贷款总额的 6%。对国有企业发放贷款 157.65 亿元，占贷款总额的 91%；对非国有企业共发放贷款 15.7 亿元，占贷款总额的 9%。

企业自有资金是商品粮收购和地方动态储备粮收储轮换资金的重要来源。被调查企业的商品粮收购资金筹集总量约 126 亿元，其中，企业自有资金 98 亿元，商业银行信用贷款 11 亿元，农发行贷款 11 亿元，其他渠道 6 亿元，自有资金占总量的近 8 成。储备粮收储轮换资金中，农发行贷款占 78.4%，企业自有资金占 17.6%，商业银行信用贷款占 2.2%，其他渠道占 1.8%。农发行贷款以外的资金主要是民营企业为解决承储动态储备需自行筹措的资金。

财政资金投入为粮食企业提供了有力支持。按照广东省目前的粮食储备规模计算，每年财政支出的各级储备粮油保管、轮换等利费补贴为粮食企业提供了稳定的资金来源。特别是部分地区储备粮利费补贴实行年初或季度预拨，为企业开展粮食收购提供了资金保障。同时，地方政府还通过各种渠道对大型骨干粮食企业予以扶持。深圳市为配合 2015 年大规模增储工作，由市国有资产监督管理委员会注资 12 亿元增资扩股，深圳粮食集团注册资本金从 3.3 亿元增加到 15.3 亿元，市国有资产监督管理委员会的注资成为企业经营资金的重要来源。

政府和国企担保为企业解决收购资金贷款提供有益帮助。惠州市针对部分民营企业实力不强、储备粮贷款可抵押资产不足等问题，专门出台扶持政策，将民营企业在承储期间或减储退储时，可能产生的轮换价差及道德风险损失纳入市粮食风险基金解决，相当于为承担储备任务的民营企业进行信用背书，帮助企业获得高于抵押物价值数倍的农发行贷款，并通过农发行提取风险保证金、预押储备费用补贴的方式，完善贷款风险防控机制。此外，农发行计划与广东省农业信贷担保有限责任公司、广东省融资再担保有限公司、广州市融资担保中心有限责任公司等国有及国有控股的担保公司合作，探索开展对粮食企业的粮食收购担保融资业务。

银行短期融资是缓解企业资金周转困难的有效补充。东莞市部分企业与当地邮政储蓄银行合作，将合同期（3 年）内承储的政府储备粮保管费补贴作为价值依据，向银行申请获得 90% 的质押贷款。一些规模较大、信用评级高的粮食企业，通过与下游经销商和大型超市长期稳定的合作关系，在银行办理应收账款质押，获得相当于抵押物价值 2~3 倍的信用贷款。此外，法人账户透支业务也是企业周转资金的有效融资手段。

（二）融资成本比较

对比各类融资渠道的融资成本：农发行信用贷款成本最低，一般为基准利率上浮 5% 以内，但作为政策性银行，发放贷款的门槛高，民营企业很难获得信用贷款。商业银行抵质押贷款成本通常是基准利率上浮 30% 左右，但粮食企业因规模限制，固定资产抵押物少，流动资金需求量大，难以获得足额贷款。企业债券融资成本适中，融资规模大，但发行条件和程序要求高，一般规模的粮食企业难以获得债券融资，广东省仅有个别国有粮食企业通过母公司发行债券获得部分融资。担保贷款融资成本除贷款利息外，还需支付 2%~3% 的担保费，融资成本相对较高，且银行倾向于为有政府背景的国有企业担保，这也为企业设置了融资门槛。社会借贷融资快速便捷，但通常融资规模较小，且成本高（见下表）。

主要资金筹集渠道融资成本比较

融资方式	融资规模	融资成本	优缺点
农发行信用贷款	211 亿元	4.35%	利率低，但门槛高，民营企业难获贷款
商业银行抵质押贷款	23 亿元	6% 左右	需抵质押物，贷款比例低
企业债券	1 亿元	5%~6%	融资规模大，但发行条件高、程序复杂
担保贷款	—	8% 左右	担保企业需要政府背景，融资成本较高
社会借贷	2.7 亿元	10%~12%	融资快速便捷，但成本高
自有资金	143 亿元	—	成本低，但规模有限

三、存在主要问题

在地方储备粮库存量大幅增加和民营企业积极参与地方粮食储备的新形势下，广东省粮食收购资金筹集面临较大压力，地方储备粮收储资金出现了一些新问题。主要体现在以下几个方面：

（一）民营企业融资受到政策环境的约束。一是税收优惠政策差别待遇。自 1999 年起，国家对承担粮食收储任务的国有粮食企业免征增值税，这项政策为国有粮食企业大大减轻了税负负担，但是民营企业承担的政府粮食储备业务，无法享受增值税减免政策。二是储备粮信贷政策差别待遇。承担动态储备粮承储任务的国有粮食企业一般能够获得农发行信用贷款，但是各地民营企业承储的动态储备粮收储轮换没有政策性信用贷款支持，收储及轮换资金只能结合自身经营情况自己解决。三是融资门槛高。农发行对新增的储备粮承储企业贷款发放比较谨慎，对企业的注册资金、经营规模要求较高。而当前新增承储企业多为民营企业，申请农发行低息信用贷款非常困难，即便是获得抵押贷款，贷款杠杆率也偏低，大部分企业只能获得抵押物价值 70% 的贷款额度。

（二）政府储备利费补贴问题加大企业筹资压力。一是补贴不及时。2016 年，广东省国有粮食企业承储的中央储备粮油，补贴到位率仅为 44.29%。部分地方储备粮油补贴也存在滞拨现象，因核算、审批流程复杂，按规定预拨和结算的储备费用补贴，往往要推迟半年，甚至更长时间才能拨付到位，企业需要为此垫付长达数月的保管费用和贷款利息，容易造成阶段性资金供应瓶颈。二是采取包干轮换方式的储备粮利费补贴标准偏低。增储后，为节省财政支出，部分地市将储备粮模式由原来的财政兜底转变为包干轮换，但往往包干轮换的补贴标准偏低，难以弥补轮换价差，价差损失转移给企业承担，加剧了企业资金周转困难。

（三）农发行信贷政策仍有待完善。一是对部分申请粮食收购贷款的企业，仍需提供 5%~10% 的保证金。这对企业来说是一笔不小的数目，尤其是对于一些经营业务单一、规模较小的国有粮食企业，容易因保证金提供不足而影响粮食收购款贷款。二是储备粮贷款支持力度不够。对采取企业包干轮换方式的储备粮，在轮换过程中，农发行不再按照实际粮食收购价格给予贷款支持。近年来，广东省储备粮新旧粮价差逐年增加，没有足额的轮换贷款支持，就意味着承储企业需要为储备粮轮换价差部分筹措收购资金。三是轮换贷款政策不断收紧。从 2017 年开始，农发行对地方粮食储备企业采取先进后出轮换方式的储备粮轮换贷款政策趋于收紧，要求在落实轮换价差补贴的前提下，审慎予以支持。2018 年，农发行这部分轮换贷款发放额度大幅下降，加剧企业筹资压力。

（四）农业信贷担保体系暂未将粮食收购纳入支持范围。根据财政部、农业部、银监会联合出台的《关于财政支持建立农业信贷担保体系的指导意见》，广东省已于 2016 年年底由省政府出资组建省农业信贷担保有限公司，承担政策性农业信贷担保职责，支持粮食生产经营和现代农业发展。但该体系未将政策性粮食收储融资纳入支持范围，这与广东省作为粮食主销区和第一粮食储备大省的实际情况不相适应。广东省年粮食购销数量是粮食产量的 4~5 倍，资金需求量庞大。特别是多元主体政策性粮食收储资金需求由于难以获得农发行信用贷款，对农业信贷担保支持的需求更为迫切。

（五）部分粮食企业自身发展状况不佳加剧了融资难度。农发行和商业银行等金融机构对企业融资都是"一企一策"，企业经营状况和信用资质是影响其融资规模和融资成本的决定性因素。规模大、信用好的粮食龙头企业，融资渠道更多、规模更大、成本也更低。但是总体而言，粮食行业是微利行业，大部分企业经营规模相对偏小。国有粮食企业经营业务单一，主要依赖政府补贴，粮油经营毛利润率只有不到 2%；民营粮食企业多为家族化经营，法律意识、企业内控管理、诚信经营理念等都比较薄弱，这些都成为中小型粮食企业融资难、融资贵的重要内因。

四、政策措施建议

（一）强化农发行保障政策性粮食收购资金供应的主渠道功能。充分调动农发行支持地方储备粮增储和轮换的积极性。加大对地方储备粮承储企业的储备粮轮换贷款的支持力度，采取企业包干轮换和先进后出轮换的储备粮轮换收购方式，应参考当前市场粮食价格核定发放政策性贷款。对新承担地方储备粮收储和轮换任务的民营企业，研究出台信贷支持政策，适当降低信贷准入门槛，避免国有企业和民营企业在政策性粮食收储业务中的差别待遇。尽快引入粮食收购资金担保融资模式，并简化贷款相关手续和流程。适当降低对粮食购销企业贷款风险准备金比例的要求。在合理合法的前提下，拓宽粮食企业的增信渠道。

（二）引导商业银行加大市场化粮食收购支持力度。鼓励商业银行积极为粮食收购资金提供融资，并与农发行的市场化收购贷款业务形成良性竞争。除了以固定资产为主的抵押方式外，推行企业以应收账款、仓单、设备设施等用于抵、质押贷款的方式，扩大企业有效资产担保范围。以储备粮承储合同中约定可获得的财政补贴提供一定比例的质押担保贷款，支持企业融资。对发展前景好、生产经营正常、具备清偿能力，只是出现阶段性资金困难的企业，在有效管控的前提下通过调整贷款期限、还款方式等贷款重组措施，给予信贷支持。

（三）发挥财政资金在政策性粮食收购资金筹集中的杠杆作用。一是将储备粮轮换价差和承储企业因道德风险造成的储备粮损失纳入粮食风险基金补偿范围，并完善相应的风险防控机制和损失代偿追偿机制。二是研究建立粮食收购共同担保基金。根据地方储备粮收购贷款规模按一定比例建立储备粮收购贷款共同担保基金，由财政部门以及承储企业分别按一定比例共同承担，承储企业根据所缴纳的担保金，获得数倍的信用贷款额度。三是争取将各地粮食收购，特别是政策性收购纳入农业信贷担保体系支持范围。

（四）优化经营环境帮助粮食企业做大做强。随着政策性粮食收储业务逐渐向民营企业开放，企业对享受政策性业务增值税减免、享受税收政策国民待遇的呼声也越来越高。结合当前新形势研究完善相关税收政策，将对国有粮食企业的增值税减免政策范围扩大至承担粮食收储任务的民营企业，使民营企业和国有企业享受同等税收优惠待遇，既是政府营造公平经营环境的职责所在，也是帮助企业减轻资金压力的有效措施。此外，通过鼓励引导粮食生产、加工、储备、贸易企业开展深度合作，探索通过交叉持股、入股、租用设施、建立合资企业等多种方式，逐步做大做强粮食企业，使企业走上产业化发展的新路子，才是打破融资内在瓶颈的根本途径。

关于廉政风险防控网格化管理的探索

广东储备物资管理局

党的十九大强调全面从严治党永远在路上，要认真落实全面从严治党主体责任。党的十八大以来，党中央不断将全面从严治党推向新高度，形成反腐败斗争的压倒性态势，我们党站在新的历史起点，对党风廉政建设提出更高的要求。如何更好地适应体制创新要求、更好地破解党风廉政建设工作泛化问题，从广东储备的特点和实际出发，围绕"廉政风险防控网格化管理的探索"这一课题，通过资料收集、调查问卷、个别访谈和座谈会等方式进行了认真调研，并对掌握的情况深入分析提炼。

一、"廉政风险防控网格化管理"的背景和内涵

（一）"廉政风险网格化管理"的背景。随着经济社会发展和改革的深入，特别是反腐败斗争向纵深推进，反腐倡廉建设呈现出新的阶段性特征，廉政风险防控面临许多新情况、新问题，主要是职能部门的廉政风险科学防控水平往往滞后于快速变化的发展环境、廉政风险防控制度供给不足与相关领域有效制度需求还存在矛盾等。从广东储备实际情况来看，行政、事业、企业并存，单位地域分散，结合纪检监察专职队伍人数少的特点，需要构建横到边、纵到底、纵横交织的廉政风险防控的

网格化管理理论体系、制度体系和实践机制。

（二）"廉政风险网格化管理"的科学内涵。廉政风险防控是一种制度设计和制度供给，用以解决制度供求的矛盾。从制度角度看，廉政风险防控网格化管理制度体系就是不同层次的反腐倡廉网格化管理制度，围绕核心制度而构成的内容规范、运转协调，富有系统性和配套性的制度网络。其实质是科学界定权力边界，规范公共权力运行。应以建立健全惩治和预防腐败体系为重点，以制约和监督权力为核心，以网格化管理体制机制为依托，结合单位特点展开廉政风险防控网格化管理制度体系建设，突出制度建设的整体性、创新性、系统性。依托网格化管理制度体系，全面覆盖各级各类网格，实现对人、财、权的全程监管，提高廉政风险网格化管理制度的实效性。

廉政风险网格化防控机制是以加强党的执政能力建设、先进性和纯洁性建设为主线，统筹反腐倡廉实践活动而形成的与网格化社会管理机制相匹配的基本方式、基本途径的综合。核心是将廉政风险防控网格化管理的理论、制度、体制等融合起来，找到整合各种资源的结合点，生成具有可操作性的范式，将各级领导干部、工作人员纳入相应的廉政风险防控的网格中，使各领域、各层次的廉政风险防控实现纵向到底、横向到边的全覆盖。为此，首先要加快推进体制机制改革，铲除滋生腐败的体制机制因素；其次要建立廉政风险防控网格化管理的长效机制。在相应的网格中查找廉政风险节点，并界定风险级别，寻找科学分解和配置权力的有效办法，创造性地构建廉政风险网格化管理体制机制。

二、建立廉政风险防控网格化管理的必要性

廉政风险防控网格化管理，目的是建立健全有效发现问题、处理问题的工作机制，改变党风廉政建设落于空谈的状况，使得党委明确自身主体责任，纪委精力集中到监督业务部门履行职责，对其中发现的违规违纪问题提出处理意见，发挥职工互相监督作用。坚持把监督的重点放在"问题"上，把监督的效果体现在"问责"上。

（一）有利于解决好职责权限不明确的问题。网格化管理的目标就是要破解职能泛化、主业不突出、履行监督责任不到位等问题。对于管理权限在基层单位的党员干部，要避免出现"协调变牵头、牵头变主抓、主抓变负责"的现象。对于本单位的党员干部，基层单位党委、纪委要感受到廉政风险防控管理的责任和压力，清楚出现问题应担负的责任。

（二）有利于解决好角色和定位的问题。当前一些单位党委、纪委、业务部门角色定位不准，存在着不同程度缺位、错位现象，针对这种情况，建立廉政风险网格化管理工作机制有利于更好地解决角色定位问题，理清职责、攥紧拳头、聚焦主业，将切入点从简单的认为是纪检部门工作转移到各级党委、纪委、业务部门的职工相互监督上来。

（三）有利于解决好纪检部门监督机制不全、监督不力的问题。从工作经验和调研了解的情况看，监督实效不高的原因有两个：一是监督机制不全，监督主体、监督流程、监督方式都不够明确，造成监督工作有一定随意性，容易走过场、流于形式；二是监督的目标、指向、重点不明确，存在"弱监""漏监""难监"现象。通过建立廉政风险防控网格化管理工作机制，努力实现监督项目化、流程规范化、执行责任化、管理台账化，提高监督实效。

三、目前各基层单位的主要做法

一是组织开展党风廉政教育相关活动。其中包括按照管理局要求组织开展党风廉政教育月活动，集中学习党纪党规、管理局制度文件，观看专题教育片等。

二是传达落实管理局年度党风廉政建设工作会议部署。各基层单位能够及时召开党委会、纪委专题会传达会议精神，研究年度党风廉政建设工作，谋划落实工作的措施，对标看齐管理局任务分工表安排工作任务，传导压力。

三是签订党风廉政建设责任书内容，修订廉政风险防控手册。绝大多数基层事企业单位党委、纪委根据管理局要求逐级签订了党风廉政建设责任书，部分单位修订了廉政风险防控手册。

四、存在的主要问题和不足

在八三〇处、七三三处、三五三处、国储物流公司的现场调研中，共发放和收回 100 份有效问卷，座谈会 46 人次，个别访谈 26 人次，反映并发现的问题和不足存在一定的普遍性。具体如下：一是问卷调查显示约有 40% 的职工认为单位目前在廉政风险防控上监督作用不明显；二是约有 66% 的职工认为强化廉政风险防控，执纪部门应强化监督；三是分别有 36%、34% 和 32% 的职工认为本级党委、本级纪委、单位各部门最需要在廉政风险防控工作中发挥作用；四是部分干部职工对上级党风廉政方面的制度掌握程度不高，学习教育存在流于形式的情况；五是部分干部职工对自身岗位风险不了解，对于岗位承担的党风廉政建设责任概念不清晰。

五、主要对策建议

（一）科学合理设置网格。构建三级党风廉政建设网格体系：一级网格即广东局，主要对网格建设及运行提出指导性意见，对下级网格进行工作部署、监督管理和考核评估，形成上下联动、综合监管的工作格局；二级网格即基层单位党委，各基层单位党委主要负责人为网格责任人，全面落实党风廉政建设网格管理工作；三级网格即各党支部，明确网格边界，确保不遗漏、不交叉，各党支部书记为网格责任人，基层党风廉政建设各项职能和任务贯穿融合在各级网格中，网格内所有党员干部纳入服务监管范围，切实做到"管理无盲点、监督无遗漏、廉政有保障"。

（二）构建网格运行机制。一是职能下沉机制。将党风廉政建设各项工作任务和职能下沉至三级网格，对政策执行、经费使用、基本建设、物资采购等重点领域、关键环节进行督查，积极开展廉政文化建设，推进权力阳光运行机制，建立健全基层预防和惩治腐败的有效制度，为杜绝违法违纪行为的发生提供机制保障。二是资源整合机制。调动所有网格要素参与基层党风廉政建设的积极性、主动性，形成推动干部监督、倡导廉洁文化、保障单位稳定的合力，在基层党风廉政建设中实现情况相近单位的资源共享。三是职工监督机制。着力推动网格中普通职工力量发挥协同监督作用，消除党风廉政建设的监督"空白点"。四是联系群众机制。在网格中重点查摆群众最关心的问题，拓展投诉举报渠道，倾听群众诉求，坚决治理和纠正损害群众利益的不正之风。

（三）完善网格保障制度。一是建立网格责任制度。明确各级网格责任人，确定工作职责，界定管理范围，网格内任务分解到人、责任明确到人、要求具体到人、督查考核到人、奖惩兑现到人。二是建立网格内控制度。建立完善岗位责任、限时办结等制度，建立健全网格工作制度、工作规程和工作纪律，积极推行定期走访、挂牌上岗、联席会议、快速处置等工作方法，建立廉政工作档案，每日工作留有痕迹，确保网格化管理有效运作。

（四）进一步强化考评力度。建立科学考核制度。将党风廉政建设网格化管理纳入年度考核，通过合理设置考核项目、细化考核指标、优化考核内容、综合运用考核结果，保证网格化管理质量。积极发挥纪检监察职能优势，建立健全"监督检查、服务推进、纪律保障、制度支撑、查处惩戒"机制。完善党风廉政建设网格化管理评价体系，将党风廉政建设网格化管理纳入网格成员单位年度考核和工作目标管理考评的内容，对工作推诿、效能低下、整改不力的网格成员进行责任追究。

广西粮食收储制度改革与发展调研

——研读直补订单粮食收购政策

广西壮族自治区粮食局

2004 年以来，广西连续 14 年实行直补订单粮食收购政策，粮食收储工作取得显著成果，直补订单粮食收储政策的作用持续彰显。然而，在加快推进农业供给侧结构性改革、发展粮食产业经济的过程中，粮食供求形势发生了变化。广西粮食收储制度面临新的矛盾和问题，直补订单粮食收购政策及储备制度亟须修改完善。

一、广西粮食收储制度改革与发展现状及成效

（一）制定和完善广西直补订单粮食收储政策

2004 年，为了稳定地方储备粮源规模，确保储备粮有效轮换，对广西部分粮食主产区种粮农民实行直接补贴与储备粮订单粮食收购挂钩办法（以下简称：直补订单政策），最早由自治区政府发文。文件规定：根据全区储备粮轮换和市场调控需要，每年确定直补订单粮食收购计划，由县（市、区）人民政府在春种前后将自治区下达的收购任务分解到乡镇，乡镇再分解到村，由村委会根据农户的种粮面积、粮食产量、商品量等情况，于夏粮入库前将收购指标分配落实到种粮农户。夏粮入库后，由指定的国有粮食收购企业组织收购，收购价格由自治区人民政府根据市场粮价情况及不低于国家规定的最低收购价确定，并在早稻新粮上市前

公布。对农户交售的订单粮，除按订单价收购外，再给予补贴，补贴资金通过农补网"一折通"直接兑付给种粮农户。实行粮食直补与储备粮订单收购挂钩政策，既调动农民种粮积极性，增加农民收入，政府又掌握粮源，有力地保障了地方储备粮轮换粮源的需要，为政府实施宏观调控和稳定粮食市场奠定了坚实基础。而且随着粮食市场供求的变化，每一年在新粮上市之前，自治区粮食局都会组织相关部门及时修订和完善直补订单粮食收购方案。2017年在《关于完善粮食收储制度的实施办法》中，进一步优化粮食直补订单收购品种和储备粮品种结构。同时，将家庭农场、专业大户、龙头企业等新型农业经营主体纳入直补订单收购对象。2017年，全区纳入直补订单粮食收购的新型粮食生产经营主体400多户，安排订单粮食收购计划2.6万吨。2018年，自治区粮食局认真落实习近平总书记关于大兴调查研究之风的重要指示精神，决定对完善直补订单粮食收购政策开展调研，且专门下发了《关于开展直补订单粮食收购政策调研的通知》，同时，成立调研组，由自治区粮食领导带队，分别深入桂林、贺州、玉林、贵港、南宁、来宾等市、县（区）粮食主产区开展直补订单粮食收购政策调研，并形成专题报告，再次修订和完善直补订单粮食收购政策。

（二）实行直补订单政策有效保障国家粮食安全

一是直补订单政策是落实粮食安全省长责任制的重要举措。古往今来，粮食安全都是治国安邦的首要任务。随着粮食安全省长责任制的建立健全，中央和地方共同负责的新型粮食安全保障体系已经初步形成，保障国家粮食安全的工作重心逐步下移，地方政府保障区域粮食安全的主体责任进一步强化，特别是随着粮食收储制度改革的深入推进，抓好粮食收购、确保市场供应工作主要由地方政府负责。直补订单政策对于地方政府履行粮食收储、确保粮食安全起到了重要作用。

二是直补订单政策适合我国及广西粮食安全战略。2013年，习近平总书记在中央经济工作会议上提出"以我为主、立足国内、确保产能、适度进口、科技支撑"的二十字国家粮食安全战略和"谷物基本自给、口粮绝对安全"的十二字方针，明确了国家粮食安全战略。2017 年，习近平总书记在考察农业时又指出"中国人的饭碗要装中国的粮食"。在党的十九大报告中，习近平总书记进一步强调"确保国家粮食安全，把中国人的饭碗牢牢端在自己手中"。近年来，随着工业化和城镇化的加快推进，以及相比较其他农作物产品，种粮成本高、收益低，粮食作物产量逐年减少。在调研中，桂东南的农民如实反映，因受市场供求的影响和自然条件的制约，种粮收入较低，如果没有直补订单政策，他们将不再种粮；也有农民反映，政府补贴的标准偏低，也不想继续种粮了。可见，直补订单政策以及将新型粮食生产经营主体纳入直补订单对象，能有效增强农民种粮信心，确保粮食生产能力不降低、谷物基本自给和口粮绝对安全，确保广西人的饭碗装上广西的粮食，为实施广西粮食安全战略助力。

三是直补订单政策确保粮食储备规模全面落实到位。2004 年以来，根据国务院要求以及广西人口增长、经济发展和粮食产销不断扩大，粮食安全压力不断增加的实际情况，广西逐步增加了地方储备粮规模。近年来，自治区、市、县三级储备规模全面落实到位，夯实了粮食安全省长责任制的基础，保障了国家粮食安全，落实了粮食应急供应和宏观调控的物质基础。

四是直补订单政策确保种粮农民的利益和粮价稳定。每年广西在修改完善直补订单政策时，都会根据市场情况给出订单收购价，对粮食价格进行导引，确保社会粮价基本稳定，避免粮价大起大落，伤及种粮农民的利益。据调研，粮商在市场收购粮食时，通常都要先了解政府收购粮食政策的调整，掌握国家收购价格。他们为了收到粮食，往往都以略高于政府收购的价格收购粮食。如果取消直补订单政策，不仅会导致种粮农民的减少，而且将会出现粮商压价压质收购粮食的情况，减少种粮农民的收入，造成市场的不稳定，最终影响粮食的有效供给。若是遇上灾年，后果可想而知。如 2017 年桂东南地区晚稻因灾失收，农民感叹道："这一年如果没有订单补贴政策，死都没空！"通过直补订单政策，农民得到补贴，收回了部分损失。可见，直补订单政策起到了稳定粮食市场的作用，也保护了农民利益。

五是直补订单政策稳定或强化了粮食人才队伍建设。粮食安全是国家的基本政策，确保粮食安全是行政首长的责任，是粮食部门履行的重要职责。实现广西粮食收储任务，需要有一支懂粮食、会收购、善储检的专业人才队伍。直补订单粮食收购政策的实施，既支持农民种粮的积极性，又确保粮食职工队伍的稳定，解决了基层粮所职工的就业问题，同时，对强化粮食专业人才的培养，提升粮食行业自主创新能力，具有十分重要的战略意义。

（三）广西直补订单粮食收储政策的作用持续彰显

一是体现党和政府对"三农"工作的关心和支持。实施直补订单政策以来，广大农民得到的实惠最明显、最直接，补贴也最精准。粮食部门职工与农民关系最密切、最亲近，党和政府的政策通过他们去宣传，农民较容易接受。因此，直补订单政策始终得到农民朋友的拥护和支持。直补订单政策是新时代的要求，是共产党直接联系农民朋友的桥梁和纽带，是政府开展"三农"工作的一个很好抓手，对搞好农业、农民、农村工作起到积极作用，更是推进农业或粮食供给侧结构性改革的良好举措，对引导农民安心种好粮、种优质粮，带动农户增收具有重要意义。

二是有效保护耕地及农民种田的收益。直补订单政策是以种粮农民为补贴对象，不种粮的农民，即使有田地，也不给补贴，比其他形式的补贴政策更能有效发挥国家资金的杠杆调节作用。从桂东南地区了解到，农民种植一亩稻谷，扣除种子、肥料、人工等成本后，收入为500~600元，与种植经济作物或外出务工相比收入偏低。因此，粮田抛荒较普遍。现实中农民是否种粮主要取决于自家的口粮需求、是否有直补订单政策兜底、是否有丢荒的田地种粮、成本的高低等因素。可见，直补订单政策既可增加种粮农民的收入，又有效地保护了耕地面积。

三是有效深化农业供给侧结构性改革与发展。从2006年开始，将优质稻纳入直补订单收购范围，收购计划由20万吨增加到2017年的32.2万吨，同时，提高优质稻直补订单收购价格，持续引导优化粮食种植结构，调动农民种植优质稻的积极性，进而扩大优质稻种植面积，为农业供给侧结构性改革提供支撑。通过扩大优质稻种植面积，促进农民增收的同时，带动了粮食产业发展，使得广西优质大米畅销广东、香港和澳门，提高了广西大米的美誉度和影响力。尤其是 2017 年，广西壮族自治区粮食局决定将粮食新型主体纳入直补订单粮食收购对象，加强政策支持和资金扶持，积极引导新型农业经营主体扩大粮食种植规模，提高农业生产组织化和市场竞争力，培育壮大粮食产业化企业，使得订购粮的对象较集中，形成"集结号"，助推粮食行业转型发展，提升粮食储备的现代化水平。

四是有利于推进乡村振兴战略的实施。乡村振兴战略主要核心是巩固和完善农村基本经营制度和确保粮食安全。乡村振兴战略就是要确保18 亿亩耕地红线不被突破，使农业大发展、粮食大丰收，从根本上解决中国粮食安全问题，而不会被国际粮食市场所左右和支配。然而，现阶段农村的生产组织方式仍是小农户分散经营和新型主体规模经营并存。广西粮食收购仍以一家一户为单位，内部组织松散，统筹协调难度大，一旦急需增加粮食收储任务，将难以完成。实行直补订单政策以及将新型粮食生产经营主体纳入粮食收购对象，有利于实施现代特色农业示范区建设，引导农村土地流转或整合，将分散的土地及农民进城务工放弃的耕地集中到种粮大户或生产合作社，优化农业生产方式，实现规模化、集约化生产；调整组织结构和种粮结构，帮助小农户和大市场有机衔接，推进乡村振兴，让他们过上和城里人一样的幸福生活。

二、广西粮食收储制度改革与发展面临的形势

党的十九大报告指出，中国特色社会主义进入新时代，我国社会主要矛盾已经转化为人民日益增长的美好生活需要和不平衡不充分的发展之间的矛盾，我国经济已由高速增长阶段转向高质量发展阶段。这确定了我国发展新的历史方位，明确了新时代经济社会发展的重要特征。近年来，我国粮食形势发生了深刻变化，粮食生产方式转变和消费需求升

级逐步加快，传统农业正向现代农业转型，国际国内粮食市场深度融合，尤其是在加快推进农业供给侧结构性改革发展粮食产业经济的过程中，粮食供求形势发生了明显变化。广西粮食收储制度改革与发展将面临新的矛盾和问题。

（一）粮食产业结构发展不平衡。一方面，随着人们生活水平的提高，人民群众对粮食消费结构的要求也发生了变化，由"吃得饱"向"吃得好"和"吃得健康"转变。由此给粮食供需总量平衡、品种平衡、区域平衡带来一定影响，对实现高品质粮食供求动态平衡提出了新的要求。另一方面，随着工业化、城镇化的加快推进和泛北部湾经济区开放开发建设，广西人口逐年增长，粮食消费需求刚性增长，粮食库存消化进程加快；然而，农村土地"非农化""非粮化"程度加深，粮食种植结构的调整和休耕轮作的实施，导致粮食作物播种面积逐年减少，粮食收储问题较为突出。

（二）农民种粮售粮积极性不高。由于种粮效益较低和粮食经济结构调整等因素，稳定粮食生产压力较大，尤其是稻米价格低迷，且受国际及区外的粮价影响，国家水稻最低收购价格略有下调，农民种粮积极性普遍不高，粮食收购数量锐减。如钦州市直补订单粮食收购从 2013 年的 53000 吨减少到 2017 年的 42500 吨，减幅为 19.8%。此外，农村种田劳动力断层现象凸显，新型的现代种粮农民仍需要培育。

（三）基层粮库收储条件不完善。一是粮食收纳库设施设备较落后。基层企业收购粮食的收纳库大多是 20 世纪七八十年代及以前建设的木屋架瓦仓，因使用时间已超年限，储粮存在安全隐患。二是订单收购工作缺少现代化设备。现有的粮食烘干、清理、运输、装卸、堆高等设备滞后，不利于企业订单收粮储粮，也不方便农户售粮。三是粮食收储管理机制不完善。订单直补政策尚存不足，订单粮食收购手续复杂；粮食职工中仍存在着"等、靠、要"的思想，深入农户的服务工作做不到位；创新方法不多，管理不规范，科学储粮技术滞后；轮换粮销售难等因素增加了广西粮食收储规模扩大的难度。

三、广西粮食收储制度改革与发展的创新思考

随着经济社会和粮食供求形势的深刻变化，国家粮食收储制度的改革已经逐步推进。实行多年的政策性粮食收储制度将进行实质性改革和完善。业内专家指出，新时代粮食流通工作将发生"四个转变"：一是收购方式将由以政策性收购为主导向市场化收购为常态或主流转变；二是价格形成将由托市价格为参照向市场形成价格真正反映供需转变；三是操作主体将由单一执行主体为主导向多元市场主体共同参与转变；四是市场管理将由管理行业、管理国有企业为主向管理全社会粮食流通、管理各类市场主体转变。要适应这"四个转变"，广西粮食收储制度需要创新发展。

（一）创新粮食收储方式。 在推进粮食收储制度改革与发展中，广西要在保留最低收购价格政策框架的前提下，增强政策灵活性，合理确定收购价格，优化执行预案和具体操作办法，支持地方和企业扩大市场化购销。探索和完善直补订单收购政策，严格执行好最低收购价政策和直补订单粮食收购政策，切实抓好直补订单粮食收购工作，切实保护好种粮农民利益。粮食部门要巩固和完善粮食收储方式，由以往开门等待收纳粮食转变为上门收购粮食；由农民拉粮上门转变为到田间地头承运粮食；创建或推广"粮食银行"，为农民提供水稻现代化集中仓储服务；探索建立和完善粮食储备体系，既可储粮于民，又可代民储粮，创新收储一体化试点；建立粮食收储信息平台，推动联收、联运、联储等方式，提高收储效率，增强应急调运配送能力。

（二）创新粮食收储主体。 任何时候农民都是种粮、售粮的主体。在新时代，农民的主体内涵已经发生变化，传统农民已开始向现代农民转变。粮食部门收购粮食的对象，不能紧盯着以往分散的小农户，要善于开发新的粮食生产经营主体。正如习近平总书记视察广西时强调：要扶持家庭农场、专业大户、农民合作社、龙头企业等新型农业生产经营主体，为农业现代化提供坚实人力基础，扎实推进现代特色农业建设。要

加强与农业农村部门协作，引导个体农户"抱团"发展，通过建立粮食基地，发展订单农业等方式，提高农户组织化程度，推动传统农业向现代农业转变，促进农村生产方式的变革，完善农村基本经营制度，改变以一家一户为单位收购粮食的落后状况。国有粮食企业作为粮食收储的主体，要充分发挥市场的主导作用，善于利用好新型粮食经营主体，鼓励和引导各类粮食企业按照随行就市、自主经营、自负盈亏的原则，开拓市场收粮渠道，促进粮食产业发展。

（三）创新粮食收储品质。2014年以来，国家陆续改革调整大豆、油菜籽、玉米收储政策，取得良好效果。广西要以实施"优质粮食工程"为抓手，以完善调整稻谷收储制度为重点，不断深化供给侧结构性改革，不断调整储备粮品种结构，满足人民群众口粮消费和饲料消费的需求，在保持储备规模不变的前提下，适当减少普通稻谷和小麦的储备数量，相应增加优质稻谷品种和玉米的储备数量，强化储备粮的市场调节功能，从而扩大广西优质稻的种植面积，建立和完善优质稻的收储制度。

2017年9月14日广西香米产业联盟成立

（四）创新粮食收储管理。随着粮食收储制度的深化改革，国家对实施"粮安工程"已由量的扩张发展到质的提升。一是扎实推进粮库智能化升级改造工程。加快市、县中心粮库建设和"危仓老库"改造，加强粮库智能化项目建设与管理，争取地方财政给予更大支持，统筹用好财政补助资金，精心组织项目建设，确保工程质量。探索建立粮食金融体系，拓宽资金来源。二是推广应用科学储粮技术。以"中国好粮油"行动计划示范县和示范企业建设为契机，改造一批满足优质粮油产品保鲜储存要求、便于优质粮油产品配送的低温库。加快充氮气调绿色储粮项目建设，强化粮食专业的高科技人才培养，加大对现代储粮技术的研究和推广，构建数字化粮食收储系统，进而释放行业潜力，创造新粮食经济增长动能。三是规范储备粮轮换制度。不断提高储备粮轮换效益，推动"产购储加销"有机衔接，助力培育从田间到餐桌的全产业链经营模式，促进一二三产业融合发展，不断提升广西粮食产业发展水平。

重庆食用油行业发展问题研究

重庆市粮食局

食用油也称为"食油"，是指在制作食品过程中使用的动物或者植物油脂。由于原料来源、加工工艺以及品质等的不同，常见的食用油多为植物油脂，包括菜籽油、大豆油、花生油、玉米油、橄榄油、山茶油、棕榈油、葵花籽油、芝麻油、亚麻籽油等。重庆市场最为常见的是大豆油、菜籽油、玉米油、花生油、芝麻油等主流品种。此次调研，主要是为了摸清全市食用植物油消费现状，学习周边省份食用油产业发展经验，提出食用油行业发展建议。

一、重庆食用油行业发展现状

（一）油料生产逐年攀升

重庆油菜籽的产量不足全国总产量的 2%，长期处于偏低水平。随着农业供给侧结构性改革的不断推进、农业产业结构逐步调整，以及政府鼓励大力发展油料作物经济和油菜籽良种补贴政策带来的刺激，全市油料作物的播种面积由 2013 年的 425.2 万亩提高到 2017 年的 492.8 万亩，总产量由 2013 年的 53.1 万吨提高到 2017 年的 64.3 万吨；其中油菜籽、花生播种面积分别由 2013 年的 323.4 万亩、85 万亩提高到 2017 年的 390 万亩、88 万亩，产量分别由 2013 年的 40.1 万吨、11.7 万吨提高到 2017

年的 50.5 万吨、12.7 万吨。预计 2018 年油菜籽、花生的播种面积将达到 395 万亩、88.7 万亩，同比增加 0.23%、0.79%；产量预计为 51.1 万吨、12.8 万吨，同比增加 1.18%、0.78%。本地油菜籽的价格一直稳定在 2.7~2.9 元 / 斤，年度波动不大，预计 2018 年的收购价格在 2.8~2.9 元 / 斤，同比上涨 4% 左右；本地产花生的价格预计在 5.0~7.0 元 / 斤（见表 1）。

表 1　2013—2017 年全市油料生产简表

种类 年度	油料					
	播种面积 （万亩）	产量 （万吨）	油菜籽		花生	
			播种面积 （万亩）	产量 （万吨）	播种面积 （万亩）	产量 （万吨）
2013	425.2	53.1	323.4	40.1	85.0	11.7
2014	449.9	56.9	348.9	44.0	84.9	11.6
2015	464.0	59.9	363.7	46.7	85.4	11.9
2016	480.0	62.7	378.0	49.2	87.2	12.3
2017	492.8	64.3	390.0	50.5	88.0	12.7

数据来源：重庆市统计局公报。

（二）食用油加工竞争激烈

从全市粮食企业加工报表上看，截至 2017 年年底，全市入统粮食产业经济的企业 232 户，其中油脂加工企业 17 户；入统油脂企业年压榨油料能力 77 万吨，其中大豆压榨能力 63 万吨，油菜籽压榨能力 14 万吨；年精炼能力 90 万吨，其中大豆油 34 万吨，菜籽油 44 万吨，其他油 12 万吨；2017 年入统企业食用油产量 53.1 万吨，其中大豆油为 22.1 万吨，菜籽油为 24.6 万吨，其他油类为 6.4 万吨。

近年来，国内各个产业都出现了从沿海向内地迁移的趋势，油脂行业也不例外。重庆已经成为继天津、东莞后，国内第三大油脂产业聚集区。众多油脂巨头扎堆重庆，不仅因为重庆市场潜力大，还因为重庆是占领西南市场的"桥头堡"，同时重庆是西南地区唯一可以通行大型油驳的地区，因此备受国内外油脂企业青睐，成为战略布局的首选。目前中粮粮油工业、益海嘉里、鲁花食用油、道道全粮油、新涪食品等一批知名油脂巨头纷纷落户重庆。通过市粮食行业协会油脂分会对全市粮油加工产能进行调查发现，全市的油脂企业有近 150 家，除入统的 17 家大型企业外，其他均属于中小型油脂精炼或压榨的企业或个体户，全市油脂年精炼能力约为 150 万吨，其中，入统企业约占 60%。

（三）食用油消费需求旺盛

通过分析全市供需平衡调查数据，2017 年全市食用油总供给量约 116 万吨，其中本地压榨加工食用油 31 万吨（本地及外调油菜籽折油 18 万吨，进口大豆折油 13 万吨），市外购进 82.5 万吨，进口 2.5 万吨；总需求量为 120 万吨，其中本市消费 76 万吨，包括城镇和农村口油消费 56 万吨，食品、饲料工业用油 20 万吨，销往市外 44 万吨（见表 2）。虽然油料产量逐年攀升，但随着人口刚性增长、工业用油产能提升、火锅产业升级等因素，食用油产需缺口呈逐年扩大趋势。

表 2　重庆历年食用油供需简表

种类 \ 年度	食用油总供给（万吨）	产量（万吨）	市外购进（万吨）	食用油总需求（万吨）	城镇需求（万吨）	农村需求（万吨）	销往市外（万吨）	产需缺口（万吨）
2013	75.3	21.5	49.8	74.2	34.5	15.7	11.3	52.7
2014	91.1	36.7	54.4	95.7	36.2	18.1	27.8	59.0
2015	101.9	28.0	64.2	102.0	37.7	21.6	21.5	74.0
2016	108.1	30.5	75.0	111.2	34.2	19.0	42.6	80.7
2017	116	31.0	82.5	120.0	37.2	18.8	44.0	89.0

注：1. 食用油总供给和总需求，不仅仅只包括本表的几个数据。
　　2. 2017 年为预计数。
数据来源：重庆市粮油供需平衡调查。

从消费结构上看，76 万吨的食用油消费又分为五大板块：一是家庭消费 31.3 万吨，占食用油消费总体的 41.2%；二是餐饮企业消费 23.7 万吨，占总体的 31.2%；三是团体消费（机关、学校、企业食堂）6.5 万吨，占总体的 8.6%；四是食品工业消费 13.1 万吨，占总体的 17.3%；五是非食品工业消费（制药、化工）1.4 万吨，占总体的 1.7%。

从包装形态上看，小包装占较大比重。2013 年，重庆市食用油消费中，包装油和散装油比重大概为 1∶1。现今，随着食品安全理念的深入和市场的规范，包装油市场消费占比已超 70%，其中，小包装占比 39%，一次性包装占比 14%，周转桶包装占比 17%，散装油的市场份额不足 30%。

二、重庆食用油行业发展存在的问题

（一）油料作物产量低、自给力低

重庆的主要油料作物为油菜籽，花生和大豆均为小品种作物，花生年产量约 12 万吨，大豆年产量约 20 万吨，本市花生和大豆基本为市民直接食用，未进入油脂压榨环节。重庆市虽是油菜籽主产区，但全年菜籽产量仅 50 万吨左右，可榨菜籽油约 17 万吨。重庆高山丘陵河谷地带较多，粮食收播机械化程度较弱，农业生产成本较高，加之环境、气候、土壤等生产条件不利于粮食的品质提升和优化，致使本地产油料作物市场竞争力较弱，粮油产品的经济效益不明显，又因农村劳动力缺乏，农民种植油料作物能力不足且意愿不够强烈，导致油料作物的产量提升不够明显。

（二）本地油料作物商品率不高

虽然油菜籽的种植面积及产量逐年上升，但大多数油菜籽被农民直接在乡镇小型榨油作坊进行了兑油交换，全市油菜籽商品量不足 3 万吨，折合菜籽油 1.1 万吨，约占总产量的 6%。油脂企业收购油菜籽原料困难，现有商品量仅够乡镇小作坊（个体户）从事油菜籽压榨业务，远不能支撑市内各油脂加工企业的榨油需求。通过全市粮食供需平衡调查数据分析，2017 年全市 116 万吨油脂供给中，有 18 万吨为油菜籽压榨转化（包含本地农民兑油消费压榨、本地及外地油菜籽原料调入油脂企业压榨）；有 13 万吨大豆油完全依靠进口大豆压榨生产；剩余近 85 万吨油脂主要是从长江流域和珠江流域等地区购入成品、半成品原料油和部分外地品牌的小包装油，以及少量进口菜油。

（三）大型油企形成行业垄断

国内知名食用油企业均在重庆设有加工基地，其中中粮粮油工业（重庆）有限公司、益海嘉里（重庆）粮油有限公司、重庆鲁花食用油有限公司、道道全重庆粮油有限公司、重庆红蜻蜓油脂有限责任公司等大型企业至少占有重庆本地 60% 的食用油消费市场份额，并建有规模化的生产车间、储备油库、专用码头、铁路专线和站台等，占全市油脂加工能力的 60%，不仅在物流、加工、市场、价格等方面具有优势，在标准引领、质量提升、品牌培育等领域也拥有绝对话语权。其他民营油脂企业主要存在于区县乡镇市场，大部分为小企业、小作坊、个体户，基本从事油菜籽原始压榨业务，不具备精炼能力。

（四）食用油流通市场规范程度较低

目前，食用油市场开放程度较高，市面上包装油和散装油并行，涉及市场监管环节较多，一定程度上存在监管漏洞，市场规范还不够完善。

在包装油方面，主要表现在包装使用不规范。一是包装物循环利用存在食品安全风险。主要是清洗消毒环节存在不彻底不规范的问题。二是存在利用循环周转包装从事违规违法活动的情况。主要为再利用原桶商标，灌入其他散装食用油二次销售，滋生以次充好、以假乱真等违法乱纪行为。

在散装油方面，一是食品安全无法保障。散装油的流通特性使得油脂来源追溯较为困难，部分不法商户违规掺杂使假、以次充好，给地沟油、泔水油以可乘之机，容易诱发食品安全事件。二是油脂市场维权困难。重庆市散装油主要经营对象是小企业、小作坊、个体户，消费群体大多是小餐馆、部分食堂以及农村居民家庭等，该群体维权意识和安全意识都较为薄弱，无法完全保障自身的合法权益。三是市场监管难度大。因油脂的化学指标特性，现有的检测技术无法进行准确定量分析，从而导致对不规范油脂产品的监管难度较大。四是严重扰乱市场秩序。从事散装油销售的群体压价销售对合法合规的油脂企业造成价格冲击，导致市场恶意低价竞争，油脂产品质量陷入恶性循环，食用油行业发展受限。

（五）缺乏标准乱象丛生

火锅是重庆的名片，由于重庆缺乏统一的火锅调味油行业标准，调味油行业乱象丛生，火锅产业层次不高，进一步发展壮大障碍重重。一是生产火锅调味油的企业，大多是个体户、小作坊、小企业等，从业素质较低，产品安全性差；二是根据国家食品有关标准规定，明令禁止在食用油中添加香精、色素，但在火锅调味油中，添加芝麻香精的现象仍不同程度地存在；三是调味油部分包装化后，虽然进行了规格定量标注，但包装内不足量现象较为普遍；四是在调和油产品的包装上，只注明勾兑的油料成分，而不标明配料的勾兑比例，消费者无法从外包装得知调和油中各油品的具体含量。

三、外省的主要经验

陕西和四川两省在食用油生产、储运、消费等环节的发展情况较好，其粮油产业经济发展经验对重庆市食用油行业发展具有相当的借鉴意义。

（一）粮油产业经济发展迅猛

一是积极给予政策支持。自国家出台大力发展粮食产业经济政策以来，各省均相继行动起来，纷纷制定了《粮食产业集群发展规划》《关于加快推进农业供给侧机构性改革大力发展粮食产业经济的实施意见》等扶持政策，对当前和今后一个时期粮食产业经济发展进行了顶层设计，以"粮食＋健康""粮食＋互联网"为主要方向，促进粮食产业和健康产业结合发展，补齐短板、发挥优势，积极构建现代粮食产业体系，从而在更高层次、更高质量、更可持续上保障粮食安全。

二是大力实施品牌引领战略。陕西省为提升粮油产品知名度和美誉度，从优势骨干企业中，遴选24个粮油品牌给予重点扶持，通过自主创新、品牌创新、品牌宣传等手段，培育和发展具有陕西特色的地域品牌。四川省针对籽强油弱的实际，在2018年推进乡村振兴战略中，充分发挥具有"川菜之魂"美誉的四川浓香菜籽油特色，着力打造"四川菜籽油"公用品牌，利用部分财政资金支持，通过建基地、搞加工，使"四川浓香菜籽油"特色得以充分彰显，推进四川菜籽油产业高质量发展。

三是支持粮食企业"走出去"。两省主动融入国家"一带一路"倡议，以建设粮食物流枢纽为重点，内引外联，鼓励和引导有条件的粮食企业"走出去"，到国外开展优质粮食种植、收购和加工业务，建立国际优质粮食产销对接，补充国内优质粮食的有效供给。西安爱菊粮油工业集团、陕西粮农集团先后在哈萨克斯坦合作建设粮油生产加工基地，先后利用"长安号"国际货运专列进口优质小麦 5900 吨、面粉 11000 吨、油脂 8000 吨、油菜籽 11000 吨，较好地满足了高端粮油产品的市场需求。

（二）有效推动食用油禁散

早在 2014 年，陕西为确保食品安全，规范食用油市场秩序，打击制售有毒有害食用油违法行为，省食品药品监管局就出台了《关于加强食用油监管工作的指导意见》，加强对食用油生产加工企业、流通环节、餐饮服务单位以及相关食品企业等的监管，从源头上禁止散装油脂生产销售。除在原料产区、特色文化集镇、山区等地还保留一些小作坊生产散装食用油，其余各地基本没有生产销售散装食用油的企业。四川主要在成都等城区实施了食用油禁散，在加工环节，要求大型油脂企业不得从事散装油批发业务，小作坊企业建立备案登记，仅限加工现场零售；在流通环节，各经销企业严格按照相关法律法规持照经营，不得将大包装拆零进行散装食用油销售；餐饮、食品加工、机关学校食堂等消费群体，应从合法渠道采购预包装（非循环包装）食用油，对废弃油脂、泔水油的去向负责等。

四、对重庆食用油市场发展的建议

（一）加大政策扶持力度，助推食用油产业发展

认真落实《国务院办公厅关于加快推进农业供给侧结构性改革大力发展粮食产业经济的意见》（国办发〔2017〕78 号）和《重庆市人民政府办公厅关于大力发展粮食产业经济的实施意见》（渝府办发〔2018〕18

号）精神，紧扣社会主要矛盾的转变，全面落实国家粮食安全战略，切实增加绿色优质粮油产品的有效供给，推动食用油产业创新发展、转型升级和提质增效。一是用好支持粮食产业经济发展的财政税收、土地资源、金融信贷、科技创新、用电用气等积极政策。二是充分利用现有资金渠道，大力实施"优质粮食工程"建设，支持粮食仓储物流设施、国家现代粮食产业发展示范园区（基地）建设和粮油产业转型升级。三是统筹利用产粮产油大县奖励资金、粮食风险基金等政策性资金的导向作用，调动各类市场主体积极参与发展食用油产业。

（二）合理优化产业布局，促使油料生产上新台阶

油料生产在农业生产中占据重要地位，不仅影响到农村种植业结构，同时也影响到相关加工业和畜牧养殖业的发展，因此必须科学合理地调整优化油料产业布局，提高油料作物生产力和生产质量，促进全市农业高效发展。一是合理优化区域布局，落实"两区"划定任务。按照《重庆市人民政府关于建立粮食生产功能区和重要农产品生产保护区的实施意见》（渝府发〔2017〕50号）精神，贯彻执行"藏粮于地、藏粮于技"战略，将250万亩油菜籽生产保护区落实到位。综合油料生产优势较大的区域资源，加强农业基础设施建设，提高区域抗灾能力，适度扩大油料作物种植面积，实行规模种植，着力提高油料产量水平。二是加快新品种新技术推广应用。加强农业院校、研究机构、农业企业等开展油料作物新品种、新技术、新产品的研发力度，促进科研成果产业化。按照《重庆市粮油产业稳产增效项目指导意见》要求，推进油菜籽"一推四改"关键技术和示范轻简高效种植技术进步，推广优质高产、含油量高的双低油菜品种，积极推行机播机收、免耕、一种双收等轻简高效油料种植技术。三是支持木本油料和其他兼用型油源的发展。利用本地林业资源优势，充分利用山地、丘陵等非农用地，大力支持开发油茶、油橄榄和核桃等木本食用油料种植，扩大油料来源。

（三）推进粮油产业园区建设，防范产能过剩风险

重庆从行业发展布局领域着手，推进产业集聚，淘汰落后产能，防

止形成新的产能过剩。一是推进粮食产业园区建设，将重庆建成全国第三大食用油精炼基地。重点推进重庆西部粮食物流园、江津德感粮油加工产业园、涪陵临江粮油港口园等粮食产业园区建设，鼓励大型食用油企业优势互补、强强联手，形成"头雁效应"。鼓励粮食关联、配套产业和有关服务业向产业园区集聚，培育1个年产值超200亿元的现代粮食产业示范园区，争取国家挂牌。二是防止政府无序招商。从市级层面入手，出台食用油市场发展指导目录，切实加强区县政府对食用油产业发展过剩危害性的认识，指导区县政府做好在食用油产业领域招商工作。三是鼓励淘汰落后产能。鼓励市场通过多种方式加快淘汰能耗高、效益差、产品质量无保障、管理粗放、水平低的落后产能，与此同时，支持先进产能继续发展壮大，从而形成市场对过剩产能特别是落后产能和绝对性过剩产能的倒逼机制，加快其退出。四是大力发展粮油科技。认真落实国家发改委、国家粮食和物资储备局、科技部联合印发的《关于"科技兴粮"的实施意见》精神，高度重视粮油科技创新，抢占粮油加工的制高点，特别重视关键技术设备的创新开发，切实提高食用油加工技能技术。

（四）打造品牌文化，促进产业多样化发展

一是创新产业发展方向。目前，传统食用油的生存空间竞争愈加激烈，以中粮粮油、益海嘉里、鲁花、红蜻蜓等为代表的大型粮油企业纷纷创新加工工艺，开发新产品，进军高端品牌。例如，近期红蜻蜓油脂就以"破壁爆香、味在家乡"为主题，倾力打造了8个菜籽油新品，实现产品创新和品牌发展迈上新台阶。二是维护品牌形象。以创建"中国好粮油""重庆好粮油"行动为抓手，促使食用油企业诚信守法、做大做强。鼓励企业积极参加"放心粮油"示范企业创建，树立良好的社会形象，搭建畅通的服务沟通平台，提升企业整体素质，增强品牌危机公关意识。三是打造品牌文化。坚持市场导向、文化注入和品牌塑造，鼓励企业宣传推介好产品、好品牌，特别是区县特色粮油品牌，结合商务发展平台优势，充分利用网络宣传和"西洽会""渝交会""西部农交会"等展会

契机，做到农商文旅相融合，讲好人文故事、做好粮油产品、传承优秀农耕文化。

（五）建立行业标准，夯实产业发展基础

为了推动产业的蓬勃发展，有必要建立符合重庆市食用油行业发展的指导标准，引导重庆食用油市场的规范化、标准化。一是建立符合重庆市需求的行业标准。食用油品种繁多、企业标准多样，重庆应重点打造具有重要影响力的火锅、串串等用油标准，其标准要具有主导作用，引领全国。二是加快标准的制订过程。为加强行业指导，实施标准化管理，在"十二五"期间成立由各方专家组成的制标小组，统筹提出标准意见。三是逐步建立地方特色标准。重庆食用油产品丰富，特别是类似"一次性锅底""老油锅底""调和油"等概念繁杂，制订食用油行业标准迫在眉睫，建立重庆地方标准也是势在必行，同时这也有利于重庆粮油加工业"十三五"发展规划的实施，为促进"重庆火锅"产业、"渝菜"产业发展提供了有力保障。

（六）保障食品安全，推行食用油消费禁散

为建立食品安全监管长效机制，防控三无产品、地沟油、掺杂使假劣质粮油产品进入消费市场，同时为创建国家食品安全示范城市，确保消费者食品安全，建议禁止生产、销售散装食用油，提倡散装食用油逐步退出终端市场，从源头上杜绝"问题"食用油上市销售。从消费结构来看，居民生活物质的丰富以及生活水平的提高，对安全、健康、卫生、便利的包装油需求越来越大；从食用油经销来看，大部分的食用油经营者随着市场需求的变化，主动将散装经营基本转换为包装制品经营，包装食用油是油脂产业的发展趋势。一是确定禁散区域和时限。在主城九区的城区范围先行推行食用油禁散，采取宣传推广在前，强制禁散在后的方式，由市场监管部门、粮食行业主管部门、公安部门共同联合实施，再依照实施效果，逐步推广至远郊区县。二是明确各类生产经营主体责任和义务。严格落实食用油生产企业不得向流通环节、餐饮服务环节销售散装食用油和使用循环包装容器；食用油经营企业不得销售无包装、

循环包装、无 QS（企业食品生产许可）标志、无标签标识、超保质期等食用油，并且不得将大包装拆零进行散装食用油销售；餐饮、机关学校食堂等团体消费群体应从合法渠道采购包装食用油等。三是加强监督管理。按照"地方政府负总责、监管部门负首责、企业承担主体责任"的三责制原则，加强日常监管，构建食用油安全风险防治网络，强化食品监管责任落实。

（七）加强行业自律，推进诚信体系建设

为促进食用油产业健康发展，食用油企业在接受政府监管的同时还应当主动加强行业自律，建立诚信体系，通过有序的市场竞争逐步淘汰不良企业，尤其是要严厉打击假冒伪劣、扰乱市场等违法违规行为，营造良性循环的市场环境。一是严格依法经营。自觉遵守《食品安全法》《产品质量法》《消费者权益保护法》等各项法律法规，坚持依法经营，牢固树立质量意识、安全意识，健全质量安全管理体系，坚决执行国家标准、地方标准，主动履行行业标准，严把食用油产品质量关。二是严守职业道德。严格遵守职业道德和行规行约，树立良好的行业风气和企业形象，牢固树立诚信意识、服务意识，增强社会责任感和使命感，做到文明经商，诚实守信，严格管理，规范服务。三是构建长效监管机制。认真落实企业主体责任，着力构建强化监管的长效机制，加强企业生产经营责任制管理，建立健全加工、经营台账管理和质量检验制度，认真执行产品质量追溯和退市召回制度，及时向社会公布相关产品信息，主动向有关主管部门提供相关报告，自觉接受社会监督。

关于粮食产后服务体系建设的调研报告

四川省粮食局

为深入学习贯彻习近平总书记视察四川重要讲话精神，大力发展粮食产业经济，结合国家局开展的"深化改革、转型发展"大讨论活动，省粮食局组织调研组深入粮食企业、专合组织、民营加工企业，对全省实施粮食产后服务体系建设情况进行了深入调研。总体看，四川省坚持以产后服务中心为载体，深化以县域为单元的产后服务体系建设，不断创新提升服务水平和能力，走出了一条以"三化四全五代"为特点的粮食产后服务体系建设新路径。

一、背景与现状

四川是西部唯一的粮食主产省，也是全国第一粮食消费大省和第二调入大省。近年来，随着四川新型城镇化加快推进和农业生产经营方式加速转型，四川省农村土地流转规模持续增大。据不完全统计，2017年全省土地流转率约为40%，其中绵阳、德阳等部分市高达99%、82%，粮食适度规模种植比例不断提高，新型粮食生产经营主体不断增多。截至目前，通过全省粮食部门引导支持粮油企业带动其他经营主体实施订单、流转及托管优质粮食种植面积达1800余万亩。由于四川地处盆地，湿度较大，日照偏少，在粮食连年丰收的形势下，因连续阴雨等灾害性天气极易导致粮食受潮霉变，规模化种植收获后的粮食烘干、清理及代储等问题日益突显，粮食增产不增收问题严重困扰着种粮大户、家庭农场及种粮农民，一定程度上挫伤了种粮农民的积极性，也给保障区域粮食安全带来较大隐患。

对此，省粮食局党组坚持问题导向、底线思维，充分发挥行业部门技术、人才、资源等优势，在广泛调研和论证的基础上，2012年创新性提出启动"川粮产后服务工程"，以粮食产后服务中心为载体，有效解决各类新型粮食经营主体规模化生产后出现的烘干清理、收储加工等各类产后服务实际问题。截至目前，全省财政总投入4.53亿元，在105个县建设432个产后服务中心项目，基本构建起"布局合理、能力充分、设施先进、功能完善、满足粮食产后处理需要"的新型社会化粮食产后服务体系。

二、做法与特点

（一）主要做法

1. 科学谋划建设方案。国家启动"优质粮食工程"以来，四川省按照国家局、财政部《关于印发"优质粮食工程"实施方案的通知》精神，完善了《四川省"优质粮食工程"粮食产后服务体系建设实施方案》（以下简称《实施方案》）。为着力构建全省"布局合理、能力充分、设施先进、功能完善、满足粮食产后处理需要"的新型社会化粮食产后服务体系，《实施方案》明确指出：到2020年全省67个产粮大县产后服务体系全覆盖，其中，2017年覆盖20个县、2018年覆盖30个县、2019年覆盖17个县；项目总投资4.71亿元，资金来源为争取中央财政2.215亿元，地方配套及建设单位自筹2.495亿元。

为确保"优质粮食工程"产后服务体系建设内容符合支持方向、符合国家和省级有关规定，四川省依据土地流转率、粮食总产量和粮食商品量等因素，确定30个县（市、区）纳入竞争立项备选县，通过竞争最后选择20个县作为2017年试点县，最高给予350万元的财政资金支持，每个县支持建设 7 个项目点。之后，省粮食局、财政厅组织专家对项目县进行评审，对项目点位布局、建设规模及内容、项目投资及建设方案进行备案批复。要求严格按照国家局颁布的《粮食产后服务中心建设技术指南（试行）》《粮食产后服务中心服务要点（试行）》进一步完善技术方案，确保项目目标如期实现。

2. 有序推进项目建设。2017 年 12 月，省粮食局在广汉市召开了全省"优质粮食工程"粮食产后服务体系建设现场启动会。为加强项目推进和监管，四川省成立了以省粮食局原党组书记、局长张书冬同志为组长，省粮食局副局长、财政厅经建处处长为副组长的建设领导小组，并设有粮食产后服务体系工作小组。相继出台了《四川省"优质粮食工程"专项建设管理办法》《省级财政"粮安工程"建设专项资金管理办法》和《管理办法补充通知》《四川省粮食产后服务体系标识标牌管理办法》等文件。截至 2018 年 5 月底，20 个项目县已开工项目点 105 个，占计划的 84.7%；完工 44 个，占计划的 35.5%；项目完成投资 8100 万元，占计划的 56.3%。

经第三方机构对 2012 年以来已完成的 173 个项目点进行绩效评价，效果良好，深受当地农民及新型粮食生产经营组织欢迎。目前已累计烘干清理粮食 200 余万吨，挽回损失 6 亿元以上。

（二）主要特点

1. 突出"三化"导向。四川省推广了广汉市"专业化服务、社会化组织、信息化建网"的经验，具体做法是：首先，成立了省内首家粮食产后服务体系技术服务队，邀请省粮食工程设计院、中储粮成都粮科院等方面专家，及具有中级职称的粮食保管专业人员和相关设备厂家的技术人员近 50 余人参加，有效提升了全市粮食产后服务专业化水平。其次，由种粮大户（农户）、各类专合社、大学生创业园、国有粮食企业等 51 家组织自愿组建了蜀鑫粮食合作社联合社，通过构建利益共同体，做大服务范围，提高了粮食产后服务社会化组织水平。最后，采取划片包干、建卡对接的方式，强化服务信息网络建设，为各类粮食生产经营主体提供了专业化、社会化、优质化的产后服务。全省通过推广"广汉经验"，引领和带动了全行业初步形成了资源共享、效益共赢、品牌共建、脱贫共推的良好局面，也为新时代提高地方粮食部门的地位和形象找到了新载体。

2. 突出"四全"思维。一是坚持产粮大县全面覆盖，构筑粮食产后服务新体系，有效解决"耕者"后顾之忧。目前按照"三年规划两年完成"的总体规划，省财政提前下达了 2018 年（30 县）、2019 年（17 县）共计 47 个县、165 个项目省级专项资金 1.115 亿元，为提前一年实现"产粮大县产后服务体系全覆盖"任务夯实了基础。二是坚持产后服务全面优化，不断壮大新型粮食经营主体，促进粮食流通业转型升级。通过统一标识、规范运作粮食产后服务中心，塑造了"川粮产后服务"区域公共品牌。三是坚持产业链条全面延伸，促进"产后服务带动发展模式"，进而推进一二三产业融合发展，增创粮食产业经济发展新优势。以产后服务体系建设为引领，崇州、什邡等地建设"田园综合体""泉水粮食产业园"等"全产业链"示范工程，形成了各具优势的粮食生产、休闲旅游、体验消费、文化感受"多合一"特色粮食产业园区。四是坚持粮食产业全面提质，以产后服务体系建设为引擎，做大做强"天府菜油"产业，推进"川米优化"工程，据初步统计，全省已增加优质粮油种植面积 93.8 万亩，可带动 44 万户农民直接增收 1.4 亿元。2017 年全省粮食产业工业总产值、销售收入、利润总额分别增长 17.2%、12.5% 和 31.4%。

3. 突出"五代"服务。一是省粮食局、财政厅先后派出 15 个联合督导组赴项目县实地调研、督导和检查。二是组建了由 20 个专家组成的省级粮食产后服务体系建设专家组，强化指导和咨询服务。三是协助烘干机供应厂家举办了两期培训班，为农民合作社、粮油加工企业、国有粮食收储企业等多元主体培训技术骨干。四是广泛为各类粮食生产经营主体开展"五代"服务，服务量达 430 万吨以上，其中：烘干清理粮食 180 万吨，代储代加工粮食 200 万吨，代销售粮食 50 万吨。

四川省在全国率先实施粮食产后服务体系建设，为农户提供"五代"产后服务，图为眉山农穗水稻种植专业合作社的 9 台 15 吨烘干机

三、不足与思路

（一）主要不足

一是以县域为单位各县产后服务体系发展不平衡。粮食产后服务体系建设以县域为单位整体推进，按照"先建后补"原则，具体项目点竣工验收后拨付补助资金，一些项目县部分项目点建设进展滞后，导致部分项目资金尚在县（市、区）财政，未直接拨付到具体项目点。

二是非产粮大县存在一定产后服务中心建设需求。经过实地调研，盐源县等地尽管产粮相对不多，但仍需要部分粮食烘干、清理、仓储等服务，以带动贫困农户增收、助推脱贫攻坚。

三是产后服务体系建设项目尚需开展整体性绩效评价。粮食产后服务，有效解决了新型粮食经营主体晒粮难、储粮难等实际问题，缓解了粮油加工产品质量不稳定、品种不一致、品牌叫不响等问题，但仍需与"粮食安全质检体系建设""中国好粮油行动"等统筹发力，支撑粮食生产方式转变，促进一二三产业融合，构建粮食现代产业经济体系，实现粮食产业提档升级。

（二）工作思路

一是持续加大产后服务中心建设力度。进一步发挥省级粮食产后服务体系建设专家组和地方粮食行业科技特派员作用，加大督促指导力度，确保各地按时按量完成产后服务体系建设。加大"优质粮食工程"项目资金争取，进一步强化各地建设需求调研，统筹安排"优质粮食工程"三个子项目，产后服务体系建设适度向需求较大的边远贫困地区非产粮大县倾斜。

二是及时做好产后服务体系绩效评价。由市、县粮食和财政部门对已完工项目点实施验收，确保及早投入营运并发挥效益。加强产后服务中心营运和体系发展指导力度，健全服务网络和质量，提高服务专业化、社会化、信息化水平。按照国家《关于开展"优质粮食工程"实施情况绩效评价的通知》（财建〔2018〕196号）要求，委托第三方机构按年度开展绩效评价，查漏补缺，加强整改。

三是着力实现"优质粮食工程"预期目标。以"优质粮食工程"为载体，统筹"粮食产后服务体系""粮食安全质检体系""中国好粮油行动"建设，共同着力，进一步强化粮食产业社会化服务体系探索，以新时代新理念引领粮食供给侧结构性改革，努力提高四川粮食流通产业发展质量、效益和核心竞争力，为推动"治蜀兴川"再上新台阶作出更大贡献。

试述人才兴储战略

四川储备物资管理局

党中央多次对人才问题进行了深刻阐述，强调"坚定实施人才强国战略，人才是实现民族振兴、赢得国际竞争主动的战略资源"[1]，这充分体现了党中央对人才工作的重视，国家粮食和物资储备系统必须坚定不移地贯彻落实。

全系统要结合工作实际和人力资源现状，紧紧依靠人才这一关键，大力实施人才兴储战略，以单位的高质量可持续发展为目的，以尊重人才、培养人才、用好人才为宗旨，贯彻"培养为主、有序引进、以诚待才、激励盘活"的人才队伍建设方针，逐步形成单位自主创新培育人才、人尽其才服务单位的双赢局面，真正实现全系统的高质量发展。

一、新形势下，国家粮食和物资储备系统迫切需要加强人才队伍建设

加强人才队伍建设，是建立现代科学管理制度的需要。随着全系统整体改革和市场经济条件下竞争日益激烈，国家物资储备系统需要高素质的人才来完善科学管理体系，增强单位核心竞争力。

---

[1] 薄贵利.为强起来提供坚实人才支撑[N].人民日报，2018-05-27（5）。

加强人才队伍建设，是加快结构调整，促进全系统转型发展、高质量发展的需要。随着我国建设、改革的深入和工业化革命进程的加快，国家粮食物资储备系统必须不断地调整人才结构，满足向新型产业转型发展的需要。

加强人才队伍建设，是全系统参与市场竞争的需要。要实现做大做强、高质量可持续发展，必须走入市场、参与市场竞争，而竞争的关键就是人才。

加强人才队伍建设，是推动全系统又好又快发展的需要。要依靠品牌发展，就必须进行改革与创新，这就需要有一支与改革发展相适应的人才队伍去实现。

加强人才队伍建设，是提升全系统核心竞争力的需要。要在风云变幻、竞争激烈的市场中立于不败之地，必须要有独特的核心技术和科学管理做支撑，这需要一批高素质的人才来实现。

二、人才队伍建设中的几个问题

（一）**高素质人才缺乏且流失严重**。高层次、高技能人才总量偏少：一是绝对数量少，二是行业内知名人才少。不少基层单位的各类专家缺乏，行业级、省级、国家级专家更是空白。

（二）**人才管理的体制机制不完善**。基层许多单位正处在由劳动密集型向技术密集型、管理密集型的转型阶段，对单位发展所需高素质人才的培养、引进、管理、激励等机制还在探索和完善阶段，因此还不同程度地存在着培养引进人才投入不足、培养引进人才机制不完善、重使用轻培训和激励机制不完善等现象。

（三）**人才培养与继续教育不足**。有的单位不愿让在职员工耽误工作去培训，也不愿在培训上进行投入；有的单位对骨干人才只管使用，不给他们创造继续教育的机会，使他们的知识得不到及时更新，能力得不到提升。

三、新时代，在加强人才队伍建设方面的举措思考

（一）要树立科学的人才观，制订科学的人才发展战略。首要的是创新观念，对当前人才资源管理现状进行深入研究，客观分析各方面优劣势，在现有人才工作制度和机制的基础上，按照单位发展方向，经过整合、调整、改进，逐步建立起符合单位制度要求、适应粮食和储备系统特点、符合单位和系统发展方向的人才培养、选用、评价和激励约束机制，实现人力资源科学合理的配置使用。

（二）要构建人才开发培养机制，提升单位人才整体素质。坚持完善以岗位任职资格培训为主要内容的科学管理者培训体系，按计划、有层次地组织一定数量的各级领导干部参加岗位任职资格培训班及领导干部进修班。通过培训，着力提高管理人员驾驭全局、开拓创新、参与市场竞争、组织管理和依法管理能力。

（三）要以专业技术人员队伍建设为重点，加强科技人才队伍建设。要把增强技术创新能力和解决工作中实际技术问题的攻关能力作为技术人员的根本能力，加强对技术人员的新知识普及力度，通过理论知识的学习和学历层次的提高，提高他们的技术管理、技术攻关、科技创新和成果转化能力。

（四）要以单位党政人员队伍建设为重点，加强复合型人才队伍建设。通过举办各类政治理论学习培训班，着力提高单位党政工作人员的政治理论水平和工作能力；加强后备干部的选拔和培养力度，主要把学历层次高、有培养潜力的人员作为重点培养对象，并逐步充实到党政工作人员队伍之中。

（五）要以技术工人队伍建设为重点，加强高技能人才队伍建设。通过各工种的培训、岗位技能考试、职业技能鉴定等学习和考核，不断提高技术工人的职业素质和现场操作能力。

（六）要构建选人用人新方式，完善引人用人机制。坚持公开、平等、竞争、择优的原则，以选拔优秀人才为目的，形成以公开选拔、竞争上

岗为主要渠道的选人用人机制。可实行聘任制、考任制、委任制、选任制、问责制等方式。在专业技术人员的选用上，可逐步推行评聘分开的方式；对能力突出、业绩显著的优秀科技人才，可实行低资格竞聘高职或直接聘任高职的方式；对单位管理人员，应逐步建立和完善单位管理人员自愿辞职、引咎辞职和责令辞职的制度，及时调整素质、能力、品行与岗位不适应的管理人员。

（七）要加强组织领导，优化用人环境。切实加强对人才队伍建设的组织领导，通过制订相应的制度办法、举办主题教育活动等方式，大力宣传单位人才政策，在单位树立尊重人才的良好风尚。单位应加大资金投入，为人才营造良好的学习、工作、生活环境，鼓励各类人才参与到单位的各种活动中来，增强人才的归属感和使命感，激励他们努力为单位发展多做贡献。

（八）要以业绩考核为重点，构建人才考核评价机制。建立评价指标体系，根据岗位责任和贡献特点，按照德才兼备要求，把品行、知识、能力、业绩等要素作为人才考核的主要内容，并针对不同的人才群体，选择不同的考核指标。对各类管理人才，主要考核科学决策、驾驭复杂局面能力、诚信守法情况等。对科技人才，主要考核科技攻关、技术指导、技术创新、成果转化的能力以及实际效果，注重业内认可。对党政工作人员，主要考核政治理论水平、组织协调能力、职工信任程度、稳定状况和围绕安全生产开展工作情况等。

（九）要完善激励约束机制，充分发挥人才的积极性和创造性。按照绩效优先、兼顾公平的原则，逐步建立以考核评价为基础，与岗位责任、风险和工作业绩挂钩，鼓励人才创新，短期薪酬激励与中长期激励相结合的分配制度和激励机制，真正体现一流人才创造一流业绩、一流业绩得到一流报酬的按劳分配原则。在重视激励的同时，也要强化制度的约束力，逐步推行末位淘汰制，对综合考核成绩靠后的同类人员，可按一定比例进行诫勉、降职或转岗，以此来加强职工的危机意识，促使职工更加努力把工作做好。

　　总之，实施人才兴储战略，加强国家粮食和物资储备系统的人才队伍建设，是一项长期而复杂、任重而道远的系统工程，各单位要依据自身的性质、特点和基础等因素，寻找合适的方法，认真研究人才成长规律，加强统筹规划和具体指导，制订切实可行的人才培养计划，同时也要做好具体工作，保证人才建设不断取得新的成效，推动全系统的健康、持续、快速、高质量发展。

甘肃储备物资管理局五三四处
开展仓储物流业务情况的调研报告

甘肃储备物资管理局

仓储物流，就是利用自建或租赁库房、场地进行储存、保管、装卸、搬运、配送货物。现代仓储物流是指在经济全球化与供应链一体化背景下的仓储物流，是物流系统的中间环节，是以满足供应链上下游的需求为目的，在特定的场所运用现代信息化技术对物品的进出、库存、分拣、包装、配送及其信息进行有效地计划、执行和控制的物流活动。相比传统仓储物流而言，现代仓储物流需要更多先进的仓储设施设备及信息化技术支撑，在服务上更普遍、更深入、更精细，与过去仅仅满足客户需求相比，二者在深度与广度上都有重大区别，现代仓储物流更加需要根据供应链的整体需求确立仓储的角色定位与服务功能。通过发展仓储物流可以提高物流效率、降低物流成本，从而在客户中树立良好的形象，提高市场竞争力。

为了更好地了解甘肃省仓储物流发展现状，强化专业知识，提高理论与实践相结合、解决问题和优化方案的能力，特对甘肃省仓储物流现状进行调研。通过本次调研，发现了甘肃省在仓储物流发展方面的一些不足。根据调研和实际情况，提出具体解决措施，同时为甘肃省今后的工作能顺利开展做好铺垫。

一、区域概况

甘肃储备物资管理局位于省会兰州市。兰州市是中国西北地区重要的工业基地和综合交通枢纽，西部地区重要的中心城市之一，西陇海兰新经济带重要支点，"一带一路"丝绸之路经济带重要节点城市，西北地区重要的交通枢纽和物流中心，新亚欧大陆桥中国段五大中心城市之一，西北地区第二大城市，我国华东、华中地区联系西部地区的桥梁和纽带。国家《物流业调整和振兴计划》明确将兰州定为全国九大物流区域、十大物流通道、21 个物流节点之一。兰州境内有 G6 北京—拉萨、G30 连云港—霍尔果斯、G75 兰州—海口、G22 青岛—兰州、G3001 南山北环兰州绕城、G109 北京—拉萨、G212 兰州—靖西、G213 兰州—云南磨憨、G309 山东荣成—兰州、G312 上海—霍尔果斯、G316 福州—兰州等多条国家级高速公路和国道干线。陇海线、包兰线、兰新线、兰青线、青藏铁路、兰渝高铁等多条铁路线汇聚于此，交通运输条件十分优越。

二、管理局仓储物流业发展的基本情况

（一）物流基础设施建设情况

物流基础设施覆盖铁路专用线、硬化货场及传统的砖木单层库房和现代化立体式仓库；拥有不同起重能力的龙门起重机、大小型各类叉车、大型运输卡车、托盘等搬运装卸容器。

（二）仓储物流货物品种情况

物流运输品种主要为钢材、日化、食品、木材等，食品和日化产品的代储业务，钢材为铁路货运最大的品种。

（三）发展情况

甘肃储备物资管理局位于兰州市区，是甘肃知名的中转仓储物流市场。随着工业的快速发展和交通区位的不断优化，物流仓储业呈现规模化、发展快速化的良好势头，业务覆盖甘肃、青海、西藏三省区。甘肃储备物资管理局在业务发展的同时狠抓质量管理，形成了标准化的作业体系。

（1）优势：甘肃储备物资管理局所从事的是中转型仓储物流，货物按物品流向分区分类，保管、提货方便，减少了流通环节；站台和仓库内部设施设计合理；货物装卸方法优良，采用移上移下作业法进行装卸货物，两车之间进行靠接，员工直接将货物装卸到另一辆货车，减少了中间装卸搬运环节，作业速度较快。

（2）劣势：货品品类较为单一，受市场影响较大；地处市区，受市区限重限行影响较为明显。

三、发展存在的问题

（一）缺乏现代仓储物流理念，尤其是绿色仓储物流理念。 绿色仓储物流理念是指企业在原料的采购、生产、运输、包装、仓储及逆向回收等过程中优先选择对城市环境影响最小、资源利用率最高的一种物流方式。目前甘肃储备物资管理局还停留在传统的仓储物流发展上，不利于仓储物流的快速发展。

（二）仓储物流设施还不完善。 大部分物流设施与国际化标准存在较大差距。例如，大多数仓库还是原始的单层库房，设施简陋，机械化程度低，运输、搬运等物流设备落后、技术水平低。

（三）仓储物流作业效率不高。 在货物运输设施和装备方面，兰州市目前铁路货运有重载限制，且高速公路、自动化管理尚不完善，在一定程度上限制了物流运输、储存、搬运过程中机械化和自动化水平的提高，对运输工具的装载率、装卸设备的荷载率、仓储设施的利用率方面影响较大。

（四）仓储物流主体发育不完善。 服务功能单一、规模较小、水平较低，无法提供完整的货物采购、供应、包装、运输、仓储、加工、配送、信息等的全过程服务，市场竞争大部分还停留在低层次的基本装卸、运输服务上，物流产业的社会化、市场化程度还不高。

（五）仓储物流管理不规范。 仓储物流规范化水平不高，虽然有《邮政法》《中华人民共和国国家标准物流术语》，但物流业管理所依据的大多还是部门性政策法规。物流法治环境较差，法治观念淡薄，造成了物流管理职能的缺失。社会性的物流服务缺乏有效的外部约束，极大地影响了企业诚信。物流管理体制不顺，管理尺度缺乏可依据的标准，不利于对市场的管理，不利于规范行为，阻碍了物流资源整合。

（六）仓储物流信息化建设相对落后。在应用信息技术方面，先进的物流信息管理和技术手段还没有得到一定的推广，还没有完善的物流信息交换平台，以互联网为基础的物流信息系统还需要进一步推广。

四、加快仓储物流业发展的建议

（一）从战略高度提高认识，切实形成发展合力。现代仓储物流业的竞争不仅仅体现在领先的硬件设施和市场份额扩大上，更体现在服务提升、质量改进、环境和谐、低碳高效、集约有序等方面。高效物流环境的建设需要制度创新与技术创新的持续支持和引导。因此，提高对现代物流业的认识十分重要。

（二）落实服务引导。以供给为出发点，推进现代仓储物流建设，不断完善仓储、配送、加工、信息等服务功能。强化对传统运输、仓储的改造，不断完善物流基础设施，提升物流服务功能，提高执行力，降低物流风险。大力推进仓库、集装箱建设。

（三）有效整合物流资源。充分利用国家和甘肃省出台的加快物流产业发展的优惠政策，紧抓"一带一路"发展机遇，转变经济发展方式，促进多类型协同发展，形成公平竞争、规范有序的仓储物流环境。同时，整合现有物流资源，逐步实现物流机械化、自动化、信息化，激活物流市场，解放思想，提升仓储物流信息化管理水平。

（四）重视对物流人才培养。对员工进行专业的仓储物流短期培训，加强对现代物流知识的学习，积极走出去引进来，提升仓储物流的管理能力。

综上所述，加快仓储物流业务的发展，有助于推进深化改革、转型发展，健全仓储物流体系，明确功能定位，提高整体效能，充分发挥综合仓库在促进国家安全保障方面的重要作用。

"一带一路"倡议下宁夏粮食产业经济创新发展的路径思考

宁夏回族自治区粮食局

　　"一带一路"是党中央着眼于我国对外开放和战略安全大局、优化区域开放格局、加快向西开放的重大举措。宁夏作为"丝绸之路经济带"建设中重要战略支点，主动融入国家"一带一路"倡议。在这样的背景下，宁夏粮食行业如何借助"一带一路"发展机遇，着力提升统筹利用"两个市场、两种资源"的能力，服务区域粮食安全和粮食产业经济发展，具有重要的现实意义。

一、宁夏粮食产业发展现状

　　宁夏是国家确定的粮食产销平衡区。近年来，宁夏回族自治区粮食总产量基本稳定在 370 万吨左右，粮食消费量也在 370 万吨左右；2016 年粮食总产量达到 370.6 万吨（其中小麦 40.9 万吨、稻谷 63 万吨、玉米 221.5 万吨），实现"十三连丰"。自治区人均占有粮食 558.1 千克，高于全国 108 千克，位居西北第一、全国前列。2016 年全区粮油加工业全年实现工业总产值 177 亿元，比 2015 年增加 23 亿元，增长 14.8%；实现销售收入 162 亿元，比 2015 年增加 13 亿元，增长 8.8%；实现利润总额 9 亿元，比 2015 年增加 3 亿元，增长 44.2%；各类企业年处理粮食能力 541.24 万吨，实际加工转换粮食能力 250.57 万吨，其中大米产能和产量分别居全国第十五位和西北第一位，面粉产能和产量居全国第十七位。目前，全区共培育优质粮食产业龙头企业 185 家，其中自治区级龙头企业 181 家、国家级龙头企业 4 家，家庭农场 861 家、合作社 702 家，辐射带动新型经营主体和广大农户参与粮食生产、加工、流通一体化经营。从整体上看，自治区粮食产业经济的发展势头是好的，发展趋势是向上的，但还要重视已经在粮食产业经济发展中暴露出的诸多亟须解决的问题。

（一）**粮食品种结构矛盾突出**。当前，宁夏粮食供求形势总体平稳，但由于周边陕、甘、蒙毗邻地区均为缺粮地区，对宁夏依赖度较高。宁夏口粮供应呈现紧平衡状态，小麦产不足需，自给率47%，每年需外购小麦 50 万吨，为了保障粮食有效供给，宁夏还从河南、河北、陕西等地调入小麦用于调节市场；玉米产量占粮食总产的 60%，略显过剩；食用植物油自给率不足 30%。由玉米的"多"与小麦、食用油的"少"可以看出，粮食总产量不断增长但粮食的品种结构在供给方和需求方还存在着明显的矛盾。

（二）**加工企业产能过剩、优质精深加工能力不足**。自治区粮食加工技术先进，规模以上加工企业平均产能利用率仅为46%，面粉、大米等成品粮油加工企业占63%；深加工企业虽然近年发展速度较快，具有一定研发能力，但在粮油加工的"大军"中仍占少数，精深加工能力明显不足，附加值不高，难以适应消费结构升级换代的新要求，难以满足城乡居民日益增长的多元化、个性化、定制化的粮油产品需求。

（三）**品种品质缺乏竞争力**。自治区粮食种植品种多、乱、杂，缺乏当家品种和主推品种，种粮者往往收到的信号就是"只要亩产高就收益高"，认为种植优质粮食有一定风险，产量不如常规品种稳定，种子等成本投入又较高，所以存在盲目种植的问题，导致生产出的粮食在市场上难以体现品种和品质差价，缺乏市场竞争力；少数种粮者种植优质粮食品种，但均未能形成优质品种的连片区域化、种植规模化，造成品质不稳定，影响了产品质量。

（四）**经济下行压力下粮食企业经营困难**。目前，国内粮食产销价格倒挂，新陈粮价差进一步拉大，"稻强米弱""麦强面弱"的局面一时还难以改变。储备粮轮换不畅，原料购入和产品销售呈现出"两头在外"的经营怪象，成本高、收益薄，导致粮油加工企业生产和经营困难。

综上，宁夏粮食品种结构性矛盾突出，外调粮食质量安全风险还处于不能完全掌控的状态之下，加之长途运费较高，成本增加，不论从经济效益还是从社会效益来讲，都不利于保障区域粮食安全，"一带一路"建设为自治区保障粮食安全和提升产业发展质量提供了新的契机。

二、"一带一路"倡议下自治区粮食产业经济的发展优势

（一）**传统优势**。宁夏是我国最大的回族聚居区，回族人口占全区总人口的 1/3，回族自古以来就有经商做贸易的传统。特别是近年来，宁夏作为中国向西开放的重要节点，成功举办了多届中阿博览会等活动，传承友谊、深化合作、共同发展，加强了与"一带一路"沿线国家和人民的交流，为宁夏"一带一路"建设奠定了深厚的人文基础，也为宁夏粮食产业经济的创新发展注入了更加丰富的内涵。

（二）**地理优势**。2100 多年前，中国的丝绸之路横贯欧亚非，宁夏是这条"经贸玉带"上的必经驿站，《马可·波罗游记》称赞西夏织造的驼毛布为"世界最佳美"，远销"契丹及世界各地"，这是对宁夏这一古丝绸之路必经之地和商埠重镇的生动写照。今天，宁夏处在"新丝绸之路"——新亚欧大陆桥国内段中间位置，拥有对内连接西北、华北和东北，对外通往中亚、西亚的特殊地理优势。建成的经迪拜通达 80 多个国家、150 多个城市的航空网络，已成为中西部地区前往欧洲、非洲、美洲最便捷、最经济的空中通道；开通的直达中亚地区的国际货运班列就是当代的陆上丝绸之路，先后将货物出口到哈萨克斯坦、乌兹别克斯坦等中亚地区。铁路通道口运输的便利性、低成本、长距离、全天候、环保和空中通道的便捷、经济，为宁夏粮食融入"一带一路"提供了有利的

条件。

（三）**政策优势**。2017 年，国务院办公厅《关于加快推进农业供给侧结构性改革大力发展粮食产业经济的意见》，从国家层面提出，要深入贯彻区域发展总体战略和"一带一路"建设，发挥区域和资源优势，推动粮油产业集聚发展。同时鼓励和支持保险机构为粮食企业开展对外贸易和"走出去"提供保险服务。近年来，宁夏也基于对自身经济发展的新定位，出台了"走出去"的若干意见，制订了加快融入"一带一路"的三年行动计划。2016 年，自治区设立两亿元"走出去"专项资金，用于企业融资担保贷款贴息、担保费用和风险补偿，支持企业在阿拉伯国家和世界其他穆斯林地区设立境外经贸联络处、特色产品销售窗口。《2017 宁夏回族自治区第十二次党代会报告》中明确提出主动融入和服务国家发展战略，积极参与"一带一路"建设，着力打造丝绸之路经济带战略支点，构建对内对外开放新格局。政策的优势也为宁夏粮食产业经济在"一带一路"建设中"走出去"提供了强有力的支撑。

（四）**"一带一路"沿线国家的粮食生产现状给我区粮食产业发展带来了合作机遇**。一是沿线国家丰富的农业资源。"一带一路"沿线遍布农业国家，中亚五国、蒙古等近 20 多个国家农业用地占比超过 50%，而中亚地区地广人稀，土地集中而平坦，人均耕地面积水平均高于中国，有着巨大的开发潜力。如俄罗斯农业用地面积占国土面积的 12.9%，高达 2.2 亿公顷，并拥有适合农业耕种的世界最大的黑土带，已开垦的耕地面积约有 1.25 亿公顷，人均耕地面积达到 0.84 公顷，是中国的 9 倍。又如哈萨克斯坦，位于世界著名的小麦生产带，盛产优质小麦，可耕地面积超过 2000 万公顷，每年农作物播种面积 1600 万～1800 万公顷，粮油产品非转基因，绿色无污染，质量可靠。这些丰富的农业资源与宁夏粮食产业领域存在着高度的互补性，基于"以我为主、立足国内、确保产能、适度进口、科技支撑"的国家粮食安全战略，可以将"一带一路"沿线国家的粮食资源进口到宁夏，那么粮食的结构性平衡就可以实现，有利于满足自治区内日益增长的多样化食品需求，有助于保障区域粮食安全。二是先进种植技术的需求。"一带一路"沿线遍布的发展中国家，虽然资源丰富，但耕地产出率均低于发达国家，除中国具备较高单产水平外，俄罗斯、中亚五国、西亚等国家面积产量水平都比较低，以哈萨克斯坦为例，农业以粗放经营为主，广种薄收，粮食作物单产水平很低，每年粮食产量在1800万吨左右，小麦产量占粮食总产量的80%，可小麦单产每公顷仅为600千克，仅为中国的12%，提升潜力巨大。近年来，自治区在农业方面抓科技、增效益，集成推广麦后复种"一年两熟"、水稻早育稀植、精量穴播、玉米"一增四改"等高产高效栽培技术，农业科技进步贡献率达到58%，主要农作物综合机械化水平达到71%，比全国高6个百分点，其中水稻耕种收综合机械化水平达到95%以上，在全国率先实现全程机械化。通过自治区粮食"走出去"，带动设施、技术"走出去"，实现粮食产量大量增加，不仅可以化解自

宁夏大米产业联盟成立

治区产能"过剩"，带动自治区粮食产业经济转型升级，也为"一带一路"沿线国家提供了发展机遇。

三、"一带一路"倡议下宁夏粮食产业经济创新发展的路径思考

"一带一路"倡议为宁夏搭建了良好的合作平台，促进了与沿线国家的沟通磋商，自治区粮食产业想要借助"一带一路"走出去，与沿线国家开展经贸合作，虽然具备一定优势，也有一些成功的案例，但在"走出去"的过程中，必然要面对行业的竞争，还要面对合作国复杂的政治格局和民俗习惯，这给"走出去"带来了巨大的挑战。面对机遇和挑战，应从以下几方面入手，锐意进取，方能突破困境，推进自治区粮食产业的多层次对外开放，开拓自治区粮食产业经济创新发展的新局面。

（一）加强顶层设计。在"一带一路"倡议下，宁夏粮食产业经济的创新发展之路，并不是单打独斗就能做好的事情，而是需要顶层设计和基层创新相结合，才能得以实施。应当坚持优势互补、互利共赢和市场运作，以企业为主体，加强政府引导与支持，由粮食行政主管部门着眼于全区经济社会发展大局，深入考察调研，抓紧制订宁夏粮食产业融入"一带一路"发展规划，明确发展方向、目标任务和具体推进措施等。出台具有针对性和操作性的配套政策，支持粮食企业"走出去"，如对于企业"走出去"建立基地从事粮食生产，并将粮食返销区内的项目，应给予重点支持，保障大宗粮食返销国内的配额指标，降低各类商业银行在提供贷款方面的门槛，为企业提供便利。

（二）积极搭建合作平台。"一带一路"沿线国家都有所差异，有的企业在"走出去"的过程中，对目标国金融服务、商贸通关、税收政策、投资审批等法律法规缺乏足够了解，再加上与当地政府沟通不畅，存在着政治风险、投资限制、外来务工限制和外汇管制等障碍，导致项目落地困难。建议在自治区政府和国家局层面加强与沿线有关国家部门和地区的沟通交流。积极开展对外交流合作，充分利用中阿博览会等平台举

办粮食产业发展论坛等活动，加深了解。同时建立促进各方利益协同发展的办事机构，为加快推进务实合作搭建平台，促成企业间的全方位、多层次的粮食合作，实现互利共赢。

（三）创新区域粮食合作模式。"一带一路"倡议的提出，为自治区粮食产业提供了良好的历史发展机遇。宁夏在与沿线国家开展粮食合作时，应充分考虑当地资源优势，结合当地市场、国际国内市场和自治区市场的需求，采取灵活的方式开展合作。一是支持企业发挥规模经济效应，抱团"走出去"，在风险较小的国家租赁或购买土地，建立海外粮食生产基地，一方面开辟粮食进口来源地，另一方面支持发展中国家提高粮食生产能力。比如，在俄罗斯、哈萨克斯坦、吉尔吉斯斯坦等国生产小麦和玉米。二是建立由合作国国有企业参与的粮食产业战略联盟。为减少政治风险，应在合作国积极寻求合作者，可以与当地企业共同投资，共同管理，这样可以利用当地企业的关系和影响力，跨越文化障碍，疏通各种渠道，使外方政府和企业在合作中受益，也使自治区能够获得稳定可靠的进口粮源。三是开展广泛的粮食科技合作。在优良品种选育、粮食规模化生产、高产栽培技术、病虫害防治、粮食储藏与加工技术等方面开展广泛合作。

（四）加强粮食产业人才培养。粮食产业在"走出去"的过程中，面临着人才短缺的挑战，需要一支懂国际贸易、熟知法律和精通语言的复合型人才队伍，单个人拥有的知识是有限的，因此，应重视"一带一路"人才教育和培养工作，建立强大的人才储备库，以备"走出去"之需。

亮点交流

落实城市战略定位　服务保障首都功能
全面推动首都粮食行业实现新发展

北京市粮食局

北京市粮食行业以习近平新时代中国特色社会主义思想为指导，全面贯彻党的十九大精神，围绕新时代首都粮食行业如何发展的时代课题深入开展大讨论活动，全市粮食行业广泛参与，集思广益谋改革，群策群力促发展，形成了以改革为主导的工作方向。

一、适应首都新发展，切实推动北京市粮食行业"深化改革、转型发展"大讨论

（一）精心组织，全面推动大讨论活动各项工作顺利进行。一是全面启动大讨论活动各项工作，健全机构，确定分工，明确责任。二是全面部署，组织各区粮食行政管理部门、企事业单位、批发零售加工企业，贯彻落实大讨论活动的各项工作要求。三是集思广益确定大讨论重点，广泛征集并最终形成大讨论参考题目21条，为大讨论活动提供了重点研究方向。

（二）统一思想，领导干部带头转变观念。一是积极参加全国粮食行业大讨论活动专题报告会，不断提高思想认识水平。二是深入开展学习交流，积极开展讲党课、交流研讨、专题讲座、务虚会等活动。三是加大宣传培训力度，积极组织理论学习中心组学习、"主题党日"、专家讲

座等活动。在官网开设大讨论活动专栏，发布信息 234 条，报送信息 239 条，发送微博 518 条，头条新闻 208 条。

（三）加强调研，为推动实现转型发展奠定现实基础。一是加大调研力度，共调研企业、基层单位 149 家。二是全员参与献计献策，共收到征文 26 篇、建议 32 条、活动总结 19 篇。三是联系实际解决问题，多次召开电商和零售企业等座谈会，推进便民服务体系建设，满足首都市民多层次需求。

（四）基层积极参与，各区推动大讨论活动在实践中落地生根。通州、昌平等区成立活动小组，深入讨论粮食行业的发展思路。怀柔、东城、延庆、房山等区通过座谈会、务虚会、深入调研、结合实际工作等方式，推动粮食企业实现"三个转变"。西城区积极建设百姓生活服务中心，丰台区支持主食加工配送中心项目建设，石景山区促进原有配套粮店回归"菜篮子""米袋子"，顺义区建立早餐网点 119 个，城区覆盖率达到 98% 以上，大兴区紧密结合新机场建设，密云区持续增加供应网点，全市粮食供应保障能力不断增强。

（五）企业深入实践，加快形成新的发展理念。京粮集团提出"四学"要求，深入调研，引导干部职工统一认识、深化共识。首农集团结合双河农场实际，制订了重点发展种植业、养殖业和农产品加工业三大主业的策略，打造北京现代农业的"远郊区"。各类粮食企业紧紧围绕非首都功能疏解、消费需求升级、新零售业态不断发展等形势，加快设施改造，优化物流通道，强化配送能力，构建产业链平台，提高消费服务能力。

二、以"三转"为重要抓手，首都粮食行业发展形成新的生动实践

（一）发展观念加快向更好实现"四个服务"功能转变。遵循"便利性、多样性、宜居性、公共性、安全性"的发展宗旨，紧紧围绕以"人民为中心"做服务，不断提高"四个服务"的各项能力；紧紧围绕"创新发展"增动力，加快深化供给侧结构性改革；紧紧围绕"提质增效"促产业，

着力提升发展质量和效益；紧紧围绕"安全稳定"保大局，大力夯实粮食工作基础，守住质量安全的红线，构建更高层次、更高质量、更有效率、更可持续的首都粮食安全保障体系。

（二）粮食部门职能加快实现向"管市场管行业"转变。一是在管好粮食储备的基础上加强行业调研、规划引导、政策制定、标准编修、统筹推动。二是提高为企业服务的能力和水平，努力营造稳定公平透明的营商环境。三是坚持疏解与提升并重，进一步疏解非首都功能，加快粮食产业布局和结构调整。四是坚持创新发展，引导首都粮食产业发展重心向成品粮流通环节转移，提升成品粮供给服务能力。五是创新经营方式和商业模式，大力培育引进优质粮食品牌，深化与商业服务体系对接，扩大粮油产品服务范围。

（三）在管理服务方式上实现向"依法依规"和强化服务转变。坚持发挥市场在资源配置中的决定性作用，突出企业主体地位，激发企业活力和创新动力。强化政府作用，加快推动"放管服"改革，动态调整行政职权事项，探索加强储备粮管理的方式方法，优化粮食收购资格审批流程，简化市储备粮轮换手续，丰富粮食交易报名和结算方式。监管服务逐步转向全社会粮食流通和各类市场主体，2017年社会化涉粮企业检查次数首次超过储粮企业。

（四）突破传统格局，加快首都粮食产业布局调整。加快粮食产业布局调整，淘汰落后产能，推动五环路以内的粮食加工、储备环节优化升级和疏解，城市副中心核心区内的加工、储备设施加快外迁，粮油仓储、加工业加快向粮食优质产区转移。沿六环周边，规划培育6~8个综合性粮食服务保障中心，打造"1小时成品粮物流配送圈"。

（五）突破固有模式，打造符合首都特点的粮食市场供应体系。主动适应城乡居民生活服务消费升级的趋势，加快提升乡村地区粮食流通服务品质，全市粮油供应网点达到1万多家。鼓励企业发展新型粮食流通方式，促进线上线下融合。探索建立"优质优价"粮食流通机制，增加绿色优质粮油产品供给。推进粮食加工业改造升级，增加中高端产品和

国家局张务锋局长（左一）与北京市政府副市长殷勇（左二）检查北京市粮油市场

精深加工产品供应，更好地满足城乡居民多样化、时尚化、个性化的消费需求。

（六）突破地域局限，深入实施"优质粮食工程"。中粮、京粮、五得利等知名企业品牌约占本市粮油年度总消费的62.9%。积极加强与天津在口岸、油脂方面的合作。鼓励企业"走出去"，强化与河北、黑龙江、吉林、河南、山东等地的实际性合作。古船米业在榆树和吉林市的大米合作项目、良实公司在建三江的项目、京粮与冀粮的油脂项目、京粮集团在山东和黑龙江的玉米项目等，都是"走出去"发展的典型代表。我市外埠粮源基地达240个，一手粮源年收购量超过300万吨。

（七）突破保守思维，提升创新发展新动能。京津冀粮食行业局长联席会会议制度发挥重要作用，区域协调、产业协同、部门协作能力明显增强，出台产销合作政策，完善体制机制，重点工作实现突破。联合重组后的北京首农食品集团有限公司促进产业结构调整和转型升级，完善首都食品从"田间到餐桌"的全产业链条，在黑龙江双河的 15 万吨非转基因大豆精深加工项目，在山东肥城、黑龙江绥化青冈的玉米深加工项目，都取得了良好效益。全市国有粮食企业连续保持盈利，盈利水平居全国粮食系统前列。

三、下阶段工作重点

（一）**进一步转变观念，充分满足首都市民的消费需求**。积极适应人民群众"吃得安全、吃得营养、吃得健康"的粮油消费升级新需求，在改善民生上想对策、出实招、见成效。加快构建多业态融合发展的粮食零售市场网络。提高粮食消费服务的能力，带动优质粮食产品消费。积极发展便民服务新业态，着重在商品品牌、产品特色、服务模式等方面培育新增长点。支持推进米面等主食制品的工业化生产、社会化供应等产业化经营方式。

北京市粮食局在黑龙江金秋粮食交易暨产业合作洽谈会上签订省际
粮食产销合作框架协议，保障首都粮食安全

（二）进一步转变职能，不断推进营商环境建设。继续深化"放管服"改革。完善统计调查机制，逐步实现涉粮企业入统全覆盖；提高信息监测预警能力，提升分析研判水平，强化舆情监测，及时回应社会关切。完善粮食竞价交易平台建设，充分发挥市场价格"稳压器"作用。大力实施"人才兴粮""科技兴粮"战略，增强首都粮食行业健康发展新动能。强化粮食流通安全监管，深入推进执法工作规范化，切实提高监管机构、干部队伍执法能力。推进粮食质量安全保障体系建设，加快整合粮油质量检测网络。管好用好政府储备粮，发挥好储备粮"压舱石"作用。

（三）进一步转变方式，加快粮食行业转型升级。鼓励企业延伸粮油产业链，拓展高精尖市场，加快渠道整合拓展，推动技术改造升级，打造粗精有序、层次分明的品种体系。积极推进本市粮食加工业结构调整，加快淘汰高能耗、低水平、粗放式的落后产能。鼓励本市粮食企业深入产区发展精深加工，开发高附加值产品。继续深化国有粮食企业改革，发展混合所有制经济。推动新型粮食流通模式发展，继续以新一代信息技术为载体，进一步发展消费供应新模式，带动产业转型。坚持区域协同发展，积极引导各类市场主体参与粮食产销合作，完善粮食产销合作形式，推进本市与主产区建立长期稳定的粮食产销合作关系。

以大讨论为动力
谱写新时代粮食流通改革发展山西篇章

山西省粮食局

山西各级粮食部门深入学习贯彻习近平总书记视察山西重要讲话精神，紧扣"深化改革、转型发展"大讨论活动主题，以"筑牢底板，补齐短板，赢得好感"为目标，切实提高大讨论活动的精准性、实效性，凝聚起全省粮食行业改革转型的强大合力。

一、主要做法

（一）提高政治站位，深入学习贯彻习近平总书记视察山西重要讲话精神。山西省粮食局把不折不扣落实党中央关于粮食安全的重大决策作为首要政治责任，把学习贯彻习近平总书记关于粮食安全的重要论述精神，特别是视察山西时的重要讲话精神贯穿大讨论活动整个过程，进一步提高政治站位，认清使命责任。山西抢抓国家资源型经济转型综合配套改革试验区建设、国家实施"优质粮食工程"的新机遇，提出优化粮油产品供给、创新粮食流通管理方式、深化粮食流通市场化改革、助推粮食产业经济发展、优化粮食流通服务、抓好责任制考核、全面从严治党7项具体措施，打造山西粮食事业发展新引擎。

（二）深化学习讨论，打破行业思维定式和路径依赖。立足山西实际，省粮食局组织编印了山西大讨论学习资料。在落实国家局讨论题目基础上，提出了 5 大类 26 项讨论参考题目，做到了"人人要有题目、处室要有重点"。开设"晋粮大讲堂"，深刻领悟习近平新时代中国特色社会主义思想。建设山西粮食文化主题展厅，增强做好新时代粮食流通工作的责任感和使命感。推动大讨论活动同"两学一做"学习教育常态化制度化、"三基建设"等紧密结合，凝聚起加快粮食行业深化改革、转型发展的共识和合力。

（三）抓实督查调研，进一步放大大讨论活动成果。省粮食局成立活动督导组，对各市粮食局直属单位开展督导检查。2017 年 12 月召开了全省大讨论活动中期成果交流会，发掘先进典型，化解发展难题。结合全省万名干部大调研，确定了粮食产业经济发展等 5 个重点研讨课题，配齐人员力量进行集中调研讨论。各市各单位坚持问题导向，针对发展中遇到的瓶颈约束开展深入调研。向国家局报送"大讨论"主题征文 116 篇，"我为粮食行业改革发展献一策"建议 97 条，同时省粮食局荣获"大讨论"活动优秀组织奖。精选优秀发言、部分征文、调研报告等形成了成果汇编。2017 年 9 月，省粮食局在全国粮食行业大讨论活动调度督导会上作了交流发言。在官方网站和报纸杂志开设专栏，加强大讨论活动宣传，优秀信息选登国家粮食工作简报。

（四）注重成果转化，促进大讨论与业务工作深度融合。全省粮食行业以大讨论活动为契机，围绕"发挥山西杂粮优势""积极实施优质粮食工程""推动粮食产业创新发展、转型升级、提质增效""促进一二三产业融合发展"等深入研究、精准发力，促进产业转型升级。2017 年以来，山西开展优质粮食工程建设，实施山西好粮油行动，建设"山西小米"品牌，推动山西绿色优质粮油产业发展，得到广泛认同和好评，受到了上级领导同志的肯定，省粮食局在 2017 全国加快推进粮食产业经济发展现场经验交流会上作了典型发言。

二、活动成效

在山西粮食转型发展起步提速的关键期，开展大讨论活动为山西粮食行业带来了一场问题大梳理、观念大更新、思想大解放、发展大转型

山西建成全国首座整体球形粮仓

的契机，使山西粮食流通转型发展的思路更加明确、路径更加清晰、步伐更加有力，全省粮食行业正在努力谱写新时代粮食流通工作的山西篇章。

（一）坚持高质量发展，以增加优质粮油供给为主攻方向，努力走好特色粮食产业发展之路。通过大讨论，山西坚持新发展理念，打好特色、优质两张牌，努力构建现代特色粮食产业体系，补齐产业经济"短板"，夯实产业基础，提升发展质量。一是突出产品提档。引导企业以市场需求为导向，调优产品结构，开发绿色优质粮油新产品，增加多元化、定制化、个性化产品供给，增强山西粮食产业竞争力。二是抓住品牌带动。山西发挥杂粮优势，做强小米大产业，全力打造"山西小米"品牌。省政府出台《"山西小米"品牌建设实施方案》，成立了"山西小米"品牌建设领导小组，力争将"山西小米"品牌建设成为全国著名区域公共品牌。

三是强化产业脱贫。山西贫困区与杂粮资源富集区重合度高达 70%，山西粮食部门积极促进粮食发展资金与扶贫专项资金融合，扶持贫困县的杂粮加工，助农增收脱贫。

（二）**坚持底线思维，以"守住管好天下粮仓"为崇高使命，努力走好安全发展之路**。通过大讨论，特别是深入学习总体国家安全观，提出了构建符合新时代要求的粮食安全保障体系新思路，筑牢粮食安全"底板"。一是健全完善粮食宏观调控。及时准确分析研判粮食形势，搭建省内外产销合作平台。支持和鼓励多元市场主体参与粮食收购，有效推进"优质优价"工作。处理好市场与政府的关系，进一步完善粮食宏观调控方式。二是扎实做好安全稳定工作。强化制度落实，严格落实"一规定两守则"。不断改善仓储和安全生产条件，为"两个安全"落地见效提供基础保障。三是用粮食信息化手段加强粮食安全监管。在全省 134 个粮食储备库实施智能化粮库升级改造，以信息技术实现粮情监测全程化、同步化、可视化。四是强化粮食流通监管。健全完善粮食流通监管体制和长效机制，提高监管实效。

（三）**强化自身建设，以全面从严治党为统领，努力走好担当有为、提振形象之路**。通过大讨论活动，山西积极打造学习型、效能型、文明型、廉洁型部门，以突出的作为和良好的形象赢取社会各界好感。一是建设学习型部门，在讲政治、践忠诚上过得硬。把政治建设摆在首位，以政治学习为重点全力推进学习型部门建设，做到坚定信念、维护核心、忠诚担当。二是建设效能型部门，在转作风、优服务上见实效。始终把践行"三严三实"贯穿于全部工作生活中，把落实中央八项规定精神和省委"五个倡导五个反对"要求化作自觉行动，提振部门形象。三是建设文明型部门，在强素质、树形象上争一流。强化宗旨意识，始终把群众放在心上，真心实意维护农民利益，践行行业担当。充分发挥山西粮食文化主题展等载体功能，进一步发掘和弘扬优秀粮食文化。四是建设廉洁型部门，在严监管、正风气上站得稳。在全行业加强廉政教育，针对粮食流通工作的薄弱环节，建立健全规章制度，从根本上堵住漏洞。始终保持正风肃纪反腐的高压态势，营造粮食部门风清气正的良好政治生态。

三、下步工作打算

提高政治站位，以习近平新时代中国特色社会主义思想为引领，坚持做好大学习、大调研，搞好大讨论、大落实，力争把大讨论活动成果转化为推动粮食流通发展的动力。

（一）突出粮食供给侧结构性改革这条主线。一是建设以"五代"服务为内容的粮食产后服务中心，让农民"卖好粮"。二是实施"山西好粮油"行动计划，建设"山西小米"品牌，让人民群众真正由"吃得饱"向"吃得好"转变。三是推进粮食质量安全监测网络建设，让消费者吃上"安全粮"。

（二）突出发展粮食产业经济这个关键。主动跟进对接服务，推动《共同推进粮食产业高质量发展　保障国家粮食安全战略合作协议》落地实施。引导粮油加工企业坚持高质量发展要求，增加优质粮油供给。大力实施"科技兴粮""人才兴粮"，走特色优质粮食产业发展之路。

（三）突出大讨论活动成果转化。认真总结大讨论活动经验成果，充分发挥正面典型的示范引领作用。健全完善重大课题调研长效机制，为粮食行业转型发展提供不竭动力。

明确使命　扎实工作
努力取得改革发展新成效

黑龙江省粮食局

　　全国粮食行业开展"深化改革、转型发展"大讨论活动（以下简称大讨论）以来，黑龙江省粮食局高度重视，周密部署，狠抓活动落实。组织全省粮食行业以大讨论活动为载体平台，掀起了大讨论、大研究、

黑龙江省有关领导到省粮食局视察，共同探讨黑龙江粮食发展之路

大落实热潮，把大讨论活动与推动粮食重点工作有机结合，全省粮食行业形成了"三破三立"鲜明导向，有力推动了全省粮食流通深化改革和产业高质量发展。

一、筑牢基础，在推动落实上下功夫

（一）**提高认识，明确使命任务**。国家局大讨论动员部署会议后，局党组即召开（扩大）会，认真学习领会张务锋局长在全国粮食行业"深化改革、转型发展"动员会上的重要讲话精神，提高认识。特别是在黑龙江省深化粮食收储制度改革、消化不合理粮食库存、推进粮食产业转型发展等任务繁重艰巨的关键时期，国家局组织开展大讨论活动，对黑龙江省粮食行业进一步解放思想、统一认识、明确方向、坚定信心，推动加快深化改革、转型发展意义重大；对于进一步找准在全国粮食安全格局中的功能定位、明确使命任务、理清改革与发展思路，更好地谋篇布局，承担好争当农业现代化建设"排头兵"和维护国家粮食安全"压舱石"的重要责任，具有重要指导意义。省粮食局围绕承担好产粮大省重大责任，服务"确保国家粮食安全，把中国人的饭碗牢牢端在自己手中"的大局，强化使命担当，明方向大势，抢抓新机遇，实施新举措，有力推动全省粮食产业加快发展。

（二）**夯实基础，狠抓推进落实**。按照国家局部署，省粮食局研究制定了实施方案，突出坚持跳出粮食抓粮食、坚持围绕产业抓经济、坚持突出改革抓创新、坚持服务企业抓环境四个坚持原则，确定重点研究课题，截至 2018 年 5 月 30 日，全省共形成调研报告 58 篇。开展了处长大讲堂、处长住村帮扶贫困户活动。开展了机关作风好把式评选活动，共评出 9 名同志作为"好把式"张榜公示，营造良好氛围。推进了粮食产后服务体系建设，组成调研组深入重点县市调查研究粮食产后服务中心及农户科学储粮仓建设需求，谋划产后服务中心建设布局及数量，制定产后服务中心和农户科学储粮装具的建设规划和建设标准、验收标准。开展了"深化改革、转型发展"主题征文和"我为粮食行业改革发展献一策"活动，截至 2017 年 11 月 30 日，全省共形成上报征文 87 篇、建议 70 条，1 条建议获优秀奖，省粮食局获得了优秀组织奖；召开了全省粮食行业大讨论督导视频会议，局长朱玉文同志讲话总结部署推进大讨论活动，同时会上交流了 4 个地市县的典型做法；完成上报了黑龙江省《改进作风深化改革转型发展》大讨论活动成果汇编（调研报告、主题征文、建言献策、信息简报）共四册，展示黑龙江省大讨论活动成果。开展了工作大调研，制定实施了《黑龙江省粮食局 2018 年调查研究工作方案》，明确了省局领导成员和机关处室年度重点调研课题任务；围绕贯彻落实国家局与省政府联合开展"促进黑龙江粮食产业高质量发展专题调研"部署精神，省粮食局积极配合国家局各专项课题组深入相关市县、企业、合作社等进行实地调研，完成了阶段性调研任务。编发大讨论简报交流经验，全省编发简报 26 期，交流典型经验做法 60 个；国家局编发省局典型做法简报 4 期。加强推进落实督导，局领导赴 13 个市（地）督导 28 次，其中局主要领导督导 8 次。2018 年开展了深化机关作风整顿优化营商环境粮食行业系统突出问题整治专项行动。朱玉文局长主持召开了粮食加工企业、粮食贸易企业与农民合作社、市县粮食行政部门 3 个座谈会，同时向全省各类企业发放 4500 余份问题征求意见表，共梳理出 9 方面 55 个问题。局党组研究确定 3 方面 10 个具体突出问题作为全省粮食系统专项清理整治重点。目前，全省各级粮食部门和相关企业，正按照具体问题整治台账和时间表、路线图，整治存在的问题。

二、注重结合，在见实效上下功夫

省粮食局把大讨论活动开展与促进全省粮食产业发展紧密结合，在持续推进农业供给侧结构性改革，做好"三篇大文章"，推进"粮头食尾""农头工尾"上，出实招、求突破。

（一）持续推进粮食收储制度改革。2017 年秋粮收购期，农民余粮购销顺畅，市场平稳。全省共收购粮食 1127 亿斤，其中市场化收购粮

726.1 亿斤，政策性收购粮 400.9 亿斤。一是落实主体责任，强化组织领导。省政府下发《关于切实做好秋粮购销工作的通知》，完善落实省政府主要领导负总责、主管领导直接牵头负责，粮食、发改、财政、农业、物价和农发行等相关部门（单位）密切配合协同推进工作机制。严格落实市县政府和省农垦总局主体责任和行政主要领导责任制，全面制定实施区域粮食购销总体预案，完善和落实保障措施，坚决防止出现农民"卖粮难"和"坏粮"现象。二是加强对农民科学储粮的指导和市场信息服务。宣传普及科学储粮相关知识，开展技术下乡服务，深入村屯指导农户采取离地储存、上栈子、码趟子等庭院储粮技术措施，提高粮食质量。推进农户科学储粮装具建设工作，重点支持 4 个国家级扶贫攻坚重点县建设农户科学储粮仓 5179 套。加强市场信息服务，及时发布信息，引导农民有序、错峰、适时、适价售粮。三是积极引导各类购销主体入市收购。采取举办"金秋粮食交易会"、组织市县及企业参加"九省粮食产销协作福建洽谈会"等销区展会的方式，精准开拓目标市场和稳定销路。四是强化粮食收购信贷资金支持政策落实。建立了粮食收购贷款信用保证基金，鼓励商业性金融机构与基金合作，拓宽企业市场化收购资金的融资渠道。五是创新粮食产销合作新方式。在海伦市举办了"黑龙江（农民）大豆竞价销售专场交易会"，深化"龙粤合作"创新异地储备新模式。

（二）大力推进全省粮食加工产业发展。2018 年一季度：全省实际加工原粮 151 亿斤，实现产品销售收入 220 亿元，实现利润 5 亿元、纳税 2 亿元，实现工业产值 229 亿元。一是提升玉米就地深加工转化能力建设。2017 年，重点加大对玉米深加工大项目协调服务力度，山东阜丰、四川鸿展、厦门象屿、宁夏伊品等大企业先后在齐齐哈尔、绥化、大庆等主产区，共开工建设 9 个单体产能 30 万吨以上的新建扩建玉米深加工大项目，年内新增深加工产能 100 亿斤，总产能达到 300 亿斤以上。2018 年以来，坚持问题导向，强力推动玉米深加工项目开工建设，预计全年玉米深加工能力还可以再增加 68 亿斤。二是推进水稻加工业产权（品牌）整合重组。2017 年，整合小散企业 128 户、品牌 260 多个，年加工能力

30 万吨水稻加工企业新增 26 户，达到 77 户。2018 年以来，开展了年加工能力 30 万吨水稻加工企业产能及运营核查工作，建立退出机制。三是落实玉米深加工和饲料加工补贴等优惠政策。2017 年，为 35 户玉米深加工和饲料加工企业发放补贴资金 17 亿元，推荐 21 户企业享受支农再贷款 11 亿元。2018 年，纳入补贴范围的玉米和大豆加工企业共 58 户，预计补贴金额将达到 3.09 亿元。

（三）积极推进实施"优质粮食工程"。为确保全省"优质粮食工程"顺利实施、取得实效，与省财政厅认真研究国家方案相关内容，扎实开展工程实施前的项目规划再论证、方案编拟、资金测算等相关工作，目前省政府已批准了方案。一是加强了全省粮油卫生检验监测体系建设。按照"机构成网络、监测全覆盖、监管无盲区"的要求，建设完善全省粮食质量安全检验监测体系。以产粮（油）大县为重点，建设和提升 78 个粮食质量安全检验监测机构。2018 年计划投资完成建立健全 3 个市级和 62 个县级粮食质量检验监测机构，提升 1 个省级中心、10 个市级（含异地新建、市级整合）和 2 个县级监测机构监测能力。2019 年要进一步提升省级中心监测能力，为促进粮食产业转型发展提供支撑。二是大力开展"黑龙江好粮油"系列营销活动。制定了"黑龙江好粮油"系列团体标准，目前已制定并发布了《黑龙江好粮油大米》等 7 项团体标准，成立了"黑龙江好粮油营销联盟"。开展"中国好粮油"产品遴选，中粮（五常）米业、金福泰、方正秋然、庆安东禾等 15 家企业的 19 个大米产品获得认可，在全国 17 个申报省份中名列第一。开展了"黑龙江好粮油中国行"专项营销行动，2017 年"中国行"已走进上海、广东、福建、深圳、成都五站，2018 年又走进北京、天津，组织五常、方正、通河、庆安、泰来等 11 个县和 56 户企业抱团营销。"黑龙江大米"现象正在形成，销售效果明显，影响力持续放大，营销观念不断提升。三是大力加强粮食产后服务体系建设。调研测算粮食产后服务中心建设规模，明确每个服务中心的年服务能力应在 5 万吨以上，且原则上一个县应有 2 家以上的建设主体。拟建设粮食产后服务中心 300 个，服务中心全部建成后，将实现 69 个产粮大县全覆盖。

三、认真总结，在幅射带动作用上下功夫

开展大讨论活动，全省系统上下工作作风明显得到改善，起到了明方向大势的作用，增强了企业生存发展的危机感，使"深化改革、转型发展"深入人心。

（一）倡树"三破三立"，明确了方向大势。黑龙江由于多年的政策性粮食收储，地方粮食行政部门推进工作多依靠行政手段，一些粮食企业存在着"吃政策饭"的现象，对于市场化经营"不想为、不敢为、不善为"。通过深入开展大讨论活动，全省粮食行政管理部门和粮食企业积极倡树"三破三立"，进一步认清了深化粮食收储制度改革的新形势，明确了粮食行业深化改革、转型发展的方向大势，增强了市场意识和依法治粮意识，强化了面向市场干事创业、求生存图发展的主动性、紧迫感。

（二）调查研究蔚然成风，工作更具针对性。自大讨论活动开展以来，全省粮食部门结合粮食实际，把调查研究作为谋事之基、成事之道，讲实话、道实情。通过深入开展课题调研，既总结了成绩经验，又分析查找了问题差距，增强了"四个意识"，坚定了"四个自信"，提高了政治站位，注重从工作全局分析思考问题，对调查材料去粗取精，综合研究形成正确结论。

（三）注重工作经验总结，典型引领作用明显。一年来，全省各级粮食部门和粮食企业，通过大讨论活动，认真总结适应深化粮食收储制度改革和产业转型升级等新形势，破解难题，搞活市场化粮食购销，做大做优做强粮食企业，谋求新发展，努力培育选树典型样板和推广典型经验。2018年年初召开全省粮食工作会议和全省粮食行业大讨论推进会议，遴选先进典型单位介绍经验。通过典型的示范引领，收到了"一个典型就是一面旗帜""点亮一盏灯，照亮一大片"的效果。

解放思想 聚焦关键
推动江苏粮食经济高质量发展

江苏省粮食局

———————————————————

　　2017年7月，国家局作出在全国粮食行业开展"深化改革、转型发展"大讨论活动以来，江苏省粮食局高度重视，迅速落实，深入宣传，扎实开展，取得初步成效，调控能力得到新提高，重点工程迈出新步伐，责任制考核实现新突破，市场监管取得新进展，产业经济迈上新台阶，行业建设展现新风貌。

一、广泛宣传发动，推动大讨论深入开展

　　（一）深入发动。全国动员部署会召开后，江苏省粮食局立即贯彻落实，召开党组会，传达学习新精神；召开全省会，动员部署。省粮食局主要领导在带领大家学习张务锋局长讲话的基础上，做了动员授课，提出了24项需要深入研究讨论的问题；省粮食局结合江苏开展大走访大调研活动和省情粮情，印发了活动实施方案，明确各阶段活动内容；市县层层细化活动，明确目的、主题、方法、步骤，迅速在全行业掀起了"大讨论"的热潮。

　　（二）落实责任。江苏粮食系统把"大讨论"活动作为粮食行业转变观念、转换理念、转型升级的思想先导，省粮食局成立了由局主要领导任组长、分管领导为副组长的活动领导小组，设立办公室，下设综合组、

宣传组、督导组三个小组，细化分工，挑选精干人员负责组织实施各项工作。省市县三级建立了"大讨论"活动联动机制，全系统全员发动、全员调研、全员讨论。

（三）扎实推进。 通过广泛宣传发动，上下协同，确保"大讨论"深入扎实开展。省局机关连续举办"金谷大讲堂"，邀请程国强研究员以"粮食制度变革与产业重塑"为题，组织召开了全省粮食行业专题报告会；组织收看国家局先后举办的六期"大讨论"论坛；结合夏秋季粮食收购，局领导分别带队对市县进行了"大讨论"督查；召开全省专题会议，交流做法，互相促进，加大"大讨论"推动力度；2018年年初，在全省粮食流通会上，将"大讨论"的调研文章、"献一策"、亮点工作、典型经验、市县优选文件等汇编成册，供各地学习借鉴。

二、聚焦关键问题，探索转型发展路径

（一）找准关键问题。 针对我省兼有产区、销区、产销平衡区的特点，深入开展大走访、大调研、大讨论，摸清基层粮食部门、粮食产业、粮食企业"三个转变"的实际情况和制约发展的症结所在，深挖影响改革的思想根源，查找阻碍转型发展的突出问题，列出清单，提出了31个重点调研课题，落实到处室、直属单位，有针对地剖析原因，提出对策措施，为推进粮食流通改革发展提供有益参考。同时，根据国家局部署，在全省粮食行业开展了"深化改革、转型发展"主题征文，全省形成调研报告91篇。

（二）理清发展思路。 省局机关分成21个小组，先后5个轮次，深入基层粮食部门、粮库站所、加工企业、科研院校和种粮大户，调研情况，找问题、理思路。优选市县党委政府关于粮食流通文件31份，汇集工作交流材料13篇，征集"献一策"合理化建议共68条。

（三）抓亮点树典型。 主动挖掘，积极培树，及时总结提炼，形成可借鉴、可复制、可推广的经验，结合"世界粮食日暨爱粮节粮宣传周"活动，表彰了"爱粮节粮之星"14个单位和个人，树立先进典型12个，

形成亮点工作 23 份，以点带面激发了干部职工真抓实干、主动作为的工作作风，营造积极向上的行业氛围。

三、重抓转型发展，着力粮食工作创新

（一）**创新为农服务手段**。针对千家万户百姓卖粮问题，组织开发了国内首款农户售粮服务 APP——"满意苏粮"，并在全省域内推广使用，实时发布政策信息、库点分布、质价标准，在线进行价格测算、售粮预约。农户安装手机应用，能够找到卖粮市场信息和粮库地址并导航前往，政策宣传更加精准、收购动态实时掌握、群众督查更加便捷。2018 年根据前期应用情况，进行了二期升级，进一步拓展了应用功能。目前已有 1430 家企业、2198 个库点、2.75 万户种粮大户信息资料进入后台数据库，得到了广大种粮农民和经纪人的好评，每天点击量在 1000 次以上。

江苏粮食部门创新服务举措，推出国内首款农户售粮服务 APP——"满意苏粮"

（二）**财政奖励推动粮食去库存**。2017 年，江苏针对收购仓容空前紧张的实际情况，对域内储存的国家最低收购价粮食给予一次性销售出库奖励，苏北每斤 2 分、苏中每斤 1 分 5 厘奖补，各地也通过财政配套、企业让利等方式，深化政策效果。全省共投入 2.5 亿元，其中省财政奖励资金 9860 万元，推动政策性粮食去库存 116 亿斤，激活了流通，促进了农民增收。

（三）**完善粮食共同担保基金**。积极创新粮食收储制度，改革市场化收购资金支持方式，在全国率先推动以县（市、区）为单位，建立以地方政府为主导、财政性资金注入等多渠道筹集的粮食共同担保基金。截至 2017 年年底，共有 10 个市、50 个县（区）建立粮食共同担保基金，覆盖全省约 80% 的粮食购销企业贷款客户。目前，基金规模 8.4 亿元，可满足 110 亿元的自营收购贷款需求，有效解决了基层粮食收储企业市场化收购"贷款难"的问题，助力企业市场化转型。

（四）**大力发展产业经济**。根据国务院有关文件要求，结合江苏实际，江苏省政府下发《江苏省人民政府办公厅关于大力发展粮食产业经济加快建设粮食产业强省的实施意见》（苏政办发〔2018〕2 号）。提出了江苏粮食产业经济发展目标，到 2020 年初步建成适应江苏省情和粮情的现代粮食产业体系，产业发展的质量和效益明显提升，更好地保障粮食供给、带动农民增收、促进产业升级，并从培育壮大粮食产业主体、创新粮食产业发展方式、加快粮食产业转型升级、夯实粮食产业发展基础、落实加快粮食产业经济发展 5 个方面明确具体措施。

（五）**推动地方法规建设**。认真贯彻落实国家局要求，大力推动《江苏省粮食流通安全条例》出台。省粮食局主要领导专程赴省法制办商讨粮食立法，积极协调省人大常委会开展粮食立法调研，并组织听取各方面意见建议。省人大确定将《江苏省粮食流通安全条例》列入 2018—2022 年立法规划和 2018 年立项计划项目。积极推动省政府出台了《江苏省超标粮食处置办法》，在省级层面首家以政府规范性文件出台超标粮食处置办法，具有示范作用。

（六）突出规划引领。制定《江苏省"十三五"粮食发展规划纲要》，配套实施意见和建设规划，联合省财政厅印发了《关于推进新一轮（2017—2020年）粮食仓储设施建设工作的通知》，明确建设目标，"十三五"末全省完好仓容达3000万吨，基本满足收储需要。编制人才规划，会同省人才办共同下发了《江苏省粮食行业人才发展规划（2017—2020年）》，为全省粮食行业人才队伍建设提供了指导和支撑。制发《江苏省粮食行业拔尖人才选拔办法》，开展全省首批拔尖人才的选拔培养工作。

（七）推进"智慧粮食"建设。省级综合粮食信息平台建成，全省"智慧粮食"架构基本形成，对上与国家局的联通，对下与市县平台、主要库点实现互联互通；完善粮食流通"智慧监管"，建设了粮食流通监管信息化平台，并在全国率先开发了粮食流通移动执法手机APP，实现了数据在线共享、实时传送；加大粮食企业信息化建设，分类分档建设不同等级的粮库信息化系统，对提升粮库收储智能化水平发挥了积极作用。

（八）优化市场体系建设。积极拓展线上线下交易平台，充分释放市场活力。一方面加快构建粮食电子交易平台，构建起以江苏粮油交易市场为中心的全省统一粮食交易平台，实现线上交易服务于全行业的粮食电子交易；另一方面大力推进区域分市场建设，在扬州、南京等地设立10个分市场，推进地方储备粮轮换和贸易粮进场交易，积极引导产区、种粮农民、新型经营主体网上卖粮。

下一步，我们将深入学习习近平新时代中国特色社会主义思想，全面学习贯彻党的十九大精神，按照国家局的要求深化改革、转型发展，深入研讨、凝聚共识，借鉴、复制、推广"大讨论"形成的成果和经验，开创我省粮食事业新局面。

树立实干精神　注重工作实效
激发粮食流通改革发展活力动力

安徽省粮食局

"深化改革、转型发展"大讨论活动开展以来，安徽省粮食局认真贯彻落实国家局相关部署要求，深入结合本省粮食工作实际，精心组织、周密安排，紧扣主题、扎实推进，严格督导、注重实效，有效保证了大讨论活动有力有序开展，全省粮食流通改革事业的发展定位和着力方向更加明确。

一、强化组织领导，在推动活动开展上有章法

（一）**契合实际制定方案**。全省粮食行业认真贯彻落实习近平总书记视察安徽重要讲话精神，在全面落实国家局大讨论总体要求的基础上，结合本省粮情实际，确立"深化改革、转型发展、闯出新路"活动主题，突出增强"粮食安全保障、惠农增收保障、粮食行业发展"三种能力，明确抓好"做大龙头、做优品牌、做活经营、做强质检、做实监管、做好党建"六项重点任务，形成了独具安徽特色的大讨论行动方案。

（二）**健全机制压实责任**。省粮食局成立以局长任组长，其他班子成员为副组长，机关各处室、局直属单位主要负责同志为成员的大讨论领导小组，领导小组下设办公室、宣传组、督查组，负责全省粮食行业大讨论活动的综合协调、宣传发动和督导检查等工作。全省各市、县粮食

安徽省副省长张曙光（右一）参观"智慧皖粮"平台和粮食交易系统

行政管理部门成立相应领导组织，形成了体系健全、责任明确、传导有力的工作机制。

（三）多措并举保证实效。积极组织大学习，通过组织粮食大讲堂、专题培训班、集体学习等多种方式，认真开展学习研讨，深刻领会党的十九大精神和习近平总书记关于粮食工作的重要讲话精神。深入开展大调研，围绕粮食产业经济发展、粮食流通监管、国有粮食企业改革、粮食库长制等重点任务，广泛开展调研，形成高质量调研报告21篇，提出抓好粮食收购、加强粮食行业人才培养、打造军粮供应配送中心和加强粮食信用体系建设等多项亮点工作。认真落实大走访，先后开展督查走访10余次，通过深入基层、深入企业、进村入户，做到了与群众面对面谈心、心贴心交流，达到了查找问题、解决问题的效果。

（四）加强宣传营造氛围。积极打造宣传阵地，在安徽粮食政务网站开辟大讨论活动专栏，积极利用《安徽粮食》杂志和粮食政务微信、微博，及时发布活动通知和信息简报，指导市县开展大讨论活动。大讨论开展以来，共发布信息 112 条，编印活动简报 23 期，广泛汇聚基层智慧，组织开展"深化改革、转型发展"主题征文和"我为粮食行业改革发展献一策"活动，共形成主题征文 77 篇、献一策建议 67 条。

二、做好结合文章，在促进事业发展上有特色

坚持把大讨论活动与全省粮食重点工作有机结合，切实做到以知促行、以行促知、知行合一，为安徽粮食工作闯出新路奠定坚实基础。

（一）坚持与专题教育相结合，切实把牢思想之舵。结合安徽省开展的"讲政治、重规矩、作表率"专题教育，积极利用红色教育资源，开展多样化党性教育，促进全省粮食行业每个基层党组织更加坚强、每个党员细胞更加健康、每个单位创造力凝聚力更加彰显。

（二）坚持与落实粮食安全省长责任制相结合，切实压实岗位之责。提出实施粮食安全"库长制"创新理念，并将之作为全面贯彻落实习近平总书记关于国家粮食安全重要论述的实践探索和全面落实粮食安全省长责任制的有力举措，全省 16 个市先后出台具体方案，297 个粮库挂牌实施，较为完善的省、市、县三级库长管理体系初步形成。

（三）坚持与推进国有企业改革相结合，切实扣准改革之要。通过开展大讨论，对全省粮食行业深化国有企业改革的认识更加深刻，思路更加清晰，推进更加有力。全省地方国有粮食购销企业户数整合到 333 户，较 2017 年同期减少 103 户，减少 24%，"一县一企，一企多点"改革模式不断扩大。土地变性确权推进加快，全省土地变性确权率达 60%，较 2017 年同期增加 7 个百分点。

（四）坚持与大力发展粮食产业经济相结合，切实夯实产业之基。通过开展大讨论，全省粮食行业在更高层次维护国家粮食安全、推进粮食供给侧结构性改革、融入乡村振兴战略等方面形成了广泛共识，凝聚了大力发展粮油产业经济的强大合力。2017 年，全省实现粮油加工业总产值 2720 亿元，产品销售收入 2526 亿元，利润总额 102 亿元，同比分别

增加 8.2%、7.4% 和 32.5%。

（五）坚持与"查治守保促"专项治理和"大快严"集中行动相结合，切实绷紧法纪之弦。针对省委巡视发现固镇县粮食系统"靠粮吃粮"、党的领导弱化等个案问题，在全省粮食系统开展为期半年的"查治守保促"专项治理行动。根据国家有关部署，开展"大快严"集中行动，锁定方向、精准发力，动真格、敢碰硬，构建更加规范、更加公平、更加有序的粮食流通秩序。省委主要负责同志作出重要批示，充分肯定省粮食局举一反三、全面体检的做法。

（六）坚持与深化"放管服"改革相结合，切实提升服务之效。认真落实省政府"四送一服"活动要求，积极搭建融资、融合、研发平台，加快促进粮食产业经济转型发展。大力实施"优质粮食工程"和"放心粮油""主食厨房""皖人食皖粮""皖粮销全国""皖粮产后服务"行动，开展"粮食产业示范园区"创建活动，着力把安徽粮源、区位、技术、人才和市场等优势转化为粮食产业优势。

三、坚持问题导向，在巩固讨论成果上有实招

通过大讨论活动，全省粮食系统干部职工受到了一次思想洗礼，有力推动了粮食流通改革事业发展，但也显现出一些问题和不足：一是极少数基层粮食部门和企事业单位对活动不够重视，导致活动形式单一，效果不甚明显；二是部分地区改革进程缓慢，特别是国企改革措施不落实，粮食企业仍然存在小、散、弱的情况，土地确权变性比例有待提高；三是少数粮食行政管理部门仍受传统思维、计划经济管理粮食工作模式的影响，习惯于插手粮食企业经营管理，对市场流通秩序监督管理不到位；四是部分地区粮食产业大而不强，高端产能不足，管理方式粗放，三次产业融合不深。总之，与新时代的粮食流通发展新形势、新任务的要求相比还有较大差距，需要久久为功，持续发力。

（一）继续强化学习提认识。坚持以党的十九大和十九届二中、三中全会精神为引领，全面落实国家粮食安全战略、乡村振兴战略、建设现

代化"五大发展"美好安徽等中央、省委重大决策部署，深入学习党中央、国务院和省委省政府领导关于粮食工作的重要批示指示，学习国家局重要文件精神，通过举办粮食大讲堂、专题培训班等多种方式，加强对新形势、新任务和业务知识的学习，不断提升粮食系统干部职工推动发展的政治自觉，进一步坚定抓好粮食流通管理的信心，增强为人民服务的本领，增强推动转型发展的能力。

（二）继续总结经验补短板。进一步挖掘、提炼在大讨论活动中涌现出来的特色亮点、典型经验，搭建交流平台，组织观摩学习，复制推广亮点典型，把典型经验变成推动高水平发展的有效手段，持续放大大讨论活动成果。同时，直面大讨论中发现的问题与不足，建立问题清单、责任清单、措施清单，加大检查、督查、抽查力度，继续深入基层开展大走访、大调研、大检查，与基层同志一道，寻找解决问题的办法，破解制约发展的难题，压实粮食流通管理主体责任，切实守住管好江淮粮仓。

（三）继续推进改革添动力。深化粮食企业改革，勇于破除所有制、地域、行业限制，推动各项政策落地，深化考核评价、薪酬分配、劳动用工等方面改革，构建系统完备、科学规范、运行有效的企业制度体系。加快"调转促"步伐，推进粮油加工产业转型升级，提高产品科技含量和附加值，提升产业发展层次；通过招商引资、兼并重组、资源整合等方式，重点培育一批装备先进、技术领先、带动力强、管理现代化的龙头企业；鼓励支持粮食产业园区建设，努力实现一二三产业深度融合发展，坚定走产出高效、产品安全、资源节约、环境友好的现代发展道路。

凝聚共识　汇集众力
以大讨论活动推动粮食行业改革发展

山东省粮食局

山东各级粮食部门坚持问题导向，深入调查研究，大力推动转型发展，全行业开展的"深化改革、转型发展、走在前列"大讨论活动富有特色、扎实有效。

一、上下联动，全面推动活动开展

（一）抓动员部署。国家局动员部署会议结束后，山东在全行业率先召开全省大讨论活动动员部署视频会议，第一时间对活动作出安排部署，及时制定印发活动实施方案，明确指导思想、目标要求、方法步骤和保障措施，活动主题中增加"走在前列"，提出紧紧围绕"走在前列"，谋划发展思路、制定发展举措、衡量发展成效，进一步扩展了活动内涵。在全省启动"深化改革、转型发展、走在前列"主题征文活动，向全社会发出"我为粮食行业改革发展献一策"征集启示，并公布大讨论活动专用电子信箱，动员社会各界积极建言献策，为活动开展营造学习思考、探索实践的活动氛围。同时，强化舆论宣传引导工作，设立大讨论活动简报专刊，充分利用省内主要媒体、粮食部门网站、微信公众号、《齐鲁粮食》、橱窗专栏等平台，广泛宣传国家、省粮食工作部署要求，及时反映活动进展、做法和成效，大力宣传推介好做法好经验，用优势舆论把

山东省粮食局召开动员部署大会，在全省粮食行业开展
"大学习、大调研、大改进"

握导向、营造氛围、凝聚人心，激发广大干部职工参与大讨论活动的热情。活动开展中，省粮食局先行一步，做好表率，局领导班子成员带头学习讨论，分主题为干部职工讲课，进一步统一思想认识，统一活动开展步骤。在此基础上，结合夏秋粮收购、粮食库存检查、各类业务培训会议等时机，对大讨论活动开展进行再部署、再动员，推动大讨论活动向市县、向基层延伸。活动开展以来，山东省局先后召开动员会、调度会、研讨会、汇报会10余次，组织专题调研20余次，编发信息简报10期，报送国家局主题征文、"献一策"337篇，其中8篇文章获国家局表彰，山东省局获优秀组织奖。

（二）抓调查研究。全省粮食行业紧紧围绕学习贯彻党的十九大精神、增强粮食安全保障能力深入开展调研，为加快构建更高层次、更高质量、更有效率、更可持续的粮食安全保障体系提出切实可行的措施建议。一方面，优化调研题目。结合山东粮食流通改革发展实际，在国家局提出的 20 个讨论参考题目基础上，围绕粮食产业新旧动能转换、粮食流通监管、粮食行业信息化、粮食质检、粮食应急、军民融合等内容，将讨论参考题目扩展到 30 个。活动开展中，省粮食局围绕大讨论活动开展形成重点调研课题 25 个，根据各市工作特点下发 12 个方面的调研重点，引导全行业将活动重点聚焦到行业改革发展上，聚焦到推动工作开展上；另一方面，提高调研质量。各级粮食部门采取综合调研、专题调研、蹲点调研、上下联动调研以及问卷、走访、咨询、座谈等多种方式深入开展调查研究。通过深入田间地头，到粮食种植大户、粮食经纪人中，到粮库、粮食加工企业等一线开展"大走访、大调研"，全面了解基层的所思所盼，及时把基层的好经验好做法提炼出来、推广开来。全省三级粮食部门经查找发现问题 70 多个，形成调研报告 200 余篇，省粮食局择优将 67 篇汇编成册，发各地交流。

（三）抓亮点典型。紧紧围绕"解放思想、更新观念，转变作风、转变职能，转型升级、走在前列"的活动目标，深入挖掘大讨论活动中涌现出的先进典型、创新成果和工作品牌，形成可借鉴、可复制、可推广的典型经验，在行业深化改革转型发展中发挥示范、引领、带动作用。活动开展中，结合服务粮食产业经济发展安排了新闻媒体基层采风、重点支持粮油产业化龙头企业调研、粮食企业转变发展方式交流会等专项活动，结合行业人才队伍建设安排了粮食流通统计、粮食应急、粮食财会等业务培训和行业技能人才比武活动，全省挖掘提炼粮食流通改革发展亮点典型 44 个，实行清单动态管理。省局组织报送的 3 个典型经验被国家局纳入全国工作亮点。

（四）抓督促指导。及时调度各地大讨论活动进展情况，适时组织督导检查，重点督导大讨论活动的组织领导、工作部署、实际效果，特别是查找和解决突出问题，确保大讨论活动层层递进、步步深入，确保大讨论活动不走过场、不出偏差，努力把大讨论活动成果转化为推动粮食行业改革发展的强大动力。活动开展以来，省粮食局组成由领导班子成员带队的督导组，结合专项检查、业务会议等分片区、分层次开展实地督促指导 10 多次，召开大讨论活动专项督导会议 3 次。

二、突出重点，活动开展卓有成效

（一）乡村振兴战略扎实推进。把贯彻落实习近平总书记关于打造乡村振兴齐鲁样板的重要指示精神和省委省政府的工作要求始终贯穿在大讨论活动的全过程中，以在全省粮食流通领域大力实施"优质粮食工程"为抓手，全力服务乡村振兴战略。"中国好粮油"行动、粮食产后服务体系、粮食质量安全监测体系三个子项总投资近 14 亿元，筛选确定 8 个市县开展示范工程建设，6 家企业 13 个品种入选"中国好粮油"产品。安排 82 个县建设粮食产后服务中心，为 10 个市 46 个县 53136 个农户免费发放示范仓，新建 1 个市级、24 个县级粮食质检站。

（二）粮食行业新旧动能转换步伐加快。一方面，紧紧抓住国家局在山东滨州召开全国加快推进粮食产业经济发展现场经验交流会的契机，在省内大力推广"滨州模式"，推动粮食产业质量变革、效率变革、动力变革。2017 年，全省纳入统计范围的粮油加工企业 1568 家，完成工业总产值 3958 亿元，占全国工业总产值的 1/8，实现产品销售收入 4162 亿元，均居全国首位；另一方面，认真落实国务院办公厅《关于加快推进农业供给侧结构性改革大力发展粮食产业经济的意见》，结合山东实际，研究形成的《关于加快推进农业供给侧结构性改革大力发展粮食产业经济的实施意见》以省政府办公厅文件印发。大力推进"粮头食尾""农头工尾"建设，支持粮食企业以全产业链提升价值链，实施"互联网 + 粮食"行动，发展粮食公共服务平台，促进线上线下融合。

（三）地方粮食立法修规进程显著加快。认真落实国家"先照后证"要求，提请省政府对《山东省粮食收购管理办法》进行了修订。积极推进地方粮食立法进程，提出的《山东省粮食安全保障条例》立法建议被省政府作为 2018 年抓紧调查研究、起草的立法项目予以立项，省人大将该项目作为三类项目列入 2018—2022 年地方立法规划。按照国务院、省政府推行行政执法公示、全过程记录及重大执法决定法制审核制度的要求，结合山东粮食工作实际，制定印发了山东省粮食局重大行政执法决定法制审核办法等3项制度，编制了粮食系统内部保留的证照或制式证明材料清单，并向社会进行公告。

（四）粮食安全责任考核取得较好成绩。扎实做好考核各环节工作，及时下发考核工作方案，优化考核内容，提高考核的针对性。进一步放大考核"指挥棒"效应，将储粮安全等重点指标纳入全省经济社会发展考核，推动粮食安全责任制各项工作落到实处。优化考核方式，开发和应用集考核评审、信息交流、台账调度等功能于一体的考核信息管理系统，初步实现考核工作无纸化、数字化。

学论结合谋发展　学做并进促转型

四川省粮食局

全国粮食行业"深化改革、转型发展"大讨论活动开展以来，四川粮食行业强化组织领导，细化工作方案，领导带头参与，深入学习讨论，在凝聚思想共识、谋划改革思路、解决转型难题等方面取得了预期成效，有力促进了全省粮食流通改革发展工作再上新台阶。

一、活动开展情况

（一）把握"统"这个关键，加强组织领导促落实。全国粮食行业"深化改革、转型发展"大讨论活动动员部署视频会召开后，四川局高度重视、迅速行动，立即成立了全省粮食行业大讨论活动领导小组，下设领导小组办公室和4个工作组，明确职责分工，并结合四川粮食流通工作实际，研究制定了大讨论活动的细化实施方案，迅速召开动员大会全面部署四川省粮食行业大讨论活动。各市（州）粮食部门积极响应，迅速跟进，全省粮食系统呈现出上下联动、协调配合、统筹推进的良好局面。

（二）夯实"学"这个基础，提高政治站位强担当。全省粮食系统坚持把深入学习贯彻习近平新时代中国特色社会主义思想和党的十九大精神与深入推进"两学一做"常态化制度化，与认真领会和用心落实习近平总书记关于总体国家安全观的重要论述，与贯彻落实习近平总书记对四川工作重要指示精神紧密结合起来，以党组（党委）中心组示范学、专家宣讲引导学、领导干部带头学、交流研讨相互学、丰富载体拓展学"五学联动"为抓手，将强化学习、提高站位贯穿于粮食流通工作全过程。全省各级粮食部门共开展大讨论专题学习 200 余次，开展专题宣讲 40 余次。在门户网站、内部刊物、微信平台开设大讨论专栏，通报交流全省粮食行业开展大讨论的情况和取得的成果，掀起了比学习、比运用的热潮。

（三）聚焦"论"这个核心，推进思想解放谋发展。积极鼓励全省粮食系统干部职工结合查摆全省粮食流通改革发展面临的矛盾和问题、了解基层情况和征询一线意见，紧紧围绕学习贯彻习近平新时代中国特色社会主义思想及习总书记对四川工作重要指示精神，聚焦如何服务高质量发展、如何进一步深化改革、如何服务乡村振兴等六大重点问题开展大讨论。以开展一次粮食流通工作"如何沿着正确方向推进"大讨论、开展一次深化粮食流通改革发展"怎么看"大讨论、开展一次推动粮食流通转型发展"怎样干"大讨论"三个一载体"，推动大讨论深入开展。举办了全省粮食系统学习贯彻习近平新时代中国特色社会主义思想和习近平总书记对四川工作重要指示精神读书班。全省共征集"深化改革、转型发展"主题征文 100 余篇。

（四）突出"问"这个重点，凝聚改革共识破难题。全省粮食系统重点围绕干部职工转变作风、行业部门转变职能、产业发展转型升级和粮食企业转变发展方式 4 个领域、20 项重难点问题，多层次多方位广泛开展了大调研，摸清情况、解剖麻雀，着力形成一批有分量、有深度、有价值的调研成果，为全面增强粮食安全保障能力、推动粮食流通改革发展积极建言献策。全省共形成调研报告 200 余篇，有 60 余项调研成果已转化为推动粮食流通改革发展的具体措施。

二、活动主要成效

（一）广泛凝聚了全行业改革发展共识。通过开展大讨论活动，全省

四川省委副书记省长尹力（左二），常务副省长王宁（右二）
在成都粮食交易中心调研粮食安全工作

粮食系统干部职工进一步深化了对习近平新时代中国特色社会主义思想的科学内涵和精神实质的理解，逐步形成了深化改革、转型发展的共识，自觉提高政治站位，勇于担当担责，积极付诸实践，转变思想观念，主动思考破解对策，全省共收集合理化意见建议 350 余条，既找准了短板，又树立了信心，凝聚了深化改革、转型发展的强大动力。

（二）有力推动了改革创新政策出台。四川省粮食局坚持把大讨论活动的成果转化为服务粮食流通改革发展的务实举措。在前期充分调研和座谈研讨的基础上，把发展粮食产业经济作为引领粮食流通改革发展、推动四川省从粮食经济大省向粮食经济强省跨越的突破口，制定出台了"含金量"较高的《关于加快推进农业供给侧结构性改革发展粮食产业经济的实施意见》，为全省粮食产业经济发展提供有力的政策支撑。

（三）积极促进了典型培育和经验积累。大讨论活动中，四川省粮食局结合抓重点亮点、树先进典型工作，注重挖掘培树一批模范典型，总结推广一批先进经验，以点带面，引领示范。广安、达州、巴中、雅安等市突出革命老区特色，以红色文化为纽带，以加强粮食文化建设为引领，凝聚了深化改革、转型发展的广泛共识和强大合力。广安、德阳等市积极推进粮食企业改革，鼓励引导企业走"一业为主，多种经营"的发展新路，为传统粮食企业注入了新的活力。宜宾、崇州、什邡、绵阳安州等地以推进农业供给侧结构性改革各项措施落实作为大讨论活动的重要实践，因地制宜，实施川粮"三产融合"示范工程，有力推动了传统粮食特色产业的转型升级。

（四）有效推进了粮食流通重点工作落实。一是促进了粮食安全省长责任制落实。坚持以狠抓问题整改为突破，全面落实粮食安全省长责任制目标任务，健全分级负责的行政首长责任体系，夯实确保粮食安全的工作基础，推进粮食经济高质量发展，发挥了考核"指挥棒"作用。二是提升了粮食安全保障能力。地方储备规模全面落实，全省应急供应网点达 4843 个，实现乡镇全覆盖。扎实推进低温储粮建设，省财政投入 14 亿元，建设低温绿色储备库 173 个，总仓容 607 万吨。全面启动建设"智慧川粮"，2018 年年底前将全部建成。全面推进质检体系建设，28 个质检机构项目正有序推进。三是探索了军民融合新途径。在全省实施军民融合军粮创新示范工程，构建"1+12+N"模式，打造"四川军粮"金字招牌。四是推进了粮食经济新旧动能转换。依托延伸产业链、优化创新链、提升价值链、密切利益链"四链协同"来增创粮食产业发展的新优势，把资源优势转变为产业优势、经济优势。全省 67 个产粮大县粮食产后服务体系建设全域启动。省政府安排资金 2 亿元，加快推进"天府菜油"品牌建设行动，全力打造"天府菜油"千亿级产业。实施"川粮产业融合示范工程"成效明显，以粮油生产经营为主体打造一二三产业融合发展的田园综合体、特色示范园区、特色粮油发展新村，推进产区变景区、田园变乐园。五是推动了职能转变。进一步深化"放管服"改革，推进自贸试验区"证照分离"改革试点、"最多跑一次"改革和"互联网＋政务服务"工作落地落实。全面加强粮食流通监管，以全国粮食流通执法督查创新示范单位创建为抓手，强化执法督察队伍建设，提升依法治粮能力。

一年来，省粮食局有序推进大讨论活动深入实施，取得了明显成效，但仍存在思想认识需要进一步深化、工作进展不平衡、成果转化不够及时充分等问题和不足。全省粮食系统将继续认真落实国家局"讲政治、顾大局，抓重点、出亮点，争主动、真落实，高标准、严要求，多添彩、不添乱"的总体要求，践行国家局党组提出的"约法三章"，坚决守住安全稳定廉政底线。践行新时代新担当新作为，进一步理清发展思路，抢抓发展机遇，向深化改革要动力，向转型发展要活力，不断开创工作新局面，努力推动四川由粮食经济大省向粮食经济强省跨越，为保障国家粮食安全做出新贡献。

坚持五个"贯穿始终"
全面深入开展大讨论活动

湖北省粮食局

　　去年以来，按照国家局统一部署，湖北省粮食局全面深入开展了"深化改革、转型发展"大讨论活动，取得了较好成效。

国家局张务锋局长（左一）与湖北省周先旺副省长（右一）签订《共同推进粮食产业高质量发展切实保障国家粮食安全战略合作协议》

一、主要做法

（一）高度重视，把加强组织领导贯穿始终。 2017年7月国家局部署开展大讨论活动以来，省局党组高度重视，狠抓工作落实落地。党组专题学习相关精神，研究活动方案，成立了由局长任组长的全省大讨论活动领导小组，并抽调精干人员组建工作专班。印发活动实施方案，按季度细化活动安排，开展督办检查，始终确保大讨论活动按国家局的要求落到实处。

（二）突出主题，把活动总体要求贯穿始终。 紧紧围绕"深化改革、转型发展"主题，坚持把"学中央精神、明方向大势，转思想观念、谋改革发展，强责任担当、提工作水平"总体要求贯穿始终，采取举办研讨班、研讨会等方式，引导和推动党员干部认真学习贯彻习近平新时代中国特色社会主义思想和2018年4月习近平总书记视察湖北重要讲话精神，积极落实省党代会提出的培育打造"湖北粮、荆楚味"地域品牌要求，积极组织收听收看国家局"粮食流通改革发展论坛"专家讲座。采取请进来与走出去相结合的方式开展学习，5次邀请专家学者围绕十九大精神、宪法修正案和监察法、粮食改革发展、廉政文化等内容开展专题辅导讲座；组织专班赴外地考察学习粮食立法、仓储建管、粮食收购贷款基金建设管理、产业经济发展与品牌建设、军粮供应管理、省级储备粮管理等业务；在浙江大学组织开办了年轻干部综合素质提升培训班。

（三）注重调研，把推动成果转化运用贯穿始终。 大讨论活动开展以来，先后由省局领导分头带队，有关业务处室参与，开展了系列调研，形成调研报告并组织进行研讨交流，促进重要调研成果转化，提请省政府办公厅专门印发了粮食供给侧结构性改革行动方案，在调研思考基础上，结合湖北实际提出了贯彻落实国办78号文件的实施意见，以省政府办公厅文件印发各地。

（四）示范引领，把培树先进典型贯穿始终。 总结省粮食局人才培养的做法、麻城市国有企业改革经验等5个方面的典型，上报国家局。我省实施优质粮食工程的做法得到国家局充分肯定，强化科技人才支撑、助推行业创新发展的经验在全国科技兴粮人才兴粮座谈会交流，并被国家局确定为亮点工作。选择10个县市开展试点示范，实施"优质粮食工程"，初步经验得到了国家局的认可。初步提出我省粮食文化精神，系统内涌现出了陈文秀等先进典型。

（五）聚焦落实，把督查督办贯穿始终。坚持把督查督办贯穿始终，每季度对照活动安排表，通过随机抽查、年度考核、调研座谈等多种方式，督任务、督进度、督成效。结合大讨论活动督查，进行重点工作完成情况、作风巡查情况通报。

二、活动成效

（一）粮食干部职工政治站位进一步提升。通过多种形式的学习研讨座谈交流，粮食部门各级党组织落实管党治党"两个责任"，切实加强了理论武装，提高了政治站位，更加注重从政治高度和全局高度研究谋划粮食工作，自觉融入中心、服务中心，确保党中央国务院和省委省政府各项决策部署在湖北粮食系统落地生根。

（二）粮食流通改革发展思路更加明晰。通过专题调研和召开会议，讨论新时代粮食特色亮点工作，形成了深化粮食收储制度改革、创新政策性粮食监管、促进粮食流通能力提升、大力实施"优质粮食工程"、加强粮食部门能力建设等新的工作思路。认真组织开展"大讨论征文"和"献一策"活动，上报征文105篇、献策71条，其中，荆州市推荐的《从"福娃模式"成功实践看粮食加工转型路径》被国家局评为一等奖，另有11篇文章获奖，省粮食局被国家局授予优秀组织奖。

（三）粮食安全责任进一步压实。通过深入调查研究，努力破解粮食行业深化改革创新发展中的难题，在更高层次保障粮食安全。省委将推进收储制度改革纳入重点督办改革事项强力推进，省政府将推动粮食供给侧结构性改革、大力发展粮食产业经济作为实施乡村振兴战略的重要抓手，先后印发了粮食供给侧结构性改革行动方案和《关于大力发展粮食产业经济的实施意见》。

（四）**粮食安全隐患整治取得阶段性成果**。提请省政府召开动员会，认真组织实施"粮食安全隐患大排查快整治严执法"集中行动，对全省1624个粮食收储库点的库存粮食实行全覆盖检查，对47个重点问题实行局领导包案督办，发现并整改粮食安全隐患问题1031个，追责问责147人。妥善处置了襄阳万宝、泥咀等重大涉粮案件。加强粮食质量监管，妥善处置超标超期粮食。建立了粮食安全隐患领导包案督查整改、"打白条"行为防范查处等长效机制。

（五）**粮食行业形象明显提升**。结合"大讨论"活动加强经验总结和典型宣传。大力发展粮食产业经济的实施意见、省政府常务会研究粮食安全工作、粮食科技周活动暨"人才兴粮""科技兴粮"座谈会、夏粮收购形势分析和政策解读等重要工作和活动宣传开展得有声有色，既营造了支持粮食工作的社会氛围，又提升和宣传了部门形象。

三、存在问题和今后打算

通过大讨论活动的开展，省粮食局也发现了工作中的一些深层次矛盾和问题。下一步，省粮食局将按照习近平总书记视察湖北重要讲话精神和国家局的有关工作要求，坚持以改革创新为动力，着力抓重点、出亮点、创特色。

（一）**多措并举，深化粮食收储制度改革**。主动适应收储制度改革要求，支持国有粮食企业和多元市场主体共同参与收购；建立粮食收购企业担保基金；落实"放管服"改革要求，探索开展信用监管新模式，发挥粮食经纪人协会行业自律作用；深化国有粮食收储企业改革；优化调整军供网点布局，支持军民融合军粮供应工程建设；完善粮食电子交易平台建设，推动线上线下融合。

（二）**创新监管，全力保障政策性粮食安全**。在责任落实上，建立上级政府约谈考核不合格市州县制度；在政策体系上，按"1+2"目标启动粮食立法修规；在监管方式上，完善"12325"粮食流通监管热线运行机制，建立重大案件线索向执纪执法机关移交、联合查办等机制，试点开展仓储网格化管理；在日常监管上，开展常态化、全覆盖政策性粮食质量大检查，摸清底数、掌握实情，积极稳妥推进省级战略储备集中管理。

（三）**加强统筹，促进粮食流通设施提档升级**。加强粮食项目建设统筹力度，整合资源、科学调度，协调推进项目建设。以粮食物流园建设为重点，深入对接国家粮食现代物流发展"十三五"规划，研究制定全省粮食物流园区发展规划和标准，集中政策资金支持建设几个重点粮食物流加工园区。严控新建粮库项目，支持改造升级一批符合现代储粮标准的准低温（低温）粮库，全面完成信息化建设任务。

（四）**示范带动，大力实施"优质粮食工程"**。高点定位、突出特色，抓好首批10个试点示范县市的试点工作，以此为基础整体推进全省建设；抓好"优质粮食工程"项目和资金管理；完善"放心粮油"网点建设，提升湖北放心粮油市场体系功能；统筹"放心粮油"、军供、应急供应、质量监测网点的布局与建设；培育"湖北粮、荆楚味"地域品牌，继续加大"荆楚大地"粮油公共品牌营销宣传。

（五）**提升能力，加强粮食部门自身建设**。突出政治能力建设和谋划能力建设，重点抓好"适应粮食收储制度改革新形势和粮食消费结构升级新要求，创新方式丰富载体，深入推进湖北省'优质粮食工程'的思路举措"课题调研，为保障粮食安全提供理论基础和实践样本；突出全员能力素质提升，组织实施干部能力提升工程；突出作风纪律建设，落实"约法三章"，抓好机构改革期间粮食系统的安全稳定和廉政工作。

坚持问题导向　强化底线思维
着力推动粮食行业改革发展

甘肃省粮食局

　　甘肃省高度重视粮食行业"深化改革、转型发展"大讨论活动，立足当前、着眼长远，统筹全局、突出重点，直面问题、真抓实干，切实以改革推动发展、以转型引领发展。

一、提高政治站位，聚焦问题短板，深入开展粮食行业大讨论活动

　　（一）深化思想认识。把学习贯彻习近平新时代中国特色社会主义思想贯穿于大讨论活动中，始终坚持正确的政治方向。全省粮食系统干部职工普遍认为，开展大讨论活动是坚决贯彻党中央、国务院和省委、省政府决策部署的政治要求，是主动适应国家和甘肃粮食安全新形势新特征的现实需要，是面向行业依靠广大干部职工群策群力的具体行动，必然能在新形势下进一步凝聚起粮食行业解放思想、改革创新、攻坚克难、转型发展的强大合力，为保障粮食安全、推进粮食行业改革发展强基固本、催生活力、注入动能。

　　（二）全面查摆问题。结合甘肃实际，比对行业发展和职工增收的愿望、种粮农民和城乡居民的期盼，认真查找了问题和短板。主要问题有：全省粮食行业在进入新时代落实新要求上还有较大差距，不能适应粮食

行业新时代发展的要求；粮食安全省长责任制落得还不够实，成员单位配合得还不够到位，市州之间不平衡的问题较为突出；国有粮食企业发展不平衡不充分的问题还比较普遍，省直企业自我发展的能力不够强，转型发展的机制还不健全，市县国有粮食企业大部分还处在比较困难的境地。

（三）准确把握新任务。面对新时代甘肃粮食工作的新形势和新机遇，全省粮食部门全面贯彻省委、省政府生产与流通并重、数量与质量并重、城市与乡村并重的粮食安全基本策略，坚守部门职责，主动承担好、落实好促生产、强流通、保供给、重监管四项重点任务。依托粮食部门的改革发展积累和自身优势，全方位助力粮食生产。不断夯实流通基础，增强流通能力，尽快建成适应全省粮食收储需要的现代粮食流通体系。围绕不断升级变化的市场需求，全方位增强供给保障能力和水平。加强粮食流通管理，建立公平、公正、有序的粮食流通秩序。

二、深化学习研讨，凝聚改革共识，坚定粮食行业发展信心

（一）高质量开展专题学习研讨。坚持"两学一做"常态化建设同研究解决粮食行业改革发展重大问题相结合，组织召开了"学习贯彻十九大精神，推动全省粮食行业深化改革转型发展"专题研讨会。省粮食局班子成员，中储粮兰州分公司，省粮食局6个处室、9个直属单位，14个市州粮食局，3个产粮大县粮食局，2个民营企业的主要负责同志共39人做了发言。会议在学习贯彻十九大精神，推进供给侧结构性改革，加快粮食产业经济发展，完善粮食宏观调控体系，深化国有粮食企业改革，落实粮食安全省长责任制，推进粮食行业党的建设、文化建设、人才队伍建设等方面达成了共识，以全新的思想认识和精神状态开启了振兴甘肃粮食事业发展的新征程。

（二）精心汇集学习研讨成果。坚持集思广益、群策群力谋发展，组织编印了《"学习贯彻十九大精神，推动全省粮食行业深化改革转型发展"专题研讨会材料汇编》（一套两册），收集汇总了省粮食局班子成员、机

关副县级以上干部、各直属单位主要负责同志、各市州和甘肃矿区粮食局局长、16 个产粮大县粮食局局长、部分民营企业负责人的 86 篇优质研讨材料。各地各单位之间加强交流借鉴，相互促进，共同提高，不断扩大活动成果运用，推动了大讨论活动的持续深入开展。

（三）积极宣传引导正能量。主动挖掘、积极培树、大力宣传全省粮食行业在部门转变职能、产业转型升级、企业转变方式中的创新成果、先进典型和工作品牌，在"深化改革转型发展"主题征文和"我为粮食行业改革发展献一策"活动中，全省共征文 84 篇，献策 102 条。在全行业大力传承和弘扬"四无粮仓"精神、"宁流千滴汗、不坏一粒粮"的优良传统，通过门户网站公开信息 2100 条、微信公众平台公开 306 条，及时传播甘肃粮食的"好声音"，发挥了正面引导社会舆论的作用。

三、科学谋划部署，增强行动自觉，不断提升粮食行业创新力、执行力和公信力

（一）理清发展思路。面对发展变化了的粮食生产供需形势，确立了新时代甘肃粮食工作的发展思路，主要有：一是实现"五个转变"，即粮食储备管理由数量向质量转变，粮食重点工作由储备粮管理向产业经济发展转变，粮食部门职责由系统管理向全社会管理转变，粮食企业由政策性管理向增强市场竞争力转变，粮食人才由单一型管理人才向复合型经营人才转变。二是突出"两个重点"。根据省情粮情，作出了甘肃粮食供需要坚持生产与流通并重，且要更加注重发挥流通功能的基本粮情判断，提出了充分利用国内、国际（主要是中亚国家）两个市场，做大做强粮食流通、全面保障省内粮食供应的工作思路。三是增强企业内生动力。国有粮食企业要按照"管理为体、经营为魂"的发展理念，在加强储备粮管理、确保储存安全的同时，结合实际搞好多种经营，增加企业的发展活力，实现企业增效、职工增收。四是积极拓展服务对象。深入推动"放管服"改革，拓宽管理和服务范围，从侧重管理省直粮食企业向监管全省粮食行业转变，把市县粮食企业、民营粮食企业纳入服务范围，真正推动全省粮食行业发展。

五是优化储备库点布局。以大交通、信息化的思维，破解地方储备粮库点布局难题，结合粮库智能化升级改造，对全省 162 个承储企业按照企业和企业仓房两个层次的定位，划分确定为 A、B、C、D 四个类别，其中 A 类为重点发展、B 类为逐步支持发展、C 类为限制发展、D 类为逐步淘汰，经过几年调整，将库点逐步缩减到 110 个。

（二）深入推进粮食安全省长责任制考核。省政府成立由省委常委、常务副省长宋亮任组长的责任制考核领导小组，召开全省落实粮食安全省长责任制工作电视电话会议，通报了 2017 年度责任制考核结果，考核优秀的市州政府作了典型发言，一般的市州政府做了表态发言。对考核获得优秀等次前 3 名的市政府，省粮食局拿出 30 万元予以表彰奖励，省考核办一对一地向各市州政府主要领导和分管领导书面反馈了考核中存在的不足和短板。接受了粮食安全省长责任制"国考"抽查，甘肃在国家予以表扬的 17 个省市区中排名第九位。扎实部署 2017 年度"省考"和"国考"工作，通过会议会商、调研督导、建立台账等措施推动落实，各地

甘肃粮食执法监察支队对市场原粮开展执法监察

抓好粮食安全工作的责任感增强、主动性提高。

（三）精心举办"一带一路"粮食安全高峰论坛暨中国好粮油——陇上行。以促进区域发展为目的，围绕实施国家粮食安全战略和"一带一路"倡议，在第 24 届兰洽会上举办了"一带一路"粮食安全高峰论坛暨中国好粮油——陇上行。国内外 7 名专家在本次粮食安全高峰论坛上进行了主题发言，国家局与甘肃省政府签订了《共建区域粮食安全保障体系加快粮食产业高质量发展战略合作协议》，省粮食行业协会、省内 3 个企业与白俄罗斯、阿塞拜疆、哈萨克斯坦的粮食企业签订了合作机制和购销意向协议，省粮食局与黑龙江、吉林、河南等 9 省区粮食局签订了省际粮食产销合作协议，组织白俄罗斯、哈萨克斯坦、日本 3 个国家和国内 20 个省市、省内 14 个市州的 130 多家知名粮油品牌，展示了千余种绿色安全健康粮油产品，受众 2 万人以上。通过这次交流合作，甘肃省与"一带一路"沿线多国的粮食通道已经打通，粮食区域合作已融入"一带一路"建设中。

探索实践

建设新型农企关系　延伸粮食流通链条
——中粮集团农业综合服务平台模式
创新的探索与实践

中粮集团有限公司

近年来，中粮集团持续深化改革，全面转型发展，企业规模、经营管理效率、品牌影响力、市场竞争力都进一步扩大和提高。为贯彻十九大关于实施乡村振兴战略的决策部署，公司提出了"坚持一体化方向，实现从贸易商向服务商的跃升，加速推进农业产业化，坚决抢占和巩固掌控粮源的先机"的新时期发展思路。

一、延伸产业链条，开展农业社会化服务，将小农户导入现代农业

目前，我国农业存在一家一户分散经营、户均经营规模小、农业生产方式粗放、物资装备和科技创新不足等问题，同时随着农业劳动力减少、老龄化现象日益凸显，一家一户办不了、办不好、办起来不合算的事越来越多。为了提高农业竞争力，必须走适度规模化经营之路。实现规模化有两条基本途径：一条是通过农地流转，实现土地集中规模化；另一条是通过健全农业生产社会化服务体系，实现农业生产服务的集中规模化。无论是哪条途径，都必须增加农业社会化服务供给。针对上述问题，公司勇于担当，依托公司技术、网点、管理、资金优势，积极为农户提供农业社会化服务，把千家万户的小农生产连接起来，把小农生

产导入农业现代化，实现小农户和现代农业发展有机衔接。

二、携手产业链合作伙伴，创新农业综合服务平台模式，帮助种粮农民增加收入

为了更好地发挥央企在现代农业建设中的龙头和引领作用，建设更加紧密的农企利益共同体，千方百计帮助农民增加收入，中粮集团率先深入农业服务，经过3年来的实践和经验总结，提炼出"粮食银行+"农业服务业务链经营体系。具体来说，中粮集团梳理了农户从种植到收获再到销售的整个农业投入—产出的业务链条，将农户的农业服务需求，分为种植订单需求、农资投入需求、农业金融需求、农机服务需求、粮食销售需求五大类。通过中粮集团在市场中的号召力和影响力，携手化肥生产企业、种子公司、农机合作社、银行、担保公司等社会合作伙伴，共同提供对农服务，搭建农业综合服务平台。

中粮集团中粮贸易有限公司与黑龙江省宁安市人民政府就共同开展
农业综合服务平台建设战略合作举行签约仪式

由中粮集团解决农户最关心的订单和粮食销售问题，解决了农户种植和销售两端最大的痛点，再通过第三方供应商资源，引入农资、农机、金融等生产要素，利用规模化效应，实现农业生产的降本增效，提升综合生产能力。通过农业综合服务平台，为农户提供全方位、一站式服务，从产业链角度推进现代农业"三个体系"的建设。2017年，中粮集团通过农业服务收购粮食近300万吨，涉地面积500多万亩。目前以玉米品种为重点，并向稻谷、大豆逐步延伸。做法方面，具体有：

1. **订单农业**。根据下游市场对上游农业生产提出的品种、品质需求，选择最适宜区域，由当地村屯农业生产带头人牵头成立新型农业经营主体，中粮集团与其建立农业产业化联合体，带动当地农民连片种植、标准化生产，统一品种、统一种植技术，将众多小农户与大市场连接，实现专业化布局、规模化生产、市场化经营、品牌化引领。

2. **农资服务**。通过与优质农资生产企业，如云天化、中化开展联盟合作，统一化肥供应，缩短化肥销售渠道，降低农民种植成本；同时引导农民合理施肥，科学种植，服务好消费市场对品种、品质的需求，也保护了生态环境，从源头确保食品安全。

3. **农机服务**。通过整合农机手、运输队、烘干塔等社会资源，使粮食从田间不落地进入粮库，减少中间环节，节约物流成本；减少粮食霉变，降低粮食损耗，提高粮食品质。

4. **粮食银行**。创新了粮食所有权与经营权分离的购销模式，让农民有地方存粮，粮食品质不会下降，还能分享市场价格波动的机遇，可以随时点价、随行就市结算。

5. **农业金融**。与金融机构，如中粮信托合作，促进产融结合，帮助农民解决农业生产"融资难、融资贵"难题；与保险公司、期货公司，如中粮期货合作，创新报价类的产品，降低农民种植风险。

6. **增值服务**。推进与社会农技、植保站的合作，提供农技、信息、气象等服务，服务好农业生产。

三、抓实农业产业化业务推进举措，提升企业掌控一手粮源能力

（一）延长产业链条，建设紧密的农企利益共同体

1. **经营目标**：找到合作社，落实合作社掌控的土地面积，把种肥药投入下去，把粮食回收上来。合作社负责协调农户之间的利益分配、物流配送等问题。

2. **存在问题**：合作社在不同历史时期发挥着不同的作用，但新时期大多数合作社已不再发挥作用，处于休眠状态。合作社与土地联系不紧密，黏性不够，不能完全切合实际需要。

3. **推进举措**：梳理、甄别粮库或综合服务平台所在区域的基本情况，包含但不限于：种植规模、种肥药需求、合作社数量、交售习惯、物流流向等。在此基础上，有针对性地总结归纳出中粮集团可以介入的服务内容。

（1）建立"政府搭台，企业唱戏"的机制。一是激活原有合作社，二是新组建合作社，选择村屯有影响力、合作意愿强烈的人担任理事长，发挥合作社对社员的号召力和组织力。

（2）粮库开展对农宣讲，粮库主任每年至少要亲自宣讲2次，让合作社及社员接受中粮集团的订单服务及其他第三方服务。

（3）以合作社为主体，与中粮集团签署订单合同，组织农户，将种肥药投放下去，秋收安排物流统一将粮食交售给中粮集团。粮库要做好全程监管和合作社的信用评级工作。

（二）以粮源掌控为目标，积极开展化肥经营，形成闭环

1. **经营目标**：

（1）惠农。降低农户投入成本，提高粮食产出。

（2）加强粮源掌控能力。通过合作伙伴或直接销售化肥，锁定种粮客户。

（3）提供化肥仓储、中转服务，成为盘活粮库资产的补充。

2. **存在问题：**

（1）粮库没有配肥能力、设施。

（2）为完成考核任务，停留在买卖拼缝业务，没有独立销售渠道，肥粮一体的模式对业务支撑不够，意义不大。

（3）没有自己的复合肥独立品牌。

3. **推进举措：**

（1）利用合作社自带配肥设施，或粮库建立配肥设施，加大配肥规模。

（2）化肥销售按行业习惯，做好头寸、价格管理。

（3）经营独立的品牌或系列。吉林、辽宁的复合肥经营，现有品牌容易与经销商发生冲突，或在市场上没有影响力，建立中粮集团的独立品牌或系列，通过中粮背书，加大销售力度，价格发布时间在 10 月。黑龙江、内蒙古可以做单质肥，建立配肥站或直接对农销售，价格发布时间在 10 月以前。

（三）夯实粮食银行业务

1. **经营目标：**

（1）加强推动农户组织化程度，提升粮食银行业务规模。

（2）因地制宜，扩大对农服务力度，增强对农户的吸引力。

（3）做实系统，加大延迟结算比例，运用期现结合手段控制风险，争取获得资金利息方面的收益。

2. **目前成效：**

（1）农户认可，宣传效果好，从存粮到家转变为存粮到库。

（2）农户没有提出保底需要，具备做大粮食银行的条件。

（3）粮库对业务的理解加深，仓容逐步富余，具备双代业务条件。

3. **存在问题：**

（1）区域公司对业务的认识还不够深刻。

（2）延迟结算规模小，对期现结合的信心不足。

（3）内部管控还需进一步完善和调整。

（4）粮食银行系统，还需结合数字化粮库系统建设，进一步完善。

4. 推进措施：

（1）加强试点，做透对农宣传。

（2）做好粮食银行的业务流程和模式优化。

（3）结合数字化粮库系统，完善粮食银行系统。

（4）做好延迟结算业务的期现结合方案。

四、积极争取国家政策支持，提供良好的外部发展环境

一是需要地方政府帮助企业组织和引导农民开展农业生产。做好农民合作社的组织工作，整村推进合作社建设。这一块离开了地方政府的积极支持、配合，企业是做不到的。要对农民有信心，但在关键推进当中、在宣传过程中，要得到地方政府的高度重视、高度支持，建立以中粮农业综合服务平台为龙头的农业产业化联合社，落实土地面积，整合农机物流资源，督促订单履约。

二是需要地方政府发挥监督管理职能，保障市场机制有效运行，为企业推进农业产业化业务解决后顾之忧。农业综合服务平台的业务闭环是订单实现保质保量的履约。订单农业对稳定农产品价格、保障农民合理收益、增强农民抵御市场价格风险等方面具有积极的作用。但由于中国农村信用体系尚不健全，部分农民契约意识差，存在恶意违约现象，使得签订的订单最后难以全部实现，反过来伤害企业和其他农民。为了保障订单能够履约，形成企业和农民间长期、可持续的良性合作关系，地方政府需要加强监管。

三是需要国家和地方政府提供相关涉农政策支持。在政策允许范围内，引导相关涉农政策对参与农业综合服务平台的种植主体予以政策倾斜，在普惠性的农业补贴基础上，优先为项目及合作农户落实农机具购置补贴、高标准农田建设、农田水利建设、土地宜机化改造项目等支农政策。

铸白金名片　树健康品牌

吉林省粮食局

近年来，吉林省粮食局按照省委省政府统一部署，提前谋划粮食市场变化趋势，立足吉林实际，瞄准消费需求，整合省内资源，加快推进吉林大米品牌建设，着力实施吉林大米"五个一工程"：集中打造一个核心品牌——吉林大米；组建一个产业联盟——吉林大米产业联盟；搭建一个电商平台——吉林大米网；制定一套标准体系——吉林大米系列质量标准；建立一个营销网络——吉林大米直营网络。经过近五年的艰苦努力，吉林大米品牌建设取得显著成效。

一、主要做法及成效

（一）多措并举，吉林大米核心品牌影响力日渐凸显

针对吉林水稻种植环境优、生产标准高、内在品质好的特点，结合吉林大米中高端市场定位，吉林省粮食局在充分调研国内众多品牌策划创意的基础上，制定了《吉林大米品牌建设发展规划》，对吉林大米品牌宣传方式、载体、内容进行了细致筹划。主要思路为：一是通过对目标市场精准分析，突出品牌内在价值，彰显品牌整体形象，实现科学精准传播；二是通过科学系统的顶层设计，综合运用各种媒介，实施线上线下组合推广，最大限度地覆盖目标群体，实现品牌影响力的快速提升；

三是通过对品牌成长特性的科学分析，精准选取不同阶段宣传推广重点，实现品牌认知度、美誉度，客户忠诚度持续提升；四是通过实施"四大工程"（媒体传播、品牌"行走"、文化挖掘、主题公关），让吉林大米"电视有影、广播有声、报纸有字、站场有牌、网络有事"，实现品牌推广自主、持续、可控的发展目标。

（二）整合资源，吉林大米产业联盟主体地位愈加突出

为有效解决吉林大米品牌落地问题，吉林省粮食局以品牌为引领，优选省内部分大米加工龙头企业，组成"吉林大米产业联盟"，以大联盟带动区域联盟，以区域联盟带动企业经营，联盟企业统一使用"吉林大米"商标，用"吉林大米"的大品牌统领区域品牌，以区域品牌聚合企业品牌。联盟企业作为品牌建设的重要载体，在承担吉林大米品牌建设任务的同时，还依托其影响力，承担了区域品牌整合重任，其中松粮集团以"查干湖"大米品牌为核心，对松原市周边30家企业进行了整合，组建了"查干湖大米"区域联盟，种植基地面积由30万亩扩大到50万亩，稻谷加工能力由12万吨扩大到50万吨，年销售收入由1.5亿元增长到10亿元。目前，吉林大米产业联盟企业已由最初的7家发展到33家，包括27家在当地具有一定影响的核心企业、5家大米经销商及1家品牌服务机构。

（三）完善标准，吉林大米质量管理体系初步形成

为维护吉林大米品牌形象，吉林省粮食局有意识地加大了吉林大米品质管控等基础工作的投入，组织修订了高于国家标准的《吉林大米地方标准》，编制了高于地方标准的"吉林稻花香""吉林长粒香""吉林圆粒香""吉林小町"4个市场热销品种的团体标准，并于2016年9月颁布实施。

围绕"夯基础、壮实力、稳质量、保安全"这条主线，开发了吉林大米质量追溯平台软件系统，对省内大米加工企业和水稻专业合作社相关信息进行采集、整理、汇总分析，为吉林大米"来源可查明、流向可追踪、信息可查询、责任可追究"提供科技支撑。目前，该平台已通过验收并上线试运行，首批60家省内大米加工企业已完成业务培训、软件

安装、终端调试等工作，并正式开通投入使用。

（四）搭建平台，开启电商营销新渠道

为了有效锁定中高端消费人群，我们打破传统的经营方式，引入"互联网＋吉林大米"模式，搭建"吉林大米网"电商平台，开展网上信息查询、线上宣传销售、网络结算业务活动，探索"线上注册会员，线下体验配送"的O2O营销模式，线上导入会员140余万人，线下开设大米体验店220家。2017年11月，省粮食局与阿里巴巴签署了战略合作协议，开通设在延边、舒兰、九台等地的产地仓，统一标准、统一备货、统一包装、统一发送、统一结算，并在天猫设立吉林大米官方旗舰店，开启了吉林大米在全球最大电商平台流通的新纪元。为配合线上销售，阿里还将开放盒马生鲜、三江、联华、天猫小店、零售通便利店等线下资源。首批22家吉林大米企业的66款大米已驻店销售，产品全部定位中高端，售价最低6元/斤。上线半年，吉林大米在淘宝天猫旗舰店销售19.5万单，成交967吨。吉林大米在线上的良好表现，吸引了京东等国内电商纷纷前来洽谈，谋求合作。

吉林大米官方旗舰店上线启动仪式

（五）延伸链条，创新产销衔接新模式

为了突出吉林大米生产环境、品质特征优势，吉林省粮食局依托联盟核心企业，向上延伸基地建设，向下延伸直营体系，以品牌为纽带，将生产与销售紧密地连接起来，有效地促进了一二三产业融合。与品牌建设之初相比，企业自有基地面积由原来的不足 130 万亩增加到 240 多万亩；中高端大米产销量由原来的 9 亿斤增加到 18 亿斤；以"吉林大米"商标为统一标识的直营店 130 家、商超专区（专柜）500 多个，遍布京、沪、浙、闽、滇等主销区。2018 年 4 月，吉林省粮食局组织省内 61 户大米企业及农村合作社，4.5 万公顷约 120 万份订单，在浙江开展了"吉田认购——我在吉林有亩田"推介活动，现场及网上意向认购 3.45 万亩，成交额超过 2 亿元。种植基地与消费者直接挂钩的"私人订制"模式在省内优势水稻产区悄然兴起，星罗棋布，形成吉林大米新营销的创新之举，得到省主要领导的高度认可。

二、下一步工作设想

按照省委省政府统一部署，结合国家局、财政部正在实施的"优质粮食工程"，加快推进吉林大米产业体系、质量体系和营销体系建设，促进吉林大米品牌影响力持续提升，产业结构不断优化，质管体系逐步完善，中高端大米销售渠道不断拓展，产销量突破 20 亿斤，带动农民综合增收 10 亿元。

（一）加强吉林大米产业体系建设。一是培育龙头企业。结合"中国好粮油"行动计划示范工程，集中政策资源向具有一定带动能力的示范企业倾斜，引导和支持企业开展新产品研发、生产工艺改造、产品质量追溯、销售渠道建设、品牌宣传推广等工作；鼓励示范县（市）引进战略投资者，通过兼并重组等方式推动当地大米产业发展。重点打造 8~10 家能够引领区域品牌及产业发展的龙头企业，在水稻基地建设、优良品种推广、优质品率提升等方面发挥示范带头作用，使之成为不同区域吉林大米的代表。二是依托产业联盟，打造产业集群。发挥联盟核心企业

带动作用，加快推动查干湖大米、长春大米、万昌大米、舒兰大米、延边大米、柳河大米等区域产业联盟建设，通过"大联盟"带动"小联盟"协调发展，形成产业集群。三是推动企业转型升级，发展"产购销"一体化经营。鼓励和引导企业通过"企业＋农户（合作社）＋基地"模式，推进土地流转和订单收购，扩大"三品一标"水稻种植面积，建立生产有标准、质量可管控的企业自有基地；与阿里巴巴合作，引入大数据、云计算、人工智能技术，促进中高端大米销售；支持企业参与当地"乡村振兴"计划，推动"乡甜农庄""稻梦小镇"等特色项目的规划和建设，探索私人订制生产经营模式。

（二）加强吉林大米质量体系建设。 一是完善吉林大米产品质量追溯体系。按照吉林大米"来源可查明、流向可追踪、信息可查询、责任可追究"质量管理要求，加强服务，整合资源，组织省内中高端大米生产企业建立溯源体系，推动吉林大米质量标准体系、信息化管理体系建设，实现品牌保护、品质保证。在延边、通化、四平、辽源、梅河口等地启动第二批质量溯源体系建设试点，计划入驻吉林大米质量追溯体系平台的企业总数达到100家（已入驻60家）。二是推行吉林大米系列质量标准。组织吉林大米系列标准实施，强化企业质量意识。结合吉林大米直营体系和"产地仓"项目建设，组织开展"吉林大米"及"吉林稻花香""吉林长粒香""吉林圆粒香""吉林小町"质量标准培训和实施，督促企业自觉执行标准，加强行业自律。三是开展吉林大米质量标准宣传贯彻活动。结合爱粮节粮活动日、粮食科技活动周、食品质量宣传月以及大型展销活动，开展形式多样的吉林大米质量标准宣传贯彻工作，树立吉林大米"好吃、营养、更安全"的整体形象，扩大吉林大米品牌知名度和影响力。

（三）加强吉林大米营销体系建设。 一是创新营销模式。依托吉林大米天猫官方旗舰店，组织省内大米加工企业按照吉林大米系列标准，扩大自有基地和订单生产规模，打造"吉林大米"自主品牌。二是拓宽销售渠道。在北京、上海、浙江等重点城市继续推进吉林大米直营体系建设，规范吉林大米直营店面和专柜的形象设计、产品包装、服务外延，丰富线上购物形式，完善网点功能，把直营网点建成吉林大米的宣传室、体验馆、供应站；与阿里巴巴"淘乡甜"合作，组织符合条件的大米企业进驻"村淘产地仓"，打通阿里巴巴线下盒马生鲜、三江、联华、零售通便利店等渠道；与浙江绿城等社区服务供应链全方位对接合作，开展社区前置仓、销售专柜试点项目示范工作。三是统筹品牌宣传、产销对接活动。在北京、上海、浙江等主销区开展吉林大米系列宣传活动，实现产销精准对接；配合营销活动，统筹吉林大米广告投放，优化媒体传播平台，扩大目标市场影响；围绕吉林大米品牌未来发展目标，组织专业公司对吉林大米品牌建设进行再策划、再创新、再提升，推动吉林大米品牌建设再上新台阶，再创新佳绩。

实施人才兴粮工程 助推行业创新发展

湖北省粮食局

近年来，湖北省粮食局坚持以人才为第一资源，以创新为第一动力，深入贯彻实施科技兴粮、人才兴粮战略，推动粮食流通改革创新发展。

一、突出规划引领，切实加强人才工作的行业指导

结合国家局和省委省政府中长期人才发展目标要求，组织编制了《湖北省粮食行业中长期人才发展规划纲要（2010—2020 年）》，并指导全省组织实施。2016 年，结合"十三五"规划编制，把加快行业人才队伍建设纳入《湖北省粮食收储供应安全保障工程建设发展"十三五"规划（2016—2020 年）》，以独立章节凸显其重要位置，统筹谋划湖北省粮食行业中长期人才发展。强化组织领导，省局成立了科技人才兴粮领导小组。局党组切实担负起党管人才责任，始终把行业人才工作摆在突出位置，将科技兴粮、人才兴粮列入重点工作课题进行调研。坚持把推进科技人才兴粮工程纳入年度工作目标考核体系，与粮食业务工作同步安排、同步落实、同步检查、同步兑现。每年年初，研究制定全省粮食行业人才工作要点，指导各地粮食人才工作，把中长期人才发展规划落实到年度计划之中。先后与武汉轻工大学、湖北大学知行学院签订战略合作协

议，推动建立产学研联盟，为全省粮食行业人才培训开发提供智力支持，促进了粮食行业人才规划的顺利实施。

二、突出政策支撑，加大人才工作的投入力度

先后出台《关于实施人才兴粮工程的意见》《关于加强粮食科技创新的意见》《关于实施干部能力素质提升计划的意见》，为实施科技人才兴粮战略、统筹推进粮食行业各类人才队伍建设提供政策支持。从 2015 年开始，省财政每年拨款 3000 万元，采取奖补的方式，鼓励和支持粮食科技创新、成果转化和人才培养。联合省财政厅出台《湖北省粮食科技创新及成果转化等奖补资金管理暂行办法》，把"金蓝领"高技能人才、粮食科技创新领军人才和粮食行业高端管理人才的培养、引进，纳入了奖补资金的使用范围，明确了具体的奖补标准。

三、突出夯实基层，开展面向粮食职工的学历教育工作

为缓解全省粮食企业仓储质检专业人员紧缺状况，培养"留得住"的人才，2016 年以来，省局联合湖北大学知行学院，积极争取省教育厅批准，启动了面向全省粮食行业的单独招生工作，持续开展粮油储藏与检测技术在职专科学历教育。学费由省财政按规定标准进行补助，差额部分由企业承担。省局下发关于做好面向粮食行业开展高等学历教育相关工作的通知，采取多种方式，积极动员报名，并协助湖北大学知行学院完成考生资格审核、考试、公示、录取等工作。各地粮食部门和企业也出台相应政策措施，支持在职职工参加成人自考、函授教育，以提升学历层次。目前全省有 64 名职工正在接受学历教育。

四、突出实践需要，注重因材施教

针对粮食行政管理人才、企业经营管理人才、专业技术人才和高技能人才的不同需求，按照"干什么学什么、缺什么补什么、弱什么强什么"的原则，坚持问题导向，针对薄弱环节，开展订单培养。一是实施

干部能力素质提升计划。组织开展文稿点评活动，选派 47 名年轻干部到浙江大学学习培训，开展"局长、处长讲业务"等活动，努力在省局机关和局直属单位打造一支适应湖北省粮食流通事业发展需要的高素质专业化干部队伍。二是组织举办新任县市粮食局局长研讨班。以省局领导亲自授课为主，同时邀请国内粮食行业知名专家进行专题辅导，重点培训粮食政策及业务理论知识，帮助新任职粮食局局长尽快适应岗位、熟悉业务。三是举办中心粮库主任研讨班、粮油加工龙头企业高层经营管理人员研修班、"放心粮油"配送中心经理业务培训班等，不断提升企业家整体素质和管理水平。四是围绕粮食仓储、质检等业务，以应用型、紧缺型人才培训为重点，与院校联合开办粮油质量检验、仓储保管等专项业务培训班，提升在岗职工岗位技能。五是以"熊宁创新工作室"为依托，推进领军人才工作室建设，支持领军人才承担项目研发、参与高层次知识更新和培训交流工作。2017 年，田国军获得全国粮食行业技能拔尖人才工作室项目支持，由国家局提供资金开展"烘干工艺对稻谷加工特性影响的研究"。

五、突出以赛促学，规范和完善职业技能竞赛

积极倡导"工匠精神"，广泛开展"岗位练兵""技能竞赛"活动，建立健全培训、练兵、比武、晋级"四位一体"的职业技能提升机制，为更多优秀高技能人才脱颖而出搭建平台。逐步完善职业技能竞赛组织程序和规则，全省粮食行业职业技能竞赛每 3 年一个周期，第一年开展培训和市州选拔赛，第二年开展省级竞赛选拔，第三年挑选优秀选手组队集训参加全国大赛。联合省人社厅、省总工会举办了全省粮食行业职业技能竞赛活动，省总工会对获得各工种第 1 名的选手授予"五一劳动奖章"，省人社厅对获得各工种第 1—3 名的选手授予"湖北省技术能手"荣誉称号。精心组织第四届全国粮食行业职业技能竞赛的集训和参赛工作，6 名参赛选手有 3 人获得二等奖、1 人获得三等奖，并取得了优秀团体奖、优秀组织奖的好成绩，创造了湖北省参赛以来最好成绩。对在国

家和省级职业技能竞赛中获奖的选手，各单位及时把他们选拔到中层领导岗位上来，发挥先进典型的引路带头作用，带动形成了"比学赶帮超"的良好氛围。目前，湖北省粮食行业 1 人获全国技术能手称号，6 人获全国粮食行业技能拔尖人才称号，3 人获湖北省首席技师、湖北省技术能手称号。

六、突出行业特色，推进职业技能培训鉴定

结合武汉轻工大学、湖北大学知行学院、省质检中心 3 家粮食行业特有工种职业技能鉴定站实际，对培训鉴定工作进行合理分工，形成工作合力。积极争取财政资金，加大行业特种工种职业技能培训鉴定的政策支持力度，对 3 家省级技能人才培训鉴定基地，采取购买培训方式，下达培训任务，验收培训成果，按照通过技能鉴定的等级和人数对鉴定站点给予补助。同时，不断提升粮油保管员、质量检验员职业技能鉴定档次，鉴定重心由初级工、中级工、高级工逐步向技师和高级技师转移，每年培训鉴定特有工种 500 人左右，高技能人才队伍结构逐步优化。

以新思想为引领突出区域优势
谱写新时代小杂粮产业朔州新篇章

山西省朔州市粮食局

按照省粮食局的统一部署，朔州市粮食行业认真对照大讨论活动"学中央精神、明方向大势，转思想观念、谋改革发展，强责任担当、提工作水平"的总体要求，以习近平新时代中国特色社会主义思想为引领，立足朔州小杂粮资源优势，大力推进"山西小米"品牌建设，努力谱写新时代小杂粮产业新篇章。

朔州市委市政府有关领导陪同省粮食局领导调研山西中藜食品有限公司

一是以新思想为指引，科学规划粮食产业经济发展，打好朔州杂粮特色牌。用习近平新时代中国特色社会主义思想武装头脑，牢固树立"大粮食""大产业""大市场""大流通"理念，围绕"乡村振兴战略"和"优质粮食工程"建设，结合朔州的实情，提出了"三麦两米一豆"发展战略（"三麦"：燕麦、荞麦、藜麦；"两米"：小米、玉米；"一豆"：绿豆）。以骨干加工企业为龙头，着力打造朔州六大特色粮食产业经济发展区和"山西亚麻籽油"产业联盟，实现"粮食产业化三年奋斗目标"，早日获得"中国杂粮强市"称号。

二是以基地建设为根本，带动规模化种植，从源头上确保小杂粮"产得优"。朔州有种植小杂粮的悠久历史和独特的地理优势，位于北纬39°，属典型的温带大陆性季风气候，年光照时间2680~2936小时，无霜期103~147天，年平均气温3.9~7.9℃，年降水量391~440mm，四季分明，光照充足，昼夜温差大，是北方著名的小杂粮生产基地，享有山西杂粮王国"王中之王"的美誉。2017年，朔州市小杂粮种植面积145万亩，产量3.6亿斤。单产由过去的200斤提高到300斤左右，全市农民杂粮收入达到12亿元，小杂粮种植已成为朔州市特色农业中的主导产业。2018年朔州市提出：抓好100万亩优质杂粮基地建设，扶持一批农产品加工龙头企业，构建一二三产业融合发展的特色现代农业产业体系。重点打造50多万亩有机小杂粮种植基地，其中燕麦20万亩、荞麦10万亩、谷子10万亩、绿豆10万亩、藜麦2万亩，并获得了有关部门的认证。真正使朔州小杂粮"产得优"，让农民得实惠，让企业尝甜头，让市民吃得健康、吃得营养。朔州市鑫霏农业开发有限公司"百汇农珍"牌小米和怀仁龙首山粮油贸易有限责任公司"晋之坊"牌小米，双双获得"2018年全国粮食科技活动周全国小米品鉴大会上榜产品"称号。

三是以科技创新为支撑，全面提升产品质量，确保小杂粮"吃得香"。保证消费者"吃得香""吃得健康""吃得放心"，是朔州小杂粮产业经济发展的目标，也是杂粮加工企业生存的命脉。2014年以来，全市40多家小杂粮加工企业，累计投入资金3亿多元，用于设备的更新升级。怀仁龙首山集团投资8000多万元，引进了11条杂粮生产线。朔煤古城食品有限公司投资 1.3 亿元，引进瑞士布朗公司生产的燕麦片生产线，并配套微机、控制自动化设施，生产技术已达到国际先进水平。山西中藜食品开发有限公司投资 8000 万元新建厂房，引进了上海加工设备；山阴鑫霏农业开发有限公司投资 1600 多万元引进了小米加工设备。培育了一批具有市场竞争力、发展前景好的创新型粮食领军企业。针对杂粮产品口感粗糙、食用不便利等缺点，聘请中国农业科学院、中国农业大学等科研院校专家重点攻关，把杂粮做成口感好、食用方便的药食同源性主食产品。朔州产的燕麦片、藜麦米、熟豆面糊、荞麦米、亚麻籽油胶囊等产品，远销国内外，满足了消费者对杂粮产品"吃得健康、吃得放心、吃得便利"的需求。

四是以创品牌为抓手，提高产品知名度，确保小杂粮"品牌亮"。"品牌亮"是朔州小杂粮产业经济的特点和缩影。朔州市平鲁区、怀仁县先后被中国粮食行业协会命名为"中国红山荞麦之乡"和"中国绿豆之乡"，这既是朔州市区域性杂粮品牌，也是朔州小杂粮的金字招牌。朔州市的"朔平府"牌亚麻籽油荣获第四届中国北京国际优质农产品展示会产品金奖；"龙首山"牌绿豆、"桑干河"牌豌豆挂面荣获第十五届中国国际粮油产品及设备技术展示交易会产品金奖；"龙首山"牌绿豆被评为山西名牌产品；平鲁红山荞麦米和山阴燕麦片多次入选国宴，远销日本、韩国及东南亚等国家；山阴鑫霏小米远销欧洲。2017 年，朔州市朔城区、山阴县、怀仁县、右玉县均被评为"山西好粮油"行动示范县。

五是以"互联网 + 粮食"为突破口，丰富市场营销手段，确保小杂粮"卖得好"。"卖得好"是朔州小杂粮产业经济发展的重中之重。近年来，朔州市积极推进"互联网 + 粮食"行动，大力发展电子商务，推广"网上粮店"等新型粮食零售业务，促进线上线下融合。右玉县建有"西口人家"线上平台，与淘宝、京东、苏宁易购三家网络运营商联手，在平台上直销县内 20 多家粮油加工企业的拳头产品。山西鑫霏农业开发有限公司的"百汇农珍"线上销售平台，采用线上销售配合线下体验的经营模式，依托电子商务平台与实体市场两大板块，2017 年批发销售农产品 1.66 万吨，交易额达 5300 万元，其产品远销东南亚、欧洲等地。

立足地方特色　突出五个转变
推动粮食产业转型发展

江西省宜春市粮食局

　　"深化改革、转型发展"大讨论活动开展以来，宜春市各级粮食部门立足本地市情粮情实际，紧紧围绕如何保障农民种粮增收，如何满足人民群众日益增长的绿色优质粮油食品新需求，如何推动粮食产业经济高质量发展等重点问题，深入开展大讨论，进一步理清思路，完善举措，初步走出了一条具有地方特色的粮食产业经济发展之路。

一、转变发展思路，打造绿色有机富硒特色粮食产业

　　宜春是江西的农业大市，也是全国知名的水稻产区，全市 10 个县（市、区）中有 8 个国家级的产粮大县，其中 1 个是超级产粮大县。粮食播种面积超过 900 万亩，粮食总产量达 85 亿斤，其中稻谷总产量 75 亿斤左右，是名副其实的粮食主产区，在全省农业经济板块中占有重要地位。为使宜春的粮食资源优势转化为粮食产业经济优势，市粮食局积极争取政府支持，先后出台了《宜春市实施粮食产业化工程指导意见》《宜春市加快发展现代粮食流通产业的若干意见》等政策，为规范粮食产业经济发展、逐步建立起适应市场经济要求的现代粮食产业体系奠定了基础。将"建设现代农业强市，以绿色有机富硒改造传统优势产业"纳入市"十三五"规划纲要，并列为重要目标。目前，绿色有机富硒粮食产业建设取得初步进展，

全市绿色食品原料基地、有机农产品认证、富硒农产品基地面积分别达到了 138 万亩、95 万亩、21 万亩。

二、转变发展方式，推动粮食产业集聚发展

（一）扶持龙头企业。 全市共有粮油产业化龙头企业 65 家，占全市粮油企业总数的 30%。其中国家级龙头企业 4 家、省级龙头企业 20 家、市级龙头企业 41 家。龙头企业年总产值达 73.86 亿元，年利税 1.92 亿元，分别占全部粮油工业总产值和利税的 51.7% 和 60.2%。

（二）完善产业链条。 鼓励引导粮油加工企业积极参与和主导组建专业合作社，推行"公司＋基地＋中介＋农户"的产业化模式，引导产业化龙头企业建立优质粮基地，实现规模化种植、标准化生产、优质化服务，提升品牌形象，促进农民增收。宜春市明月山粮食有限公司在铜鼓、万载等地建立 7000 亩优质稻原粮基地；江西金农米业集团组建了 70 个水稻种植专业合作社，登记入社社员 1.2 万户，种植优质稻面积 10 万亩，每季度每户平均增收 1900 多元，并辐射带动周边农户种植优质水稻 30 多万亩，取得了农民增收企业增效的双赢成效。宜春油茶产业已扬优成势，产值突破 8 亿元，全市高产油茶面积达到 100 多万亩，居全国第二、全省第一，成为全国油茶产业发展重点地区。宜春元博山茶油科技农业发展有限公司在伦敦证交所挂牌上市，成为国内首家在海外成功上市的油茶企业。

（三）培育知名品牌。 全市粮油产品有包括大米、食用油、面条、腐竹、冻米糖等品类的中国驰名商标 10 个、省著名商标 70 个。奉新大米、高安大米、丰城大米分别以其米粒细长且有清香味、口感清爽、富硒等特色成功申报了地理标志保护品牌。宜春市政府充分发挥宜春既是产粮大市又是生态大市的优势，正在着力打造"宜春大米""宜春油茶"市域性原产地地理标志保护品牌。

三、转变发展动能，激活粮食产业内生动力

（一）深化管理体制创新。 大力推进混合经济改革，指导和推动地方

国有粮食企业转变观念，主动吸纳民营资本，在国有资产保值增值的基础上，组建符合现代企业治理结构和管理模式的混合所有制企业，鼓励民营企业积极参与国有粮食企业混合经济改革。江西金农米业集团是全省首家粮油企业集团。宜春天地粮食集团包含宜春天地粮食有限公司、宜春天地粮油连锁配送中心有限公司、南方粮食交易市场宜春分市场、宜春市明月山粮食有限公司等 7 家核心企业，这些核心企业中既有国有企业，也有民营企业，集团已于 2012 年成功申报省级农业产业化龙头企业。

（二）注重企业技术创新。江西金农米业集团有限公司与南昌大学食品学院、江南大学食品学院强强联合，利用其优秀的研发队伍、先进的生产工艺和领先而成熟的生产技术，于 2014 年在省科技厅的支持下组建了江西省稻米综合利用工程技术研究中心，已获得发明专利 1 项、实用新型专利 10 项；江西谷物源食品有限公司与南昌大学、江南大学、中国农业科学院建立技术共享和合作平台、配套完善的产品检验中心和研发中心，拥有实用新型专利 5 项、发明专利 2 项；江西维尔宝食品生物有限公司食品配料植脂末产品获国家科技进步二等奖，中国食品工业 20 大科技进步成果奖，并被列入国家级重点新产品计划。

（三）推动产品理念创新。充分利用宜春绿色、有机、富硒生态资源，目前全市共有绿色有机富硒大米生产加工企业 17 家，绿色有机富硒大米品牌 18 个，年产有机大米 1.67 万吨，富硒大米 0.54 万吨。努力开发富硒功能农产品，成功举办了"2017 中国江西宜春富硒功能农业高峰论坛"；市政协组织专家委员专门开展全市功能农业发展情况调研，建议各县（市、区）提供优惠政策和资金支持，支持龙头企业建设功能农业示范区，引起了市委市政府的高度重视。江西绿万佳生态功能农业开发有限公司建立了 7000 亩富硒功能农业生产基地，开发生产了富硒大米等 4 个富硒功能农产品。

四、转变产业模式，推动粮食经济融合发展

（一）产品链向高端延伸。积极引导各粮油工业企业完善精深加工转化体系，不断研发科技含量和产品附加值高的粮油产品。江西金农米业

集团有限公司、万载永康实业有限公司等积极开发出了大米蛋白、大米淀粉、大米糖浆等产品，具有较高的科技含量，大大提高了大米的经济价值。其中金农集团生产的食品级大米蛋白产品获美国、欧盟等国外客户的认可；江西维尔宝食品生物有限公司生产的食品配料植脂末产品（俗称粉末油脂），被康师傅、双汇、南方黑芝麻糊等多家知名食品企业作为首选原料；中绿（江西）食品科技有限公司粗粮王饮品、水磨米粉等产品畅销全国；高安清河油脂公司稻米油产销量居全国前列。

（二）产业链向绿色循环延伸。江西圣牛米业有限公司结合自身大米加工的特点，积极探索开创循环发展新模式，与南京林业大学合作研究稻壳气化发电项目，利用大米加工后副产品稻壳进行生物质气化产生电能，成功解决稻壳堆积浪费的问题。2016 年，圣牛米业 2MW（兆瓦）稻壳气化发电项目建成投产，年发电量达 1200 万度，已成功并入国家电网。同时，产出的稻壳炭、提取液等废料还可制成炭基肥、叶面肥返回农田，实现了废弃物的有效利用，稻壳炭还有进一步的利用前景，每吨稻壳的价值由原来的 400 元升值到 1200 元。

（三）营销链向终端延伸。大力支持各粮油加工企业拓宽营销网络，营销链延伸到电商和超市。江西省春丝食品有限公司生产的江西米粉、挂面等产品，远销欧盟、美国、俄罗斯等 30 多个国家和地区，在北上广深等一线城市的沃尔玛、欧尚等国际性 KA（重要客户）卖场、大型商超系统终端均有销售，江西米粉、碱水面、纯粗粮产品等特色产品先后入驻天猫和京东两大电商，并迅速打开市场，仅天猫旗舰店月销售额已近百万。江西谷物源食品有限公司定位于高品质、天然、健康、营养型食品的开发研究和生产制造，致力于先进的科学技术和生产工艺，应用于全谷物产品深加工与食品工业现代化，生产的燕麦粉、玉米粉、绿豆粉、麦基片等产品已成功进入各大超市，远销全国并出口东南亚、非洲等。

五、转变服务方式，促进粮食产业可持续发展

（一）加强仓储基础设施建设。抢抓国家实施"粮安工程"建设机遇，

在全市范围内积极推进基层国有粮食企业退城进郊粮仓新建改造工程，目前已建成符合现代粮食储藏要求的高大平房仓 100 多座，总仓容近 70 万吨，还有 10 万多吨仓容正在建设之中，已建成的全部仓容都用于近几年国家政策性粮食收购。此举既改善了国有粮食企业的基础设施条件，又解决了因仓容不足而导致的农民卖粮难问题。

（二）加强产后服务中心建设。宜春是全省的产粮大市，对粮食产后服务有较强的需求。按照国家和省粮食局的工作部署，宜春市及时启动粮食产后服务体系建设工程，对全市建设情况进行了调查摸底，积极向省粮食局和省财政局申报粮食产后服务体系建设项目，努力为种粮农民提供市场化收购条件下的粮食产后优质服务。根据全市实情，在现有 91 个粮食烘干企业的基础上，拟建设 50 个左右的集"代收储、代烘干、代加工、代配送、代销售"五代业务于一体的粮食产后服务中心，为新型农业经营主体和农户提供专业化服务。

（三）加强粮油质检体系建设。粮油食品质量安全已成为全社会关注的焦点，为更好地实行粮油食品质量安全管控，全市在国家和省粮食局的大力支持下，积极开展粮油质检体系建设。宜春市和丰城市的粮食质量安全检验监测能力建设项目已通过考核验收，高安、宜丰、上高、奉新、樟树、万载、袁州 7 个粮油质量监督检验站的能力提升已列入"十三五"建设规划，其中 6 个在 2017 年启动，建设内容包括仪器设备配置、配套基础设施完善、人员配备、检测能力以及检测水平提升等。

（四）加强"放心粮油"工程建设。大力实施"放心粮油"惠民工程，不断完善主食加工、配送、销售网络。目前，全市粮食应急供应体系建设规划已完成，确定应急加工点 26 个，日加工能力 4050 吨；规划应急供应点 203 个，已建设完成应急配送中心 11 个，应急供应点 145 个，日配送供应能力 2300 吨，形成覆盖城乡的"放心粮油"配送体系，保障了群众"舌尖上的安全"。积极推动主食产业化，江西省益家食品 2011 年投资 5000 万元建设速冻主食产品深加工企业，拥有"e 家阳光""蒸和味""益家蒸典""百粤名点"四个注册商标，产品涵盖馒头、蒸包、干鲜面、烧卖等几十种产品。

（五）**着力打造"粮心工程"**。为把握国家农业供给侧结构性改革的机遇，落实江西省人民政府《关于加快农业结构调整的行动计划》和《江西省优质稻米产业发展工程实施方案》总体布局，大力发展优质大米、富硒功能大米、有机大米三大优势品种，建立以品牌为引领、以品种为纽带、以加工企业为龙头、以适度规模经营为基础、以技术服务为依托的优质大米产业发展新机制；大力发展宜春优质稻米与富硒大米。2018年5月4日，宜春市召开首届富硒大米产业发展大会暨2018年宜春市"粮心工程"启动仪式，当天全市100位种粮大户与种子企业、大米加工企业签订了20万亩绿色优质水稻回收合同。通过着力打造"粮心工程"，实现种粮大户、种子公司、大米企业三方协作，用稻米全产业链融合发展模式来解决卖粮问题，确保大米从种植到加工销售各环节的产品品质和农民增收。目前，宜春市正着力打造丰城、高安、袁州、上高、明月山富硒产业带，2017年全市累计开发利用富硒基地面积27.5万亩，其中富硒水稻面积13.35万亩；开发了富硒粮油、富硒水果、富硒蔬菜等60多个富硒保健农产品；2017年"宜春大米"成功申请获评国家农产品地理标志品牌。

推进粮油溯源体系建设
打造"放心粮油"惠民平台

广东省惠州市粮食局

民以食为天，食以安为先。粮食安全特别是"口粮"安全，关系到广大人民群众的身体健康和生命安全，已成为衡量政府管理水平和政府公信力的重要指标。为有效规范和引导企业保障粮油质量，让消费者购买到安全可靠的粮油，惠州市粮食局在2014年2月率先在广东省创新推出惠州市粮油二维码溯源系统，逐步完善质量溯源机制，并委托惠州市粮油行业协会进行日常管理，使之成为政府、企业和消费者保障粮食安全的重要平台，也成为自主开发、拥有自己的知识产权的粮油质量溯源平台。主要经验做法有：

（一）运用现代化信息手段，创建粮油质量溯源体系。惠州市粮食局创新推出粮油二维码溯源系统，委托惠州市粮油行业协会进行系统日常管理。企业将每批粮油产品的原产地、收购、加工、流通以及经官方检测认可的质检报告等信息数据录入系统，经协会审核通过后，生成二维码标签印制在产品外包装上，用手机微信等软件扫描二维码，即可精准查询到该产品所有真实可靠的信息；同时还出台了《惠州市粮油二维码溯源系统管理办法》，严把准入门槛，规范溯源系统运行管理，并要求申请进入系统的企业向社会作出质量安全保证的承诺，充分发挥溯源系统的质量监管和安全保障作用。

（二）有效对接诚信体系，促进溯源企业自律。为建立长效的溯源机制，惠州市粮食局将粮油质量溯源体系与信用体系进行有效对接，运用信用手段强化企业自律。消费者通过溯源如发现有质量问题或其他违规行为，可向有关部门举报、投诉，经核实后对该企业进行处罚，并将其列入市公共信用信息管理系统"黑名单"，让守信者处处受益，失信者处处受限甚至寸步难行，有效地促进粮油企业狠抓质量管理、诚信守法经营，自觉维护信誉和品牌形象。

（三）强化联合执法监管，保障粮油质量安全。惠州市粮食局在建立粮油质量溯源体系的同时，积极会同执法部门开展溯源粮油产品质量安全专项检查，严把质量安全关。如经常联合市食品药品监督管理局、工商局、教育局、卫生和计划生育局等部门，对学校食堂和医院食堂的粮油质量进行安全专项联合执法检查，对查出问题的食堂在媒体曝光，并严肃追究相关责任人责任，确保在校师生和医生患者吃上一碗"安心饭"。

（四）以点带面，不断加大溯源粮油推广力度。惠州市粮食局结合粮油质量溯源推广工作，与市教育局、食品药品监督管理局等部门联合出

惠州市粮油二维码溯源产品"校企对接"洽谈会

台了《学校食堂食品安全管理办法》，要求学校食堂优先选择具有配送能力的粮油企业为学校提供质量可溯源的粮油，确保全市在校师生口粮安全；同时，还联合市教育局成功举办"校企对接"洽谈会，在全市学校食堂全面推广溯源粮油产品。目前，全市70%以上的中心学校食堂用上了溯源粮油。惠州市粮食局正以点带面，将溯源粮油逐步向机关、医院、工厂等大型粮油消费单位推广使用，不断加大溯源粮油覆盖面。

（五）注重资源共享，合力助推粮油质量溯源体系建设。一是整合检测资源，提高粮油专业质检能力。经市政府同意，惠州市粮食局利用惠州出入境检验检疫局的技术、设备、人才等检测资源，合作建设市粮油质量检测中心，争取成为"国家粮食质量监测站"，并委托该局运营，实现资源共享、优势互补、降低成本，特别是减轻溯源粮油企业检测费用一半以上，提高了企业送检积极性。二是争取政策支持，开发基于溯源机制的粮油电子商务平台和APP交易平台，让社会公众可直接网购放心粮油，实现服务便民化。三是依托先进的喷码防伪技术，开发粮油溯源喷码设备和软件应用，实现"一物一码"溯源、防伪溯源。

惠州市粮油二维码溯源系统自2014年在广东省率先推出以来，取得了良好的社会效益，连续获得了2015年惠州市社会基层治理创新十大项目和2016年惠州市社会治理创新十佳案例殊荣。截至2018年3月，45家粮油企业141个粮油产品获得了二维码这个"身份证"，全市规模以上的粮油企业以及中储粮、中粮、益海嘉里、鲁花等部分大品牌食用油产品已经进驻系统平台，为消费者供应安全可靠的放心粮油。通过该系统平台推进粮油质量溯源体系建设，努力实现从农田到餐桌的全程有效监管，形成政府监管、行业自律、社会参与、消费者监督的协同共治格局。

惠州市粮油二维码溯源系统经过近4年的运营，成功探索出一套适合惠州粮情的追溯模式。惠州市将推进溯源粮油微信平台、无人售粮店、粮食文化展厅等建设，给市民带来更好的购买溯源粮油的体验，让放心粮油惠及千家万户，确保全市人民"舌尖上的安全"。

做好粮食产前产中产后服务
惠农惠企促发展

广西壮族自治区来宾市粮食局

近年来，来宾市武宣县牢固树立"三农为重、农民至上"理念，以"农民增收、粮企增效"为主要目标，不断完善粮食产前、产中、产后服务体系，将服务"三农"工作贯穿直补订单粮食收购工作的各个环节，促进了粮食生产，实现了农民、收储企业、粮食加工企业"三赢"。

一、产前——积极争取政府支持，工作有序推进

自治区下达直补订单粮食收购任务后，为把粮食直补订单收购的惠农政策尽快落到实处，在县委、县政府的支持下，武宣县制定和下发了《武宣县2016年对种粮农民实行直接补贴与储备粮订单粮食收购挂钩实施方案》，将全县收购任务分解到各乡镇，有任务的乡镇分解到相关村委会，为直补订单粮食收购工作顺利开展提供了组织保证和政策依据。同时，结合武宣县的实际情况，层层召开相关会议进行动员部署，武宣县粮食局领导深入基层指导直补订单粮食购销工作。为适应优质稻市场价格变化，在充分考虑售粮农民利益的前提下，县粮食收储企业适时调整优质稻收购价格，在向县政府报备后即可执行。能够紧扣市场行情开展收购，既顺利完成直补订单优质稻收购任务，又实现了顺价销售。

二、产中——科学引导种植品种，粮食适销对路

（一）搞好用粮需求调查，确定订单收购品种。 每年年初，通过广西粮食发展有限公司与相关用粮企业沟通了解市场对优质稻品种及数量需求后，积极与广西农乐种业公司、广西壮邦种业公司等优质种业企业联系，选取既适合武宣县种植又能满足企业用粮需求的优质稻谷品种作为直补订单粮食收购品种，在农民购买种子播种时，结合宣传订单粮食收购政策，以通知的形式向农户告知。

（二）引导规模化、集约化种植，确保粮食品种纯度和品质。 2016 年，根据农民种植习惯，按乡镇分片分品种引导农民种植，如在通挽、桐岭、禄新、思灵乡主要推广种植普通杂交稻，在东乡、三里、二塘、黄茆、金鸡乡主要种植百香 139、油占 8 号、仙香源等优质稻。通过规模化、集约化种植，确保粮食品种纯度和品质，用粮企业加价购买优质稻，每斤高出其他地方 1~2 分钱，实现粮食质优价高，农民增加种粮收入。直补订单优质稻质量好、品种纯、价格合理，广西粮食发展有限公司已全部采购用于优质稻储备。

2018 年，为顺应市场需求和保障种粮农民利益、促农增收，该县向种粮农户大量宣传推广优质稻种植，在全县七个乡镇打造高产高效优质稻生产基地约 8500 亩，并为生产基地内 2189 户种粮农户免费发放优质稻种子约 17 吨。

（三）开发基地种植，打造优质稻品牌。 从 2015 年起就与桂林力源粮油食品集团有限公司在东乡镇东兰村、洛桥村合作开发 110 公顷"广西无公害来宾市武宣县力源水稻生产基地"，对农民购买稻种以及种植期间施肥、用药及田间管理进行全程指导。2016 年该种植基地被自治区农业厅认定为广西种植业无公害农产品产地，力源集团以高出直补订单收购价 0.02 元 / 斤的价格订购该基地内的优质稻，使用这些优质稻生产出的大米产品获得了农业部的无公害农产品认证，也为其申报国家龙头企业创造了有利条件。

三、产后——努力做好收购服务，农民放心满意

（一）坚持平等、自愿、公开、公平、公正原则，规范操作程序。首先将农户售粮计划安排表上墙公示 7 天，村委会根据农户售粮计划安排填制售粮证，各粮所认真审核各村委会提供的农户售粮计划安排表，粮所根据农户售粮证和计划安排表安排粮食收购。农民售粮后，在 5 天之内办理好《订单粮直补结算清单》等有关补贴材料送达当地财政所，由各乡镇财政所审核后通过农补网"一折通"将补贴资金兑付给农户。

（二）做好收购仓房维修和人员调配准备工作。及时配合自治区储备粮轮换销售，共腾出仓库 60 间，仓容 14500 吨；同时投入维修资金 8 万元，维修仓房 15 间，仓容 3800 吨；并在东乡粮所投入 40 多万元修建一个拥有 1200 吨仓容的大棚，解决了该镇订单任务大而仓容不足的问题；同时，加强人员调度工作，收购企业除留 1 名员工在家值班外，其余员工全部安排到任务较重的粮所协助粮食收购工作；还返聘了 5 名下岗职工参加此项工作，为完成订单粮收购任务打下良好基础。

（三）积极筹措资金，避免给农民打白条。在直补订单粮食收购过程中，武宣县及时向广粮发公司和县农发行汇报粮食收购进度和粮食收购资金兑现进度，确保放款进度与收购进度基本同步。

（四）创新收购方法，提高工作效率。一是下村设点收购。黄茆镇没有粮所，选一个订单任务较多的村进行设点收购，方便农户卖粮，在该村完成订单收购 600 多吨。二是有序安排收购。2016 年由于直补订单粮食收购价格高于市场价，农户售粮的积极性高涨，为确保粮食收购有序进行，武宣县各乡镇以村委为单位制定收粮时间安排表，有顺序地安排粮食入库，减少了售粮农民排队等候时间，避免了一哄而上收购的混乱局面。三是边收购边验收边调运。粮食收购入库后，验收小组及时分批次验收，广粮发公司及时配合组织调拨，缓解了仓容紧张的局面，收粮现场也扩大了作业面，没有发生农民售粮拥堵情况。

由于工作组织到位，实现了农民增收、企业获益、消费者得实惠。

一是优质稻种植面积快速增加。2016 年种植面积增加到 10.87 万亩，增长了 14.4%。二是粮食企业获益。武宣县粮食收储公司营业收入从 2014 年的 100 万元，到 2015 年的 170 万元，增长了 70%，再到 2016 年的 300 万元，比 2014 年增长了 200%，比 2015 年增长了 76.4%。三是消费者得实惠。自建立无公害水稻生产基地后，由于连片大面积规模化种植，优质稻品种纯正、品质优良且无公害，加工生产的产品质量普遍提高，获得了广大消费者的赞誉。

践行新思想　拥抱新时代
争取新作为　实现新发展

北京古船米业有限公司

一、古船米业基本情况

自 2005 年公司成立以来，古船米业做市场、强品牌，建基地、强管理，抓重组、强规模，走出了具有自身特点的发展之路。公司先后完成了奥运供应、抗战胜利阅兵、APEC 会议、全国两会、党的十九大等重大社会活动和政治活动的大米供应任务，赢得了社会各界的高度赞誉和充

北京古船米业有限公司库区

分肯定，品牌综合影响力跻身全国行业前列。

目前，古船米业共有员工 393 人，土地 1500 亩，仓储能力 100 万吨，加工能力 30 万吨，销售收入 16 亿元，资产净总额达到 6 亿元，购销总量年均达 150 万吨以上，分别是成立之初的 40 倍、1500 倍、100 倍、6 倍、40 倍、20 倍和 80 倍。现有五大系列四十余款产品，满足了不同层次消费者的需求，"古船""玉泉山"牌系列大米家喻户晓，供应商超店面 3000 多家、团购客户 500 多家，是保障首都大米市场供应的一支不可或缺的力量。

二、目前存在的问题

1. **资产结构不够合理**。目前企业总资产约 11 亿元，负债 5 亿元左右，但固定资产占比偏大，超过总资产的 90%。

2. **业务结构不够合理**。目前工业产品收入 4.5 亿元，利润亏损 1800 万元；贸易收入 11 亿元，利润 680 万元；仓储收入 0.4 亿元，利润 1500 万元。企业处于以储养工、以贸补工的状态。

3. **人力资源结构不够合理**。经营和管理人才缺乏，技术创新人才极度匮乏，普遍存在年龄老化、学历低、发展潜力不足的问题。

三、未来的目标和愿景

通过为期一年的"深化改革、转型发展"大讨论，公司上下统一思想，凝心聚力，认真分析了公司发展面临的问题，深入研究了破解发展难题的举措，提出了下一步公司发展的总体思路。基本考虑是：按照习近平总书记两次视察北京的重要讲话要求，按照市委市政府建设国际一流和谐宜居之都的战略目标和"四个中心"的战略定位，继续优化产业结构，加快推进产业升级，稳步推进国有资本投资运营公司试点和混合所有制改革，持续推动公司从市场保障型向科技研发型转变，推动仓储物流从传统储运型向供应链经营转变，推动市场营销从数量扩张型向质量效益型转变，力争用 3 年时间把公司打造成全国前列的大米产业集团，并实现"三个翻一番",即年收入翻一番,达到30亿元;企业利润翻一番,达到1000万元;企业净资产规模翻一番,达到12亿元。

四、发展的路径和措施

(一)推动工业板块转型升级

一是发挥科技和研发优势,重点推动大宗产品加工(东北)和高附加值小品种加工(京津冀)能力建设,促进产品提质升级,推出一系列有机、绿色、可塑源产品,进一步丰富古船大米品牌内涵;二是进行渠道资源整合,进入各类商超和批发系统,进一步完善企业产销布局。利用"北粮南运"贸易分销网络,使"古船"大米产品全面进军南方消费市场,提升市场占有率和品牌影响力;三是优化供应链结构,按照"直销和分销并重、线上和线下并重、本地和外埠并重、民食和军需并重"的原则,重构供应链、内降成本、外增收入,提升规模;四是建立差异化的产品服务体系,多方式履行"首都的米袋子,百姓的放心粮"的责任和使命,树立全国品牌形象。

(二)推动贸易板块转型升级

一是强化"供应物流"理念,采取"贸工结合,内外结合,期现结合",围绕"北粮南运"业务,发挥京吉两地仓储物流资源和港口资源优势,完善贸易体系;二是多方式整合东北加工仓储物流资源,全方位提升供应链经营能力;三是大力开发终端客户,拓展原粮贸易品种,不断扩大贸易规模,进一步提升经营利润率;四是以硬件资源为依托,通过资本扩张,做大企业规模,增强企业市场支配地位。

(三)推动仓储物流业务转型升级

一是本着"安全储粮、科学储粮、规范管理、节能降耗"的思路,积极与市粮食局、中储粮公司对接,合理安排仓容,不断提高仓容利用率和资产利用效率;二是深入推进储备粮管理"两降"工作(降低损耗率、降低吨粮费用);三是在完成北京军供特供大米任务基础上,采取"B to B"模式不断拓展全国的军粮供应保障业务;四是加强信息技术应用,提高规范化管理水平，提升企业经济效益。

（四）以创新为核心拓展新业务

一是创新融合方式，进一步整合社会资源，发挥存量优势，扩大增量，为公司加快发展奠定基础；二是延长产业链条，加大产业园建设，在吉林建设生态有机稻谷农业生产基地；三是在北京稻米产业园区筹建中小电商平台，孵化吸收一批中小电商，进一步放大企业经营能力。

（五）推动管理体系转型升级

一是按照"预测研判、科学决策、强化管控、确保安全"的原则，进一步完善公司决策体系、执行体系、监督体系；二是采取直线职能制与事业部制有机结合的方式，建立以计划任务、食品质量、安全管理、内控风险为主要内容的权重考评体系；三是全面贯彻落实集团内部控制制度，提高 ERP 管理水平；四是完善企业质量监测系统，一方面实行全流程质量检查，另一方面对各质量环节进行复核监管；五是大力实施人才开发战略，本着"四类人才"并重的思路和"日常化、动态化、规范化"的要求，加大培训力度，不断提升各层次人员的能力水平。

（六）推动党建工作转型升级

一是加强理论学习，不断创新学习方式、丰富学习内容、提高学习效果，培养学习型干部、员工。二是加强组织建设，进一步加强党支部建设，增强党组织在推动发展、服务群众、凝聚人心、促进和谐中的作用。三是加强人才建设，实施人才强企战略，打造一支日常工作沉得下去、关键时候顶得上去、危难之时豁得出去的党员队伍。四是加强文化建设，围绕公司中心工作，弘扬主旋律，传播正能量。五是加强民主管理，深化厂务公开，开展好合理化建议、岗位比拼等活动，调动员工为公司发展建言献策的积极性。

聚人心　筑同心　强信心

河北柏乡国家粮食储备库

"深化改革、转型发展"大讨论活动开展以来，柏乡国家粮食储备库（以下简称"柏乡粮库"）精心组织，认真落实，把思想和行动高度统一到党中央、国务院关于粮食工作的决策部署上来，认真贯彻落实到国家局的具体工作要求中去，聚人心、筑同心、强信心，取得了良好成效。

一、统一思想聚人心

2017年张务锋局长上任伊始，就到柏乡粮库检查指导工作，称赞柏乡粮库是全国粮食系统一面生动鲜活的旗帜，要求柏乡粮库不忘初心，再创辉煌。这是对柏乡粮库莫大的鼓励，也是对柏乡粮库的各项工作提出了更高要求。

柏乡粮库成立了以粮库主任尚金锁担任组长、班子成员担任副组长和各科室单位中层干部为成员的活动领导小组，把开展大讨论活动同学习贯彻党的十九大精神紧密结合，同落实国家局的粮食工作部署紧密结合，同解决企业实际问题紧密结合，以严的态度、实的作风，认真组织开展大讨论活动，确保活动取得实效。

柏乡粮库组织企业干部职工先后开展了"全国学柏粮，柏粮怎么办""我是柏粮人，我该怎么办""我是共产党员，我该怎么办"等一系

国家局张务锋局长（中）在河北柏乡国家粮食储备库调研

列"怎么办"活动，加快"三个转变"，倡树"三破三立"，在全库树立"不改革，就没有发展；不发展，就无法立足"的危机意识，坚持"发展是第一要务"不动摇，从思想上、精神上为全体干部职工"补足钙""加满油"，做到了思想上清醒、观念上认同、行动上自觉。

大家一致表示，张务锋局长的到来体现了国家局对柏乡粮库的重视、关爱和支持，张务锋局长的讲话为柏乡粮库今后的工作指明了方向。柏乡粮库的全体职工要万分珍惜这份荣耀，一定要提高站位，凝聚共识，切实增强转型发展的思想自觉和行动自觉，切实促进干部职工思想观念大转变、企业经营管理水平大提升、经济社会效益大提高，切实做到不忘初心、再创辉煌。

二、砥砺前行筑同心

柏乡粮库从全省最小的一个基层粮站发展成享誉全国的地方国有大

粮库，在粮食经营、管理和科学保粮等方面创下 10 项全国之最，成为全国粮食系统的一面旗帜。这些成绩的取得，离不开党的全面坚强领导，离不开国家局和地方各级党委政府的关心支持，离不开一个崇严尚实、锐意改革的粮库带头人，离不开一个作风过硬、团结协作的粮库领导班子，离不开一支政治过硬、业务精通的"铁军"队伍。可以说，柏乡粮库的发展史，既是一部艰苦创业史，同时又是一部改革创新史和同心筑梦史。

（一）**领导带头**。坚持做到"一先二不三在前"，即要求职工做到的，党员特别是党员领导干部首先做到，不争名利，不搞特殊，脏活累活干在前，艰苦任务抢在前，执行制度走在前。这个"一先二不三在前"的"铁规矩"，已经成为柏乡粮库全体干部职工的自觉行为。

（二）**制度管人**。制订制度严密、明确、具体，执行制度严格、认真，不讲人情面子，不搞下不为例，制度面前人人平等。实行半军事化管理，每年进行一次军训，22 年如一日；每天三次岗前点名，讲评当日工作，27 年没有间断。严格的制度管理，不仅规范着企业的经营管理行为，同时也锻造着人，培育着人，使员工逐步由行为规范走向思想自觉，由他律走向自律。

（三）**情感暖人**。每年业务淡季对干部职工进行业务培训，邀请行业骨干专家授课，已经坚持了 25 年；积极创造条件帮助职工接受大专教育，2018 年有 35 名职工大专毕业，为企业发展提供人才保障。始终把员工当亲人，每年举办一次职工运动会，为职工进行一次体检，每月为职工举办一次集体生日晚会，20 多年来一直没间断过，让职工在单位感受到家的温暖。

（四）**文化育人**。始终高度重视企业文化建设，倡导员工爱祖国、爱家庭、爱企业，要求员工对父母做到"三孝"，即孝养、孝顺、孝志。几十年如一日坚守诚信为本，把企业不同发展阶段凝练形成的艰苦奋斗、改革创新、诚信经营、严管厚爱、孝老爱亲等宝贵经验，上升到企业文化软实力的高度进行大力宣传，不断提高干部职工对企业文化的认同感和归属感，实现文化育人，打造文化生产力。

三、再创辉煌强信心

发展没有现成的模式，改革没有固定的套路，柏乡粮库按照"发展出题目，改革作文章"的思路，逢山开路，遇水架桥。截至 2018 年 6 月底，柏乡粮库利税实现了时间过半、任务超半。全体干部职工信心满满，正在再创辉煌的大道上阔步前进。

在科学保粮上，瞄准绿色、智能、精细的发展方向，成立 3 个科研课题组，在小麦低温保鲜技术、通风降温不降水技术及高水分玉米棒自然通风降水技术上寻找突破。在企业经营管理上，紧盯市场化发展机遇，"走出去"构建"大柏粮"，扩大市场经营规模；"请进来"借"脑"引智补人才短板，把大学课堂办在柏粮，提升员工专业素质，提高企业经营能力。在粮食产销合作上，以优势互补、互信互利为纽带，为广东顺德代储 8 万吨地方储备，这是广东跨省储存地方储备粮的先例，也是河北省为外省市代储地方储备粮原粮的第一例，开创了粮食产销合作的新模式，也为规范建立异地储备探索了新路子。

尤其值得一提的是，2018 年 6 月 7 日，河北省检察院丁顺生检察长到邢台调研工作时，专程到柏乡粮库看望慰问，要求邢台全市检察机关发挥"近水楼台先得月"的优势，开展学习柏粮精神、柏粮经验活动，为全省检察系统探索改革发展的路子。邢台市检察院领导班子专程到柏粮学习调研，部分县检察院也纷纷前来学习观摩，柏乡县检察院开展了"我做一日柏粮人"活动，每周选派干警走进柏粮，在一线岗位实践中零距离感悟柏粮精神。6 月 27 日，尚金锁主任受邀为全市检察机关上了一堂"学柏粮精神　做合格党员"专题党课。7 月 19 日，尚金锁主任又应邀到省农发行第五期"燕赵讲堂"专题视频讲座上为全省农发行系统干部职工作报告。可以说，柏乡粮库"爱粮、敬业、诚信、担当"的企业精神和一些经验做法开始走出粮食系统，在其他行业落地生根、开花结果。

今后，柏乡粮库一定不忘初心，牢记使命，为"确保国家粮食安全，把中国人的饭碗牢牢端在自己手中"亮出新作为，做出新贡献。

深化改革永远在路上。

转型发展永远在路上。

再创辉煌永远在路上。

推动企业从传统业务
向全产业链经营模式转变

内蒙古谷语现代农业科技有限公司

内蒙古谷语现代农业科技有限公司（以下简称"公司"）位于内蒙古扎赉特旗，注册资金3500万元，是全区放心粮油进农村进社区示范加工企业、兴安盟农业产业化重点龙头企业、内蒙古自治区先进民营企业。通过"深化改革、转型发展"大讨论，公司深入思考，全面统筹，依托基地、规模和品牌三大优势，强力推进种子工程优化、绿色有机水稻种植、集约化生产、终端化营销等战略，推动企业经营模式变革，完成了从单一的粮食仓储贸易向全产业链经营的华丽转型。目前公司已经成为一家集种子研发、水稻种植、大米加工和销售、粮食收储、农业科学研究及技术推广等服务为一体的现代化龙头企业。

一、大力实施种子工程

公司以"从源头抓品质，好品质树品牌"的经营思路着重加强农业基础建设，每年投入近200万元进行种子研发。目前，优质水稻育种技术取得突破，在内蒙古同行业中处于领先地位。其中"太祖金勾""大漠小町""蒙谷大稻"等高优品系，在内在品质、外形等级、生长期覆盖率、产品出成率等方面都达到了一流标准，有的单项达到了超一流的标准。水稻新品种的成功审定，增加了农户种植水稻的选择，保障了稻谷品质。

近三年来，每年繁育推广水稻新优品种 300 万斤，种植面积 42 万亩，受益农民 3000 户。新品种水稻价格高出市场 0.06 元 / 斤，平均每户多增加收入 1 万元，农民每年增收 3000 万元；大米产品高出市场价格 0.10 元 / 斤，加工企业每年增收 3000 万元。

二、建设标准化水稻实验和生产基地

公司以订单生产为手段，培育扶持水稻种植合作社，形成"企业 + 合作社 + 农户"的产业化经营格局。在生产管理上推行"五统一"模式，即统一提供优良品种、统一技术操作规程、统一投入品使用标准、统一田间管理指导、统一产品质量标准。

公司现有国家认证有机水稻种植基地 3000 亩，绿色水稻种植基地 20000 亩、种子繁育基地 4000 亩、富硒大米种植基地 2000 亩、水稻科研基地 300 亩、水稻育秧基地 200 亩、水稻订单基地 30000 亩，被评为"全国绿色食品示范企业"。农民通过与企业预先签订农产品订单，使农产品获得销售渠道，让本来不确定的盈利变得十分明确，降低了生产风险。订单式农业对增加农民收入、稳定农产品价格，作用十分明显。

三、着力构建品牌推广战略与销售体系

一是确保加工品质。公司投资 1600 万元建设了 5000 平方米的稻谷加工车间，购置了一套日产 200 吨的大米生产线和先进的生产设备，年加工能力达到 7 万吨，创造就业机会 30 个。优质的水稻原料、严格的品质管控措施、先进的加工工艺，保障了大米产品质量。

二是加强品牌建设。公司秉承"以良心做良食"的宗旨，倾力打造"兴安岭"和"绰尔蒙珠"品牌大米。完善产品标识，加强对产品的安全、品质、营养等特性的宣传。中央 2 套《生财有道》栏目组于 2016 年 11 月对公司的稻谷种植和大米加工进行了专题报道，2017 年在中央 7 套《农广天地》时间段播出产品广告，品牌知名度不断提升。

三是加强渠道建设。目前，公司在呼和浩特、包头、赤峰、乌兰浩

特、海拉尔等均设有销售网点，月销售量约 1500 吨。同时，在云南、上海、北京、广州、深圳等地建立了销售渠道。同时，公司与寿光"仓圣网"、北京"本来生活网"、青岛"异联网"、天猫等网络平台合作，通过电子商务交易平台，开拓了大米销售新市场。

四、精准扶贫，融入企业血脉

公司十分重视定点扶贫工作。目前，公司结对帮扶 3 个贫困村和两个社区，每年都定向资助一个大学生家庭，并为大学生每年提供 2.5 万元的资助。与扎赉特旗团委创立"扶贫基金"，3 年内累计捐助 100 万元帮助品学兼优的贫困学生。同时，向多个贫困乡镇和敬老院捐赠 65 吨优质大米，以实际行动为老百姓送温暖、献爱心。

深入实施"互联网＋粮食"战略推动企业创新发展

深圳市粮食集团有限公司

　　通过"深化改革、转型发展"大讨论，深圳市粮食集团有限公司（以下简称：深粮集团）进一步坚定了"互联网＋粮食"融合发展理念，加快信息技术创新应用，依托信息技术提高粮油储备、贸易、加工、电子商务、物流配送一体化运作水平，全面提升粮油加工产品的有效供给能力和企业盈利能力，带动企业成功跻身"百亿"粮企行列。

一、以信息化推动企业管理模式创新

　　一是实现货位管理和粮情监控的信息化。深粮集团在行业内率先推进了仓储管理的"标准化、机械化、信息化、无害化"（即"四化"）建设，应用射频识别技术、滑托盘设备，引进智能机械手，构建粮食物流机械化、智能化、信息化"三化一体"模式，革新粮食物流和仓储模式，实现货位管理和粮情监控的信息化管理。

　　二是实现物流组织和应急保供的信息化。在深化供给侧改革探索、推动企业转型升级中，深粮集团以信息化建设为总抓手和驱动力，整合仓储、物流、质检、金融等服务资源，瞄准价值链高端开发互联网移动平台，构建"电子商务＋物流配送"的粮食营销新模式，逐步形成了细分市场、技术和服务创新等先发优势，实现了粮油购销网络的多层次、

深粮集团展示基于 RFID 技术的成品粮库内高效流转研究与示范

广覆盖。自主研发的"粮食物流信息系统"（深粮 GLS），获得国家发改委和财政部"国家物联网重大应用示范工程"授牌，确保了应急储备粮油的供应。

二、以信息化推动企业商业模式创新

深粮集团瞄准不断增长和细分的粮食市场需求，以电子商务为手段，构建"三位一体"粮油供应服务网络，抢占价值链高端，加速企业转型升级。

（一）多喜米网："线上＋线下"融合，移动互联开拓终端市场。深粮集团于 2009 年创建国内首家粮油网络直销平台——多喜米网（www.doximi.com），走精品粮油路线，主打销售深粮集团的优质粮油产品，家庭用户已突破 20 万。为顺应移动互联时代的发展，近年陆续开发了微信商城、手机 APP 商城、WAP（无线应用协议）商城，并积极探索"线上＋线下"融合方式，着力推动以粮油自动售卖机为核心的社区粮站的发展，现已覆盖深圳6个行政区、68个小区。2015年起，"多喜米"模式在广州市场逐步打开发展局面，实现了盈利模式的异地复制，提升了品牌知名度及美誉度。

（二）贝格厨房：专业粮油配送，打造专业厨房管家。深粮贝格厨房以"您厨房的贴心管家"为经营理念，优化客户，精准定位，通过信息技术、金融与业务的深度融合，开发了中国厨房食品网（www.zgchufang.com）及微信商城，建立快速响应物流配送中心，为多家大型企事业单位、学校、医疗卫生机构、餐饮连锁企业提供高品质粮油及厨房食品一站式供应服务，服务对象从深圳及周边的广州、惠州、东莞等地拓展至西南、华中地区。深粮贝格厨房还与金融机构签订战略合作协议，支持贝格厨房合作企业的融资发展，打造共生互荣的粮食产业发展生态圈。

（三）中国粮食交易网：让粮油大宗贸易简单e点。中国粮食交易网（www.zglsjy.cn）主要发展粮油大宗贸易购销对接业务，为采购商与供应商搭建起合作沟通的平台，提供交易、交收、物流、金融结算、信息资讯以及保障等服务，并以仓单管理平台为突破口打造粮油大宗贸易的公共服务平台，帮助客户有效减少了交易环节，降低了贸易成本，提高了经济效益。目前，中国粮食交易网平台会员数已达550多家，年交易量超过600万吨。

三、以信息化推动企业品牌创新

深粮集团依托互联网、大数据等技术手段加强对粮食产业运行数据的分析和研判，根据市场需求研发、生产、推广粮油产品，引导企业在生产、流通、销售方式上进行变革，打造特色品牌和产品，扩大市场份额。以粮食产地为源头，以深粮检测为控制关口，结合创新绿色保粮技术，建设粮食质量安全管控体系，确保粮油质量安全。同时根据市场需求，积极调整产品结构，着力提升产品研发能力，面向市场陆续推出了稻花香大米、面粉专用粉、茶籽油等优质粮油产品。"深粮多喜""多喜米""谷之香""向日葵""君子兰""红荔""深粮福喜"等品牌深受消费者喜爱。深粮多喜常香稻稻花香大米入选首批"中国好粮油"产品，深粮集团粮油产品多次被中国粮食行业协会和广东省粮食行业协会授予"放心粮油"称号。

主题征文

从"福娃模式"成功实践
看粮食加工转型路径

湖北省荆州市粮食局　陈修柱

在当前我国粮食"高产量、高进口、高库存、高成本"等因素叠加，经济不断下行的新常态环境下，不少粮食加工企业在转型升级和供给侧结构性改革过程中徘徊迷茫、举步维艰。然而，位于湖北省监利县新沟镇的粮食加工企业福娃集团却逆势而上、产销两旺。近年来，该公司致力于打造稻米全产业，形成稻米加工、食品加工、生态农业和销售服务四大产业体系，2016年集团公司加工产值和销售收入双双突破百亿元。湖北省委、省政府把"福娃模式"作为工业化、信息化、城镇化、农业现代化"四化同步"发展的一面旗帜在全省推广。他们的秘诀在哪？笔者经过多年来对该公司的跟踪服务和多次实地调研，初步探索出了福娃集团的转型发展路径——拓展产业链、提升价值链、开发创新链。

一、"优质原料"从何来？流转土地＋稻虾共作＋现代农业

2015年，和大多数粮食加工企业一样，福娃集团由于受到经济增速下滑、进口粮油剧增、市场消费疲软、人力成本攀升等要素影响，企业经营遇到一定困难。集团董事长谢松柏经过深思熟虑，决定充分利用农民土地流转机遇，探索水稻水产文章，大力发展现代农业。经过三年多

的发展，目前福娃集团经营流转土地已达 3 万亩，每亩年纯收入达 3000 元以上，带动新沟镇周边 13 个村、近万农户奔小康。公司通过创新现代农业模式，推动单一水稻种植向"稻虾共作"转变，促进"五型"发展。

（一）发展生态友好型。按照稻田综合种养技术规范，建设"生态、优质、特色、高效"的种养殖基地。福娃集团抓好水源地及单个种养殖基地的水质监测，争取环保部门支持，确保生活污水达标排放。投资 5000 万元建设年产 10 万吨的有机肥厂，利用先进的生产工艺，把农作物秸秆、畜禽粪便转化为生产水稻、水产等种养业需要的生物有机菌肥，解决了周边养鸡场、养猪场、养鸭场乱排乱放对河道沟渠造成的面源污染问题。

（二）发展专业主导型。由福娃集团控股、联络全县 28 家专业合作社，注册成立了监利县福娃三丰农民专业合作联社；与监利县政府、东风井关农业机械公司共同投资建成福娃·东风井关现代农业全程机械化示范区，成功举办了湖北省首届水稻机插秧大比武，实现了水稻种植的全程机械化；成立了荆州市福娃水稻合作总社，总社成员扩充至 43 家，全面推广"育秧工厂"，实现全县覆盖。

（三）发展质量吸引型。福娃集团加强企业质量管理，建立了专用稻种植体系、绿色环保的仓储体系、高效安全的加工体系、全程的信息化监控与预警体系、产品质量监控系统等；通过了 ISO 9001、ISO 14000、HACCP 以及 C 标志认证；获得"中国驰名商标"1 枚，6 个品种通过了绿色食品认证，2 个品种通过了有机食品认证。公司出产的产品，以"品质优、卖相好"赢得了北京、上海、武汉、南京等地客商的一致好评。

（四）发展品牌领军型。福娃集团抓住"福娃"牌大米获得"中国名牌产品""中国驰名商标"以及与奥运吉祥物同名等机遇，通过网络、电视、报刊、户外等媒体广泛宣传"福娃文化"，使"福娃"成为独特的"文化品牌"和"企业品牌"。福娃集团积极参与荆楚粮油"走出去"行动计划和湖北放心粮油市场体系建设；成立了电子商务部，借助天猫、京东商城、1 号店等第三方电子商务销售平台开拓市场，2016 年交易额 3065 万元。"福娃"先后荣获"湖北网友最喜爱的十大食品品牌""荆州市电子商务示范企业"等称号。

二、"价值链条"从何增？引资引智 + 精深加工 + 循环经济

（一）**招商加引智**。福娃集团与华润怡宝集团合作，投资 1 亿多元建设两条年产 2 亿瓶纯净水的生产线，投产以来产品供不应求，每年纯利润 1000 万元以上，2016 年纯利润突破 2000 万元；与上市公司强强联手，和马应龙大药房连锁有限公司合作，共同就肠道健康食品研发与推广签署战略合作协议；引进广东湛江市级储备粮 800 万公斤异地储存，相当于为公司争取了 2200 万元无息贷款，每年获利 160 万元。公司先后引进 300 多名专业技术人员，其中博士 5 人、硕士 13 人。

（二）**打造工业园**。福娃集团近年来投资 10 亿元，先后在新沟镇建设了食品三厂、四厂、五厂、六厂和天禧福饮品厂。同时，立足全国战略布局，在黑龙江虎林市投资 3 亿元建设了虎林（福娃）工业园，占地面积 500 亩。该园区的布局除了满足东北地区的市场需求外，主要是为了开拓俄罗斯、日本、韩国等国际市场，为"福娃人"做"世界娃"搭建平台。福娃集团总部现有日产大米 150 吨的核心生产线 2 条、八宝粥生料灌装生产线 2 条、营养米果生产线 16 条、糙米卷生产线 3 条、糙米蛋糕生产线 2 条、糙华夫（奥地利进口）生产线 2 条、糙米蛋卷生产线 2 条、糙米通生产线 4 条、饮料生产线 2 条、饼干生产线 6 条；现代化仓库 13 栋，仓容总量 21.8 万吨。

（三）**资源再利用**。福娃集团积极推进稻米加工全产业链战略，力求将稻米"吃干榨净"，将稻谷加工的废弃物——稻壳进行再利用，取代煤炭烧锅炉，稻壳灰卖给大型钢厂做保温材料和用于福娃房地产制砖，既节约成本近千万元，又保护了环境；将大米加工的碎米、抛光粉、副产品米糠等进行加工处理，生产出营养健康的糙米食品、休闲食品等。资源综合利用技术把稻米加工这种微利产业做成了利润丰厚、产业链长、前景广阔的大产业。

三、创新之路如何走？人才培养＋科企合作＋科研基地

（一）培养职业农民。福娃集团与周边村委会协商后专门成立了"福娃打工社"，培训自愿到福娃工厂务工的村民，本着"自愿参与，按劳取酬，公司培训，重点培养"等原则，做长期工还是短期工，全由村民自主选择。不少到福娃基地和工厂打工的本地农民经过历练成长为优秀产业工人。近年来，新沟镇周边村民在福娃集团打工的收入，少则每月三四千元，多则近万元。这样既很好地解决了农户土地流转后如何增加收入的问题，同时，也解决了处于乡镇偏远地方加工企业的用工问题。

（二）培养专业人才。福娃集团现有员工2700人，其中管理人员453人，占16.8%；生产人员1732人，占64.1%；专业人才186人，占6.9%。所有员工中，现有外聘专家29人、博士5人、硕士13人，取得高中级技术职称人员26人。针对"招工难""留住人才难"的瓶颈问题，福娃集团创新用人机制，按照"招聘一代，培养一代，储备一代，运用一代"的思路，建立了人才使用和储备体系。每年接收500名大学生见习实习，作为人才储备。建立技术人才培训体系，对员工实行"送出去与请进来相结合，学历培训与技能培训相结合，岗前培训与在职培训相结合，集中培训与自我学习相结合"的培养制度。福娃集团中不少普通员工在晋级考核中脱颖而出，成为公司中高层主管和技术主管。

（三）建立科研基地。福娃集团依托华中农业大学、武汉轻工大学、中科院水生所、长江大学等高校院所强大的科研实力，与大专院校、科研院所精诚合作，成立了湖北省稻谷加工工程技术研究中心、福娃集团技术中心，加入国家稻米精深加工产业技术创新战略试点联盟，承担中央财政现代农业发展专项"监利县稻田综合种养示范基地建设项目"，成立了小龙虾优质种苗繁育及研发中心。依托科研中心和科技创新，近年来，福娃集团开发并转化糙米类食品等粮食精深加工产品20个，申报发明专利9项，获授权发明专利5项、实用新型专利8件、外观专利11件；获得科技成果鉴定登记7项；制订备案企业标准5项；荣获市级

及以上科技奖励 6 项。

福娃集团已经由单一收购粮食向"左手米右手虾"现代农业转变，由"做产品"向"做品牌"转变，由传统粮食加工企业向全产业链、价值链、创新链转变，由福娃制造向"福娃创造"转变。在当前国家粮食安全大战略、大背景下，"福娃模式"的典型性在于：有效解决了今后农村土地"三权分置"后"谁来种田""怎样种田"的问题，有效探索出了传统粮食加工业转型升级的发展路径。

关于粮食地方立法的几点建议

——以上海为视角

上海市粮食局 徐自广

早在 2008 年，粮食立法的重要性已达成广泛共识，制定粮食法就已纳入十一届全国人大常委会立法规划中，并于 2012 年提交全国人大常委会审议，由于粮食法需要全国统筹，涉及面广，涉及问题多，至今尚未出台。在这种情况下，粮食地方立法更应化被动为主动，根据本地粮食发展实际，强化立法保障，解决本地粮食发展中的主要问题，做到"守土有责"。

一、粮食地方立法应解决的主要问题

（一）构建完整的粮食法制体系

粮食流通体制改革以来，上海粮食部门下发了多部规范性文件，促进依法管粮，粮食流通体制改革取得了较大成效，但对粮食安全法制保障而言，上海粮食法制体系的构建进展缓慢，给粮食安全保障带来了一定风险。现行保障上海粮食安全的法律体系不完整，立法层级较低，仅仅依据部分规范性文件，缺乏统一高阶的法律统领，在粮食管理实践中存在立法空白和交叉，违法行为处罚依据不足，法律职责规定不具体，粮食管理机关体制不适应新时代、新要求。粮食安全法制保障需要一部粮食安全保障法作为粮食地方法制体系的核心，对整个粮食安全法制保障体系负责，确定粮食安全保障目标、基本原则等。因缺少基本立法使上海粮食安全法制体系成了零散的秋叶，成不了枝干茂盛的绿树，自然不能建立一个完整的粮食安全法制保障体系。加强地方粮食立法首先要解决的必定是出台本地核心的地方粮食法规这一地方基本法。

（二）健全粮食储备安全保障机制

上海市每年耗费几十亿元进行粮食储备安全保障工作，但粮食储备安全保护机制仍不完善。鉴于粮食储备安全是一切安全之前提，应提高粮食储备安全的战略地位，科学合理地制定粮食储备安全保障机制。上海市政府重视粮食安全工作，但目前粮食储备安全仍然存在不少风险：一是粮食仓储土地指标紧张。老旧仓储设施改建或升级改造项目受制于规划限制，采取土地置换、分散粮库集并等方式置换，但土地指标紧张，置换指标也无法满足新建仓储设施的要求。二是粮食仓储基础设施得不到法制保障。仓储设施拆除后难以就地重建，新建仓储设施缺乏支持；部分仓储设施存在改变用途等问题，影响本市粮食安全的物质基础。三是物流设施不配套存在安全隐患。物流基础设施建设投资不够，物流设备无法满足粮食安全保障的需要，物流设施建设不健全给粮食安全保障带来风险。这些粮食储备安全风险客观上可以解决，但粮食储备安全是一个长期的保障体系，需要立法将粮食储备的各项保障原则法治化、责任化，使粮食储备制度更加坚实。

（三）完善粮食宏观调控体系

目前，上海粮食宏观调控体系不完善、粮食应急管理体系不健全，粮食风险基金的管理无法参与，调控手段有限，如法律手段欠缺、计划手段乏力、市场手段缺少经济资源、政府投资层层审批周期长。新形势新情况的不断变化，需要通过立法来完善粮食宏观调控体系，用法治手段解决当前粮食宏观调控手段不足的问题，明确中央和地方两级政府对粮食市场的宏观调控事权，完善储备粮轮换机制，健全粮食应急管理体系，管理粮食风险基金，强化市场手段在粮食宏观调控中的作用，为建立供给稳定、储备充足、调控有力、运行高效、质量安全、产业持续发展的粮食安全保障体系提供有力的后备保障。

（四）强化粮食经营主体责任意识

"藏粮于企"是粮食储备的重要原则之一。粮食经营企业，一方面作为政策性粮食承储主体，要承担起保障粮食储备安全的第一责任，把好粮食安全保障第一关口；另一方面作为粮食经营市场主体，要履行市场主体责任，保障粮食质量安全，维护粮食市场秩序。强化粮食经营主体的责任意识，不能单纯只靠企业自觉、行业自律，更应强调法律的引导作用，通过粮食立法来确定监管理念、监管方式、监管手段，强化企业的主体责任，规范企业经营活动，督促企业树立诚实守信的基本原则。政府监管必须要有法可依，目的不是处罚，而是促使企业诚信守法，促进企业自律，增强市场主体第一责任人意识，形成企业自治、行业自律、社会监督、政府监管的社会共同治理格局。

（五）增强粮食部门行政执法力量

《粮食流通管理条例》赋予了粮食部门行政执法权力，但对检查手段、措施、具体职责、执法队伍建设及保障未有提及。

目前，上海粮食流通立法层次较低，行政执法主要依据规范性文件，缺乏对《粮食流通管理条例》中原则性规定的法律解释。在执法实践中，在源头环节涉及农委，在加工流通环节涉及工商、食药监、质监部门、卫生部门，在进出口环节涉及出入境及海关等多部门，出现了交叉执法的情况，权责不统一容易互相推诿引发部门矛盾，对粮食流通收购市场的有效监管极为不利。从粮食经营企业来说，要接受多个行政主体对其生产经营不同环节的监管，工作负担增大，违背了行政管理的效益原则。在执法队伍建设上，粮食行政执法体制不适应新形势需要，区级政府对粮食安全执法重视程度不够，市、区两级粮食执法部门职责划分不清晰，基层执法人员执法意识不强，缺乏专业的粮食行政执法队伍。解决粮食行政执法的问题，需通过粮食立法明确承担粮食流通监督检查职能的机构，明确粮食部门的执法边界，充实和加强监督检查人员，提高执法人员的业务素质，建设一支政治坚定、作风过硬、业务精湛的粮食流通监督检查执法队伍。

二、加强粮食地方立法的几点建议

（一）粮食地方立法要立足区域经济发展实际

粮食地方立法要立足区域实际，符合区域发展的总体规划。以上海区域发展为例，粮食地方立法要具有前瞻性，要着眼于城市发展的未来战略，要综合考虑上海四个中心、自由贸易港、国际大都市建设的基本实际，从本市粮食安全大局战略出发，在保障粮食安全的前提下，加强粮食供应渠道的拓展，以省外粮源基地作为保障上海粮食安全的后备力量，形成供求良性互补的粮食市场流通体系，努力建立以物流运转体系、信息保障体系、市场流通体系为基础的粮食安全保障体系。加大对粮食市场的监控，降低粮食流通与储存成本，让市场在粮食资源配置上起决定性作用；更新粮食安全理念，避免维持过度和无效的粮食安全标准，发挥上海经济中心优势，释放粮食生产压力，大力发展粮食产业经济，做大做强粮食品牌，提高地方资金的机会收益。

（二）粮食地方立法要正确处理各主体间关系

1. **要处理好政府与市场主体之间的关系**。粮食是具有双重性质的特殊产品，一方面具有国家战略储备的性质，另一方面具有市场经济商品属性。在粮食立法中，要正确处理好政府管理粮食的权力和维护市场主体利益的权利，按照权责一致和权利义务统一的原则，规范制约和监督政府权力的行使，监督政府履行维护粮食市场主体的义务，做到既加强有效监管，又不侵犯市场主体的合法权益和扰乱市场秩序，确保立法目的得以实现。

2. **要处理好中央政府和地方政府之间的粮食事权关系**。通过粮食地方立法，合理划分中央和地方政府在粮食安全中的事权，科学界定政府部门在监管粮食市场中的职责，明确相应的责任。

3. **要处理好粮食安全规范各环节各部门间的关系**。目前粮食市场以及生产领域的质量等问题主要按照《农业法》《农产品质量安全法》等法律进行规范，粮食储备流通环节主要按照《粮食流通管理条例》《中央储备粮管理条例》进行规范，而粮食加工、销售中的质量问题由食品药品部门、工商部门按照《产品质量法》《食品安全法》等相关法律进行管理，这种把粮食安全管理按环节分割的多头管理立法模式，导致部门职责交叉、管理真空、监管不力等问题，因此，粮食地方立法要统筹考虑粮食生产、加工、流通、消费等全过程，增强法律之间的协调性和统一性，确保立法的可操作性。

（三）粮食地方立法要坚持的立法宗旨和基本原则

粮食地方立法的宗旨应围绕地方粮食安全基本政策，建立新时代中国特色的粮食安全保障体系，充分发挥市场机制的决定性配置作用，与国际市场接轨，强化政府粮食安全责任，保护好粮食生产的积极性，促进形成粮食生产、粮食经营与流通、粮食消费协调发展的良性互动体。

粮食地方立法要坚持以下基本原则：一是粮食安全原则。粮食安全是国家发展的基本保障，是立法必须坚持的最高准则；二是市场化原则。粮食是市场经济中的重要商品，粮食地方立法要遵循市场经济基本规律，发挥市场机制在粮食资源配置中的决定性作用，加快粮食行业一二三产业融合，促进粮食产业经济发展；三是促进流通原则。粮食流通在引导粮食生产稳定发展、保障粮食有效供给等方面成效显著，因此，必须通过粮食立法加强粮食流通现代化，积极培养粮食优质品牌，支持粮食市场主体发展，维护市场秩序，促进粮食流通；四是依法行政原则。粮食地方立法是粮食部门从事行政执法的法律依据，赋予粮食部门行政管理权力，依法行政的原则要贯穿在立法理念中，使具体行政行为和抽象行政行为都受到粮食法律法规的监督和制约。

（四）粮食地方立法要确立粮食管理基本制度

粮食管理基本制度是确保粮食生产、粮食储备、粮食流通、粮食产业发展的重要制度，制度的确立要体现出行政管理的水平、宏观调控的能力、粮食发展的需要。以上海为例，粮食地方立法要确立以下基本管理制度。

1. **促进粮食生产稳定发展制度**。稳定和发展粮食生产是粮食工作的首要工作，本市粮食自给率较低，为了保持本市粮食自给率，不断提高粮食生产能力，必须建立有利于粮食生产稳定发展的制度。

2. **粮食宏观调控制度**。明确各级政府在粮食宏观调控方面的职能职责，实施宏观调控的手段、措施和程序等，坚持发挥市场机制基础性作用与加强完善宏观调控有机结合，建立分级保障粮食总量平衡制度，落实粮食安全省长责任制。

3. **地方储备粮管理制度**。储备粮是衔接产需、平衡供求的"蓄水池"，是政府调控粮食市场的重要手段，是保证粮食安全的应急物质基础，是保持社会安定的重要战略措施。主要包括：规定地方储备粮计划制度、储存制度、动用制度、监督检查制度和法律责任；明确承储和代储地方储备粮的仓储标准，并明确储备与经营分开原则。

4. **粮食应急管理制度**。粮食应急保障是政府为应对粮食突发公共事件等紧急情况而采取的调控行为，紧急应对粮食突发公共事件是各级政府的首要责任，也是本市粮食立法中应该明确的职责。包括在《上海粮食应急预案》的基础上，健全粮食应急机制、应急体制和粮食应急保障系统；明确应急状态下政府的权力以及确保特殊群体粮食供应和保持市场稳定的义务；规定有关单位和个人的应急义务及其法律责任。

5. **粮食质量和卫生安全管理制度**。粮食质量安全是粮食安全的重要内容，直接关系到广大人民群众的身体健康和生命安全，关系到社会的稳定与和谐。上海市人民生活水平较高，对粮食质量卫生要求自然提出更高的要求，必须健全粮食质量和卫生安全管理制度。

参考文献：

[1]孙唱阳.国际法视域下我国的粮食安全与立法保障[J].周口师

范学院学报，2017，34（3）.

　　[2]卜祥银.关于《粮食法》立法的几点思考［J］.粮食问题研究，2015（2）.

　　[3]秦雷鸣.粮食法立法探讨［J］.中国粮食经济，2007（8）.

　　[4]乔兴旺.中国粮食安全国内法保障研究[J].河北法学，2008（1）.

北京市粮食安全形势分析
及引导推进粮食加工产业发展的思考

北京市粮食局　　阎维洪

【隐忧问题的提出】

一、北京市粮食安全存在隐忧

近年来，北京市粮食局按照国家局的部署和市委市政府的要求，围绕"守底线、保安全、惠民生、促发展"的工作目标，科学谋划、积极作为，整体态势良好，粮食市场价格平稳、货源充足，粮食储备制度运行规范、管理有序，政府粮源组织能力进一步加强，首都粮食安全基础进一步夯实。但潜在的粮食安全隐忧依然存在，一方面，随着国家经济的发展，首都粮食市场需求结构呈现出差距拉开的多元化趋势，粮食安全表现形式与原来的供给不足和总量够用的概念出现了偏离，对首都粮食安全保障提出了更高标准；另一方面，由于京津冀协同发展、疏解非首都功能等战略的逐步深入，原有粮食安全保障的物资基础、运行机制及管理方式受到较大的冲击，特别是粮食加工能力的不断弱化，对首都粮食安全保障体系的抗风险能力构成了潜在的隐患。

【短板在哪】

二、首都粮食安全的主要表现形式

从历史经验分析，首都粮食危机主要有两种表现形式：一种是持续性的、大面积的、系统性的粮食匮乏，简称为匮乏性危机；另一种是因偶发事件引起的短暂的、剧烈的、脉冲式的恐慌性抢购危机，简称为抢购性危机。近年来，随着国家经济社会的发展，农业生产供给侧结构性改革的深入开展，粮食生产连年实现丰收，"粮安工程"稳步推进，在京各级粮食储备规模不断扩大，北京粮食市场购销两旺，居民人均粮食和食品消费支出在整个家庭中的占比不断下降。因此，粮食匮乏性危机在今后很长一段时间内不会是威胁首都粮食安全的主要表现形式。但发生恐慌性抢购粮食的可能性正在迅速提高，未来首都粮食危机的表现形式将主要以抢购性危机为主。

【短板的特征】

三、抢购性粮食危机的特点

从 2003 年"非典"时期北京粮食市场出现异常波动，2008 年北京桶装豆油脱销断档，2012 年"7·21"北京房山、门头沟暴雨灾害造成的区域粮食供给不上，以及相关行业发生的"抢盐风波""皮革奶粉"等事件来看，抢购性危机具有以下几个显著特点：

（一）成因具有复杂性。抢购性危机除极少数是由行业自身问题引发外，其余大部分引发因素并不在粮食行业本身，自然灾害、食品质量、大规模群体性事件、公共卫生事件、资本炒作、谣言、国际粮油环境变化及外部战争均有可能引发抢购性危机，有时候也可能是多个因素共同作用引起。如"非典"期间，先是由公共卫生事件引起，然后随着疫情发展传出谣言，进而造成市场恐慌，最后发生大规模粮食和食品抢购事件。

（二）**爆发具有突然性**。抢购性危机因其源头通常不在粮食行业本身，危机的起因与结果之间缺乏必然的联系，行业管理部门对危机的感知力和预见性一般相对较弱，危机的爆发具有极大的偶然性和突然性。在"抢盐风波"中，起因是日本地震，但因谣言，人们一夜间将国外事件联系到国内，将核辐射联系到食盐供应，进而引起全国范围内的核辐射恐慌和抢盐风波。

（三）**需求具有倍增性**。按照居民的正常消费习惯，目前一般家庭和餐饮企业出于便利性的考虑，会储存一定数量的成品粮，但储存量通常不会太多，一般不超过平时一个月的用粮量，但在抢购性危机发生时，居民常常会恐慌性囤粮，抢购量远超家庭正常需求量，一般会抢购半年至一年的粮食或食品以备不时之需。同时，不排除极少数企业和个人还会有囤积居奇、扰乱市场的行为。因此，危机期间的居民对粮食特别是成品粮及食品的需求量常常呈现爆炸式增长，能够达到正常时期需求量的几倍甚至十几倍。

（四）**破坏力与政府控制力成反比**。危机恐慌的扩散系数大于正常一般新闻消息的传播系数，根据危机应对黄金法则，一旦抢购性危机发生，政府的反应速度和掌控能力是决定危机破坏力的最重要因素。如果在危机初起之时，政府能够将足量、合格的成品粮尽快投放市场，平抑市场价格，引导居民心理预期，消除群众恐慌，则危机将迅速消弭于无形；如果未能在最佳时间内采取合理有效措施，则危机将迅速扩散，甚至可能演变为社会性、政治性的危机或者进一步引发更多的次生危机。

【解决短板的物质基础分析】

四、北京市粮食安全保障基础现状

1. **从机制上看**：平时供应靠市场，急时保障靠政府。在正常时期，粮食市场竞争充分，市场供应主体多元，品牌众多，流通活跃，市场为粮食经营主体配置粮食资源提供了基本平台。在紧急状态下，维护粮食市场稳定、应对粮食危机，主要由政府依托大型国有企业的储备粮承担。目前市政府直接掌控的地方储备粮总规模在 250 万吨，主要以原粮为主，其中市级地方储备粮 230 万吨，区级地方储备粮 20 万吨。

2. 从粮源上看：北京粮食资源以外埠输入为主，粮食自给能力较弱。2016 年全市粮食需求量为 530 万吨，自产量仅 50 万吨，其余则需从外埠调入。其中，90% 的原粮需从河北、河南、黑龙江等省采购。成品粮中，依托本地加工能力生产的粮食产品，在北京粮食市场占有率不足 15%，且该比例仍在不断下降。

3. 从布局上看：从城区向郊区转移，从本市向外埠转移。本地的仓储设施、加工企业、批发市场等不断向郊区、远郊区和外埠转移，以储备粮为例，存储在外埠粮源基地的市储备粮规模不断扩大，2016 年市级异地储备粮为 36.8 万吨，比例已占储备总量的 16%。

4. 从业态上看：以原粮储备为主，成品粮储备为辅。原粮储备按全市半年消耗量为标准储备，达 240 万吨；成品粮储备按 15 天的正常消费量为标准储备，仅有 10 万~15 万吨，在抢购状态下，最多能支持销售 10~15 个小时；因原粮加工被列入限制发展名录，粮食加工能力只减不增，正在呈不断萎缩之势，特别是大米加工，目前加工企业全部停产待迁，只有少量分装企业厂家，稻谷原粮加工生产几乎为零。

5. 从物流上看：北京市的粮食安全高度依赖交通物流，有"首都粮食安全是建立在车轮子之上的安全"的说法。全市目前认定的应急供应网点有 810 个，储运企业有 48 家，配送中心 28 家，但粮食物流主要靠市场配置，由政府牵头的物流配送体系还没有形成良好的运行机制。

6. 从总体上看：目前，北京市的粮食供应和安全保障能力，能够满足应对匮乏性危机的需求，但距离应对抢购性危机的需求还有一定的差距，主要是因为市场机制以利益为导向，在抢购性危机中，这只"看不见的手"极有可能失灵，甚至会起反作用。过度依赖外部输入的供应保障机制，在局部市场瘫痪、渠道中断、物流消散的情况下会造成严重后果。足量的成品粮是抵御抢购性危机的第一道防线，但内虚外实的储备布局、总量不足的成品粮储备结构和不断削弱的原粮加工能力，使得第一道防线极为薄弱，无力应对市民的非理性抢购和脉冲式爆发性需求量，以原粮为主的储备粮结构，因加工生产放慢了应急供应周期，导致应急保障反应链条过长，投放速度迟缓。

【补齐短板的重点要素】

五、引导北京市粮食加工产业发展的建议

解决首都粮食安全潜在的风险隐忧，主要应从增加成品粮储备和夯实成品粮生产能力储备基础两方面入手。由于成品粮储备保质期短，对储存条件要求高，且成本高、规模小、轮换载体较少，短期内大量增加成品粮储备还有很多现实困难。因此，重点应从加大成品粮加工生产能力入手，做好粮食加工产业规划、综合布局、政策引导、能力储备等基础性工作，常态时保障正常供应，做好设备修护保养和人员培训工作，应急时充分发挥功能，开满车、加满料，满足市场应急需求。

（一）建立加工能力储备模式。可借鉴现有市级储备粮管理模式，采取垂直管理，选择部分国有大型粮油加工企业作为生产能力储备的实施主体，通过新建、改造等方式，支持企业采用节能减排、节粮减损等新型加工技术，不断淘汰落后产能，推动粮油加工绿色发展，确保粮油加工能力储备与疏解非首都功能的总体目标保持一致。对于平时超出市场需求之外的加工能力则纳入加工能力储备，政府予以适当费用补贴，启用、轮换、封存、保养以及相关管理活动由政府统一组织。

（二）确定加工能力储备规模。参照现有市成品粮储备量，按照"一周之内恢复市场对成品粮的需求量和合理库存量，两周内补充应急调控市场而抛售的成品粮储备"的标准，经测算，危机期间北京市至少需具备"原粮日处理 1.5 万吨，成品粮日生产 1 万吨"的能力。因此，市成品粮加工能力储备规模应保持在日生产成品粮 1 万吨左右。

（三）划分加工能力储备分类。目前北京市每天口粮需求总量为 1.05 万吨，其中面粉 6000 吨，大米 4000 吨，杂粮 500 吨。全年总需求量为 383.25 万吨，其中面粉 219 万吨，大米 146 万吨，杂粮 18.25 万吨。综合来看，日常口粮消费中面粉、大米和杂粮的占比约为 12：8：1。考虑到抢购性危机发生时，只要能够满足市民的基本生活需求就可达到市场调控的目的，同时考虑到北京日常粮食消费习惯，粮食加工能力储备以面粉加工和大米加工为主。其中，面粉的加工能力储备应占总规模的 60% 左右，大米的加工能力储备应占总规模的 40% 左右。

（四）规划加工能力区域布局。粮食加工能力储备布局应坚持"立足本市、依托津冀、可靠管用、方便经营"的原则。一是 70% 以上的加工能力应配置在本市辖区范围内，最好是在环北京市中心"一小时交通圈"之内。其中，面粉加工能力储备重心应向衔接河南、河北、山东小麦进京方向发展，可依托大兴国家粮食储备库原有设施，在大兴国家粮食储备库院内建设粮食加工产业园区，强化面粉加工能力储备；大米加工能力储备重心应向衔接东北稻谷进京方向发展，可依托顺义牛栏山粮食储备、粮食加工、饲料加工产业聚集群原有设施，在顺义牛栏山建设应急加工产业园区，增强大米产业加工能力储备；二是外地加工能力储备应控制在 30% 以内，而且应该立足于在距北京市中心"四小时交通圈"之内。

（五）分散加工企业分布。为防止单一品牌因食品质量安全、食品安全谣言等因素引发的危机风险，政府提供给市场的成品粮品牌应尽量保持多元化，各品种的成品粮应至少保有 3~5 个来自不同产地、不同厂家品牌、不同质量档次。因此加工能力储备不应仅依托个别企业，而应至少分散在 5 家以上的不同企业中。

（六）统筹物流运力制度性安排。能否迅速把生产出来的粮食送到居民手中，也是能否成功应对抢购性危机的重要因素，需要从北京市政府应急工作机制中，建立相应的综合协调物流配送平台，通过机制性安排，整合市级公安、粮食、运输、质监、财政、交管等部门资源，开展协调联动演练，在应急配送中发挥综合管控作用。

粮食企业建立优质稻商品生产基地的研究与思考

广西壮族自治区柳州市五里卡粮库　雷海州

一、引言

柳州市粮食局在主导开展粮食产业园区建设的过程中，为实施粮食行业"深化改革、转型发展"战略，适时提出"按照农业供给侧结构性改革要求和城乡居民粮油消费升级需求，发挥粮食产业园辐射、带动和加工转化引擎作用，优化创新链、拉长产业链、提升价值链，增品种、提品质、创品牌，增加绿色优质粮油产品供给，促进一二三产业融合发展，做好粮食产业经济发展这篇大文章"的工作思路。这一工作思路能否顺利推进，关键的节点在于是否能够抓好适销对路的绿色优质粮油商品的产出。

在各地企业建立优质稻商品生产基地的实例中，不乏优质稻种植总面积达到几千甚至上万亩的"亮丽工程"，但企业实际收购优质稻却往往出现收购量远低于产量的现象。"亮丽工程"成为企业赔钱赚吆喝的"鸡肋工程"。那么，如何理解这一现象？企业在发展优质稻商品生产基地的时候应采取什么样的方式来规避风险？长期以来，我们普遍接受这样一种观点：扶持和鼓励农户种植优质稻可以增加农户种粮的收入，农户出于感恩的心态，会将优质稻作为商品优先出售给扶持其增收的企业。同时，我们还存在这样一种观念：企业扶持农户发展优质稻连片种植，就是发展优质稻商品生产基地，其产量就等同于企业掌握（或实际拥有）的粮食商品收购量。然而，通过研究文献数据和实地调查却得到了与以往认识不同的结果。本文研究得出的基本观点：一是在农户尚未达到一定种植规模的前提下，粮食种植结构调整对其整体收入水平影响不大，粮食种植基地不等同于粮食商品生产基地，粮食产量不等同于粮食商品收购量；二是建立适销对路的稳定的优质稻商品生产基地，必须扶持、培育种粮大户或与农业（粮食）生产合作社进行资源整合和产业对接。

二、相关文献研究评述

我国农民整体收入水平较低是个不争的事实，分析农民收入水平影响因素一直是理论界研究的热点问题。总结起来，已有的研究主要认为粮食种植收益率水平、农产品价格、农业种植结构对农民整体收入影响水平比较大。很多研究把注意力放到了粮食的种植收益上，并且据此提出调整粮食种植结构进而提高农民收入的建议。

然而，吴江、武晓山、赵峥研究团队通过实证调研和理论模型计算得出的结论却是：第一，农民粮食种植的收益率远高于工业的收益率，但人均纯收入却低于人均工薪收入；第二，农业种植结构的调整并不是影响农民整体收入水平的主要因素；第三，影响农民整体收入水平最重要的因素是家户种粮面积；第四，在当前技术水平下，农户的最优种植面积是户均 19 亩左右。其研究指出，提高农民种粮的收入水平，最关键的是必须在现有的制度框架内促进土地流转，扩大土地经营规模，通过适度的土地规模经营获取相对较高的收益。这个结论不仅符合发展经济学中关于落后农业现代化发展理论，也符合我国的实际情况。其研究结论同时还指出，在确保规模种植的前提下，农户种粮的收入水平与粮食的价格呈同方向变动，与粮食直补金额呈同方向变动。

本文通过实地调研，核实了吴江团队研究的结论，并据此得出本文的结论。

三、实地考察研究

本文选择了柳江区、鹿寨县千亩粮食种植农业合作社各2家，20亩租地种粮大户各4家，50亩租地种粮大户各2家，户均种粮1.3~3亩小规模普通农户各10家进行数据采集和统计研究。为确保数据可比性，本文提供的数据均为上述调查对象的平均值，小规模普通农户不产生农田租金和人工费，但在对比研究时将种粮大户、农业合作社农田租金和田间管护人工成本同等计入小规模普通农户种植成本。本文数据采集的是2017年数据且按当年2季稻谷生产进行统计。

（一）2017年稻谷种植成本

见表1。

表1　水稻每亩年生产成本

项目	合作社	种粮大户	普通农户
农田租金或分红	250元	250元	250元
种子成本	180元	180元	180元
化肥、农药等农资成本	240元	240元	260元
田间管护人工成本	600元	600元	600元
人工或机械插秧、收割成本	360元	360元	400元
合计	1630元	1630元	1690元

（二）2017年每亩稻谷转化为商品的总收入

为便于对比，假定研究对象所有生产出的粮食全部作为商品出售，见表2、表3。

表2 一季早杂优稻一季晚优质稻种植每亩粮食商品转化总收入

项目	合作社	种粮大户	普通农户
早杂优稻亩产量	800 斤	800 斤	750 斤
早杂优稻销售价格	1.35 元 / 斤	1.35 元 / 斤	1.35 元 / 斤
晚优质稻亩产量	800 斤	800 斤	750 斤
晚优质稻销售价格	1.50 元 / 斤	1.50 元 / 斤	1.50 元 / 斤
合计收入	2280 元	2280 元	2137.50 元

表3 两季均为优质稻种植每亩商品转化总收入

项目	合作社	种粮大户	普通农户
优质稻亩产量	1600 斤	1600 斤	1500 斤
优质稻销售价格	1.50 元 / 斤	1.50 元 / 斤	1.50 元 / 斤
合计收入	2400 元	2400 元	2250 元

（三）2017 年每亩水稻种植净收入

见表4。

表4 每亩水稻种植净收入

项目	合作社	种粮大户	普通农户
一季早杂优稻一季晚优质稻	650 元	650 元	447.5 元
两季均为晚优质稻	770 元	770 元	560 元

（四）2017 年水稻种植收益率

根据表1和表4的数据计算，可知 2017 年种粮的收益率（成本利润率）见表5、表6。

表5　一季早杂优稻一季晚优质稻的种植收益率

研究对象	合作社	种粮大户	普通农户
收益率	39.88%	39.88%	26.48%

表6　两季均种植晚优质稻的种植收益率

研究对象	合作社	种粮大户	普通农户
收益率	47.23%	47.23%	33.14%

（五）2017年水稻种植人均收入

人均收入按照以下统计数据计算：

合作社股东平均7户，户均人口4.5人，种植面积1000亩；

种粮大户户均人口4.5人，户均种植面积30亩；

普通农户户均人口4.5人，户均种植面积1.8亩。

见表7。

表7　水稻种植人均收入

研究对象	种植结构	每亩收入	总收入	人均收入
合作社	一季早杂优稻一季晚优质稻	650元	650000元	20634.92元
	两季均为晚优质稻	770元	770000元	24444.44元
种粮大户	一季早杂优稻一季晚优质稻	650元	19500元	4333.33元
	两季均为晚优质稻	770元	23100元	5133.33元
普通农户	一季早杂优稻一季晚优质稻	447.5元	805.5元	179元
	两季均为晚优质稻	560元	1008元	224元

（六）研究对象可向社会提供的粮食商品数量

研究对象生产出的粮食，首先用于自己的口粮消费，剩余的粮食才有可能作为商品出售进入流通环节。可向社会提供的粮食商品数量按以下统计口径计算。

人均年口粮消费数量为 260 斤（数据来源：2016 年《中国统计年鉴》）；

合作社股东平均 7 户，户均人口 4.5 人，种植面积 1000 亩；

种粮大户户均人口 4.5 人，户均种植面积 30 亩；

普通农户户均人口 4.5 人，户均种植面积 1.8 亩。

见表 8。

表 8　可向社会提供的粮食商品数量

研究对象	总产量	口粮消费	可进入流通领域的商品粮
合作社	1600000 斤	8190 斤	1591810 斤
种粮大户	48000 斤	1170 斤	46830 斤
普通农户	2700 斤	1170 斤	1530 斤

四、数据分析

（一）粮食种植收益率分析

从表 4、表 5 的种粮收益率看，2017 年柳州市两县（区）种粮的收益率在 26.38%~47.23%。尽管本文采集的户数较少、数据较粗，但计算结果仍然处于 2008—2016 年历年出版的《中国统计年鉴》与《中国农村统计年鉴》统计的种粮收益率区间内。说明粮食种植的收益率比工业收益率 3.5%~7%（数据来源：2008—2016 年历年出版的《中国统计年鉴》）要高数倍。

（二）粮食种植成本与收入比较

从表 1 的种植成本看，合作社、种粮大户每亩投入成本为 1630 元，普通农户每亩投入成本为 1690 元；从表 4 的商品转化收入看，合作社、种粮大户每亩收入为 650~770 元，普通农户每亩收入为 447.5~560 元。这些数据说明规模化种植的收益率比小农经济模式种植的收益率要高。

（三）粮食亩产量比较

从表 2、表 3 看，合作社、种粮大户由于具有规模化经营、集约化管理的优势，粮食种植田间管理到位，粮食平均亩产量要高于普通农户的平均亩产量。

（四）人均收入水平比较

从表 7 进行人均收入水平分析，合作社种粮人均收入水平最高，种粮大户种粮人均收入水平居中，普通农户种粮人均收入水平最低。这些数据说明了种植规模越大，人均收入水平越高。

（五）种植结构调整对人均收入水平的影响分析

从表 7 分析种植结构调整对人均收入水平的影响可得知，合作社调整种植结构对人均收入水平的影响最大（达 3809.52 元），种粮大户调整种植结构对人均收入水平的影响次之（为 800 元），普通农户种植结构调整对人均收入水平的影响最小（仅为 45 元）。

（六）可向社会提供进入流通环节的粮食商品分析

从表 8 可以看出，合作社可提供的粮食商品数量最多，种粮大户可提供的粮食商品数量次之，普通农户可提供的粮食商品数量最少。即使普通农户存在出售余粮的可能，但在现实生活中，很多普通农户没有粮食出售的意愿。其中，相当部分普通农户存在"种懒田"的现象，即使种下粮食也不那么上心，田里长多少是多少，反正够自己吃就行；还有相当部分农户将自家的余粮作为人情礼品赠送给未种粮的亲戚和朋友，能够作为商品出售的粮食并不多。

五、结论与相关政策建议

本文通过对农民种粮的收入影响因素进行分析，认为粮食种植面积是影响农民种粮收入的最主要因素。由种植早杂优稻调整为种植晚优质稻增加的收入对普通农户来说并不多，但对种粮大户、合作社等规模经营的农户而言较多。这一结论改变了我们过去认为通过简单的品种结构调整可以增加农民收入的观念。如果没有规模生产作为前提，达不到农民调整种植品种的预期收入，很难让普通农民转变原有的种植习惯，很难让普通农民冒着增加田间管理投入和生产风险接受新品种的种植调整。

通过比较各类研究对象生产出的可向社会提供进入流通环节的粮食

商品数量并结合实地调研分析，结论是小农经济模式的普通农户没有能力也没有强烈的意愿将生产出的粮食作为商品出售。这一结论很好地解释了近年来柳州市大富氏粮油有限公司、柳州市精新大米厂、柳州市国华粮油经营部建立优质稻、特色稻种植基地失败的原因，这些厂家扶持的对象不是规模经营的农户，而是以小农经济模式生产粮食的普通农户，最终是砸了钱、费了力气却收不到粮。

根据本文研究，得出的结论是：企业要建立商品粮生产基地，必须着眼于扶持、培育种粮大户或与当地农业合作社进行资源整合和产业对接，这样才能保证企业拥有稳定可靠的优质稻商品生产来源，才能确保贯彻落实柳州市粮食局的工作思路，进而实现"深化改革、转型发展"的战略。

参考文献：

吴江，武晓山，赵峥.农户种粮收入的影响因素分析与最优粮食种植面积测算［J］.经济理论与经济管理，2010（11）.

滨州市粮食行业"新六产"发展现状及对策分析

山东省滨州市粮食局　　高玉华

2016 年 12 月，山东省人民政府办公厅印发了《关于贯彻国办发〔2015〕93 号文件推进农村一二三产业融合发展的实施意见》（鲁政办发〔2016〕54 号），指出要加快发展"新六产"，着力构建农业与二、三产业交叉融合的现代产业体系，全面提升农村产业发展速度、质量、效益，打造农村经济新的"升级版"。自此，"新六产"一词进入人们视野。分析研究当前粮食行业"新六产"的发展现状，深入剖析存在的问题和制约因素，对于进一步促进我市粮食行业转型升级、提质增效意义重大。

一、"新六产"的概念及意义阐述

"新六产"，即一产的一份收入，经过二产加工增值为两份收入，再通过三产的营销服务形成三倍收益，综合起来是六份收入，产生乘数效益。"新六产"在产业内涵上，坚持"三链重构"（产业链相加、价值链相乘、供应链相通）；在产业方向上，聚焦"四种业态"（终端型、体验型、循环型、智慧型）；拥有独特的资源特色优势、核心要素引领优势、功能拓展和产出绿色高效优势。其主要特征是以农业为基础、一二三产业紧密相连、综合效益乘数倍增，旨在依托农业农村，通过产业联动、要素集聚、技术渗透、体制创新等方式，让农业纵向延伸、横向拓展，实现与加工流通、休闲旅游和电子商务等有机整合、协同发展。

发展"新六产"是新形势下农业提质增效转型升级、加快由大向强跨越转变的必然要求，是推进农业供给侧结构性改革的一项重要举措，是构建现代农业产业体系、加快农业现代化步伐的必由之路。对于转变农业发展方式、增加农民收入、带动农业产业升级的新动能具有重要意义。以"新六产"为抓手，可实现产业链相加、价值链相乘、供应链相通，加快"三链重构"，推动多要素集聚、多产业叠加、多领域联动、多环节增效，打造更有效率、更有效益、更可持续的农产品供给体系。

二、滨州市粮食行业"新六产"发展现状

面对新形势，滨州市粮食行业以深化农业供给侧结构性改革为主线，以增效益、提效能为目标，积极探索加快发展"新六产"的新路径、新模式，走出了一条具有滨州特色的"新六产"发展之路。

（一）全产业链布局。"新六产"的精髓之处在于能够连接产业链条，在各个环节之间形成环环相扣的密切联系，从而实现利益最大化。近年来，滨州市粮食行业着力强化上溯下延产业链条，逐步完善全链条产业化体系，全力构筑产业经济利益共同体，涌现出很多典型企业。以中裕食品有限公司为例，企业形成了从"生物育种→良种繁育→基地种植→收储→初加工→精深加工→废弃物转化→液态饲料→生猪养殖→肉制品加工、冷链物流→沼气发电供热→沼液有机肥→小麦种植"的从田间到工厂再到餐桌，覆盖一二三产业的完整循环产业链，成为国内最长最完整的小麦循环闭合产业链条，全面实现了绿色种植、循环加工、高效利用。

（二）循环互动发展。全市粮食行业坚持"吃干榨净、循环发展"的原则，推行绿色生产方式，大力发展循环经济，促进了粮食产业的转型升级、提质增效。目前，全市小麦、玉米、大豆原料综合利用率均达98%以上，小麦精深加工已形成了覆盖一二三产业的完整循环产业链，玉米、大豆也实现了深度梯次开发，初步形成了粮食产业的大循环、全利用、可持续发展。以香驰控股为例，企业通过完善水电气基础设施、

配套副产品综合利用产业、提高废物再生利用水平等措施，建成了原料、副产品、水、废弃物、能量五大循环利用圈。通过污水处理，可实现日生产发电用沼气 2.8 万立方米，回收再利用中水 2000 吨，提取蛋白渣 50 吨，回收污泥有机肥 30 吨，年增加效益 1000 余万元。

（三）新型业态助力。互联网与粮食产业的融合进一步拓展了粮食产业的发展渠道，为粮食企业转型升级、扩大发展提供了有效途径和广阔空间。近年来，我市中裕食品、西王集团、三星集团等粮油企业以互联网为依托，积极创新营销方式，加强线上线下的电商平台建设，致力于打造粮油产品品牌优势，建设放心粮油销售网络，极大地拓展了产品销售空间，提高了粮食供给效率。西王玉米油、长寿花玉米油等粮油产品与京东、天猫合作开展网上销售，取得了良好的经济效益和社会效益。中裕食品电子商务在自营旗舰店的基础上，同时进驻天猫、京东、苏宁、一号店等电商平台，形成了从中央到地方辐射全国的市场营销网络，涵盖近 2 万家大型超市，进一步扩大了品牌影响力。

（四）三产融合多赢。基于"从基地到餐桌"的全产业链发展模式和绿色循环产业链的打造，全市粮食产业致力于三次产业融合共赢发展，取得了丰硕的成果。以中裕食品为例，企业形成了一产 6.5 万亩高端育种、150 万亩订单种植、年出栏 30 万头生猪养殖；二产年处理小麦 100 万吨面粉生产，年生产 22 万吨花色面条、2 万吨小麦蛋白粉、4 万吨高纯酒精、4 万吨烘焙速冻食品；三产"中裕食品快餐""法兰卡 1876""面食家"在内的 61 家中西式快餐食品连锁，118 家"麦便利"超市等种植、加工、养殖、服务平台，实现了"高端育种""订单种植""精深加工""绿色养殖""废弃物利用""餐饮服务""电子商务""冷链物流"等 9 大板块间的循环闭合发展，达到了节能、降耗、提质、增效的良好效果。同时，也积极参与和主导组建专业合作社，以"企业＋合作社＋基地＋订单农户"模式开展土地流转、订单收购，建立了有效的组织方式和紧密的利益联结机制，既为粮油企业提供了优质粮源，又促进了农民增收，真正形成了产业链延伸、价值链提升和供应链贯通的协同发展新格局。

三、滨州市粮食行业"新六产"发展过程中存在的问题

滨州市粮食行业虽然在发展"新六产"方面取得了一定的成绩，但仍然面临诸多亟待解决的问题。

（一）区域间发展不平衡。目前，全市粮食"新六产"发展的基础雄厚、实力较强，但全面性、均衡性明显不足，各县（区）之间发展不平衡。具有典型性的大型粮油加工龙头企业多聚集在博兴、邹平、滨城、惠民、阳信、无棣、沾化等县（区），粮油加工企业规模不大，实力不强，发展水平十分有限。

（二）多数企业发展形式粗放。全市除几个较大的粮油加工企业外，多数中小型粮油加工企业仍处于粗放加工状态，产业链条短，精深加工产品、高附加值产品、终端产品和功能性新产品少，企业和产品竞争力较弱，产业链条联结不紧密，三次产业融合度较低。

（三）缺乏有力的政策支持。目前，全市针对粮食产业出台了一系列的政策措施，但是专门促进粮食"新六产"发展的配套措施还不够完善，财税、金融、法治等支撑体系不健全，需要顶层设计进一步推进"新六产"的发展进程，加强对粮食"新六产"发展的指导，促进粮食行业实现新突破。

（四）科技创新能力不足。全市粮油加工企业自主创新能力有待加强，社会资本、先进技术向农业农村渗透缓慢，中小企业研发基础设施不够完善，人才匮乏，资金投入不足，新设备、新工艺、新技术的研发创新能力较弱。许多粮食企业规模小、设备简陋，有的甚至停留在手工作坊的阶段，直接影响"新六产"的发展步伐。

四、促进滨州市粮食行业"新六产"发展的意见建议

加快发展"新六产"是深入贯彻五大发展理念，持续推进供给侧结构性改革，落实"三去一降一补"五大任务的重要举措，对于全面促进滨州市粮食行业质效双提升、增强粮食市场竞争力具有重要意义。基于

对全市粮食行业"新六产"发展现状和存在问题的分析，要实现以"新六产"促进滨州市粮食行业提质增效，还需要从以下几个方面着手：

（一）**优化产品产业结构**。要按照省政府《关于推进农村一二三产业融合发展的实施意见》要求，在现有发展基础上，以主导优势产业为依托，以中裕食品和龙凤面粉为支点，与农业部门统筹协作，大力推广优良作物品种种植，从订单农业入手，以优价带动优质生产，进一步拉长融合发展链条，优化农业生产的品种结构，促进各环节紧密结合，提高农产品附加值，打造全产业链发展模式，为消费者提供品种多样的产品供给，完成粮食产业从单一产业向全链条、多功能、新业态发展的动能转换，构建起规模大、层次深、领域宽、业态多的农村产业融合发展新格局。

（二）**推行绿色发展方式**。加大力度推进粮食"新六产"，离不开科技支撑和资源环境保障。因此，要紧扣"新六产"发展需求，找到科技与绿色的连接点，充分认识绿色科技平衡发展的重要性，把科技创新融入绿色生产，"退""减""治"三管齐下，大力发展粮食循环经济，推行绿色生产，促进粮食产业提质增效。要着力建设好五大循环经济产业园区，在园区内按照"减量化、再利用、资源化"的原则，打造一二三产业协调发展的循环经济发展模式，实现上下游产品及资源、能源的配套衔接，实现经济效益、生态效益的双丰收，打造出一个繁荣发展、绿意盎然的粮食"新六产"格局。

（三）**强化科技创新支撑**。产业融合发展有赖于科技创新能力的提升，因此，要加大自主研发和生产投入力度，推进关键技术创新和应用，着力发挥好国家粮食产业科技创新（滨州）联盟的作用，搭建科技服务交流平台，促进技术、人才以及资源要素进行跨界集约化配置，增强科技创新的驱动作用，在产业链延伸、产品研发上下功夫，加强粮食资源深度开发和副产品综合利用，完善粮食精深加工转化产业体系，实现生产链、供应链、服务链的有机衔接，为粮食"新六产"的发展提供强有力的要素保障。

（四）壮大新产业新业态。要充分发挥全市粮食产业集群发展优势和粮食加工转化引擎作用，鼓励企业建立种植基地，发展"订单粮食"，实行优质优价，促进农民增收和企业增效。要积极引入新的经营业态和商业模式，鼓励粮食企业创新营销方式，加强"线上线下"融合的电商平台建设，发展粮油网络经济，拓展销售市场，提高市场份额。大力推广中裕食品、香驰控股等粮油企业的电子商务营销方式，鼓励全市粮油企业积极探索 O2O 商业模式，建立辐射广泛的营销网络，提高产品市场影响力和竞争力，激发粮食"新六产"发展活力。

（五）强化服务保障体系。要加大政策资金的扶持力度，充分发挥市场机制的作用，突破用地、融资、基础设施等瓶颈，聚集农村资金、科技、人才、项目等要素，推进互联互通的基础设施和高效的涉农公共服务建设，着力打造粮食产业发展关键要素"洼地"和粮食"新六产"发展"高地"。同时，要加大农村改革力度，培育多元化农村产业融合主体，完善紧密型利益联结机制，构建全方位服务保障体系，不断强化发展农业"新六产"的机制保障，为粮食"新六产"发展创造良好的发展环境。

总之，发展粮食"新六产"任重而道远，必须紧扣"全环节升级、全链条升值"这一核心，秉持绿色、融合、共赢的发展理念，多措并举、多管齐下，全力推动全市粮食行业"新六产"不断取得新成效。

强化法律法规保障 推动行业转型发展

——由百个涉粮案例引发的思考

湖南省粮食局 石少龙

本文对所选的百个涉粮案例（以下简称："百案"）作一剖析，并将其与 2004 年前的"百案"[①]进行比较，试图通过反面教材，以案说法，力求强化法治思维，推动行业转型发展。

一、"百案"概况

入选"百案"的被告，均已追究刑事责任。案件的判处时间，都在 2004 年全面放开粮食收购市场之后。对于窝案，仅统计其主犯或受刑罚最重者的个案，其他案犯不计入"百案"。

1. **分刑期看**，"百案"中判处 5 年以下的案件 31 个、5~10 年的 28 个、10~15 年的 26 个、15 年以上的 15 个。过半案件并处罚金、追缴犯罪所得、没收个人部分财产或剥夺政治权利。

2. **分省份看**，"百案"选自除青海、西藏以外 29 个省、市、自治区的粮食行业，皖、豫、湘等地各涉案 10 例左右，津、沪、渝、蒙、宁、新等地各涉案 1 例。

3. **分层级看**，地方粮食部门 81 例，中储粮系统 19 例。地方粮食局中，

---

① 本人曾于 2004 年发表《从百个涉粮案例看依法治粮》。

省级 3 例、地级市 14 例、县市 26 例。

4. 分性质看，行政单位 43 例、国有企事业 49 例、民营企业 8 例。

二、本轮"百案"特点

前后两轮"百案"，入案的犯案时段各为 14 年，前轮为 1990—2003 年，后轮为 2004—2017 年。通过与上轮"百案"比较，可从平常管理中寻找法律风险，从典型案件中分析工作漏洞。本轮"百案"呈现以下特点：

（一）**罪名增加**。2004 年后的"百案"，涉及罪名 18 个，比 2004 年前的"百案"有所增加。案中出现最多的罪名为受贿罪，占 61 例；其次是贪污罪 39 例；再次是挪用公款罪 22 例、滥用职权罪 9 例；还有行贿罪，国有公司、企业人员失职罪，私分国有资产罪，职务侵占罪，滥用职权罪，玩忽职守罪，骗取贷款罪，抽逃出资罪，故意销毁会计凭证罪，盗窃罪，巨额财产来源不明罪，合同诈骗罪，非法处置查封的财产罪，工程重大安全事故罪。从比例看，本轮"百案"呈"贿升贪挪降"之势，即上轮受贿罪占 20%，本轮升至 61%；上轮贪污罪占 43%，本轮降至 16%；上轮挪用公款罪占 14%，本轮降至 9%。一案中贪、贿、挪并罚者，上轮为 11%，本轮为 37%。透过罪名，大致可了解犯罪的本质特征，多种涉粮违法行为得到打击。

（二）**重刑、死刑案例降低**。本轮"百案"，判处无期徒刑、死刑案件仅 5 例，其中无期 4 例、死缓 1 例；而上轮"百案"，判无期以上的 15 例，其中无期 3 例、死缓 10 例、死刑 2 例。本轮死刑的减少，并非因涉案金额少了，而是与我国死刑政策和刑罚趋势有关，即要削减死刑罪名、控制死刑判决、减少死刑执行。刑法修正案（八）、（九）削减的死刑罪名，所涉犯罪类型集中在非暴力型的经济类犯罪等方面。

（三）**共同犯罪行为减少**。上轮"百案"，由于国有粮企会统核算具有的制约性以及粮油保管相对集中，单个犯罪相对较少，串通作案或职务犯罪窝案多，国有粮食部门一案涉及 10 人以上的案例超 10 例，涉案人数最多的达 43 人。本轮"百案"，没有几例超过 10 人，不少是单个作案，这恐与个人职权集中等相关，权力没有受到应有的制约和监督。

（四）**领导犯罪现象更为突出**。上轮"百案"，行政、企事业单位负责人犯罪占 72.5%；本轮"百案"，这部分负责人犯罪占比高达 85%。上轮没有厅级职务犯罪者，本轮有 7 名厅级干部入案。

（五）**"前腐后继"现象未见减少**。同一岗位多名官员相继因腐败落马，2004 年前此类现象更为突出，有的几任领导"前腐后继"。2004 年以来该现象依然存在，河南省粮食局先后两任局长犯罪或涉嫌犯罪；湖北省黄石市粮食局先后两任局长贪污并受贿；河南省新密市粮食局两任局长均犯贪污罪；福建省宁化县粮食局先后两任局长指使下属串通粮商，套取储备粮补贴。

（六）**行业负面影响不小**。本轮"百案"中，如珠海粮库原主任周某犯贪污受贿罪，是珠海市当年"三打"专项行动中查处的最高级别领导干部；东明县粮食局原局长乔某数罪并罚被判处 17 年，成为迄今为止曹县检察院反渎部门所办理的案件中量刑最高的案件；灵璧县粮食局原党组书记杜某犯受贿罪，被列入十八大以来该县 10 名落马官员；被执行人王某因擅自将已被查封的小麦售出，犯非法处置查封的财产罪，被平度市法院列为依法惩处拒执罪十大典型案例。诸如此类，加上媒体《中储粮黑龙江窝案：六成直属库涉案》《粮食系统发生多起贪腐大案　基层粮库捞钱潜规则披露》等醒目报道，真的让行业声誉受损，也令粮人为之蒙羞。还有，鉴于追诉时效问题，中华人民共和国最高人民法院 2017 年就三明市粮食局原局长受贿请示一案作出答复：对于法院正在审理的贪污贿赂案件，应当依据司法机关立案侦查时的法律规定认定追诉时效。这已成为司法讨论热点。

（七）**十八大后以身试法者并非个别**。中央明确重点查处十八大后仍不收敛不收手的干部，但"百案"关乎此后行政、国有企事业单位的案例达 1/5。而近两三年逮捕待判的案例，从县粮局到省粮局、从地方粮库到中央粮库，还有多个。

三、"百案"的启示

（一）强化法律保障。

1. **尽快立法修规**。行业深化改革、转型发展，需要法律保驾护航。对公开征求意见已过五年的《粮食法》，粮食人盼得太久。一部法律，难以尽善尽美，更难不再修改，而情况总在不断变化。新《刑法》1997 年颁布，已对条文修改和补充过 10 次，平均两年一次。为制定和完善平等的法律法规，维护良好的粮食流通秩序，即使从"粮食安全法""粮食流通法"角度立法，也应尽快出台，并修改好已颁布的粮食法规，加快企业行为规范法律法规制度建设。

2. **切合行业实际**。面对呼之将出的《粮食法》，应在征求意见稿的基础上，注意妥善处理产能与保障、粮丰与粮歉、粮农与增收、优粮与优价、政府与市场、调控与手段、国有与民营、谷物与口粮、自给与进口等关系，要为积极稳妥推进粮食收储制度改革留有空间。

3. **维护市场秩序**。粮食行业，无论单位个数，还是员工人数，非国企占据大半。应按党中央"毫不动摇地巩固和发展公有制经济，毫不动摇地鼓励、支持和引导非公有制经济发展"的要求，克服对国有企业监管不严、对民营经济重视不足、对市场秩序规范不够的现象。除地震、战争等特殊情况，行业应实行统一市场准入制度，依法维护公平有序的市场秩序，真正让市场在资源配置中起决定性作用。

4. **严格考核问责**。粮食安全实行国家宏观调控下的省级人民政府行政首长负责制是个好办法，写入了征求意见稿总则之中，应当坚持。2016 年粮食安全省长责任制考核的涉法点，包括上级指定的基地种子违法案件、违反国家粮食销售政策案件，2017 年起宜将案件查处范围扩至生产、流通各环节，增加分值，严格考评，以强化法律法规保障，让各级行政首长像重视精准扶贫、环境保护一样感到有压力和动力。

5. **精编涉粮案例**。不同历史阶段、各省粮食部门、行业每个领域，都有涉粮典型案件，应以省为单位，针对典型案件以案析理，或全国统一精编案例集、活页案例选，印发各地。粮食报刊也可选登。

（二）**注重治理受贿**。如前所说，"百案"中受贿罪占到六成以上，且 39 个案件是受贿罪与其他罪并罚，个别案件是受贿罪等五罪并罚。为此，一要加强教育，有的放矢地抓住治贿这个重点，找准权力运行风险点，对干部开展教育；二要完善制度，要完善治理行贿受贿等违纪违法行为的惩处制度，规范粮食行政和国有企事业单位工作人员履职行为的制度；三要行贿受贿一起抓，党的十九大报告鲜明提出"坚持受贿行贿一起查"。一般而言，有受贿就有行贿，有行贿可能就有受贿，因而要通过查受贿溯源行贿、查行贿而不放过受贿。"百案"中有 7 例涉及"行贿罪"，要抓住行贿之"因"，狠抓受贿之"果"。

（三）**盯住单位领导**。梳理"百案"，发现粮食行政、企事业单位负责人犯罪占比高达 85%。这些违法犯罪总体上虽是极少数单位极个别领导的行为，却玷污了中国粮食行业的良好形象，亵渎了粮食行业的优良传统。一方面，党员特别是领导干部要自觉接受约束，自觉把纪律和规矩的篱笆扎得更紧一些；另一方面，要落实习近平同志提出的"坚持重遏制、强高压、长震慑"的反腐败要求。因为光靠自觉，还不能根本解决办公楼房、厂区库房内外的行业腐败，必须高悬利剑，长鸣警钟，把纪律和规矩定得更严格些，让监督和检查变得更严肃些，使惩戒和处罚来得更严厉些。

（四）**搞好普法教育**。推进"两学一做"学习教育常态化制度化的工作，要注意学习党章党规，践行党内政治生活准则、党内监督条例和廉洁自律准则等党内法规要求。粮食行业要把党内法规、国家基本法律、涉粮法规结合起来学习。要结合重要岗位的具体责任、政策粮食的管理制度、量实质好的储粮底线、重要案件的及时查处来学好用好法律法规。要像通报重大安全事故一样，及时通报重大违法案件。要强化行政复议应诉能力建设。

（五）**治理出库顽症**。针对阻挠购粮企业竞买粮食、设置出库障碍拖延出库、掺杂使假、额外索取费用、拍卖信息与实际不符、拒不执行交易规则、未按政策规定及时出库等"出库难"问题，要加大依法治理力度。对定向销售给淀粉、酒精、饲料等加工企业的粮食，处置数量多，市场价差大，涉及范围广，要坚决避免出现"转圈粮"、虚购虚销、转手倒卖、空库虚库、擅自改变用途、库厂联手分利等违规行为，并严防超期超标储存粮流入口粮市场。

（六）加强监督检查。纵观"百案"，花样百出。例如：制作虚假入库单、虚构出库手续、高价倒卖账外经营、擅自销售托市粮、套取包干销售储备粮利润、违规拆借资金、虚假平账、空刷军粮卡套取补贴款、骗购不给粮款等。要加强监督，关口前移。要尽快闯过"双随机"的过渡期，充实检查人员名录库。要推进执法重心向市县两级下移，解决上轮机构合并后监管缺人的问题，避免从中央到地方执法督查力量的"头重脚轻"现象。要时不时地主动出击，明察暗访，提高粮食流通治理能力。

（七）深入推进"放管服"改革。粮食行政审批这个"减法"已基本完成，市场监管这个"加法"正待加强，更要通过"优质粮食工程"等公共服务做好"乘法"，这也是强化法律法规保障，为粮食行业转型发展提供法律法规体系支撑的要义所在。

建言献策

建立发布"国内粮食购销景气指数 GTI"

国家粮食和物资储备局　董琦琦

一、含义阐述

国内粮食购销景气指数（Grain Trade Index，GTI）指国家局根据粮食行业发展形势，是对粮食生产、储备、加工、消费等问题的综合判断后得出的一种看法和预期。GTI 以指数 50 为荣枯分水线，按月为周期进行测算和发布。一般来说，汇总后的 GTI 综合指数高于 50 表示整个粮食市场在蓬勃发展，低于 50 表示整个粮食市场在衰退。

二、整体框架

GTI 指数体系根据粮食品种分为多个指数，用以反映不同粮食品种的市场运行情况，具体可分为稻谷、小麦、玉米、大豆等指数。每个指数根据其在粮食市场的占比设置一定比例的权重，各指标加权之和构成了 GTI 综合指数。

三、计算方法

（一）单个指数

单个指数的计算涉及市场价格、成交量、库存消费比、经济效益、实际加工量情况五个指标，每个指标根据不同的粮食品种，设置权重，形成 GTI 指数海星模型，如图 1 所示：

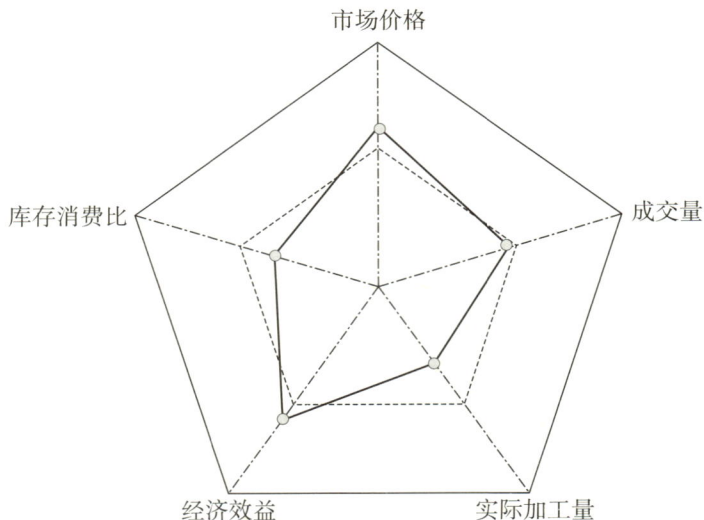

图 1　GTI 指数海星模型

具体算法如下：

×× 指数 =50×｛价格权重 ×（本月市场价格 / 上月市场价格）+ 成交量权重 ×（本月成交量 / 上月成交量）+ 供求关系权重 ×（需求量 / 供应量）+ 经济效益权重 × 合理库存消费比 ×（当月消费量 / 当月库存）+ 实际加工量权重 ×〔（本月加工量 / 上月加工量）〕｝

（二）综合指数

综合指数由单个指数根据市场占比权重进行加权求和，如图 2 所示：

具体算法如下：

综合指数 =（稻谷权重 × 稻谷指数 + 玉米权重 × 玉米指数 +……+ 菜籽油权重 × 菜籽油指数）

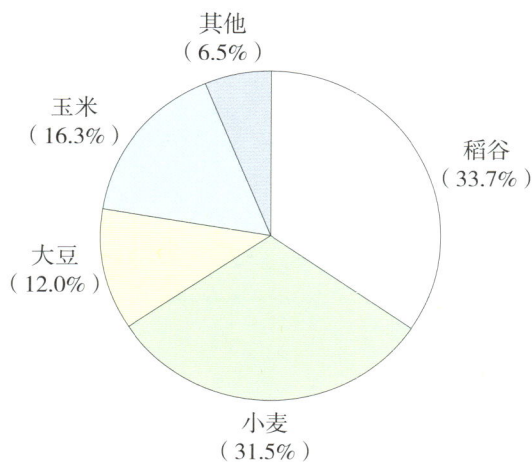

图 2   综合指数计算模型（注：数据为模拟）

四、现实意义

GTI 指数体系在市场经营和粮食种植方面无论对于政府部门、金融机构、粮食企业，还是农民来说，都有重要的意义。可以说 GTI 指数及其指数报告将会成为国内粮食市场运行活动的重要评价指标和粮食行情变化的晴雨表，具有重要的现实意义。首先，GTI 是宏观调控的重要依据。各级粮食部门可以根据 GTI 指数变化趋势，适时调整政策方向，引导市场走向。其次，GTI 是涉粮企业的发展利器。涉粮企业应用 GTI 可及时判断行业供应及整体走势，评估当前或未来市场走势，判断其对企业目标实现的潜在影响，从而调整企业战略，提升企业整体效益。最后，GTI 是农民增收的抓手。农民利用 GTI 判断下一周期的粮食价格走势，调整种植结构，选择高附加值的粮食作物，为农民增收提供有力的数据支撑。

打造粮食产业联合体
注重产前延伸掌粮源　产后延伸占市场

江西省永新县粮食局　李冬钰　李　俭

一、粮食产业化发展现状

（1）生产上，在搞好优质品种推广上，国有粮食企业没有发挥桥梁纽带作用，依然是农民"种什么、收什么、销什么"经营模式，"一乡一品一特色"难以形成规模，导致品质不优、品牌不响、竞争力不强。

（2）经营上，"购加销"没有深度联合，单打独斗规模小，没有形成纵向延伸、横向拓展的产业链，难以形成整体优势和规模效应，附加值低，经营范围局限，销售渠道单一；经营机制不灵活，大锅饭依旧，存在"等靠要"心理，依赖性强，开拓性不够；仍然延续着"收原粮、储原粮、卖原粮"的营销模式，制约了粮食产业发展。

（3）在服务上，国有粮食企业放不下架子，导致服务体系明显滞后于民营企业，如订单农业、建烘干房和生产基地建设等；破解粮农增收渠道不宽，优质品质推广乏力，"订单收购"履约率低下，"二次结算、代存与兑换"不愿实施，怕麻烦、怕增加成本。

二、粮食产业化发展要向产前产后延伸打造利益联合体

（一）生产环节粮食部门要积极主动，通过"订单粮食"，打造利益联合体

一是要有自己的生产基地。积极对接市场，从优化粮食品种入手，通过"企业＋基地＋农户"建设，改变小而散的生产模式，合理引导农民调整种植品种，发展"优质订单粮食"业务，采取连片机械化生产，推动粮食产业化经营，完善利益联结机制，打造农企利益联合体，促进种粮农民增收。

二是要有自己的优质品牌。创新"一乡一品一特色"模式，建立紧密型营销关系，推动优质稻产业发展，进而保证生产和收割环节不互混、无污染，通过分等作价、优质优价，扩大优质粮食种植，发展绿色粮食生产，形成规模效应，增加优质产品供给。

三是要有自己的服务体系。土地流转加快后，种粮大户大量涌现，加之种粮大户种植的季节性（许多种粮大户外出种地，粮食收割后急于出售回家，开春时再来），短期内粮食会集中上市，如果没有为其提供粮食"五代"（代清理、代干燥、代储存、代加工、代销售）服务，粮源就会流失，经营主动权也会丧失；发挥粮食部门技术优势，主动上门指导农户开展科学储粮，帮助粮农提质减损和农民增收，进而稳定粮源。

（二）流通环节粮食部门要高调经营，通过集团化运作，坚守保供稳价底线

一是收购中要发挥订单农业的引导作用和"一次收购、二次结算"的捆绑效应。掌握收购主动权，并积极推行粮食装卸、出入库机械化、除杂一体化作业，减轻劳动强度，提高工作效率，让农民舒心售粮。

二是经营中要推动集团化管理落地生根，通过集团运作、抱团发展、多渠道经营，助推绿色粮食产业发展。首先要以粮食精深加工为龙头，整合收储加工资源，加快推进产业升级，形成规模效应，共谋发展；其次要发挥引领带动作用，通过龙头企业的精深加工和综合利用技术，提

高粮食产品的科技含量和附加值，尽快走出"收原粮、卖原粮"的营销模式；最后要大力开发优质粮食产品，培树好具有地方特色的"好粮油"产品和品牌，打造有品位、放心吃的品牌，提升品牌美誉度和社会影响力。

　　三是营销中要推进"互联网＋粮食"行动。健全线上线下营销模式，扩大企业公信力和影响力，让优质粮源转化为优质产品，提升绿色优质粮油产品供给水平，做好粮食产业经济发展这篇大文章。

托市收购面临的难题与建议

江苏省南通市通州区商务（粮食）局　凌　华　李　忠

　　粮食托市收购是国家为稳定市场粮价、促进农民增收、调动农民种粮积极性、保护农民利益、防止"谷贱伤民"而采取的调控手段。2004年和2006年，国家在粮食主产区分别对稻谷、小麦两个重要粮食品种实行最低价收购政策。10多年来，有力推动了国内粮食产量连年增加，较好地保护了农民种粮积极性，促进了粮食生产稳定发展。在此期间，尽管国际市场粮价大幅震荡，年波动幅度甚至超过40%，但国内粮价始终保持相对平稳态势，涨幅年均保持在10%左右，成功应对了国际粮食危机冲击，维护了我国宏观大局稳定，为国家粮食安全做出了重要贡献。

一、当前托市收购面临的难题

　　随着国内外粮食经济形势的不断变化，尤其是国内外粮食价格严重倒挂，加上此项政策已经执行多年，托市收购也面临一些新的难题亟待解决，这也是当初托市收购政策出台时没有完全预料到的。

　　（一）**不爱市场爱托市**。由于我国粮食生产出现了"十二连增"，社会储粮（包括粮农家庭）又在逐步减少，而且，随着土地流转的进一步扩大和深化，大量种粮大户应运而生，导致当前市场粮食商品量明显增多，加上国际粮价与国内差距较大，许多用粮企业从成本角度考虑，热衷于用进口粮食，粮农不爱市场爱托市现象不断显现，粮食纷纷流向具有托市收购资格的粮库，使我国国有粮库库存不断增加，去库存压力陡增。就江苏省南通市而言，截至 2017 年 9 月，国有粮食购销企业共有国家最低价收购的粮食 60 万吨，占有效仓容的 70% 左右；在南通市通州区，现有仓容近 12 万吨，其中有一半左右存放着托市粮，创历史新高。

（二）不爱优品爱高产。我国耕地面积广，南北、东西差异大，不同粮食品种之间情况差异很大，产量大小不等。而国家粮食托市收购只规定为当年生产的小麦、稻谷等内品，至于是什么品种，没有统一规定和要求，导致大多数粮农一般只考虑种植高产量粮食，而不管品种是否优质，只从效益出发，种植产量相对高的品种几乎是唯一的选择。

（三）不爱稻谷爱小麦。在托市收购中，所涉及粮款由国家统一通过一卡通支付给农民，符合收储资格的粮库只收取每吨 100 多元的保管费，以及每吨 30 元的出库费。然而从实际情况看，收储单位明显偏爱收购小麦，因为储备 1 万吨小麦的仓容，只能储备稻谷 7000 吨（由于稻谷的体积相对较大），收储企业明显感到收购托市小麦盈利空间大于稻谷，造成粮农不爱稻谷爱小麦的实际情况。

二、可能导致的后果

托市收购出现的这些新情况，如不及时采取有效措施加以改善，极可能导致诸多不利现象，甚至产生严重后果。

（一）可能造成新的卖粮难。由于托市收购执行时段偏长、收购量偏大，部分取代了市场机制的作用，导致大量粮源滞留国库"睡觉"，不仅加重国家财政负担，而且产生仓容紧、收储难、卖粮难等一系列问题。尽管近年来，各级粮食部门面对收储压力，采取了加快基础设施建设、提前轮出地方储备和自营粮、租用社会优质且完好仓容、补贴销售在库托市粮食等举措，有效地缓解了收储矛盾，但这毕竟不是长久之计，如不及时采取有效措施，改变托市粮长期占用有效仓容的被动局面，极有可能再出现新的收储部门无仓收粮、种粮农民"卖粮难"的现象。而如果再建新的仓容，按国家标准每一万吨需要 700 万元，这还不包括土地出让费（一般需要 18 亩土地，在江苏省南通市，出让费 450 万元左右），同时还要获得国土、规划、环保等一系列部门的审核批准，即使资金全部到位，从建库意向开始到立项再到建成使用，需要一年半左右的时间。

（二）**可能造成优质粮难买**。托市政策只管质量不管品种的导向，使农民不管品种，热衷于种植高产量粮食，导致市场优质粮源减少（许多优质粮的产量没有普通粮的产量高），长此以往，极易造成市场优质粮难买、优质粮价格奇高现象。目前网上 30 元一斤，甚至 90 元一斤的大米已经司空见惯，而实际上，这些高价大米性价比并不高，只是因为市场上缺少足够的优质大米。因此，这些现象也不符合当前我国粮食安全从单纯的重规模，向调整结构和质量并重转型的方向。尤其是 2017 年 9 月，国务院办公厅印发的《关于加快推进农业供给侧结构性改革大力发展粮食产业经济的意见》提出增加绿色优质粮食供给，到 2020 年，粮食优质品率提高 10 个百分点左右，如果托市政策不完善，很有可能影响粮食供给侧结构性改革的进一步深入。

（三）**可能造成稻谷收购难**。2017 年夏粮收购时，由于小麦商品量比往年明显增加，小麦源源不断涌入国库，加上保管小麦比稻谷合算，许多收购点热衷于拍卖托市和自营稻谷，腾出仓容收购托市小麦。夏粮收购是圆满结束了，然而，秋粮收购开始后，许多地方很难再有多余的仓容来收购托市稻谷，很多收购点秋粮收购时就没有申报稻谷托市收购资格。

三、当前托市收购政策的建议

托市收购政策作用不言而喻，但是，有关部门、有关人士还是不断提出改革建议，而且改革也在不断推进，如棉花、大豆已经实施了目标价格改革，油菜籽、玉米已经取消了临时收储政策，玉米实施价补分离等，但作为我国主粮的水稻与小麦仍在实行最低收购价制度，毕竟其情况复杂，涉及面又广，稍有不慎，极有可能影响我国粮食安全战略走向，因而一直迟迟未有大的改革举措出台。尽管有专家建议从 2018 年夏粮和早稻上市开始，取消主产区的麦、稻最低收购价格制度，但是，毕竟国家 2018 年小麦最低收购价政策已经出台。因此，建议在取消托市政策或者在大的修改政策出台之前，对当前正在执行的托市收购政策进行适当完善或者微调。

（一）实行优质品种优价。现行最低收购价只有等级差价，没有品种差价，难以体现真正的优质优价，不利于粮食结构调整。而随着托市粮不断出库拍卖，品种好差的重要性逐渐显现，一些好的品种不但价格优，而且也热销，有些品种较差的粮食甚至出现流拍现象。比如，通州区部分粮农近年来种植的优质小麦（高筋、低筋）和优质稻谷（南粳 5055、南粳 9018、南粳 46），在粮食收购时，尽管市场新粮价格相对低迷，但是还是比较抢手，有的甚至高于国家托市价格成交。因此，托市收购能否不仅仅局限于质量，是否可以适当提高优质品种的托市价格（当然，难度很大，比如品种该如何界定、价格如何敲定、范围如何确定、实行全省统一还是全市统一、如何避免以假乱真等，许多实际问题需要我们去研究解决），充分运用政策和市场这两只"无形之手"，调动粮农种粮积极性。李克强总理在 2017 年第十二届全国人民代表大会第五次会议上强调，推进农业结构调整，引导农民根据市场需求发展生产。因此通过优质优价鼓励和引导农民种植中高端产品，由保障"种粮卖得出、吃粮买得到"，转型到推动"种粮能赚钱、吃粮促健康"上来，这是当前我国粮食安全从单纯的重视规模，向调整结构和量质并重方向的转型，也是当前和今后一段时期粮食产业经济的发展方向。

（二）提高新稻谷保管价。目前小麦和稻谷的保管费都是每吨 100 多元，同样收购 1 吨最低价小麦所占用的仓容，只能堆放 0.7 吨稻谷，收储稻谷的保管费只有小麦的 70% 左右，即储备 1 万吨小麦，比收储同等仓容的稻谷多出效益 3 万多元，因而各托市收购点收购小麦积极性明显高于稻谷，况且稻谷的保管相对小麦而言，难度要大些，所涉及的成本要高些，陈稻与陈麦相比，价值缩水相对较大，拍卖难度相对也较高。

建议根据实际情况，本着实事求是的原则，适当增加最低价收购稻谷的保管费，提高收购主体收购稻谷积极性，确保托市收购健康深入推进，毕竟稻谷也是我国许多地方的主食。

（三）改革托市粮拍卖价。 国有粮食购销企业收购的托市粮在拍卖时，一般都是实行国家定价拍卖制度，拍卖价格以收购价格为基价，实际挂拍的价格一直高于当时的收购价格，当市场粮食价格低于最低收购价时，还是沿用老办法、老手段，而各类用粮主体基本都是通过市场化方式采购，这样拍卖不符合市场规律，造成国家托市粮难以成交，流拍现象屡见不鲜。如在江苏省南通市，2015 年收购的二等粳稻最低收购价为 3140 元 / 吨，而前些时候国家挂拍价格为 3190 元 / 吨，而当时市场价格在 2980 元 / 吨左右，最低收购价粳稻拍卖价格与市场价格倒挂明显。为了减轻去库存压力，建议统筹考虑调整在库最低价收购粮食拍卖价格，随行就市拍卖，以加快出库进度，减轻仓容压力。当然这也涉及许多部门的利益，出现的价格差如何弥补、谁来承担损失等值得探讨，但是，如果一直储存着，国家财政同样要承担很多风险。

托市收购还有许多新情况和现象，需要我们粮食人不断去发现，努力去探索，深入去研究，积极去应对，尤其是在国内外粮价长期倒挂影响国内粮食市场健康发展的今天，为更好地保障国家粮食安全，保障农民收入稳步提高，我国粮食托市收购政策亟须调整和完善，以强化政府规划引导、政策扶持、监管服务等作用，进一步促进粮食供给侧结构性改革。但是不管收购政策如何调整和变化，保护农民种粮积极性的初衷不能变，维护国家粮食安全的目的不能变。"手中有粮心里不慌"是永恒的主题，正如习近平总书记在党的十九大报告中强调，"确保国家粮食安全，把中国人的饭碗牢牢端在自己手中"。只有不断完善我们的粮食托市收购政策，让手中的饭碗里端着中国自己生产的安全的粮食，我们心里才更加踏实，奔小康的基础才更加牢固，我们的中国梦才不会落空。

确保粮食安全在"好"字上下功夫

四川省通江县粮食局

当前，中国粮食总产量连年增加，但粮食供给结构性矛盾凸显，实施"优质粮食工程"行动以增加绿色优质粮油产品供给，是粮食部门贯彻党的十九大精神的具体行动，是落实习近平总书记关于推进农业供给侧结构性改革、推动人民群众从"吃得饱"向"吃得好"转变等要求的重要举措。

一、种粮主体种好粮

"民以食为天"，我国作为人口大国，保障粮食安全意义重大。就目前而言，种粮主体弱化、农民的种粮积极性不高是制约国家粮食安全的主要因素。粮食种植利润薄，是农民种粮积极性不高的主要原因。越来越多的青壮年劳动力外出就业，老年人和妇女留守农村成为农业劳动力主体。增加种粮主体种粮收益，是提高种粮积极性的根本路径。

（一）改善种粮农户的粮食种植方式。一是因地制宜学习先进的种养结合模式。如"稻蟹共生""稻鱼共生""稻虾共生"等，既提高了土地资源的利用率，也增加了种粮农户的收入。二是调整种粮结构。种粮农户种植优质稻、优质油料作物等粮油品种，既满足了消费者对优质粮油的需求，又提高了种粮农户的收入。

（二）改革种粮农户的粮食生产方式。 小种粮农户的种粮生产面积小，不能形成规模，产生不了规模效益。一是可以成立粮食生产专合社。通过流转土地大规模用于粮食生产，农民既可以获得土地流转费，还可以通过专合社领取分红，获得远高于小户农民单纯种粮的收入。二是可以由本区域的涉粮龙头企业按照"公司＋基地＋农户"的生产模式，建立绿色、有机水稻（油料作物）基地，由龙头企业统一提供种子、农药、化肥和技术指导，农民只需负责种植、田间管理和收割，生产出的优质粮油作物由企业以高于市场价的价格收购，以增加农民收益。

（三）加强种粮农户的支持力度。 2004 年以来，国家推行了"三补一减"、对产粮产油大县进行奖励等一些支农惠农政策，种粮农户的收入有了明显提高。但近年种子、农药、化肥、农具价格上涨，种粮成本增加，农民收益较小。一是加大对种粮农户的补贴力度，减轻由农资农具成本上涨带来的压力。二是推广种粮农业保险，种粮受季节和天气影响很大，风险较高。农业保险是保护粮食生产、保障农民收入的重要手段。

二、收储企业储好粮

收储工作是粮食行业的重要工作。随着粮食市场开放后，粮食市场经营主体呈爆发式增长，国有粮食企业的收储面临极大的挑战。

（一）严守收储管理制度。 一是严格收粮制度。在收粮过程中严格把关，超水分、超杂质粮食坚决不收，做好收粮工作，收好粮。二是严格储粮制度。压实责任，落实奖惩制度，做好储粮工作，储好粮。

（二）完善基础设施建设。 一是大力推广粮食产后服务中心建设。既可以有效解决粮食入库水分超标问题，为收储企业安全储粮提供保障，又可以为当地种粮农户解除由气候原因造成的粮食霉烂、发芽的后顾之忧，减少粮食损失，提高种粮农户收益。二是加强粮食仓储物流建设。

由于传统粮库大多建在城郊乡村等边远地域，受交通因素制约较大，通过粮食仓储物流建设，能有效解决收储企业收粮难、种粮农户卖粮难的问题，实现农民增收、企业增效。

（三）加强运营新技术。一是推动传统粮库升级改造。传统粮库作业还有许多地方采用肩扛手提等方式完成，人员劳动强度大，费用高。通过智能化改造，可以提高粮食收储企业的机械化自动化水平。二是推广储粮新技术运用。如改竖向通风为横向通风、改常规熏蒸为环流熏蒸、改常温储备仓为低温储备仓等，实现从过去的"节粮减损"向"绿色健康"转变，既提高了粮食品质，又增加了收储企业效益。

三、加工企业产好粮

随着人民生活水平的不断提高，粮食的消费结构正发生着较大变化，由原来的"吃得饱"开始向"吃得好"转变，目前市面上的粮油品种少，同质化严重，优质粮油不足，这就给粮油加工企业提出了新的要求。

（一）大力生产优质粮油。一是加大绿色优质粮油产品的研发力度。粮油加工企业要与高等院校、科研机构开展科技合作，大力推进"产学研"联合，培育推介优质粮油品种，加大优质粮油新产品的研发力度，重点研发有机粮油系列产品，促进产品更新换代，让科研成果尽快变为市场认可的优质粮油产品，不断丰富"好粮油"的品种，促进一二三产业融合发展。二是更新加工设备对生产线进行信息化、智能化升级，建设企业自动化、数据化管理平台，实现从原料清理、加工生产、分类包装、产品质量追溯整个过程的协同管理，确保质量安全。

（二）建设好优质粮油销售渠道。一是建设好粮油网络销售平台，健全市场销售体系。随着社会网络化的发展，人民的消费方式发生巨大变化，通过线上商城直销、知名网络平台代销等方式，将优质粮油产品推向全国市场。二是优化传统销售方式，提高产后服务质量，通过免费配送等服务方式为消费者带来良好的购物体验。

（三）建立覆盖种植、收购、储存、运输、加工、销售全过程的质量控制及可追溯体系、召回体系。一是建立"好粮油"质量追溯体系。粮油加工企业要推进追溯体系平台基础建设，通过扫描二维码，消费者可以在体验终端查询到粮食产地、粮食生长状况、粮食仓储及加工状况、粮食质量等级、粮食销售环节等，切实做到粮油质量有保证可追溯。二是建立召回体系。对于已经流向市场的不合格产品应及时召回并备案，积极采取措施给予妥善处理，提高消费者满意度。

做好县粮食收储公司国有资产管理的建议

浙江省仙居县粮食局　陈立民

由于县粮食收储公司的国有资产点多面广、质量差及历史遗留问题积累较多等因素，县粮食收储公司国有资产管理工作难度较大。如何做好县粮食收储公司国有资产管理、保障国有资产的安全和完好、防止国有资产流失、确保国有资产保值增值是亟待解决的问题。在此笔者结合"深化改革、转型发展"大讨论活动，以仙居县为例，就如何做好县粮食收储公司国有资产管理工作，谈谈自己的一些看法。

一、仙居县粮食收储公司国有资产管理现状和问题

（一）点多面广、资产质量差。仙居县粮食收储公司的国有资产地处全县 18 个乡镇（街道）的各个区域，有县中心粮库、粮食收储站、原粮站、粮油加工厂等 40 处，占地面积约 12 万平方米，大部分站点建于 20 世纪五六十年代，以土木、砖木结构为主，建筑简陋，位置偏僻，交通不便，资产现状质量差。随着粮食流通体制改革，政策性粮油供应取消，县级地方储备粮从分散储存向集中储存转变，主要存放于县级中心粮库和埠头粮库。目前相当一部分国有资产如偏僻粮站、粮油加工厂等处于闲置状态。

（二）资产权属历史遗留问题多。县粮食收储公司的国有资产地处

乡镇（街道）村所在地，祠堂庙宇改建的不少，部分是计划经济时期由政府无偿划拨的，有手续不齐、产权存在争议、签证发生纠纷、产权登记办证比较困难的问题，导致当地有些村对产权提出异议，并无理争夺，非法侵占国有资产现象时有发生。

（三）安全隐患多，管理难度大。县粮食收储公司的国有资产点多面广，相当多的粮站建于 20 世纪五六十年代，属土木结构，至今逾 60 年，由于年久失修，大部分房屋出现墙体裂缝、塌陷，且仓库与住户、厂房等共存，存在严重安全隐患。由于管理人员少，管理难度较大。

二、对策与建议

（一）整合优化。建议对粮库网点布局进行重新规划，对国有资产存量进行整合优化，重新配置，确保对国有资产的有效利用和保值增值。

（二）完善国有资产管理机制。要一把手负总责，人员由分管经理、财会、资产所在单位负责人等组成，负责对全公司国有资产的统一管理和监督。

（三）健全和完善规章制度。依据《企业国有资产监督管理条例》等法律法规的有关规定，制定和完善县粮食收储公司国有资产管理办法，明确国有资产管理的范围和要求，确定具体的操作规程，强化岗位责任制和责任追究制，使国有资产管理工作有章可循，按章办事，操作规范，确保国有资产安全和合理使用。

（四）加强宣传和教育。要做好国有资产管理的宣传和教育工作，宣传国有资产管理方面的法律法规、政策和制度。使每一位参与者都能以管好国有资产为荣，以流失国有资产为耻，增强他们的责任意识和法律意识。

（五）做好资产管理的基础工作，加强会计核算。要从资产的增加、减少、运营、存量每一个环节入手，进行全过程的管理和监督。对资产增加要健全原始资料，建立登记台账。对资产减少要从资产处置程序、合法合规性等方面入手，检查是否有人为原因造成的损失。对资产运营，要建立从资产的投入到产出运行过程的管理机制，减少浪费和损失，对资产存量进行全面的清查登记，做到账实相符。

（六）**建立资产清查制度**。定期或不定期开展资产清查核对工作，每年要开展一次资产清查核对工作，主要检查资产增减变动情况，在用的资产有无实现保值增值，租赁的资产是否按规定收取租赁费用，不需用的资产日常管理工作是否到位、是否安全完整。对清查中发现的问题要有针对性地提出整改意见，抓好整改措施的落实，堵塞漏洞。

（七）**抓好国有资产维护工作**。采取"以房养房，保值增值"原则，在确保资产完整的前提下，根据当地实际情况，采用不同方式，自下而上提出方案，实行公开、公平、公正合理租赁的方式，盘活国有资产，提高资产利用率，用收取的租金对房屋、仓库等资产进行维护、修缮，确保国有资产长年保持可使用的良好状态，达到国有资产保值增值的目的。

（八）**切实解决历史遗留问题**。利用各种途径，解决历史遗留问题，如针对产权未登记的资产，要及时了解情况，查取档案和证据，按照国家有关政策、法规予以确认和处置。对乱占、非法侵占用房问题，及时向上级有关部门汇报，积极争取主管局、财政、国资、国土、公安等部门的支持，加大对国有资产侵占、破坏行为的打击力度，为国有资产的有效管理保驾护航。

（九）**与乡镇政府共同管理好国有资产**。由于较偏僻的资产大多位于乡镇政府所在地，这些资产管理离不开乡镇政府的支持和帮助。因此要及时与乡镇政府进行联系，听取乡镇领导的意见和建议，争取乡镇党委政府的高度重视和长期支持，并与镇政府一起共同管理好国有资产，如利用闲置站库办公益事业、公共服务，收取合理租费，既达到国有资产安全有效使用的目的，又防止了国有资产流失。

（十）**落实国有资产管理工作目标和责任**。要把国有资产管理纳入年终目标管理考核项目，做到责任到人、措施到位、管理规范。对实现保值增值的单位和责任人给予适当奖励，对造成资产流失的单位和个人要追究责任，形成激励机制，提高资产管理水平。

节能环保　　清洁高效　　提质增收

——关于推广使用生物质能源的建议

黑龙江省粮食科学研究所　　肖渊壮

在国家高度重视环保，实施"大气污染治理""节能减排"等强力政策措施的情况下，各级地方政府先后采取"秸秆禁烧禁抛""限煤控煤"等新举措，积极应对。

充分利用丰富的秸秆资源，解决目前农作物秸秆严重浪费及焚烧污染环境问题，使用"生物质成型燃料"替代燃煤作为燃料，加大清洁能源应用的投资力度，形成良性生态循环，实现蓝天建设工程，符合国家"十三五"规划发展目标。

在粮食行业发展生物质固体压块燃料产业，作为粮食干燥能源，对农村有机废弃物的再生利用、改善农村生态环境、农民增收有较大的推动作用，具有可观的经济效益、社会效益和环境效益。

一是实施生物质清洁能源项目十分必要。黑龙江省是产粮大省，农业产业基础雄厚，土地、农作物种植丰富集中，其中水稻 4 千多万亩、玉米 8 千多万亩、大豆 5 千多万亩，仅以上三大作物每年秸秆产生量就达到 1.36 亿吨左右，目前的综合利用率不足 60%，尚有 5 千多万吨消耗不了。据 2017 年 11 月 28 日中国之声《全国新闻联播》报道，因防控秸秆大面积焚烧不力导致空气污染爆表，环保部联合黑龙江省政府对黑龙江省农委及哈尔滨、佳木斯等 4 市政府进行约谈，表明环保形势十分严峻。

黑龙江省地方国有粮食购销企业拥有粮食干燥机 465 台（套），按日处理 300 吨（一个烘干期按 100 天计，用煤约 1800 吨）能力计算，年消耗标煤 83.7 万吨。按国家发改委提供的数据，工业锅炉每燃烧 1 吨标准煤产生二氧化碳 2620 千克、二氧化硫 8.5 千克。燃煤锅炉排放的废气成为大气主要污染物之一，一个烘干期就能排放二氧化碳 219.3 万吨、二氧化硫 0.7 万吨。

二是生物质清洁能源项目实施的可行性。如果对现有干燥机热风炉进行改造，采用压缩成型的高密度秸秆生物质燃料代替燃煤，燃烧过程相对稳定，具有中性煤的燃烧特性，燃烧利用率可达 80% 以上，温度比较恒定。秸秆作为清洁可再生能源，每 1.5~2 吨秸秆热值相当于 1 吨标准煤，而且其平均含硫量只有 3.8‰（煤的平均含硫量约达 1%）。排放的二氧化碳与生物质再生时吸收的二氧化碳达到碳平衡，具有二氧化碳零排放的效果，对缓解和最终解决温室效应也将作出重要贡献。产生的灰渣可返田，改善土壤结构。

鉴于上述情况，提出如下建议：

（1）加大政策扶持力度，在粮食产后服务中心"烘干系统"中鼓励采用生物质清洁能源进行烘干，加大示范引领力度。对烘干机系统燃煤热风炉进行改造，适当增加环保投入。对于采用生物质清洁能源的企业给予一定的补贴，逐步推广。

（2）黑龙江省现有 5000 亩规模以上的农业、农机合作社有千余家，自产秸秆量大，应鼓励其使用生物质清洁燃料作为干燥能源，既解决秸秆焚烧污染问题，又增加农民收入。以 10000 亩农业合作社为例，按每亩产 400 千克秸秆估算，可利用量按 80% 计算，可利用的秸秆 3 千多吨，相当于标煤 2 千多吨，可以满足一台日处理 300 吨的干燥机一个干燥周期的用煤量，减少二氧化碳排放 5240 吨。

（3）鼓励农业合作社发展秸秆压块燃料产业，就地转化农村废弃秸秆为高品质燃料，用于生物质发电、烘干能源、农村生活与采暖。

（4）建议国家局在黑龙江省先行试点，发挥引领示范作用。试点成功后在东北地区推广应用，并视情况在全国普及。

以信息化为引领打造粮食行业市场监管新机制

宁夏回族自治区粮食局　　高树龙

当前，随着我国粮食流通市场进一步放活，相对单一的监管手段与多元的市场主体并存，以互联网、大数据技术为支撑手段的信息化监管模式在粮食流通监管领域运用程度偏低，造成现行粮食流通监管模式难以适应新的监管形势要求。鉴于此，建议以信息化建设为引领，打造粮食行业市场监管新机制，破解影响当前粮食流通监督检查效能的制约瓶颈。

一、建议背景

《"十三五"市场监管规划》提出建立以信用为核心的新型监管机制，强化企业自我约束能力，坚持依法依规监管、坚持简约监管、坚持审慎监管、坚持综合监管、坚持智慧监管、坚持协同监管，构建以法治为基础、企业自律和社会共治为支撑的市场监管新格局。2017年2月，全国粮食流通监督检查工作会议明确提出依托粮食信息化建设路径，加快建设覆盖各类市场主体的粮食行业信用监督管理体系。这为推动监督检查工作向信息化监管模式转型升级提供了根本遵循。

二、工作目标

促进监管信息化水平全面提升，建设信用监管体系，建立健全信用分级分类监管机制，推动监管方式创新，加快粮食监督检查工作转型升级。

三、主要举措

（一）打造省级粮食流通监督检查信息综合监管平台。实现对涉粮企业网格化数据采集、监管、服务，将各类执法活动改为线上运行，全时、按需调取，检索粮食收购者、经营者、储存企业等各类监管对象的基础资料、经营数据，提升执法监督流程的自动化程度，实现从传统人工到信息化"技防"的转变，从而更加高效及时监管违法行为。

（二）建设省级粮油质量溯源及监测监管平台。实施采样过程实时地理定位、视频验证，实现样品采集与实验室检验环节的自动链接，将辖区内粮食生产质量安全监测信息、粮食收购及储存期间质量安全抽样检测信息无缝上报，与粮食追溯体系建立起一一对应关系，实现"一码一报告"，将各风险监测点设备监测数据自动安全导入监管平台，实现重点监测数据自动分析、预警，形成粮食质量安全快速应急机制，实现粮油质量安全监测预警，确保不符合食品安全标准的粮食不进入口粮市场。

（三）打造以行业信用体系建设为核心的监管新机制。将从事粮食收购、储存、销售、加工和转化的企事业单位、个体工商户，全部纳入守法诚信评价范围。制订相应细则对企业存在的违反有关法律法规的行为予以扣分并评定信用等级。依据守法诚信等级分类监管，将评定结果上传粮食流通监督检查信息综合监管平台、"全国一张网"等信息公示公开平台。

多措并举搞活粮食市场流通

——关于如何加快粮食"云库存"的路径思考

湖北省襄阳市粮油食品饲料检验检测站　王千银

　　长期以来，国家高度重视"三农"工作。为了促进农业增产、农民增收，真正把饭碗端在自己手里，自 2003 年开始至今，国家连续 15 年出台了小麦、稻谷等主要粮食品种最低价收购政策，全国粮食也连续 15 年实现增产丰收，总库存量达到万亿斤。最低收购价政策的实行，为国家粮食安全、农民增产增收、耕地红线稳定提供了最有力的基础保障和政策支持。但近年来随着国内粮食供需关系的失衡，我国粮食生产出现了自给量大幅增加、自销量增幅较小的局面，以至于当前我国小麦、稻谷等主要粮食品种阶段性过剩，粮食库存压力较大，财政支出负担较重。

　　鉴于此，各级粮食部门应迅速转变思路，深入调查研究，全面分析当前国际国内粮食市场形势，积极采取切实有效的措施，加快消化不合理粮食库存，搞活粮食市场流通，确保国家粮食安全。下面就如何加快消化过剩库存、搞活粮食市场流通，浅谈几点看法：

一、统一销售管理权限

　　我国现行政策性粮食事权分为中央事权和地方事权。由于事权主体不一样，政策性粮食销售的决定权就不一样，销售进度也不一样。经国家有关部门统计，目前库存粮食大部分是中央事权粮食，地方事权粮食已销售无几。在政策性粮食销售过程中，地方事权粮食销售果断、手续简便；中央事权粮食销售涉及多部门意见，手续较多。打破这种销售壁垒实现统一销售管理，有利于加快中央事权粮食销售进度。中央和地方事权粮食销售工作应由国家粮食部门统一指导，各省粮食部门具体承办，并简化中央和地方事权粮食销售手续。按照属地管理原则，中央事权粮食销售由各省粮食部门提出销售计划，报国家相关部门同意即可挂牌销售，销售所得直接归入国家财政。

二、加快转变销售形式

我国政策性粮食销售都是实行顺价销售政策，挂牌销售价格远高于市场价格，这种销售形式严重不符合市场规律，挂牌粮食经常处于流拍状态。粮食也是商品，应遵循市场流通规律，提前对粮食市场行情进行评估分析，适价择机销售。在确保国有资产不受损的情况下，也可以采取灵活的销售形式，快速完成拍卖交易，减少保管费用支出；或者结合我国粮食产区、销区的不同时期粮食市场价格波动的规律特点，顶层设计多种销售政策，由企业自行选择相适应的销售形式。

三、搭建物联网销售平台

目前我国政策性粮食销售渠道主要是以各省的粮食交易中心平台为主，没有建立全国统一的网络销售平台，现有交易平台没有充分利用"物联网+"的优势。为了更好地利用"物联网+"的营销模式，实现粮食交易信息资源共享、交易快速便捷，一是应建立国家主管、各省分管的统一的网络交易平台。结合"物联网+"和粮食行业的特点，设置合理的交易平台栏目，确保粮食交易信息详细透明，方便竞拍者及时了解粮食质量、价格等真实的相关信息。二是完善销售程序，质量检验工作前置。一直以来国家销售政策性粮食都是利用交易平台发布简单的竞拍信息，不能真实反映拍卖粮食的质量等情况，竞拍者不能很好地了解粮食信息，就会对挂拍粮食产生顾虑，影响拍卖进度。挂牌粮食信息详细透明，是加快拍卖进度的首要条件。国家在挂牌销售前请具有检测资质的机构提前对在储存保管年限期内的粮食进行质量检测，出具检验报告，并在网络平台上连同销售信息一同发布，避免竞拍者来回验货，影响交易进度。

四、储粮和加工"联姻"

近年来我国库存粮食生产年限跨度较大，粮食品种参差不齐，储存品质逐年下降。各级粮食部门应根据储存粮食质量的不同判定情况，按照国家规定的粮食等级和用途，积极与粮油加工企业沟通联系，采取定向加工销售方式去库存。同时中央、地方应适当给予定向加工企业加工销售补贴，鼓励粮油加工企业积极参加到"去库存"的行列中。

我国政策性粮食销售均是挂牌后由全国各地的用粮企业自行竞拍，距离粮食存储地较远的企业在拍得粮食后，无形中增加了出库、运输成本，还会出现跨区"出库难"的问题，从而影响粮食销售进度。因此，政策性粮食挂牌信息上要事先明确粮食所在区域的加工企业优先参加竞拍。同时鼓励粮食部门或粮食存储企业在挂牌前，事先与当地粮油加工企业沟通合作，就地拍卖出库加工，减少物流成本，加快销售进度。

五、加强市场监管力度

保持一个较好的粮食市场流通环境，需要粮食部门成立专业的粮食市场行政执法机构，为粮食拍卖销售保驾护航。政策性粮食交易确定后，买方、卖方企业要在国家规定的出库时间内将拍卖粮食进行出库。如果未按时完成出库，粮食行政执法部门要第一时间介入，对买卖双方的责任进行界定追究，给予相应的行政处罚，取消粮食竞拍资格。对于交易过程中出现违规违法的企业，按照粮食安全省长责任制的分工要求，由相关部门分别或者联合执法。设立全国粮食市场监管投诉热线，若粮食交易过程中买卖双方出现问题，便于及时向粮食部门投诉或求助，同时也方便广大群众对粮食部门的工作进行监督。在定向加工销售过程中，要对定向销售的粮油产品实行全程监管、产品追溯，真正确保按规定用途销售。建立粮食加工企业和粮食仓储企业数据库，及时掌握两类企业的分布区域、加工能力、存储能力，以便更快地确定销售形式，同时为粮食及相关职能部门执法提供企业信息数据。

媒 体 之 声

张务锋：牢固树立依法管粮依法治粮的意识

（人民网　2017 年 7 月 31 日）

　　7 月 31 日，全国粮食行业"深化改革、转型发展"大讨论活动动员部署会议在京召开。国家发展改革委党组成员，国家粮食局党组书记、局长张务锋出席会议并讲话。会议强调要把迎接十九大和学习贯彻大会精神，贯穿于大讨论的全过程。以改革促转型，以转型促发展。不忘初心、牢记使命，砥砺前行、再创佳绩。

　　张务锋指出，开展大讨论是坚决贯彻党中央、国务院决策部署的政治要求，是主动适应国家粮食安全新形势和新特征的现实需要，是积极呼应粮食行业广大干部职工所思所盼的具体行动。党的十八大以来，以习近平同志为核心的党中央提出了治国理政的新理念新思想新战略，确立了总体国家安全观，明确了国家粮食安全战略，为我们推动粮食流通改革发展、保障国家粮食安全指明了努力方向、提供了根本遵循。当前，粮食流通工作良好基础和风险隐患并存，战略机遇和矛盾问题交织，改革窗口期和转型攻坚期叠加。这些新形势和新特征对粮食流通改革发展提出了新任务和新要求。在全国粮食行业组织开展大讨论活动，就是要体现时代性、把握规律性、增强创造性，坚持改革创新、与时俱进、明确方向、找准路径，加快建立更高质量、更有效率、更可持续的粮食安全保障体系。

　　张务锋指出，深化改革、转型发展，涉及面广、内涵丰富，对粮食部门、粮食产业、粮食企业来说，都是一场从思想观念到体制机制的深刻变革。张务锋强调，要准确把握大讨论的重点任务。一是要紧紧围绕"三个转变"开展大讨论。把转变观念作为行动先导，把转变职能作为关键之举，把转变方式作为主攻方向。二是要紧紧围绕"三破三立"开展大讨论。破除计划经济思维惯性和"吃政策饭"路径依赖，牢固树立市场经济意识；破除过多依靠行政手段推动工作的方式方法，牢固树立依法管粮、依法治粮的意识；破除不想为、不敢为、不善为的消极状态，牢固树立粮食安全忧患意识，强化责任担当，着力营造干事创业、争创一流的浓厚氛围。三是要紧紧围绕"六项任务"开展大讨论。主要是围绕落实国家粮食安全战略、完善粮食宏观调控、加强政府储备管理、强化粮食流通监管、搞好规划引领和规范建设、服务粮食产业经济发展等开展大讨论。四是要紧紧围绕"三项保障"开展大讨论，即法律法规保障、体制机制保障、人才队伍保障等。

　　张务锋要求，要精心组织、统筹安排，以严的态度、实的作风和"踏石留印、抓铁有痕"的劲头，认真开展大讨论活动，不搞形式、不走过场，确保改革方向正确、转型发展到位。各级粮食部门领导班子成员特别是主要负责同志，要带头学习讨论，带头深入调研，带头查摆问题，充分发挥示范带动作用。要通过集中学习、座谈、征文、调查问卷、专题报告等多种形式，充分调动各方面各层级参与大讨论的积极性和创造性。要坚持问题导向和底线思维，认真查找影响粮食行业深化改革转型发展的突出问题，列出清单、找准症结、剖析原因。要发扬勇于创新、敢为人先的精神，用改革的办法破解体制机制难题，做到以改革促转型、以转型促发展。要典型引领、注重实效。尊重基层首创，结合抓重点亮点、树先进典型工作，挖掘培树一批模范典型，总结推广一批先进经验，以点带面、引领示范。

　　据悉，本次会议的主要任务是对全国粮食行业"深化改革、转型发展"为期一年的大讨论活动作出动员部署，号召广大干部职工紧扣转观念、转职能、转方式，"学中央精神、明方向大势，转思想观念、谋改革发展，强责任担当、提工作水平"，进一步凝聚起粮食行业解放思想、改革创新、攻坚克难、转型发展的强大合力。

国家粮食局领导曾丽瑛、赵中权、卢景波、何毅出席了会议。黑龙江省、浙江省粮食局和京粮集团主要负责同志作了表态发言。国家粮食局机关全体干部、直属联系单位副处级以上干部，中国储备粮管理总公司、中粮集团有限公司、中航工业集团公司有关负责同志，京粮集团主要负责同志在主会场参加会议。各省、自治区、直辖市及新疆生产建设兵团粮食局领导班子成员、处级干部和有关人员在分会场参加会议。

国家粮食局：加快建立更可持续的粮食安全保障体系

（经济日报　2017 年 7 月 31 日）

　　国家粮食局今天在北京召开全国粮食行业"深化改革、转型发展"大讨论活动动员部署会。会议对全国粮食行业"深化改革、转型发展"为期一年的大讨论活动作出动员部署，号召广大干部职工紧扣转观念、转职能、转方式，进一步凝聚起粮食行业解放思想、改革创新、攻坚克难、转型发展的强大合力，加快建立更高质量、更有效率、更可持续的粮食安全保障体系。

　　国家粮食局局长张务锋指出，开展大讨论是坚决贯彻党中央、国务院决策部署的政治要求。党的十八大以来，以习近平同志为核心的党中央提出了治国理政的新理念新思想新战略，确立了总体国家安全观，明确了国家粮食安全战略，为我们推动粮食流通改革发展、保障国家粮食安全指明了努力方向、提供了根本遵循。

　　开展大讨论，是主动适应国家粮食安全新形势和新特征的现实需要。近年来，全国粮食系统深入实施国家粮食安全战略，认真做好"抓收购、管库存、保供应、稳市场"各项工作，推动落实粮食安全省长责任制，加快建设"粮安工程"，大力发展粮食产业经济，为粮食流通改革奠定了坚实基础。同时也应该看到，在经济发展进入新常态的大背景下，粮食形势发生了深刻变化：粮食供求结构性矛盾突出，玉米、稻谷等品种阶段性过剩，粮食库存处于历史高位。粮食生产方式转变和消费需求升级逐步加快，传统农业正在向现代农业转型，生产规模不断扩大；居民膳食结构由数量温饱型向质量营养型转变，对粮食产品多样化、优质化要求越来越高。国际国内粮食市场深度融合，我国粮食进口居高不下，给精准调控、稳定市场、防范风险带来了较大压力。随着农业供给侧结构性改革、特别是粮食收储制度改革的深入推进，进一步激发了各种所有制粮食经营主体的内在活力，粮食市场繁荣活跃和激烈竞争的程度较前增强。可以说，当前粮食流通工作良好基础和风险隐患并存，战略机遇和矛盾问题交织，改革窗口期和转型攻坚期叠加。这些新形势和新特征，对粮食流通改革发展提出了新任务和新要求。开展大讨论活动，就是要坚持改革创新、与时俱进、明确方向、找准路径，加快建立更高质量、更有效率、更可持续的粮食安全保障体系。

开展大讨论，是积极呼应粮食行业广大干部职工所思所盼的具体行动。当前粮食行业面临的一些问题、矛盾和困惑，不少具有普遍性。比如：面对全球经济一体化怎样增强粮食安全保障能力，新形势下粮食部门如何定位，粮食流通怎么监管，国有粮食企业如何改革，粮食产业经济怎么转型发展，等等，都亟待深入研究、作出解答。开展大讨论活动，就是要提供一个思想交流、观点交融和对策会商、系统联动的平台，群策群力、破解难题，敢于担当、善谋实干，不断开创新局面。

张务锋指出，深化改革、转型发展，涉及面广、内涵丰富，对粮食部门、粮食产业、粮食企业来说，都是一场从思想观念到体制机制的深刻变革。要准确把握大讨论的重点任务，立足当前、着眼长远，统筹全局、突出重点，进行广泛深入的研讨，增强活动的针对性和实效性。要紧紧围绕"三个转变"开展大讨论，把转变观念作为行动先导，把转变职能作为关键之举，把转变方式作为主攻方向。要紧紧围绕"三破三立"开展大讨论，即破除计划经济思维惯性和"吃政策饭"路径依赖，牢固树立市场经济意识；破除过多依靠行政手段推动工作的方式方法，牢固树立依法管粮、依法治粮的意识；破除不想为、不敢为、不善为的消极状态，牢固树立粮食安全忧患意识，强化责任担当，着力营造干事创业、争创一流的浓厚氛围。要紧紧围绕落实国家粮食安全战略、完善粮食宏观调控、加强政府储备管理、强化粮食流通监管、搞好规划引领和规范建设、服务粮食产业经济发展六项任务开展大讨论。要紧紧围绕法律法规保障、体制机制保障、人才队伍保障"三项保障"开展大讨论。

粮食行业"深化改革转型发展"大讨论活动在京启动

（光明日报　2017 年 7 月 31 日）

7 月 31 日，全国粮食行业"深化改革、转型发展"大讨论活动动员部署会议在京召开。会议主要任务是对全国粮食行业为期一年的"深化改革、转型发展"大讨论活动作出动员部署，号召广大干部职工紧扣转观念、转职能、转方式，"学中央精神、明方向大势，转思想观念、谋改革发展，强责任担当、提工作水平"，进一步凝聚起粮食行业解放思想、改革创新、攻坚克难、转型发展的强大合力。国家发展改革委党组成员，国家粮食局党组书记、局长张务锋出席会议并讲话；国家粮食局领导曾丽瑛、赵中权、卢景波、何毅出席会议。

张务锋指出，开展大讨论是坚决贯彻党中央、国务院决策部署的政治要求，是主动适应国家粮食安全新形势和新特征的现实需要，是积极呼应粮食行业广大干部职工所思所盼的具体行动。党的十八大以来，以习近平同志为核心的党中央提出了治国理政的新理念新思想新战略，确立了总体国家安全观，明确了国家粮食安全战略，为我们推动粮食流通改革发展、保障国家粮食安全指明了努力方向、提供了根本遵循。当前，粮食流通工作良好基础和风险隐患并存，战略机遇和矛盾问题交织，改革窗口期和转型攻坚期叠加。这些新形势和新特征对粮食流通改革发展提出了新任务和新要求。在全国粮食行业组织开展大讨论活动，就是要体现时代性、把握规律性、增强创造性，坚持改革创新、与时俱进、明确方向、找准路径，加快建立更高质量、更有效率、更可持续的粮食安全保障体系。

张务锋强调，深化改革、转型发展，涉及面广、内涵丰富，对粮食部门、粮食产业、粮食企业来说，都是一场从思想观念到体制机制的深刻变革。要准确把握大讨论的重点任务，一是要紧紧围绕"三个转变"开展大讨论。把转变观念作为行动先导，把转变职能作为关键之举，把转变方式作为主攻方向。二是要紧紧围绕"三破三立"开展大讨论。破除计划经济思维惯性和"吃政策饭"路径依赖，牢固树立市场经济意识；破除过多依靠行政手段推动工作的方式方法，牢固树立依法管粮、依法治粮的意识；破除不想为、不敢为、不善为的消极状态，牢固树立粮食安全忧患意识，强化责任担当，着力营造干事创业、争创一流的浓厚氛围。三是要紧紧围绕"六项任务"开展大讨论。主要是围绕落实国家粮食安全战略、完善粮食宏观调控、加强政府储备管理、强化粮食流通监管、搞好规划引领和规范建设、服务粮食产业经济发展等开展大讨论。四是要紧紧围绕"三项保障"开展大讨论，即法律法规保障、体制机制保障、人才队伍保障等。

张务锋要求，要精心组织、统筹安排，以严的态度、实的作风和"踏石留印、抓铁有痕"的劲头，认真开展大讨论活动，不搞形式、不走过场，确保改革方向正确、转型发展到位。各级粮食部门领导班子成员特别是主要负责同志，要带头学习讨论，带头深入调研，带头查摆问题，充分发挥示范带动作用。要通过集中学习、座谈、征文、调查问卷、专题报告等多种形式，充分调动各方面各层级参与大讨论的积极性和创造性。要坚持问题导向和底线思维，认真查找影响粮食行业深化改革转型发展的突出问题，列出清单、找准症结、剖析原因。要发扬勇于创新、敢为人先的精神，用改革的办法破解体制机制难题，做到以改革促转型、以转型促发展。要典型引领、注重实效。尊重基层首创，结合抓重点亮点、树先进典型工作，挖掘培树一批模范典型，总结推广一批先进经验，以点带面、引领示范。

动员部署会上，黑龙江省、浙江省粮食局和京粮集团主要负责同志作了表态发言。

国家粮食局机关全体干部、直属联系单位副处级以上干部，中国储备粮管理总公司、中粮集团有限公司、中航工业集团公司有关负责同志，京粮集团主要负责同志在主会场参加会议。各省、自治区、直辖市及新疆生产建设兵团粮食局领导班子成员、处级干部和有关人员在分会场参加会议。

全国粮食行业大讨论活动：共推粮食流通领域改革

（央广网　2017 年 8 月 1 日）

据中国乡村之声《三农中国》报道，昨天（31 日），全国粮食行业"深化改革、转型发展"大讨论活动动员部署会议在京召开。国家粮食局要求，全国粮食系统将围绕"深化改革、转型发展"，开展为期一年的大讨论活动，进一步强化粮食流通监管，深入推进粮食收储制度改革。

会上，国家粮食局局长张务锋表示，当前，在经济发展进入新常态的大背景下，粮食形势发生了深刻变化。这些新形势和新特征对粮食流通改革发展提出了新任务和新要求。

张务锋：一是粮食供求结构性矛盾突出，玉米、稻谷等品种阶段性过剩，粮食库存处于历史高位。二是粮食生产方式转变和消费需求升级逐步加快，传统农业正在向现代农业转型，居民膳食结构由数量温饱型向质量营养型转变。三是国际国内粮食市场深度融合，我国粮食进口居高不下，给精准调控、稳定市场、防范风险带来了较大压力。四是随着农业供给侧结构性改革，进一步激发了各种所有制粮食经营主体的内在活力，粮食市场繁荣活跃和激烈竞争的程度较前增强。

张务锋指出，深化改革、转型发展，涉及面广、内涵丰富，对粮食部门、粮食产业、粮食企业来说，都是一场从思想观念到体制机制的深刻变革。

　　张务锋：破除计划经济思维惯性和"吃政策饭"路径依赖，牢固树立市场经济意识；破除过多依靠行政手段推动工作的方式方法。围绕落实国家粮食安全战略、完善粮食宏观调控、加强政府储备管理、强化粮食流通监管、搞好规划引领和规范建设、服务粮食产业经济发展等开展大讨论。

准确把握重点任务凝聚发展强大合力
粮食行业"深化改革转型发展"大讨论活动在京启动

（中国改革报　2017 年 8 月 1 日）

7 月 31 日，全国粮食行业"深化改革、转型发展"大讨论活动动员部署会议在京召开，标志着为期一年的大讨论活动正式启动。会议主要任务是对大讨论活动作出动员部署，号召广大干部职工紧扣转观念、转职能、转方式，"学中央精神、明方向大势，转思想观念、谋改革发展，强责任担当、提工作水平"，进一步凝聚起粮食行业解放思想、改革创新、攻坚克难、转型发展的强大合力。

国家发改委党组成员，国家粮食局党组书记、局长张务锋在会上讲话时指出，当前，粮食流通工作良好基础和风险隐患并存，战略机遇和矛盾问题交织，改革窗口期和转型攻坚期叠加。在全国粮食行业组织开展大讨论活动，就是要体现时代性、把握规律性、增强创造性，坚持改革创新、与时俱进、明确方向、找准路径，加快建立更高质量、更有效率、更可持续的粮食安全保障体系。

张务锋强调，要准确把握大讨论的重点任务。一是要紧紧围绕"三个转变"开展大讨论。把转变观念作为行动先导，把转变职能作为关键之举，把转变方式作为主攻方向。二是要紧紧围绕"三破三立"开展大讨论。破除计划经济思维惯性和"吃政策饭"路径依赖，牢固树立市场经济意识；破除过多依靠行政手段推动工作的方式方法，牢固树立依法管粮、依法治粮的意识；破除不想为、不敢为、不善为的消极状态，牢固树立粮食安全忧患意识，强化责任担当，着力营造干事创业、争创一流的浓厚氛围。三是要紧紧围绕"六项任务"开展大讨论。主要是围绕落实国家粮食安全战略、完善粮食宏观调控、加强政府储备管理、强化粮食流通监管、搞好规划引领和规范建设、服务粮食产业经济发展等开展大讨论。四是要紧紧围绕"三项保障"开展大讨论，即法律法规保障、体制机制保障、人才队伍保障等。

国家粮食局召开全国粮食行业
"深化改革转型发展"大讨论活动调度督导会

（央视网　2017 年 9 月 14 日）

9 月 13 日下午，国家粮食局在山东滨州召开全国粮食行业"深化改革、转型发展"大讨论活动督导会，调度活动进展情况，交流经验做法，安排部署大讨论活动和粮食流通改革发展下步重点工作。国家发展改革委党组成员，国家粮食局党组书记、局长张务锋主持会议并讲话。国家粮食局党组成员、副局长徐鸣、卢景波，局总工程师何毅出席会议。

张务锋指出，大讨论活动契合粮食流通改革发展实际，自 7 月底启动开展以来，开局良好、进展顺利，取得了阶段性成效。当前正处于粮食行业改革转型和爬坡过坎的关键节点，组织全行业干部职工，围绕粮食流通重大问题进行深入研讨，有利于在新形势下更好地贯彻党中央、国务院决策部署，全面落实国家粮食安全战略；有利于更好地明确改革方向、凝聚转型共识、形成发展合力，营造心齐劲足、干事创业的良好环境；有利于更好地推动粮食行业干部职工解放思想、更新观念，打破多年形成的思维惯性、路径依赖，培育内生发展动力，加快改革转型步伐。

张务锋要求，要结合落实粮食流通改革发展重点任务，创新活动载体，加大推进力度，逐步把活动引向深入，确保取得实效。一要提高政治站位、强化能力素质。结合推进"两学一做"学习教育常态化制度化，深入学习习近平总书记系列重要讲话精神和党中央治国理政新理念新思想新战略，分阶段分主题强化政治和业务学习，积极打造讲政治、懂业务、敢担当、善作为的粮食干部职工队伍。二要直面问题深化调研，加快改革发展。对照大讨论参考题目，结合不同阶段任务，突出问题导向，丰富调研手段，强化统筹安排，积极推动调研成果转化运用，着力解决影响粮食行业改革转型的难点问题。三要抓重点出亮点、树典型创经验。积极搭建创新成果展示平台，优中选优，切实把亮点挖出来、把典型树起来，以点带面，发挥好典型示范带动作用。四要营造良好氛围、比学赶帮超。把大讨论活动摆上重要议事日程，充分调动广大干部职工的参与积极性和创造性，激发学习研讨热情，形成人人主动参与、积极建言献策的良好局面。

张务锋强调，党的十九大将要胜利召开，这是全党全国人民政治生活中的一件大事。各级粮食部门要自觉把迎接党的十九大胜利召开和学习贯彻党的十九大精神贯穿大讨论活动全过程，全力做好粮食流通改革发展重点工作。全面加强粮食流通监管，严格落实企业主体责任、地方政府属地管理责任、粮食等部门行政监管责任"三个责任"；强化中央储备粮行政监管，切实提高粮食安全保障能力。大力实施"优质粮食工程"，着力增加绿色优质粮油产品供给，满足居民消费结构升级需求。积极推动粮食安全保障立法，加快修订两部《条例》，为全面加强依法治粮奠定坚实法律基础。强化完善粮食宏观调控，打好调控组合拳，在强化政府粮食储备管理的同时，发展壮大一批骨干粮食企业，切实增强调控精准性和实效性；扎实抓好秋粮收购，确保收购工作平稳有序。认真搞好粮食安全省长责任制考核，发挥好考核"指挥棒"作用。进一步突出"两个重点"，守住"四条底线"，强化"大快严"集中行动督导检查，组织开展第二轮粮食库存跨省交叉执法检查，切实把粮食系统各项安全管理落到实处。认真调研，提早谋划明年工作创新的思路与举措，推动粮食流通改革发展取得更大成绩。

部分省、区、市粮食局主要负责同志交流了本地组织开展大讨论的情况和推动粮食行业深化改革、转型发展的做法成效。

国家粮食局各司室单位主要负责同志，各省区市粮食局及新疆生产建设兵团粮食局主要负责同志，中国储备粮管理总公司、中粮集团有限公司、中航工业集团公司负责同志参加调度督导会。

全国粮食和物资储备系统
"深化改革转型发展"大讨论活动总结大会召开

（新华网 2018 年 7 月 31 日）

7 月 31 日，国家粮食和物资储备局召开"深化改革、转型发展"大讨论活动总结大会，对粮食和物资储备系统深化改革、转型发展作出部署。会议认真传达贯彻了国家发展改革委党组书记、主任何立峰的重要批示。国家发展改革委党组成员，国家粮食和物资储备局党组书记、局长张务锋出席会议并讲话；局党组成员、副局长曾丽瑛、卢景波、韩卫江、梁彦，局总工程师何毅出席会议。

何立峰批示指出，全国粮食和物资储备系统组织开展的"深化改革、转型发展"大讨论活动，深入贯彻习近平新时代中国特色社会主义思想和党的十九大精神，实现了观念、职能、方式"三个转变"，凝聚了共识行动，成效明显，值得充分肯定。持续推进"深化改革、转型发展"，提高政治站位，强化责任担当，增强能力本领，更好履职尽责，十分必要，正当其时。

何立峰批示要求，希望全国粮食和物资储备系统，坚持以习近平新时代中国特色社会主义思想为指导，增强"四个意识"，坚定"四个自信"，认真落实总体国家安全观，加强国家储备的统筹规划，构建统一的国家物资储备体系，强化中央储备粮棉的监督管理，提升国家储备应对突发事件的能力，为全面建成小康社会、建设社会主义现代化强国提供坚强有力保障！

张务锋指出，一年来，全系统以迎接党的十九大和学习贯彻大会精神为主线，以"深化改革、转型发展"为主题，广泛深入开展大讨论，凝聚了深化改革的高度共识，明确了转型发展的努力方向，形成了优化协同高效的强大合力，坚定了保障储备安全的信心决心。集中活动有期限，改革发展无止境。要以不停步、再出发的奋进姿态，深入推动"深化改革、转型发展"，为粮食和物资储备工作注入强劲动力。新时代新形势，新机构新职能，要牢牢把握粮食和物资储备系统"深化改革、转型发展"的使命责任。增强"四个意识"，坚定"四个自信"，明确肩负的神圣使命，强化保障国家安全的政治担当。要立足新时代新形势，明确新任务新要求，加快实现粮食和物资储备高质量发展，强化推动粮食和物资储备改革发展的历史担当。要全面落实机构改革方案，明确部门"三定"职责，强化守土有责、守土负责、守土尽责的责任担当。

张务锋要求，要坚持以习近平新时代中国特色社会主义思想和党的十九大精神为指导，坚持总体国家安全观，坚持稳中求进工作总基调，向深化改革要动力，向转型发展要活力，不断开创工作新局面。一是着力构建统一的国家物资储备体系。规划制定要统筹兼顾，制度机制要规范统一，储备管理要分类施策，提高国家储备整体效能。二是大力实施国家粮食安全战略。准确把握好"多"与"少"、"质"与"量"、生产与流通、当前与长远、国内与国外、政府与市场之间的关系，严格粮食安全省长责任制考核，稳步推进粮食收储制度改革，创新完善粮食宏观调控，大力推进粮食产业高质量发展。三是不断提高应对突发事件的能力。加强市场监测预警，健全应急处置体系，强化协同联动。四是全面加强粮食流通和物资储备基础设施建设。建好用好储备设施，加快信息化建设，强化科技创新引领。五是加快提升依法管粮管储水平。大力推动立法修规；完善监管机制，创新监管方式，突出抓好政府储备数量、质量和安全储存的执法监管。

张务锋强调，要认真落实"讲政治、顾大局，抓重点、出亮点，争主动、真落实，高标准、严要求，多添彩、不添乱"的总体要求，持之以恒转观念、转方式、转作风。坚持以政治建设为统领，坚决做到"两个维护"，始终在政治上站得稳、靠得住、信得过。抓好班子带好队伍，严格落实好干部标准，激发干事创业的热情，营造人才辈出的氛围，树立崇尚学习、注重实干、维护团结、清正廉洁的良好风气。大力倡导敢于担当、善谋实干、锐意进取，提高部门创新力执行力公信力。严格落实"两个责任"，践行国家局党组提出的"约法三章"，坚决守住安全稳定廉政底线。

会上，向优秀组织单位和优秀征文作者代表授牌、颁发证书，山东省粮食局、山西省朔州市粮食局、北京古船米业有限公司、河北柏乡国储库负责同志介绍了典型经验。

国家粮食和物资储备局全体干部职工，中储粮集团、中粮集团、中国供销集团和北京市粮食局有关负责同志在主会场参加会议。各省区市、计划单列市粮食局领导班子成员和处室负责同志，各储备物资管理局（办事处）领导班子成员和机关党员干部、基层处负责同志在分会场参加会议。

国家粮食和物资储备局召开会议
聚焦深化改革转型发展

（中国新闻网　2018 年 7 月 31 日）

国家粮食和物资储备局 31 日召开"深化改革、转型发展"大讨论活动总结大会，对粮食和物资储备系统深化改革、转型发展作出部署。

国家发展改革委党组成员，国家粮食和物资储备局党组书记、局长张务锋在会议上指出，一年来，全系统以迎接党的十九大和学习贯彻大会精神为主线，以"深化改革、转型发展"为主题，广泛深入开展大讨论。他强调，集中活动有期限，改革发展无止境。要以不停步、再出发的奋进姿态，深入推动"深化改革、转型发展"，为粮食和物资储备工作注入强劲动力。

张务锋表示，新时代新形势，新机构新职能，要明确肩负的神圣使命，强化保障国家安全的政治担当。要立足新时代新形势，明确新任务新要求，加快实现粮食和物资储备高质量发展，强化推动粮食和物资储备改革发展的历史担当。要全面落实机构改革方案，明确部门"三定"职责，强化守土有责、守土负责、守土尽责的责任担当。

在此次会议上，张务锋就下一步工作提出五点要求：

一是着力构建统一的国家物资储备体系。规划制定要统筹兼顾，制度机制要规范统一，储备管理要分类施策，提高国家储备整体效能。

二是大力实施国家粮食安全战略。准确把握好"多"与"少"、"质"

与"量"、生产与流通、当前与长远、国内与国外、政府与市场之间的关系，严格粮食安全省长责任制考核，稳步推进粮食收储制度改革，创新完善粮食宏观调控，大力推进粮食产业高质量发展。

三是不断提高应对突发事件的能力。加强市场监测预警，健全应急处置体系，强化协同联动。

四是全面加强粮食流通和物资储备基础设施建设。建好用好储备设施，加快信息化建设，强化科技创新引领。

五是加快提升依法管粮管储水平。大力推动立法修规；完善监管机制，创新监管方式，突出抓好政府储备数量、质量和安全储存的执法监管。

会上，向优秀组织单位和优秀征文作者代表授牌、颁发证书，山东省粮食局、山西省朔州市粮食局、北京古船米业有限公司、河北柏乡国储库负责同志介绍了典型经验。

大事记

（一）

2017年7月31日，全国粮食行业"深化改革、转型发展"大讨论活动动员部署会议在京召开。会议主要任务是对全国粮食行业"深化改革、转型发展"为期一年的大讨论活动作动员部署，号召广大干部职工紧扣转观念、转职能、转方式，"学中央精神、明方向大势，转思想观念、谋改革发展，强责任担当、提工作水平"，进一步凝聚起粮食行业解放思想、改革创新、攻坚克难、转型发展的强大合力。国家发展改革委党组成员，国家粮食局党组书记、局长张务锋出席会议并讲话；局领导曾丽瑛、赵中权、卢景波、何毅出席会议。动员部署会上，黑龙江省、浙江省粮食局和京粮集团主要负责同志作了表态发言。国家粮食局机关全体干部、直属联系单位副处级以上干部，中国储备粮管理总公司、中粮集团有限公司、中航工业集团公司有关负责同志，京粮集团主要负责同志在主会场参加会议。各省、自治区、直辖市及新疆生产建设兵团粮食局领导班子成员、处级干部和有关人员在分会场参加会议。

（二）

2017年8月，国家局大讨论活动办公室向全国粮食行业印发《习近平总书记重要讲话、指示摘编》《国务院领导讲话、指示摘编》《中共中央、国务院及各部委相关文件汇编》《国家发展改革委、国家粮食局领导讲话摘编》等大讨论活动学习材料20000册。

（三）

为深入推进全国粮食行业"深化改革、转型发展"大讨论活动，进一步调动广大干部职工和社会各界参与大讨论的积极性、主动性，多渠道、多层面、多角度了解情况、倾听呼声、征询意见，集思广益、凝聚共识，2017年8月16日，国家粮食局组织开展"深化改革、转型发展"主题征文和"我为粮食行业改革发展献一策"活动。

（四）

2017年9月13日，国家粮食局在山东滨州召开全国粮食行业"深化改革、转型发展"大讨论活动督导会，调度活动进展情况，交流经验做法，安排部署大讨论活动和粮食流通改革发展下步重点工作。国家发展改革委党组成员，国家粮食局党组书记、局长张务锋主持会议并讲话；局党组成员、副局长徐鸣、卢景波，局总工程师何毅出席会议。部分省、区、市粮食局主要负责同志交流了本地组织开展大讨论的情况和推动粮食行业深化改革、转型发展的做法成效。国家粮食局各司室单位主要负责同志，各省、自治区、直辖市及新疆生产建设兵团粮食局主要负责同志，中国储备粮管理总公司、中粮集团有限公司、中国航空工业集团公司负责同志参加调度督导会。

（五）

为深入贯彻习近平总书记系列重要讲话精神和党中央治国理政新理念新思想新战略，全面落实国家粮食安全战略，深入推进粮食行业"深化改革、转型发展"大讨论活动，以实际行动和优异成绩迎接党的十九大胜利召开，2017年9月19日，国家粮食局举行全国粮食行业"深化改革、转型发展"大讨论首场报告会，邀请中央农村工作领导小组办公室主任、中央财经领导小组办公室副主任韩俊作专题辅导报告，同时作为国家粮食局党组理论学习中心组第三季度集体学习开班报告。国家发展改革委党组成员，国家粮食局党组书记、局长张务锋主持报告会；局党组成员、副局长徐鸣、曾丽瑛，局党组成员赵中权，局总工程师何毅出席报告会。国家粮食局各司室单位党员干部、各省、自治区、直辖市及新疆生产建设兵团粮食部门及所属单位干部职工，中国储备粮管理总公司、中粮集团有限公司、中国航空工业集团公司干部职工代表共 2000 余人在主会场和分会场参加报告会。

（六）

2017 年 9 月—10 月，国家粮食局认真组织大调研，切实转变工作作风、推动解决实际问题。大讨论期间，局党组同志领题带头深入基层一线进行调研，开展大讨论活动专项督导。创新完善粮食宏观调控、加快粮食立法修规、发展粮食产业经济、着力解决"出库难""融资难"等调研成果已转化为政策措施。

（七）

为认真学习贯彻党的十九大精神，进一步将粮食行业"深化改革、转型发展"大讨论活动引向深入，2017 年 10 月 27 日，国家粮食局举办"深化改革、转型发展"大讨论第二场报告会，邀请全国政协常委、经济委员会副主任、国家粮食安全政策专家咨询委员会顾问陈锡文，中国国际经济交流中心常务副理事长、执行局主任、国家粮食安全政策专家咨询委员会主任委员张晓强，国家开发投资公司首席科学家、中国工程院院士、国家粮食安全政策专家咨询委员会委员岳国君，国务院发展研究中心农村部部长、研究员叶兴庆等 4 位专家作了报告。国家发展改革委党组成员、国家粮食局党组书记、局长张务锋和局党组成员、副局长曾丽瑛，党组成员赵中权，局总工程师何毅出席报告会。国家粮食局各司室单位党员干部，各省、自治区、直辖市及新疆生产建设兵团粮食部门及所属单位干部职工，中国储备粮管理总公司、中粮集团有限公司、中国航空工业集团公司干部职工代表共 2000 余人在主会场和分会场参加报告会。

（八）

2017 年 11 月，国家局大讨论活动办公室向全国粮食行业印发《党的十九大精神学习资料摘编》等大讨论活动学习材料 5000 册。

（九）

2017 年 11 月 23 日，国家粮食局大讨论活动办公室召开全国粮食行业"深化改革、转型发展"大讨论活动交流座谈会，认真落实国家发展改革委党组成员，国家粮食局党组书记、局长张务锋关于"再鼓一把劲、再加一把力，推动大讨论活动向纵深发展"的指示精神，对活动前期进展情况进行全面调度，总结经验做法，查摆突出问题，安排部署下一步重点工作。各省、自治区、直辖市及新疆生产建设兵团粮食局，中国储备粮管理总公司、中粮集团有限公司、中国航空工业集团公司大讨论活动办公室负责同志参加交流座谈会，并介绍各自活动开展情况和下一步工作打算。

（十）

为深入学习贯彻党的十九大精神和习近平新时代中国特色社会主义思想，深入推进粮食行业"深化改革、转型发展"大讨论活动，2017 年 11 月 24 日，国家粮食局举办"深化改革、转型发展"大讨论第三场报告会，邀请 2 家基层国有粮食企业负责同志作专题报告。国家粮食局党组成员、副局长、直属机关党委书记徐鸣主持报告会；党组成员、副局长曾丽瑛、卢景波，局总工程师何毅出席报告会，中央组织部干部四局相关同志到会指导。国家粮食局各司室、直属联系单位党员干部，各省、自治区、直辖市及新疆生产建设兵团粮食部门及所属单位干部职工，中国储备粮管理总公司、中粮集团有限公司、北京粮食集团等国有企业干部职工代表共 2000 余人在主会场和分会场参加报告会。

（十一）

为全面系统学习贯彻党的十九大精神和习近平新时代中国特色社会主义思想，推动粮食行业"深化改革、转型发展"大讨论活动向纵深发展，2017 年 12 月 1 日，国家粮食局举办"深化改革、转型发展"大讨论第四场报告会，邀请党的十九大文件起草组成员、中央宣讲团成员、国务院发展研究中心副主任王一鸣作党的十九大精神专题报告。国家发展改革委党组成员，国家粮食局党组书记、局长张务锋主持报告会；局党组成员、副局长徐鸣、曾丽瑛，局总工程师何毅出席报告会。国家粮食局各司局单位党员干部、各省、自治区、直辖市及新疆生产建设兵团粮食部门及所属单位干部职工，中国储备粮管理总公司、中粮集团有限公司、中国航空工业集团公司干部职工代表共 2000 余人在主会场和分会场参加报告会。

（十二）

为认真落实党的十九大精神，深入开展粮食行业"深化改革转型发展"大讨论活动，着力营造比学赶超、创先争优的浓厚氛围，激励广大干部职工干事创业、担当作为，2017 年 12 月 27 日，国家粮食局组织开展了粮食流通改革发展青年论坛决赛。国家发展改革委党组成员，国家粮食局党组书记、局长张务锋，局党组成员、副局长徐鸣、曾丽瑛、卢景波、韩卫江，局总工程师何毅出席活动。曾丽瑛同志代表局党组讲话。局机关全体干部，事业单位和联系单位领导班子成员和青年干部代表 230 多人参加了论坛。

二〇一八年

（十三）

2018 年 2 月，国家局大讨论活动办公室收集整理"深化改革、转型发展"大讨论活动主题征文 1493 篇、"我为粮食行业改革发展献一策"建议 1214 条，结合全局中心工作，分类梳理提炼重点调研课题。

（十四）

2018 年 3 月，中共中央印发了《深化党和国家机构改革方案》，组建国家粮食和物资储备局。为加强国家储备的统筹规划，构建统一的国家物资储备体系，强化中央储备粮棉的监督管理，提升国家储备应对突发事件的能力，将国家粮食局的职责，国家发展和改革委员会的组织实施国家战略物资收储、轮换和管理，管理国家粮食、棉花和食糖储备等职责，以及民政部、商务部、国家能源局等部门的组织实施国家战略和应急储备物资收储、轮换和日常管理职责整合，组建国家粮食和物资储备局，由国家发展和改革委员会管理。

（十五）

2018 年 4 月 4 日，国家粮食和物资储备局举行挂牌仪式。国家发展改革委党组书记、主任何立峰为国家粮食和物资储备局揭牌，国家发展改革委党组成员、副主任张勇出席仪式。国家发展改革委党组成员、国家粮食和物资储备局党组书记、局长张务锋主持仪式。中央纪委驻国家发展改革委纪检组，国家发展改革委办公厅、人事司、经贸司有关负责同志，国家粮食和物资储备局局领导班子和机关处级以上干部，局直属联系单位领导班子成员参加仪式。

（十六）

2018 年 4 月 23 日，国家粮食和物资储备局召开欢迎转隶人员大会。国家发展改革委党组成员，国家粮食和物资储备局党组书记、局长张务锋出席会议并讲话；局党组成员、副局长曾丽瑛主持会议；局党组成员、副局长卢景波、韩卫江，中央纪委驻国家发展改革委纪检组副组长姜文鹏，局总工程师何毅出席会议。原国家粮食局机关副处以上干部，直属事业单位领导班子；国家能源局、原国家物资储备局，国家物资储备调节中心、石油储备中心转隶全体人员参加会议。

（十七）

2018年4月—6月，国家粮食和物资储备局党组成员、副局长韩卫江同志先后主持召开了8场大讨论活动"请进来"系列座谈会，分别围绕促进企业融资、军民融合、流通监管、物资储备、宏观调控、安全仓储和信息化建设等主题开展深入研讨。来自基层一线的干部职工代表和各司局单位工作人员120多人参加座谈交流。

（十八）

2018年5月8日，国家粮食和物资储备局举行党组理论学习中心组集中辅导暨全系统"深化改革、转型发展"大讨论第五场报告会，邀请中央党史和文献研究院院务委员陈理同志，作总体国家安全观专题辅导报告。国家发展改革委党组成员，国家粮食和物资储备局党组书记、局长张务锋，局党组成员、副局长卢景波、韩卫江出席会议，局党组成员、副局长曾丽瑛主持报告会。国家粮食和物资储备局机关和直属单位以及中央粮食企业、北京市粮食局的干部职工代表，在主会场参加报告会；各省、自治区、直辖市及新疆生产建设兵团粮食部门，各储备物资管理局和天津、上海、浙江、深圳办事处相关同志，在分会场参加报告会。

（十九）

2018年5月，国家粮食和物资储备局组织2个调研组，赴河南、江苏、甘肃、陕西等省开展大讨论活动"走出去"调研。

（二十）

2018年6月，国家粮食和物资储备局研究建立"特约调研员"机制，从"深化改革、转型发展"大讨论主题征文、"献一策"获奖代表和参加"请进来"座谈会基层一线干部职工代表中聘请 80 名"特约调研员"。

（二十一）

为贯彻落实习近平总书记关于"要推动信息化和工业化深入融合，必须在信息化方面多动脑筋、多用实招"的重要指示，2018 年 7 月 9 日，国家粮食和物资储备局举办"深化改革、转型发展"大讨论第六场报告会，以"信息科学与技术的发展"和"科技创新引领粮食产业高质量发展"为主题，邀请两院院士、清华大学学术委员会副主任孙家广教授和国际谷物科技协会（ICC）研究院院士、河南工业大学校长卞科教授作学术报告。国家粮食和物资储备局党组成员、副局长卢景波，局总工程师何毅出席会议，局党组成员、副局长韩卫江主持报告会。国家粮食和物资储备局各司局、直属单位、联系单位党员干部，各省、自治区、直辖市及新疆生产建设兵团粮食局和各储备物资管理局干部职工，中国储备粮管理集团有限公司、中粮集团有限公司、中国供销集团有限公司干部职工共 2400 余人在主会场和分会场参加报告会。

（二十二）

为进一步宣传推广大讨论活动中的好做法好经验，全面提升国家粮食和战略应急物资储备保障水平，2018 年 7 月 24 日，国家粮食和物资储备局经过严格评选，将北京市粮食局等 13 家单位评为"深化改革、转型发展"大讨论活动优秀组织单位；将《"从福娃模式"成功实践看粮食加工转型路径》等 36 篇文章评为主题征文一、二、三等奖及优秀奖；将《建立与完善区域粮食应急供应保障体系的建议》等 36 篇建议评为"我为粮食行业改革发展献一策"优秀奖。

（二十三）

2018 年 7 月 31 日，国家粮食和物资储备局召开"深化改革、转型发展"大讨论活动总结大会，对粮食和物资储备系统深化改革、转型发展作出部署。会议认真传达贯彻了国家发展改革委党组书记、主任何立峰的重要批示。国家发展改革委党组成员，国家粮食和物资储备局党组书记、局长张务锋出席会议并讲话；局党组成员、副局长曾丽瑛、卢景波、韩卫江、梁彦，局总工程师何毅出席会议。会上，向优秀组织单位和优秀征文作者代表授牌、颁发证书，山东省粮食局、山西省朔州市粮食局、北京古船米业有限公司、河北柏乡国储库负责同志介绍了典型经验。国家粮食和物资储备局全体干部职工，中国储备粮管理集团有限公司、中粮集团有限公司、中国供销集团有限公司和北京市粮食局有关负责同志在主会场参加会议。各省、自治区、直辖市及新疆生产建设兵团粮食局领导班子成员和处室负责同志，各储备物资管理局（办事处）领导班子成员和机关党员干部、基层处负责同志在分会场参加会议。

（二十四）

为认真落实总体国家安全观，深入实施国家粮食安全战略，切实履行党中央、国务院赋予的使命职责，守住管好"天下粮仓"，全面提升粮食和战略应急物资储备保障国家安全和应对突发事件的能力，2018 年 8 月 16 日，中共国家粮食和物资储备局党组印发了《关于全国粮食和物资储备系统深化改革转型发展的决定》。

（二十五）

为全面贯彻习近平新时代中国特色社会主义思想和党的十九大精神，深入落实中央关于深化党和国家机构改革的部署要求，切实加强安全稳定廉政工作，2018 年 8 月 16 日，中共国家粮食和物资储备局党组印发了《关于全国粮食和物资储备系统加强安全稳定廉政工作的决定》。

（二十六）

为深入贯彻习近平新时代中国特色社会主义思想和党的十九大精神，认真落实新时代党的组织路线，按照局党组关于"讲政治、顾大局，抓重点、出亮点，争主动、真落实，高标准、严要求，多添彩、不添乱"的总体要求，着眼建立崇尚实干、带动担当、加油鼓劲的正向激励体系，建立完善容错纠错机制，引导激励全局广大干部担当作为、干事创业，加快推进粮食和物资储备系统深化改革、转型发展，根据中央办公厅印发的《关于进一步激励广大干部新时代新担当新作为的意见》精神，结合实际，2018 年 10 月 12 日，中共国家粮食和物资储备局党组印发了《关于进一步激励广大干部新时代新担当新作为的实施意见》。

后　记

　　为认真落实总体国家安全观，深入实施国家粮食安全战略，切实履行好党中央、国务院赋予的使命职责，守住管好"天下粮仓"，加快推动全系统深化改革、转型发展，2017 年 7 月 31 日，国家局在全系统开展了"深化改革、转型发展"大讨论活动。

　　一年来，全系统以迎接党的十九大和学习贯彻大会精神为主线，以"深化改革、转型发展"为主题，广泛深入开展大讨论，凝聚了深化改革的高度共识，明确了转型发展的努力方向，形成了优化协同高效的强大合力，坚定了保障储备安全的信心决心。国家发展和改革委员会主任何立峰同志专门作出批示："全国粮食和物资储备系统组织开展的'深化改革、转型发展'大讨论活动，深入贯彻习近平新时代中国特色社会主义思想和党的十九大精神，实现了观念、职能、方式'三个转变'，凝聚了共识行动，成效明显。"国家粮食和物资储备局局长张务锋同志也指出：大讨论活动凝聚了全系统深化改革的高度共识，明确了转型发展的努力方向，形成了优化协同高效的强大合力，坚定了保障储备安全的信心决心，达到了预期目的。

　　本书围绕全系统深化改革、转型发展主题，从国家宏观政策、领导指示要求、国家局工作部署、干部职工建言献策、热点问题调查研究、改革探索与实践、各级部门经验总结以及舆论焦点等角度，较为系统地梳理了大讨论活动取得的成果，为进一步推动全国粮食和物资储备体制改革、产业经济发展提供指导参考。本书的编纂得到了国家有关部委、各省、区、市粮食和物资储备局（粮食局）、相关企业和新闻媒体、中国财富出版社等单位的大力支持，在此一并感谢！

改革只有进行时，没有完成时。全国粮食和物资储备系统要坚持以习近平新时代中国特色社会主义思想和党的十九大精神为指导，坚持总体国家安全观，坚持稳中求进工作总基调，向深化改革要动力、向转型发展要活力，认真落实国家局党组关于"讲政治、顾大局，抓重点、出亮点，争主动、真落实，高标准、严要求，多添彩、不添乱"的总体要求，立足新时代新形势，明确新任务新要求，持之以恒转观念、转方式、转作风，加快实现粮食和物资储备高质量发展，不断开创工作新局面。